MANAGEMENT

경영의 이해와 활용

신민식 · 권중생

法 文 社

머리말

경영학은 기업의 변신과 더불어 새로운 패러다임을 추구해야 한다. 기업은 인간, 사회 및 세계를 새로운 모습으로 변화시키고, 인간의 삶의 질을 한 단계 더 향상시킬 책임이 있다. 경영자의 역할과 책임도 더욱 강조되어야 한다. 경영자의 경쟁력이 기업의 경쟁력을 좌우하고, 이는 다시 국가의 경쟁력으로 연결되기 때문이다. 특히, 정보기술은 경영 현장을 기술주도 작업장으로 변화시키고 있다. 기술주도 작업장에서는 아이디어, 정보 및 인간관계가 기계, 제품 및 직무보다 더 중요하다. 종업원들은 전자적으로 연결되어 있으며, 조직은 전자 네트워크에 점점 빠져들고 있다. 인터넷의 발전과 더불어 e-비즈니스도 붐을 타고 있다.

저자는 이러한 환경의 변화 속에 경영의 기본원리를 이해하고 활용하는 것이 기업의 성장과 발전은 물론 국가 경쟁력에도 심대한 영향을 미친다고 생각하는 한편, 미국과 일본을 비롯한 선진국에서 연구된 최근의 경영원리를 체계적으로 소개해야 되겠다는 심정에서 이 책을 쓰게 되었다. 이 책은 대학 1~2학년에서 「경영의 이해」, 「경영학원론」, 「기업과 경영」, 「공대 학생을 위한 경영의 이해」 등의 교양과목의 교재로 매우 적합하고, 경영대학원의 전공 기초과목의 교재로도 적합하며, 금융기관과 기업체의 실무자나 각종 경영학 관련 수험생에게도 도움이 될 것으로 생각한다. 이 책에서는 경영의 기본원리를 가급적이면 쉽게 설명하기 위해 그래픽을 많이 사용하였고, 주요 개념을 설명하는 가운데 선진국의 실제 사례도 많이 인용하였다. 또한 이 책을 교재로 선택하여 강의하시는 교수님께 도움이 되기 위해 파워 포인트 강의안을 제작하여 별도로 제공하기로 하였다.

저자는 이 책의 서술체계를 어떻게 잡을 것인가에 대하여 많은 고심을 하였다. 경영학의 학문적인 조류는 자본주의와 산업사회의 발전과 더불어 너무나 복잡하고 다양하게 전개되어 왔기 때문에 어떤 조류를 따르는 것이 가장 바람직한가에 대하여 견해가 다를 수 있다. 저자는 많은 고심 끝에 미국 경영학의 주류를 이루어 온 경영과정론을 따르기로 하였다. 왜냐하면 미국 경영학이 세계 경영학을 주도하고 있고, 그 중에서 경영과정론이 주류를 이루고 있기 때문이다. 하지만, 경영과정론만으로 복잡 · 다양한 경영현상을 모두 설명할 수는 없다. 세계 시장이 하나의 거대한 글로벌 시장으로 통합되고 있고, 다국적기업이 초국가적인 경영활동을 펼치고 있다. 이러한 불확실성의 시대에는 상황적 접근이나 시스템적 접근이 매우 중요하고 경영자의 전략적 사고방식이 필수적이다. 따라서 이 책의 전반적인 서술체계는 경영과정론에 따르는 한편 상황적 접근이나 시스템적 접근을 적극적으로 도입하고 경영자의 전략적 사고방식을 강조하고자 한다. 그리고 이 책은 AACSB(The Association to Advance Collegiate School of Business) 인증에 필요한 경영교육 학습표준에 가장 적합한 내용으로 구성되어 있다. 최근에 한국에서도 유수한 경영대학들이 AACSB 인증을 취득하고 있는 추세로 볼 때, 이 책의 내용은 국내 경영학의 국제화 추세에도 부합하는 측면이 있다.

이 책은 전체적으로 6편 17장으로 구성되어 있다. 제1편에서는 경영의 개념과 경영자의 역할에 관해 설명하고, 경영학의 발전과 최근의 동향을 설명한다.

제2편에서는 기업과 환경의 관련성을 개괄적으로 설명한다. 먼저, 기업에 관한 기초적인 내용을 설명하고, 기업의 환경과 문화, 기업의 윤리와 사회적 책임, 기업가 정신과 창업에 관해 설명한다.

제3편에서는 경영과정의 첫 번째 단계인 계획에 관해 설명한다. 먼저, 기업의 목표 설정과 계획 수립에 관해 설명하고, 전략의 수립과 실천에 관해 설명한다.

제4편에서는 조직화에 관해 설명한다. 조직화의 기초 개념, 조직설계, 조직변화, 인적자원관리에 관해 설명한다.

제5편에서는 지휘에 관해 설명한다. 리더십, 동기부여, 커뮤니케이션에 관한 최근의 연구결과를 설명한다.

제6편에서는 통제와 정보기술에 관해 설명한다. 통제의 개념과 다양한 통제기법을 설명하고, 정보기술과 e-비즈니스에 관해 설명한다.

이 책은 경영의 기본원리와 지식을 체계적으로 전달하는 데 목적이 있지만, 특히 다음 사항에 중점을 두고 있다.

첫째, 경영학은 경영과정론의 관점에서 이해하되, 상황적 접근이나 시스템적 접근의 필요성이 증가하고 있다.

둘째, 기업의 환경은 복잡 · 다양하게 변화하고 있지만, 기업의 윤리와 사회적 책임은 더욱 강조되고 있다.

셋째, 기업이 치열한 경쟁에서 생존 · 발전하기 위해서는 경영자의 전략적 사고방식과 경영전략이 매우 중요하다.

넷째, 기업이 환경 변화에 신속하게 대응하기 위해서는 조직구조를 기계적 조직에서 유기적 조직의 형태로 개편해야 하고, 종업원의 창의력을 최대한으로 발휘할 수 있는 조직 문화를 조성해야 한다.

다섯째, 경영자는 리더십, 동기부여, 커뮤니케이션과 같은 다양한 방법을 통해 지휘 기능을 효과적으로 발휘해야 한다.

여섯째, 정보기술의 획기적인 발전으로 통제 기능이 더욱 강화되고 있으며, 인터넷, e-비즈니스, e-커머스, ERP, 지식경영 등 경영학의 영역이 급속도로 확장되고 있다.

이 책의 집필에는 외국의 주요 저서와 기타 많은 국내외 문헌이 참고되었다. 이러한 선행 연구를 참고하여 책을 완성하고 보니, 충분히 헤아리지 못한 오류가 너무나 많지나 않을까 하는 두려움이 앞선다. 하지만 독자들의 가차 없는 질타를 받아서 앞으로 계속 보완해 나가도록 하겠다.

끝으로, 이 책이 발간되기까지 직 · 간접으로 학문을 지도해 주신 은사님, 선후배 · 동료 교수님께 진심으로 감사드린다. 특히, 기본 아이디어와 자료수집에 많은 도움을 주신 한국산업은행의 이준식 박사, 삼일회계법인의 박병수 박사, 안동대학교의 송준협 교수, 매일경제신문의 배한철 박사, 상명대학교의 김수은 교수, 현대증권의 박성준 박사에게 감사드리고, 원고정리와 교정에 수고해 준 경북대학교 대학원 박사과정의 이재익 군과 석사과정의 박유진 양에게 감사한다. 그리고 이 책의 출판을 허락해 주신 법문사의 배효선 사장님과 세심한 배려를 아끼지 않은 편집부의 최문용 차장님과 영업부의 정해찬 씨에게 심심한 감사를 드린다.

2015년 1월

저자 씀

M · A · N · A · G · E · M · E · N · T

Contents
| 차 | 례 |

01 총 설

02 기업과 환경

03 계 획

04 조 직 화

05 지 휘

06 통제와 정보기술

MANAGEMENT

01
PART

총설

제 1 장 경영과 경영자의 이해

제 2 장 경영학의 발전과 최근 동향

Part 01 들어가며……

새천년은 경영의 시대가 될 것이다. 기업의 경쟁력은 경영자의 경쟁력에 따라 좌우될 것이다. 국가 경쟁력도 마찬가지다. 우리가 IMF 금융위기를 겪은 것도 경영자의 능력부재에서 비롯되었다. 경영능력이 부족한 정치인, 관료, 기업 경영자들이 한국 경제를 고통의 나락으로 떨어뜨린 것이다.

기업은 현대 산업사회에서 가장 중요한 역할을 한다. 기업은 국민에게 필요한 재화와 서비스를 공급하고 고용을 창출하고 부를 증대시킴으로써 경제와 사회발전에 중추적 역할을 담당한다. 경영학에 대한 관심도 날로 증가하고 있다. 경영학은 21세기에 인간, 사회, 세계를 새로운 모습으로 변화시킬 수 있는 핵심적인 학문 분야로 떠오르고 있다.

제1장에서는 경영과 경영자에 관한 기초적인 개념을 설명한다. 경영의 개념과 경영과정, 경영학의 학문적 성격과 인접과학, 경영자의 유형과 역할, 새로운 작업장과 경영의 전반적 동향을 설명한다.

제2장에서는 경영학의 발전과 최근 동향을 설명한다. 경영학은 역사적으로 언제부터 발전하였고, 그 과정에서 어떤 경영이론이 나타났는가를 중점적으로 설명한다. 경영학의 역사는 학자마다 분류방법이 제각기 다르지만, 이 책에서는 고전적 관리론, 인본주의적 관리론, 경영과학으로 분류하고, 경영학의 현대적 접근방법으로 등장한 시스템이론, 상황이론, 종합적 품질관리를 설명한다. 또한 최근에 새로운 조류로 등장하고 있는 학습조직과 기술주도 작업장 관리에 대해서도 설명한다.

> 신은 인간을 세 단계로 측정하신다.
> 사람이 젊었을 때 신은 그의 과오를 용서하신다.
> 청년이 된 뒤에는 그가 어떤 목표를 가지고 있는가에 따라 측정하신다.
> 그리고 나이를 먹으면 신은 그가 참회할 때까지 기다리신다.
>
> – 탈무드 –

MANAGEMENT

chapter

01 경영과 경영자의 이해

1.1 경영의 개념과 경영과정

1.2 경영학의 학문적 성격과 인접과학

1.3 경영자의 개념, 유형 및 역할

1.4 새로운 작업장과 경영의 전반적 동향

이 장에서는 경영이란 무엇이며 어떤 순환과정을 거치는가? 경영학은 어떤 학문이며, 인접학문과 어떤 관계가 있는가? 그리고 경영자는 어떤 사람이고, 어떤 계층구조를 이루며, 어떤 역할을 하는가? 전통적 작업장이 새로운 작업장으로 변화함에 따라 조직과 경영은 전반적으로 어떻게 변화하고 있는가를 살펴 본다.

01 경영의 개념과 경영과정

1.1 경영의 개념

경영이란 일반적으로 기업을 경영하는 것을 말한다. 경영의 대상인 기업은 현대 산업사회에서 가장 중요한 주체라고 할 수 있다. 기업은 국민에게 필요한 재화와 서비스를 공급하고 고용을 창출하고 부를 증대시킴으로써, 국가경제 및 사회발전에 중추적 역할을 담당한다. 기업이 영리를 목적으로 활발하게 움직일 때, 사회가 안정적으로 발전한다. 가난과 굶주림으로 고통받는 후진국에서는 어디에서도 활기찬 기업의 모습을 찾아 볼 수 없다. 그 나라에 우수한 경제 관료가 있고 대학에서 경제학을 열심히 가르친다 하더라도, 모험적이고 창의적인 기업이 없으면 예외 없이 가난과 굶주림이 자리잡게 됨을 알 수 있다.

기업은 또한 우리들의 일상생활과 밀접한 관계가 있다. 아침에 잠자리에서 일어나면 라디오 뉴스를 듣거나 신문을 읽는다. 라디오 뉴스는 방송국이라는 기업을 통해 듣게 되고, 신문은 신문사라는 기업을 통해 배달된다. 화장실에서 쓰는 칫솔, 비누, 화장지도 기업이 만든 것이며, 아침 식탁에 오르는 음식물도 슈퍼마켓이나 백화점과 같은 유통기업에서 구입한 것이다. 출근을 하기 위해 버스를 타면, 그 버스를 만든 자동차 회사와 그 버스를 운행하는 운수회사를 이용하게 된다. 대부분의 사람들이 하루 8시간 이상을 보내는 곳이 기업이다. 매스컴을 통해 야구선구나 축구선수의 승전보를 즐겨 듣지만, 이들 프로선수들도 프로야구, 프로축구 기업에 속해 있다. 여행을 하기 위해서는 여행사라는 기업의 도움이 필요하고, 호텔이나 콘도미니엄과 같은 기업에서 잠을 자며, 우리가 사는 집도 건설회사가 지은 것이다. 태어날 때, 몸이 아플 때, 또한 대부분의 사람들이 죽을 때에 병원이라는 기업의 도움을 받는다. 심지어는 땅에 묻힐 때에도 장례회사라는 기업의 도움을 받는다. 실로 우리는 기업의 도움으로 태어나 기업의 숲 속에서 살다가 기업의 도움으로 무덤에 간다고 해도 과언이 아니다. 현대 사회는 기업의 도움 없이는 '요람에서 무덤까지' 온전하게 살아가기 어려운 세상으로 변해버린 것이다.

이와 같이 기업은 우리 생활 가운데서 가장 중요한 위치를 차지하고 있다. 당연히 기업의 경영을 연구대상으로 하는 경영학의 학문적 지위도 높아질 수밖에 없다.

이제 경영의 개념을 좀 더 자세히 살펴보기로 하자. 그 동안 많은 학자들이 경영의 개념을 정의하였다. 미국의 경영학자 폴리트(M. P. Follet)는 1918년에 '경영은 사람을 통하여 일을 성취하는 기술'이라고 하였다.[1] 이 정의는 매우 단순하기는 하지만, 경영의 핵심적인 개념을 잘 나타내고 있다. 또 드러커(P. Drucker)는 '경영은 기업의 목표를 설정하고, 나아갈 방향을 제시하여 리더십을 발휘하고 경영자원을 사용하여 목표를 달성하는 과정'이라고 하였다.[2] 즉, 드러커는 경영의 개념을 목표설정에서 목표달성까지 이어지는 일련의 과정으로 이해한 것이다.

나아가 프랑스의 경영학자 페이욜(H. Fayol)은 경영의 개념을 동태적인 순환과정으로 정의하였다. 그는 '경영은 계획하고, 조직하고, 지휘하고, 조정하고, 통제하는 과정'이라고 하였다.[3] 이는 경영을 계획(plan), 집행(do), 통제(see)의 순환과정을 보다 구체화 한 것으로, 경영과정론(management process theory)의 기틀을 제공하였다.

경영과정론에서는 경영을 정태적인 개념으로 보지 않고 경영기능의 동태적인 순환과정으로 본다는 점에 특징이 있다. 미국의 경영학자 다프트(R. L. Daft)는 지금까지 제시된 경영의 순환적 개념과 기업의 목표 달성 측면을 종합하여, '경영은 경영자원을 계획하고, 조직하고, 지휘하고, 통제하여 기업의 목표를 효율적으로 달성하는 과정'이라고 하였다.[4] 이 정의에는 ① 페이욜이 제시한 네 가지 경영기능, 즉 계획, 조직화, 지휘, 통제 기능이 포함되어 있고, ② 드러커가 제시한 기업의 목표달성 개념이 포함되어 있다. 이 책에서는 경영의

---

1) James A. Stoner and R. Edward Freeman, *Management*, 4th ed., Prentice-Hall, 1989, p. 3.
2) Peter F. Drucker, *Management Tasks, Responsibilities, Practices*, New York: Harper & Row, 1974.
3) Henri Fayol, *Industrial and General Administration*, trans. J. A. Coubrough, Geneva: International Management Institute, 1930.
4) Richard L. Daft, *Management*, 4th ed., Dryden Press, 1997, p. 8.

개념을 다프트의 정의에 따른다.

1.2 경영과정

경영과정론에서는 경영을 경영기능의 동태적인 순환과정으로 본다. 즉, 경영은 계획, 조직화, 지휘, 통제를 통해 기업의 목표를 효율적으로 달성하는 동태적인 순환과정이다. 경영과정은 조직 내의 계층구조에 관계없이 모든 경영자가 수행하는 가장 보편적인 경영활동이다.

시스템론적으로 보면, 경영과정은 [그림 1-1]과 같다. 인적 자원, 물적 자원, 재무적 자원, 기술적 자원, 정보 자원이 투입된 후, 계획, 조직화, 지휘, 통제 과정을 거쳐 목표 달성, 제품 생산, 서비스 생산, 효율성 증대, 유효성 증대와 같은 경영성과가 산출된다. 투입되는 경영자원, 경영과정 및 산출되는 경영성과에 대해 좀더 자세히 설명하면 다음과 같다.

(1) 경영자원

경영자원(management resources)은 경영성과를 산출하는 데 소요되는 각종 투입물(input)을 말한다. 여기에는 인적 자원, 물적 자원, 재무적 자원, 기술적 자원, 정보 자원 등이 포함된다.

인적 자원(human resource)은 말 그대로 사람을 뜻한다. 기업에서 사람의 중요성은 아무리 강조해도 지나치지 않는다. 기업이 아무리 기계화되고 자동화되어도 경영의 주체는 사람이며 사람에 의해 경영성과가 궁극적으로 결정된다. 인적 자원은 경영자와 종업원이라는 두 개의 집단으로 분류된다. 경영자는 자원을 배분하고 운영하여 높은 경영성과를 얻기 위해 각종 의사결정을 하는 반면에, 종업원은 경영자의 지시나 감독에 따라 정신적 · 육체적 노동을 제공하고 그 대가로 임금을 받는다. 경영자와 종업원은 서로 불가분의 관계가 있으며, 원만한 협조관계가 유지되어야 높은 경영성과를 달성할 수 있다.

물적 자원(physical resource)은 토지, 건물, 기계와 같은 물리적 시설과 각종 원료를 포함한다. 투입되는 물적 자원의 크기는 기업에 따라 다르다. 자동차, 전자, 반도체, 조선, 석유화학 분야의 대기업에서는 물적 자원이 많이 소요되고, 세탁소나 심부름센터와 같은 소규모 서비스기업에서는 물적 자원이 적게

그림 1-1 경영과정

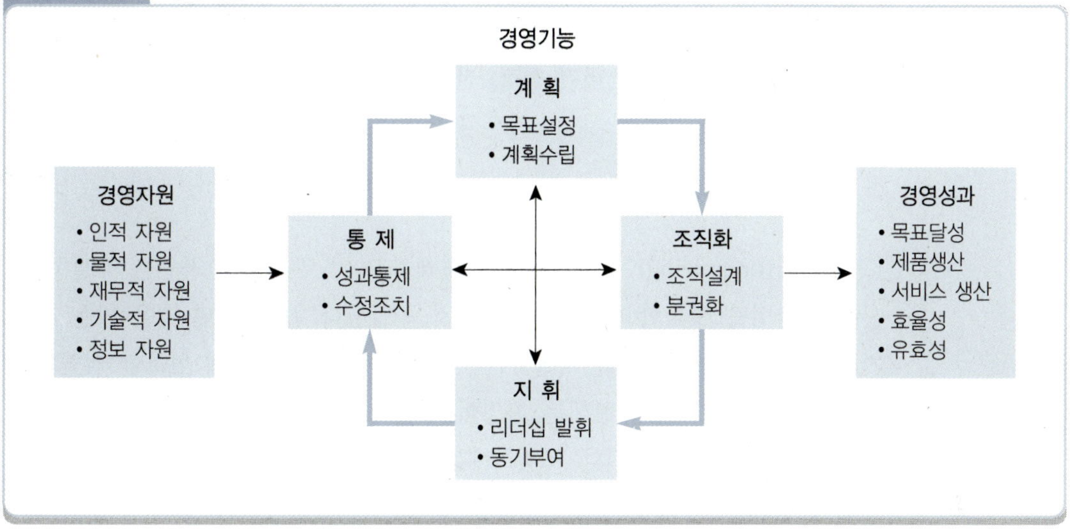

자료: Richard L. Daft, *Management*, 10th ed., South-Western, 2010, p. 8.

소요된다.

재무적 자원(financial resource)은 자본금이나 운영자금을 말한다. 자금이 있어야 기업을 경영할 수 있다. 기업에서 자금은 사람의 피와 같은 생명소 역할을 하기 때문에 자금이 원활하게 흘러 다닐 수 있도록 해야 한다. 운영자금이 너무 과다하면, 경영활동에는 여유가 생기지만 수익성에는 나쁜 영향을 줄 수도 있으므로 적절한 수준으로 유지해야 한다.

기술적 자원(technological resource)이나 정보 자원(information resource)은 기업의 경쟁력을 결정하는 중요한 요소로 부각되고 있다. 기술진보의 속도가 날로 빨라지고 있기 때문에 어떤 기술이 투입되느냐에 따라 경영성과는 현저하게 달라진다. 특히, 정보통신이나 인터넷 분야에서는 기술이나 정보의 중요성이 더 크다.

(2) 경영기능

경영과정에 포함되는 네 가지 경영기능(management function)은 다음과 같다.

1) 계 획

계획(planning)은 기업의 목표를 제시하고 그것을 달성하는 방법을 수립하는 것을 말한다. 경영자가 확고한 비전과 구체적인 목표도 없이 상황에 쫓기는 모습을 보이면 부하들이 방향감각을 잃고 노력을 집중하지 않는다. 주변에서 무능하다는 비판을 받는 경영자를 보면, 계획수립 능력이 부족한 경우가 많다. 계획에는 기업의 이념과 비전 설정, 전략적 목표 설정, 전략적 계획 수립, 전술적 계획 수립, 업무계획 수립과 같은 활동이 포함된다.

2) 조직화

조직화(organizing)는 조직구조를 설계하고 각 부서별로 자원을 적절히 배분하여 과업을 수행할 태세를 갖추는 것을 말한다. 누가 어떤 일을 맡을 것인가, 누가 누구에게 책임을 져야 하는가, 어떤 부서와 어떻게 협조할 것인가를 결정해야 한다. 조직의 형태는 기업이 생산하는 제품이나 서비스의 성격이나 작업 내용에 따라 달라진다. 조직화에는 조직구조 설계, 조직의 분권화, 권한과 책임의 위양, 의사결정 방법이 중요하며, 기업이 필요로 하는 사람을 고용하여 훈련시키고 배치하는 인사업무도 포함된다. 그리고 환경이 변하면 조직 형태도 변해야 한다. 그러나 현실적으로 기업의 규모가 클수록 환경의 변화가 빠를수록 조직개편은 어려워진다.

3) 지 휘

지휘(leading)는 기업의 목표를 달성하기 위해 동기부여나 리더십을 통하여 종업원들이 열심히 과업을 수행하도록 이끌어 나가는 것을 말한다. 계획이 수립되고 조직화가 완료되었다고 해서 목표가 저절로 달성되는 것은 아니다. 종업원들이 열심히 일하지 않으면 좋은 성과를 낼 수 없다. 서로 다른 사람들이 함께 모여서 일을 하다가 보면, 상호간에 불신, 오해, 갈등과 같은 인간적인 문제가 발생하기 마련이다. 경영자는 부하들의 의견을 항상 경청하고, 그들의 마음을 움직여 열심히 일하도록 유도해야 하며, 서로간에 상충되는 이해관계를 조정하고 협조적인 분위기를 조성하는 데 관심을 기울여야 한다. 지휘에는 합리적 인사원칙 수립, 개인목표와 조직목표의 통합, 동기부여와 리더십 발휘, 효과적 커뮤니케이션과 직무설계, 팀웍 촉진과 소집단 운영과 같은 활동이 포함된다.

4) 통 제

통제(controlling)는 종업원들이 기업의 목표를 얼마만큼 달성하였는가를 비교평가하고 수정조치를 취하는 것을 말한다. 모든 일이 계획된 대로 순조롭게 진행되지 만은 않는다. 경영자는 부하들이 의욕적으로 일하고 있는가, 계획은 수정할 필요가 없는가, 자금은 제대로 운용되고 있는가, 품질은 개선되고 있는가 등을 수시로 관찰해야 한다. 바람직한 표준에서 벗어날 때는 곧바로 수정조치를 취해야 한다. 통제에는 성과표준 설정, 실제성과 측정, 성과표준과 실제성과의 비교, 필요한 수정조치와 같은 활동이 포함된다.

(3) 경영성과

경영성과(management performance)는 [그림 1-1]과 같이 경영과정을 통해 생산되는 산출물(output)을 말한다. 경영성과는 대부분 목표 달성이나 제품과 서비스 생산으로 나타나지만, 효율성과 유효성의 증대로 나타나기도 한다.

기업의 목표는 재무적 목표와 추상적 목표로 표현된다. 재무적 목표에는 시장점유율 증가, 1인당 부가가치 증가, 매출액 증가, 이익 증가 등이 포함되고, 추상적 목표에는 고객만족 극대화, 노사화합 달성, 사회적 책임 완수, 경영혁신 달성 등이 포함된다.

이 책에서 효율성(efficiency)은 (산출가치－투입가치)나 (산출가치÷투입가치)로 측정되며, 산출가치가 투입가치에 비해 얼마나 효율적으로 달성되었는가를 나타낸다. 그리고 유효성(effectiveness)은 효율성과는 달리 '목표를 적절하고 타당하게 달성한 정도'로 정의된다. 따라서 기업의 목표는 유효하고 효율적으로 달성되어야 한다.

02 경영학의 학문적 성격과 인접과학

2.1 경영학의 학문적 성격

오늘날과 같은 정보화 사회에서 기업이 국민경제에서 차지하는 비중이 커짐에 따라 경영학에 대한 관심도 날로 증가하고 있다. 그러나 경영학은 역사가 길지 않기 때문에 아직까지 그 학문적 성격에 대한 통일된 견해가 나오지 않고 있다.

그림 1-2 경영학의 양면성

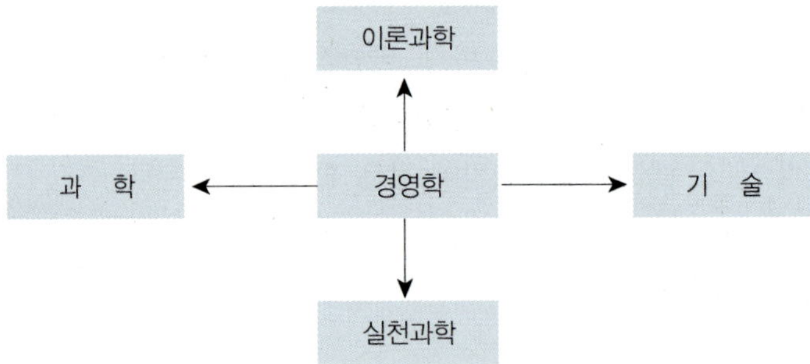

(1) 사회과학

경영학은 사회과학의 한 분과로 발전해 왔기 때문에 사회과학(social science)의 성격을 갖는다. 학문은 크게 인문과학, 사회과학, 자연과학의 세 영역으로 분류되는데, 이 중에서 경영학은 사회과학의 범주에 속한다.

그러면 경영학은 국민경제 중 어떤 경제단위를 연구대상으로 하는가? 국민경제는 가정, 기업, 정부, 비영리단체의 네 가지 경제단위로 구분할 수 있다. 이 중에서 정부는 행정학의 연구대상이 되고, 나머지 세 가지 경제단위는 넓은 의미에서 경영학의 연구대상이 된다. 최근에는 가정이 가정학의 연구대상으로 분화되고 나머지 기업과 비영리단체만이 좁은 의미에서 경영학의 연구대상이 되고 있으나, 그 중에서도 영리를 목적으로 하는 기업을 주된 연구대상으로 한다.

(2) 이론과학과 실천과학

경영학은 [그림 1-2]와 같이 이론과학(theoretical science)과 실천과학(practical science)의 양면성을 가지고 있다. 이에 따라 경영학은 이론과학으로서 경영현상을 분석하여 경영원리를 체계화시켜 나가는 한편, 실천과학으로서 경영의 실천원리를 탐구한다. 다시 말해, 경영학은 경영에 관한 단순한 이론 이상으로 실제 경영에 활용될 수 있어야 하며, 기업이 바람직한 방향으로 나아가도록 규범론적으로 통제할 수 있어야 한다. 특히, 무한 경쟁시대에 복잡한 경영문제들을 처방하기 위해서는 이론적 지식만으로는 부족하며 실천적인 경험이나 직관이 더욱 요구되고 있다.

역사적으로 보면, 독일 경영학은 관념론의 영향을 많이 받아 이론과학의 성격이 강했으나, 치열한 방법논쟁을 거치면서 실천과학의 측면이 점차 보완되어 왔다. 이와 달리, 미국 경영학은 실용주의의 영향을 많이 받아 교육훈련, 경영문제 해결, 경영합리화 등에서 실천과학으로 출발하였으나, 이론적 뒷받침이 부족하다는 지적에 따라 이론과학의 측면이 보완되어 왔다.

(3) 과학과 기술

경영학은 [그림 1-2]와 같이 과학(science)과 기술(art)의 양면성을 가지고 있다. 학문은 과학적 지식을 탐구하고 과학은 정확성과 엄밀성을 요구한다. 여기서 과학적 지식이란 관찰과 실험을 통해 분석하여 입증한 지식을 말하며, 기술이란 과학적 지식을 적용하여 구체적 결과를 얻어낼 수 있는 노하우(know-how)를 말한다.

경영학이 과학이냐 기술이냐에 대한 역사적 논쟁이 있었는데, 이를 과학 · 기술 논쟁(science or art controversy)이라 한다. 이 논쟁은 '닭이 먼저냐 계란이 먼저냐'와 같은 논쟁에 비유할 수 있다. 이 논쟁의 결과, 경영학은 과학과 기술의 양면성을 갖는다는 결론에 도달하였다.

경영학은 과학으로서 경영의 이론적 지식을 제시함과 동시에 기술로서 기업의 목표를 달성할 수 있는 실천적 노하우를 제시해야 한다. 만일 경영학이 과학으로만 취급된다면, 그것은 현실과 동떨어진 '지식을 위한 지식'만을 양산하게 될 것이다. 이와 달리, 경영학이 기술로만 취급된다면, 그것은 경험과 직관에만 의존하여 수많은 시행착오와 혼란에 빠질 것이다.

따라서 경영학은 사회과학의 범주에 속하며, 이론과학과 실천과학의 양면성뿐만 아니라 과학과 기술의 양면성도 가진 학문이다.

2.2 경영학의 인접과학

여기서는 경영학이 인접과학과 어떻게 다르며, 어떤 공통점을 갖고 있는가? 그리고 이들 인접과학과 어떠한 관계가 있는가를 살펴본다.

(1) 경제학

경제학(economics)은 불확실성과 유한한 자원의 제약조건 하에서 인간의 욕망을 극대화하기 위한 인간의 행위를 연구하는 학문이다. 경제학의 연구대상은 기본적으로 한 국가나 사회의 경제시스템이라고 할 수 있다. 이에 비해 경영학의 연구대상은 그 경제시스템을 구성하는 하나의 생산주체인 기업을 기본단위로 하고 있다. 경제시스템을 구성하는 가장 중요한 요소가 기업이라는 점에서 경영학과 경제학은 공통분모를 가지고 있으며, 두 학문분야는 상호 도움을 받고 있다.

(2) 행정학

행정학(public administration)은 19세기 후반부터 하나의 독립된 학문으로 자리잡기 시작하여 그 역사는 다른 학문에 비해 그리 길지 않다. 그러나 20세기에 들어 행정국가화 현상에 따른 행정수요의 확대로 그 기능과 범위는 급격히 팽창하였고, 국내 행정학도 토착화된 이론개발에 주안을 두고 있다. 행정학은 전문직업적인 학문으로 공공행정과 관련된 전문행정가, 일반관리자 및 행정실무자를 양성하는 데 큰 비중을 두는 학문이다.

간단히 말하면, 행정학은 공공조직을 연구대상으로 하고 있는데 비해, 경영학은 영리조직을 연구대상으로 한다는 점에서 차이가 있다. 그러나 공공조직과 영리조직은 모두 사람으로 구성된 조직이라는 점에서는 동일하다. 또한 오늘날 공공조직은 효율성을 높이기 위해 사기업의 경영방법을 수용하고 있으며, 사기업은 사회적 책임과 공익성을 요구받고 있다. 따라서 두 학문분야는 상당 부분을 공유하고 있는 실정이다.

(3) 심리학

심리학(psychology)은 사람의 심리 상태를 연구하는 학문이며, 산업심리학과 조직심리학 분야는 경영학과 밀접한 관계가 있다. 이들 분야는 기본적으로 사람을 연구대상으로 삼고 있다. 이에 비해 경영학은 기업을 연구대상으로 한다는 점에서 차이가 있다. 그러나 기업을 구성하는 가장 중요한 요소가 사람이라는 점에서 서로 밀접한 관계가 있다. 또한 경영학의 많은 이론들이 심리학에 기초를 두고 있으며, 앞으로도 많은 도움이 예상된다.

(4) 사회학

사회학(sociology)은 광범위한 사회현상을 폭넓게 다루고 있다. 기업조직이 사회를 구성하는 핵심요소 중의 하나라는 점에서 사회학에서 조직론이 중요한 위치를 차지하고 있다. 사회학은 조직현상을 사회라는 커다란 환경 속에서 설명하는 데 비해, 경영학은 기업조직에 초점을 두고 사회현상을 환경적 요인으로 이해하고자 한다. 그러나 경영학의 여러 이론이 사회학에 기반을 두고 있으며, 앞으로도 학문적인 교류가 지속될 것으로 예상된다.

(5) 산업공학

미국 산업공학회는 '산업공학(industrial engineering)은 인간, 재료, 설비로 구성된 종합 시스템을 설계하고 설치하는 학문 분야로서, 공학적인 분석과 설계의 원리 및 방법에 수학, 자연과학, 사회과학의 전문지식과 기술을 결합함으로써 그러한 시스템에서 얻어지는 결과를 해석하고 평가하며 예측할 수 있다'라고 정의하고 있다. 산업공학과 경영학은 다같이 기업을 연구대상으로 한다는 점에서 공통점이 있다. 두 학문 분야의 가장 두드러진 차이는 연구방법에 있다. 산업공학은 수학적, 공학적인 접근방법을 주로 사용하는 반면에, 경영학은 수학적인 방법은 물론 사회심리학적 방법, 문화인류학적 방법 등 가능한 모든 방법을 활용하고 있다.

(6) 경영학과 인접과학간의 관련성

경영학은 여러 인접과학과 많은 부분을 공유하고 있으며 밀접한 관계를 가지고 있다. 경영학은 산업공학을 제외한 대부분의 인접과학보다 짧은 역사를 가지고 있으나, 이들 인접과학들로부터 많은 영향을 받고 있다. 그러나 자본주의의 발전과 더불어 기업경영에 엄청난 변화가 일어나고 있으며, 그러한 경영현장에 가장 밀착해 있는 것은 경영학이다. 또한 경영학은 기업에서 일어나는 변화와 혁신을 가장 먼저 수용하고 응용할 뿐만 아니라 이를 선도하는 실천적인 역할을 수행하고 있다. 나아가 새로 개발된 경영이론들은 사회학이나, 행정학, 경제학 등 인접과학에도 많은 영향을 미치고 있다.

03 경영자의 개념, 유형 및 역할

3.1 경영자의 개념

경영자(manager)는 경영의 주체로서, 경영자원을 계획하고, 조직하고, 지휘하고, 통제하여 기업의 목표를 효율적으로 달성하는 사람이다. 그리고 경영자는 경영의 주체로서 조직을 이끌고 그 결과에 책임을 진다. 예를 들어, 대기업의 회장, 사장, 영업부장, 공장장도 경영자이고, 호텔 지배인, 슈퍼마켓 주인, 노동조합장, 대학 총장도 경영자이다. 직위와 명칭은 다르더라도 인적 · 물적 자원을 계획, 조직화, 지휘, 통제하여 조직의 목표를 달성한다는 점에서는 다를 바가 없다.

오늘날에는 경영자의 기능이 기업의 규모가 빠르게 성장하고 기업의 환경도 급속하게 변화함에 따라 점점 전문화되고 있다. 또한 경영자는 한 개인으로서의 경영자 개념보다는 복수 개념으로 계층구조를 이루고 있는 경영자 집단의 개념으로 사용되는 경향이 있다.

3.2 경영자의 유형

경영자는 계획, 조직화, 지휘, 통제와 같은 네 가지 경영기능을 수행하지만, 모두 동일한 직무를 수행하는 것은 아니다. 경영자들은 제각기 다른 부서를 책임지고 있고, 계층구조상으로 서로 다른 수준에 위치해 있으며, 직무수행에 필요한 능력도 제각기 다르다.

경영자는 계층 구조에서 차지하는 지위에 따라 [그림 1-3]과 같이 최고경영자, 중간경영자, 일선경영자로 분류된다.

1) 최고경영자

최고경영자(top management)는 조직의 계층 구조에서 최상위에 위치하여 조직 전체적인 책임을 지고, 조직 전체적인 성공을 추구하며, 사장(president), 대표이사(chairperson), CEO(chief executive officer), 부사장(vice-president)과 같은 직함을 가지고 있다. 최고경영자는 장기적으로 미래를 전망하고, 조직의

그림 1-3 계층별 유형

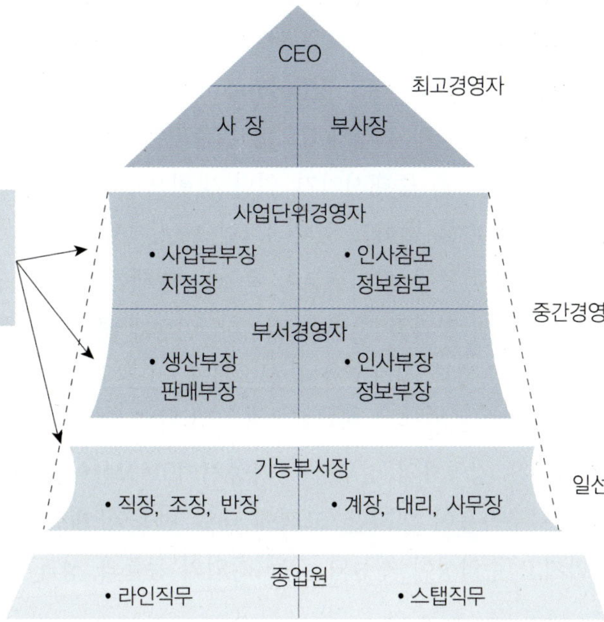

자료: Thomas V. Bonoma and Joseph C. Lawler, "Chutes and Ladders: Growing the General Manager," *Sloan Management Review*, Spring 1989, pp. 27-37.

장기적 목표를 설정하고 이를 실천하기 위한 전략을 수립하며, 조직 전체에 장기적으로 영향을 미치는 의사결정을 주로 한다. 또한 대외적 환경 변화를 분석하며, 대내적인 기업 문화의 변화에도 관심을 가져야 한다.

2) 중간경영자

중간경영자(middle management)는 조직 계층 구조에서 중간에 위치하여 주요 영업단위 또는 부서에 대해 책임을 지고, 자기가 맡은 부서의 성공을 추구하며, 사업본부장, 지점장, 부장, 실장, 소장, 차장, 팀장, 과장과 같은 직함을 가지고 있다. 중간경영자는 단기적으로 미래를 전망하고, 최고경영자가 설정한 기업 목표, 전략, 정책을 집행하기 위한 업무를 수행한다. 중간경영자는 그 밑에 2~3단계의 경영 계층을 거느리고 있고, 일선경영자를 지휘·감독하는 것은 물론 동료 집단간에도 좋은 인간관계를 유지해야 하며, 조직 내의 팀웍을 조장

5) Rensis Likert, *New Patterns of Management*, New York: McGraw-Hill, 1961.

하고 갈등관계를 신속히 조정하는 역할을 수행한다. 리커트(R. Likert)는 중간경영자가 조직 내에서 상하를 연결하는 연결 핀(linking pin)의 역할을 얼마나 잘 수행하느냐가 건강한 조직을 만드는 필수적 요건이 된다고 주장하였다.[5]

최근에 기업의 구조조정(restructuring)과 다운사이징(downsizing)이 일반화되면서 중간경영자가 상대적으로 위축되는 경향을 보이고 있다. 많은 기업에서 조직의 효율성을 증대시키기 위한 방편으로 중간경영자를 정리해고하거나 중간경영자의 수를 줄이고 있다. [그림 1-3]에서와 같이, 조직구조가 전통적인 피라미드형에서 중간 허리부분이 축소된 형태를 보이고 있는데, 이는 구조조정과 다운사이징의 결과를 반영한 것이다. 이렇게 중간경영층이 축소되면, 정보가 조직의 최고층에서 최하층까지 신속하게 전달될 수 있고, 오늘날과 같은 무한경쟁의 글로벌 시장에서 의사결정을 신속하게 할 수 있다. 다시 말해, 중간경영층의 감축은 경영자의 업무량을 가중시키고 고용안정을 저해하고 승진기회를 박탈하는 부작용이 있지만, 고객에 대한 반응이 개선되고 신제품 개발의 속도가 빨라지고 수익성이 개선되는 등 기업의 능률과 성과가 개선되는 효과가 있다.

3) 일선경영자

일선경영자(first-line management)는 생산 현장의 노동자나 일반 사무원을 지휘, 감독하여 제품과 서비스를 생산하는데 책임을 지며, 생산 현장에서는 직장, 조장, 반장과 같은 감독자 직함을 가지고 있고, 사무직에서는 계장, 대리, 사무장과 같은 직함을 가지고 있다. 일선경영자들은 단기적으로 미래를 전망하고, 자기가 맡은 부서의 일상적인 목표달성에 주력한다. 일선경영자는 생산의 효율성을 높이기 위해 규칙과 절차를 적용하고, 부하직원에게 사기를 진작시키고 기술적인 지원 업무를 수행한다. 또한 부하직원을 지휘, 감독하는 것은 물론 중간경영자와의 조정역할도 매우 중요하다.

[그림 1-4]에서는 최고경영자, 중간경영자 및 일선경영자가 네 가지 경영기능을 수행하는 데 소비하는 시간이 제각기 다름을 보여준다. 이 그림에서 보면, 경영자들은 모두 네 가지 경영기능을 수행하지만, 각 기능을 수행하는데 소비하는 시간은 서로 다르다. 최고경영자는 계획과 조직화 기능에 많은 시간을 소비하고, 중간경영자는 조직화와 지휘 기능에 많은 시간을 소비하며, 일선경영자는 지휘와 통제 기능에 많은 시간을 소비하는 것으로 나타났다. 특히, 일선경영자는 지휘 기능에 가장 많은 시간을 소비하는데, 그 이유는 일선경영자가 상위

그림 1-4 계층별 경영기능 수행 시간

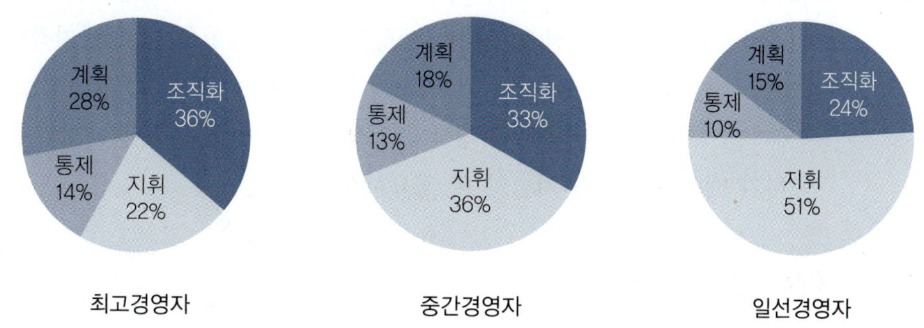

자료 : T. A. Mahoney, T. H. Jerdee, and S. J. Carroll, "The Job of Management," *Industrial Relations*, vol. 4 no.2, 1965, p. 103.

의 중간경영자나 최고경영자보다 부하직원을 지휘, 감독하고 사기를 진작시키는 데 많은 시간이 필요하기 때문이다.

3.3 경영기술

경영자가 기업의 목표를 성공적으로 달성하기 위해서는 다양한 경영기술(management skill)이 필요하다. 카쯔(R. L. Katz)는 경영기능을 수행하는 데 요구되는 경영기술을 개념적 기술, 인간적 기술, 전문적 기술로 분류하였다.

(1) 개념적 기술

개념적 기술(conceptual skill)은 조직의 복잡한 상황을 전반적으로 파악하고 각 부서간의 이해관계를 조정 · 통합하여 환경변화에 대응하는 인지적 능력을 말한다. 이는 경영자의 전략적 사고와 계획 능력을 포함한다. 어떤 부서가 조직 전체에 적합하고 어떤 조직이 산업과 사회에 적합한가를 판단할 수 있어야 한다. 넓게 말하면, 개념적 기술은 전략적 사고 능력을 말한다.

개념적 기술은 모든 경영자 계층에 요구되지만, 주로 최고경영자에 요구된다. 최고경영자는 어떤 주어진 상황에서 가장 중요한 요소가 무엇인가를 개념적으로 파악할 수 있어야 한다. 예를 들어, Microsoft사는 빌 게이츠 회장의 개념적 기술을 잘 실천함으로써 그의 명성도 높이고 기업도 계속 발전시켜 나가고 있다.

[그림 1-5]에서와 같이, 계층을 따라 위로 올라갈수록 개념적 기술이 중요시되고 아래로 내려갈수록 전문적 기술이 중요시된다. 최고경영자는 조직 전체의 시각에서 조직의 발전에 중대한 영향을 미치는 사항을 넓고 장기적인 의사결정을 해야 하기 때문에 개념적 기술이 많이 필요하게 되고, 일선경영자들은 구체적인 작업현장에서 업무수행상의 일상적인 활동과 문제점을 지휘, 감독해야 하기 때문에 전문적 기술이 더 필요하게 된다.

(2) 인간적 기술

인간적 기술(human skill)은 다른 사람과 함께 직무를 효율적으로 수행하는 인간관계 능력을 말한다. 이는 부하 직원을 지휘하고, 조정하고, 동기를 부여하고, 커뮤니케이션을 원활히 하고, 갈등 요인을 제거하여 조직의 목표를 효율적으로 달성하는 능력을 말한다. 인간적 기술이 뛰어난 경영자는 부하 직원들에게 표현의 기회를 많이 주고 참여의 폭을 넓히는 경향이 있다.

인간적 기술은 모든 경영자 계층에 골고루 요구되지만, 최근에는 중간경영자가 축소되는 추세이기 때문에 상대적으로 일선경영자에게 많이 요구되고 있다.

(3) 전문적 기술

전문적 기술(technical skill)은 주어진 직무를 효율적으로 수행하는 능력을 말한다. 엔지니어링, 제조, 금융과 같은 특수한 직무를 효율적으로 수행하기 위해서는 업무절차, 기술, 장비를 전문적으로 활용할 수 있어야 하고, 그 직무에 관한 전문적 지식, 분석 능력, 문제 해결 능력이 요구된다.

그림 1-5 경영계층별 개념적 기술, 인간적 기술 및 전문적 기술의 관계

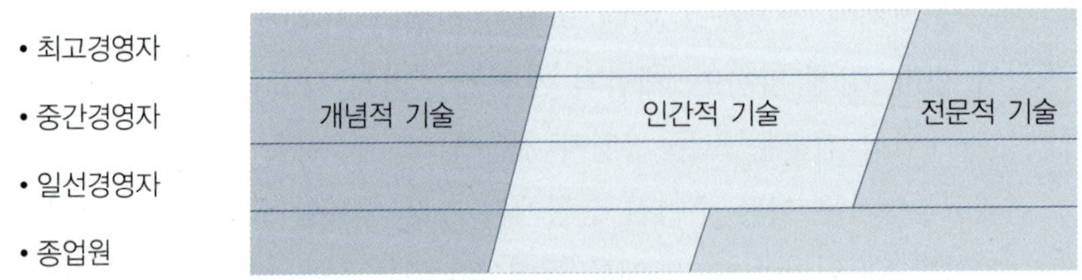

자료: Robert L. Katz, "Skills of an Effective Administrator," *Harvard Business Review*, September-October 1974, pp. 90-102.

전문적 기술은 일선경영자에게 중요시되며, 계층을 따라 위로 올라갈수록 그 중요성이 감소한다. 다시 말해, 일선경영자는 전문적 기술을 갖추어야 하고, 장차 중간경영자를 거쳐 최고경영자로 승진하기 위해서는 인간적 기술과 개념적 기술을 연마해야 한다.

3.4 경영자의 역할

지금까지 경영자의 직무를 규정하는 두 가지 측면, 즉 경영기능과 경영기술의 측면에서 설명하였는데, 또 하나의 측면인 경영자의 역할(manager roles)에 대해 살펴보기로 하자.

역할(role)이란 용어는 행동과학에서 자주 사용하는 용어로서 '어떤 직무를 수행하는데 필요한 행동의 범주'를 말한다. 민쯔버그(H. Mintzberg)는 [그림 1-6]과 같이 경영자의 역할을 대인적 역할(interpersonal role), 정보적 역할(informational role), 의사결정적 역할(decisional role)의 세 가지 범주로 분류하였다. 그리고 각 역할의 범주를 세분하여 대인적 역할은 대표자, 리더, 연락자로, 정보적 역할은 모니터, 전파자, 대변인으로, 그리고 의사결정적 역할은 기업가, 문제해결자, 자원배분자, 협상자로 분류하여 총 10가지 역할을 제시하였다. 다시 말해, 경영자가 경영기술(개념적 기술, 인간적 기술, 전문적 기술)을 가지고, 경영기능(계획, 조직화, 지휘, 통제)을 효율적으로 수행하는 데는 10가지 역할이 필요하다는 것이다.

(1) 대인적 역할

대인적 역할(interpersonal role)은 경영자가 대인적 관계를 통해 기업을 계

그림 1-6 경영자의 역할

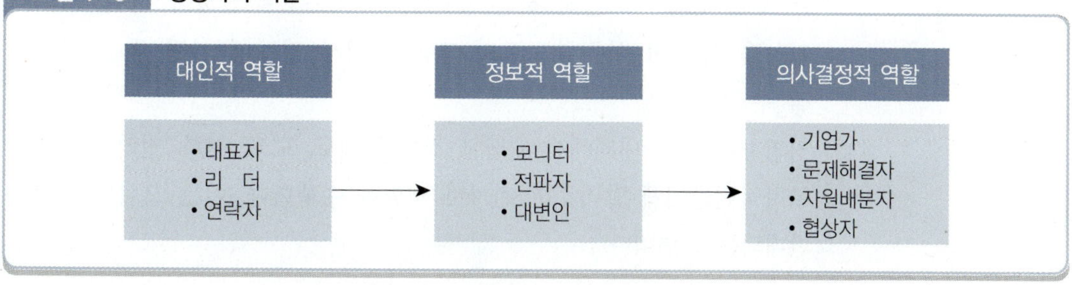

자료: Henry Mintzberg, *The Nature of Managerial Work*, New York: Harper & Row, 1973, pp. 92-93.

속 운영해 나가는 역할로서, 경영자의 인간적 기술과 밀접한 관계가 있다. 대인적 역할은 대표자(figurehead), 리더(leader), 연락자(liaison)의 세 가지 역할로 구성된다.

① 경영자는 기업의 대외적 대표자로서 행사 참석, 내빈 접견, 부하직원 결혼식 참석, 고객 접대, 문서 서명 등 의식적이거나 상징적인 임무를 수행한다.

② 경영자는 기업의 목표를 달성하기 위해 부하직원에 대한 지휘, 동기부여, 훈련, 상담, 커뮤니케이션을 통해 리더 역할을 수행한다. 일선경영자일수록 리더 역할이 중요하다.

③ 경영자는 우편, 전화, 회의, 인터넷을 통해 조직 내외간에 정보 네트워크를 연결하고, 특히 외부의 공급자나 고객과 같은 이해관계 집단과 연결관계를 유지하는 연락자 역할을 수행한다.

(2) 정보적 역할

정보적 역할(informational role)은 경영자가 정보 네트워크를 개발하여 유지하면서 필요한 정보를 수집하거나 활용하는 역할을 말한다. 올바른 의사결정을 내리기 위해서는 반드시 정보가 필요하기 때문에 정보적 역할은 가장 중요하다. 정보적 역할은 모니터(monitor), 전파자(disseminator), 대변인(spokesperson)의 세 가지 역할로 구성된다.

① 경영자는 많은 정보원천으로부터 정보를 검색하여 수집하는 모니터 역할을 수행한다. 경영자는 다른 사람이나 다양한 기록물을 통해 정보를 수집하며, 이를 주기적으로 분석하여 상부에 보고한다. 경영자는 다른 사람과 대화하는데 75% 정도의 시간을 소비하는데, 이는 개인적 접촉을 통해 정보를 수집하는 과정으로 해석할 수 있다. 특히, 경영자는 부하직원이 소홀히 하는 분야까지 정보를 수집해야 하며, 모니터 기능을 충실히 실천함으로써 조직 내에서 정보에 가장 밝은 사람이 될 수 있다.

② 경영자는 조직 내외에서 수집한 정보를 메모, 보고, 전화, 인터넷을 통해 부하직원들에게 알려주는 전파자 역할을 수행한다. 이는 모니터 역할과 반대되는 측면이다.

③ 경영자는 조직의 정책이나 계획에 관한 정보를 외부에 강연, 구두설명, 보고, 홍보, 인터넷을 통해 공식적으로 알리는 대변인 역할을 수행한다. 예를 들어, 사장이 외부 소비자 단체에서 행하는 강연은 기업의 정보를 외부에 전달하는 대변인 역할에 속한다.

(3) 의사결정적 역할

의사결정적 역할(decisional role)은 수집된 정보를 바탕으로 여러 가지 경영문제를 해결하는 것을 말한다. 이 역할을 수행하는 데는 개념적 기술과 인간적 기술이 많이 요구된다. 의사결정적 역할은 기업가(entrepreneur), 문제해결자(disturbance handler), 자원배분자(resource allocator), 협상자(negotiator)의 네 가지 역할로 구성된다.

① 경영자는 조직의 성장과 발전을 위해 새로운 사업기회나 아이디어를 개발하는 기업가 역할을 수행한다.
② 경영자는 조직 구성원간의 갈등을 해결하거나, 파업, 고객파산, 계약위반과 같은 예기치 못한 환경적 위기나 애로사항에 적극 대응하여 해결방안을 모색하는 문제해결자 역할을 수행한다.
③ 경영자는 인적 자원, 물적 자원, 재무적 자원, 기술적 자원, 정보 자원 등 제반 경영자원을 적절하게 배분하고, 사업계획의 스케줄이나 예산집행의 우선순위를 조정하는 자원배분자 역할을 수행한다. 자원배분이 얼마나 효율적이냐에 따라 기업의 성과가 크게 달라질 수 있다.
④ 경영자는 노동조합과 단체협약을 체결하거나, 외부 공급자와 구매 및 판매 계약을 체결하거나, 예산 편성 문제로 어려움이 있을 경우에 협상자 역할을 수행한다.

[그림 1-7]에서는 소기업과 대기업은 경영자의 역할이 서로 다름을 보여준다. 파올릴로(J. G. P. Paolillo)는 소기업의 경영자는 대변인 역할이 가장 중요하고, 기업가, 대표자 및 리더로서의 역할은 중간 정도로 중요하며, 전파자로서의 역할은 중요성이 가장 낮다고 하였다. 반면에, 대기업의 경영자는 자원배분자 역할이 가장 중요하고, 연락자, 모니터, 문제해결자 및 협상자로서의 역할은 중간 정도로 중요하며, 기업가로서의 역할은 중요성이 가장 낮다고 하였다. 소기업의 경영자는 직접 고객을 만나고 은행에서 금융관련 업무를 보거나 새로운

그림 1-7 소기업과 대기업의 경영자 역할의 중요성

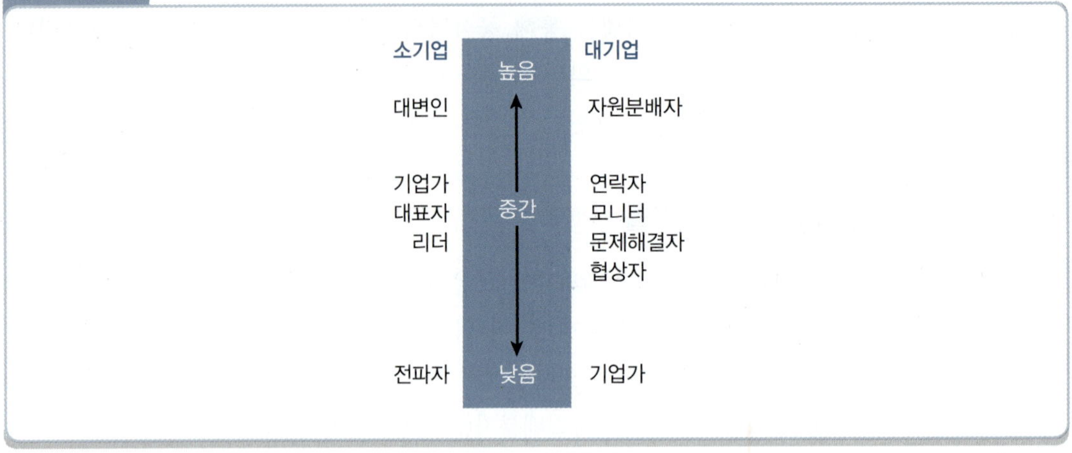

자료: G. G. P. Paolillo, "The Manager's Self-Assessments of Managerial Roles: Small vs. Large Firms," *American Journal of Small Business*, January-March 1984, pp. 61-62.

기회를 찾고 변화를 탐색하는 활동에서 대변인의 역할이 가장 중요하다. 이와 대조적으로, 대기업의 경영자는 대규모 조직관리자로서 어느 조직에 얼마의 자원을 배분할 것인가를 결정하는 자원배분자 역할이 가장 중요하다고 하였다.

04 새로운 작업장과 경영의 전반적 동향

오늘날 기업의 환경이 급변함에 따라 종업원들이 직무를 수행하는 작업장도 전통적 작업장(traditional workplace)에서 새로운 작업장(new workplace)의 개념으로 변화하고 있다. 예를 들어, 사무실, 조립라인, 백화점 판매장, 건설 현장 등 각종 작업장이 새로운 작업장으로 변화하고 있으며, 조직과 경영도 전반적으로 변화하고 있다.

4.1 작업장의 변화

전통적 작업장에서 새로운 작업장으로 변화하면, 작업자의 업무스타일, 작업자가 사용하는 자원의 속성, 작업 방법도 [그림 1-8]의 (A)와 같이 변화한다.

새로운 작업장에서는 작업자들이 지시와 통제를 많이 받는 의존적인 종업원(dependable employee)에서 임파워먼트가 강한 종업원(empowered employee)으로 변화하고, 기계나 물리적 자산과 같은 아톰(atoms) 개념의 자원이 아니라 정보나 아이디어와 같은 비트(bits) 개념의 자원을 주로 사용한다. 그리고 전문화되고 표준화된 절차에 따라 작업을 수행하기보다 상황의 변화에 따라 유연하게 작업을 수행한다. 특히, e-커머스(e-commerce)나 인터넷 기업은 사이버 공간(cyber space)에서 작업을 수행하기도 한다.

4.2 조직의 전반적 변화

작업장의 개념이 변화하면 조직도 변화한다. 조직이 사용하는 기술과 노동력, 조직이 목표하는 시장, 조직이 추구하는 가치, 사건발생 형태 등이 [그림 1-8]의 (B)와 같이 변화한다.

먼저, 조직이 사용하는 기술이 변화한다. 기계적 기술보다 컴퓨터와 인터넷

그림 1-8 전통적 작업장과 새로운 작업장

	전통적 작업장 ⟶	새로운 작업장
(A) 특성의 변화		
작업자	의존적 종업원	임파워먼트가 강한 종업원
자원	아톰-물리적 자산	비트-정보
작업방법	전문화, 표준화	유연화, 가상화
(B) 조직의 변화		
기술	기계적 기술	디지털 기술, e-비즈니스 기술
노동력	동질적 노동력	다양한 노동력
시장	지역시장, 국내시장	글로벌 시장, e-마켓
가치	안정성, 효율성	변화, 속도
사건발생	조용하고 예측 가능	거칠고 예측불가능, 잦은 위기
(C) 경영의 변화		
리더십	전제적, 과업 지향적 리더십	참여적, 관계 지향적 리더십
경영 초점	이익	고객 및 종업원과의 연결
팀웍	개별적 작업	팀별 작업
관계설정	갈등관계, 경쟁관계	협력관계
직무설계	효율적 성과 달성	실험적 학습조직

자료: Richard L. Daft, *Management*, 10th ed., South-Western, 2010, p. 25.

을 사용한 디지털 기술이나 e-비즈니스 기술을 많이 사용한다. 디지털 기술은 폭발적으로 발전하고 있으며, 무선기술(wireless technology)도 놀라운 속도로 보급되고 있다. 특히, 인터넷은 비즈니스 방식에 큰 변화를 일으키고 있다. 수년 전에는, 인터넷이 단순한 호기심의 대상에 지나지 않았으나, 지금은 인터넷으로 수많은 업무를 수행할 수 있다. 나아가, 인터넷 기술을 확장하여 인트라넷(intranet), 엑스트라넷(extranet)과 같은 새로운 커뮤니케이션 시스템을 개발하여, 종업원, 경영자, 고객, 공급업자, 주주를 사이버 공간에서 연결시키고 있다.[6] 또한 e-비즈니스 기술을 사용하여 업무처리 속도를 증가시키고, 품질을 향상시키고, 비용을 절감하고, 고객서비스를 개선시키고 있다. 그리고 스마트폰은 세계화를 더욱 촉진시킨다. 사람들이 스마트폰을 통해 세계 어디에서나 필요한 정보, 아이디어, 돈, 제품을 상호간에 교환할 수 있다.

기업이 사용하는 노동력도 변화한다. 동질적 노동력보다 이질적 노동력을 더 많이 사용할 수 있다. 국내 노동자뿐만 아니라 다양한 외국 노동자들이 함께 일하고, 남여노소 구분 없이 다양한 세대가 함께 일하는 시대가 된다. 따라서 경영자들은 서로 다른 인종간 또는 세대간의 문화적 격차를 잘 이해해야 하고, 사이버 공간에서 가상 팀(virtual team)을 관리할 수 있어야 한다.

제품과 서비스의 판매시장도 지역시장이나 국내시장을 초월하여 글로벌 시장이나 e-마켓으로 확대되고, 기업이 추구하는 가치도 안정성과 효율성보다 변화와 속도가 더 강조된다. 각종 사건도 조용하고 예측 가능한 형태로 발생하는 것이 아니라, 거칠고 예측불가능 한 형태로 발생하며, 크고 작은 위기를 수반하기도 한다. 새로운 패러다임에서는 사물이 안정적이고 질서정연한 것이 아니라 변화무쌍하고 무질서하다고 생각해야 한다.

4.3 경영의 변화

작업장의 개념이 변화하여 조직이 변화하게 되면 경영방식도 변화한다. 리더십, 경영 초점, 팀웍, 관계설정, 직무설계 등은 [그림 1-8]의 (C)와 같이 변화한다.

리더십 스타일은 전제적 리더십에서 참여적 리더십으로, 그리고 과업 지향적 리더십에서 관계 지향적 리더십으로 변화한다. 따라서 경영자들은 지시와

6) e-business, e-commerce, e-market, internet, intranet, extranet 등에 관한 자세한 설명은 제2장과 제18장을 참고하기 바란다.

통제를 앞세우는 전제적 리더십을 버리고, 참여와 창의를 존중하는 참여적 리더십으로 변화해야 한다. 또한 종업원들의 과업 수행을 중요시하는 리더십에서 종업원들과의 인간관계를 중요시하는 리더십으로 변화해야 한다.

경영의 초점은 이익의 증가보다 고객과 종업원과의 연결을 더 중요시해야 한다. 인터넷과 스마트폰의 발전으로 고객들의 정보와 지식이 폭발적으로 증가하므로 고객과의 관계를 항상 우호적으로 유지해야 한다.

경영자들은 종업원들의 개별적 작업보다 팀별 작업을 장려해야 하고, 팀 빌딩 기술(team-building skill)을 익혀야 하고, 담당부서의 경영자가 아니라 다양한 프로젝트의 팀장으로 활동해야 한다.

경영자들은 갈등관계나 경쟁관계보다 협력관계를 더 중요시해야 한다. 내부의 구성원들은 물론, 외부의 고객, 공급업자, 경쟁기업과의 관계에 있어서도 협력관계가 더 중요하다. e-비즈니스에서는 고객, 공급업자, 기타 수많은 이해관계자가 디지털 네트워크로 연결되어 있기 때문에, 전통적 조직의 경계를 초월하여 사이버 공간까지 협력관계를 확대시켜야 한다.

경영자들은 효율적 성과달성뿐만 아니라 실험적 학습이 가능하도록 직무를 설계해야 한다. 그러기 위해서는 실험정신의 중요성을 인식하고, 새로운 기술을 적용하고, 위험을 감수하고, 실수와 실패를 받아들이고, 새로운 사고방식을 인정하고, 지식공유를 존중하고, 문제해결능력을 키울 수 있는 조직풍토가 조성되어야 한다.

>>> 요약 s·u·m·m·a·r·y

경영이란 경영자원을 계획하고, 조직하고, 지휘하고, 통제하여 기업의 목표를 효율적으로 달성하는 과정이다. 경영은 정태적인 개념이 아니라 네 가지 경영기능이 동태적으로 순환하는 과정이다. 시스템론적으로 보면, 인적자원, 물적자원, 재무적 자원, 기술적 자원, 정보 자원이 투입된 후, 계획, 조직화, 지휘, 통제 과정을 거쳐 목표 달성, 제품 생산, 서비스 생산, 효율성 증대, 유효성 증대와 같은 경영성과로 산출된다.

경영학은 사회과학의 범주에 속하고, 이론과학과 실천과학의 양면성을 가지며, 과학과 기술의 양면성을 가지고 있다. 주요 인접과학으로는 경제학, 행정학, 심리학, 사회학, 산업공학을 들 수 있고, 이들 인접과학으로부터 많은 영향을 받고 있다.

경영자는 경영의 주체로서 조직을 이끌고 그 결과에 책임을 진다. 경영자의 유형은 경영자가 계층 구조에서 차지하는 지위에 따라, 최고경영자, 중간경영자, 일선경영자로 분류된다. 최고경영자는 계획과 조직화 기능에 많은 시간을 소비하고, 중간경영자는 조직화와 지휘 기능에 많은 시간을 소비하며, 일선경영자는 지휘와 통제 기능에 많은 시간을 소비한다.

카쯔는 경영기술을 개념적 기술, 인간적 기술, 전문적 기술로 분류하였다. 조직의 계층구조를 따라 위로 올라갈수록 개념적 기술이 중요시되고 아래로 내려갈수록 전문적 기술이 중요시된다. 민쯔버그는 경영자의 역할을 대인적 역할, 정보적 역할, 의사결정적 역할의 세 가지 범주로 분류하고, 대인적 역할은 대표자, 리더, 연락자로, 정보적 역할은 모니터, 전파자, 대변인으로, 그리고 의사결정적 역할은 기업가, 문제해결자, 자원배분자, 협상자로 세분하여 총 10가지 역할을 제시하였다. 그리고 파올릴로는 소기업과 대기업은 경영자의 역할이 서로 다르다고 하였다.

전통적 작업장에서 새로운 작업장으로 변화하면, 의존적인 종업원에서 임파워먼트가 강한 종업원으로 변화하고, 아톰 개념의 자원이 아니라 비트 개념의 자원을 사용하며, 전문화되고 표준화된 절차에 따라 작업을 수행하기보다 상황의 변화에 따라 유연하게 작업을 수행한다.

작업장의 개념이 변화하면, 기계적 기술이 아니라 컴퓨터와 인터넷과 스마트폰을 사용한 디지털 기술을 사용하고, 동질적 노동력이 아니라 이질적 노동력을 많이 사용한다. 제품과 서비스의 판매시장도 지역시장이나 국내시장을 초월하여 글로벌 시장이나 e-마켓으로 확대되고, 조직이 추구하는 가치도 안정성이나 효율성보다 변화와 속도가 더 강조된다. 각종 사건이 조용하고 예측 가능한 형태로 발생하는 것이 아니라, 거칠고 예측불가능 한 형태로 발생하며, 크고 작은 위기를 수반하기도 한다.

작업장의 개념이 변화하여 조직이 변화하게 되면, 경영방식도 변화한다. 리더십 스타일은 전제적 리더십에서 참여적 리더십으로, 그리고 과업 지향적 리더십에서 관계 지향적 리더십으로 변화한다. 경영의 초점은 이익의 증가보다 고객과 종업원과의 연결을 중요시하고, 개별적 작업보다 팀별 작업을 장려하며, 갈등관계나 경쟁관계보다 협력관계를 더 중요시한다. 그리고 효율적 성과달성뿐만 아니라 실험적 학습이 가능하도록 직무를 설계해야 한다.

>>> 연습문제 e·x·e·r·c·i·s·e

01 경영의 개념을 설명하라.

02 경영과정을 시스템론적으로 설명하라.

03 경영학의 학문적 성격과 주요 인접과학을 설명하라.

04 경영자의 유형을 수직적인 계층구조에 따라 분류하여 설명하라.

05 경영자는 계층구조에 따라 경영기능을 수행하는 데 소비하는 시간이 어떻게 다른가?

06 카쯔는 경영자의 기능을 어떻게 분류하였는가?

07 민쯔버그는 경영자의 역할을 어떻게 분류하였는가?

08 파올릴로는 경영자의 역할이 소기업과 대기업 간에 어떻게 다르다고 하였는가?

09 전통적 작업장에서 새로운 작업장으로 변화하면, 조직과 경영은 전반적으로 어떻게 변화하는가?

봉사를 주로 한 기업은 번창하고
이익을 주로 한 기업은 쇠퇴한다.
– 헨리 포드, 나의 산업철학 –

MANAGEMENT

chapter

02 경영학의 발전과 최근 동향

이 장에서는 경영학은 역사적으로 언제부터 발전하였는가? 경영학이 발전하는 과정에서 어떤 경영이론이 나타났는가? 시스템이론과 상황이론은 현대 경영학의 발전에 어떤 공헌을 하였는가? 경영이론들은 그 시대에 제기된 경영문제들을 빠짐없이 해결하였는가? 그리고 최근에 경영학은 어떤 방향으로 나아가고 있는가를 살펴본다.

01 경영학 발전의 개요

경영학의 기원은 인류가 공동생활을 시작한 시대까지 거슬러 올라간다. 공동생활에는 공동의 목표와 이를 달성하기 위한 경영원리가 필요하다. 고대 바빌로니아는 세금을 징수하기 위한 보고와 감사 제도를 개발하였는데, 이는 회계시스템의 발전에 기여하였다. 고대 이집트는 피라미드나 운하를 건설하기 위해 인적 · 물적 자원을 계획, 조직하였다는 문헌이 있고, 구약성서에도 모세가 관리 범위를 설정하였다는 기록이 있다. 고대 중국은 만리장성을 쌓기 위해 경영원리를 적용하였고 과거시험에서 선발된 관리들은 그 시대에 가장 유능한 경영자였다. 우리나라의 조선시대에도 오늘날의 경영사상과 일맥상통하는 실학사상이 있었다.

중세시대에는 이탈리아 도시를 중심으로 상업이 크게 발전하였고, 이탈리아의 상거래기법과 관습은 프랑스를 거쳐 스위스, 독일 등 유럽대륙으로 전파되었다. 이 과정에서 프랑스 학자 사바리(J. Savary)는 「완전한 상인」이라는 저서를 통해 이탈리아의 상업학을 체계화하는 데 큰 공헌을 하였다. 유럽의 경영학자들은 이 책이 출판된 1675년을 경영학의 시발점으로 보고 있다.

영국의 아담 스미스(Adam Smith)는 1776년에 출판된 「국부론」에서 분업의 원리를 제시하였는데, 이는 현재까지도 중요한 관리원칙으로 사용되고 있다. 또 18세기 영국의 산업혁명은 생산성 향상에 크게 기여하였고, 고전적 관리론이 탄생하는 기초가 되었다.

고전적 관리론은 19세기 말에 탄생하였는데, 이 때를 근대 경영학의 탄생시기로 본다. 경영학은 미국과 독일에서 활발하게 연구되었는데, 이 두 나라는 사회 · 문화적 배경의 차이로 인하여 학문적인 접근방법이 매우 달랐다. 미국에서는 과학적 관리론이 경영관리학으로 발전하였고, 독일에서는 상학과 관방학이 통합되어 경영경제학으로 발전하였다. 특히, 독일에서는 '경영학이 과학이냐 기술이냐', '경영학이 이론과학이냐 실천과학이냐'에 관해 4차례의 방법논쟁을 거치면서 과학과 기술의 양면성을 갖는 학문 분야로 발전하였다. 20세기 이후에는 일본, 영국, 프랑스, 스위스 등에서도 근대 경영학이 발전하였다.

미국의 경영관리학은 테일러(F. W. Taylor)의 과학적 관리론 이후 약 1세기의 역사를 가지고 있다. 초기에는 현장의 실무자들이 경영원리를 도출하는데 기여하였고, 그 후에는 경제학, 사회학, 심리학, 공학 분야의 학자들이 경영학을 체계화 하였다. 그 결과, 실무자와 학자들의 다양한 관점에 따라 많은 경영이론이 생겨날 수밖에 없었다. 그러나 지금까지 제시된 경영이론은 3분류 내지 7분류하는 경우가 많다.

이 책에서는 절충적인 분류법을 사용하여 [그림 2-1]과 같이 3분류법에 따라 고전적 관리론, 인본주의적 관리론, 경영과학으로 분류하기로 하고, 현대적 접근법으로 등장한 시스템이론, 상황이론 및 종합적 품질관리를 추가로 설명한다. 또한 최근에 새로운 경영학의 조류로 등장하고 있는 학습조직과 기술주도 작업장 관리에 대해서도 설명한다.

그림 2-1 경영학의 발전 과정

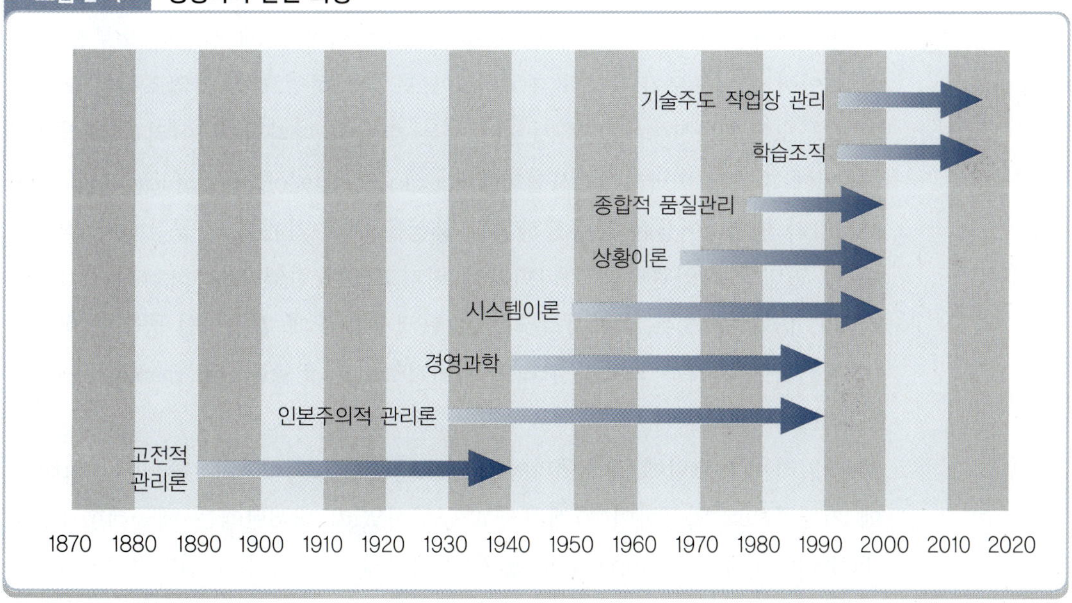

자료: Richard L. Daft, *Management*, 10th ed., South-Western, 2010, p. 41.

02 고전적 관리론

경영학이 학문적인 모습을 갖춘 것은 19세기 말에 고전적 관리론이 탄생한 이후라고 할 수 있다. 고전적 관리론(classical management)은 기계론적 경영학이라 한다. 고전적 관리론의 초기에는 기업조직이 정밀하게 설계된 기계와 유사하게 운영될 수 있다고 생각하였다.

고전적 관리론은 세 줄기로 발전하였는데, 첫째는 작업자 개인의 직무관리에 초점을 둔 테일러(F. W. Taylor)의 과학적 관리론이고, 둘째는 조직 전체의 관리원칙과 경영과정에 초점을 둔 페이욜(H. Fayol)의 경영과정론이며, 셋째는 조직 전체의 관리에 초점을 두는 베버(M. Weber)의 관료조직론이다. 따라서 고전적 관리론은 [그림 2-2]와 같이 체계화해 볼 수 있다.

2.1 과학적 관리론

미국에서는 19세기 후반에 철도, 통신, 철강, 화학, 기계 산업의 눈부신 발전에 힘입어 기업규모가 증가하고 시장규모도 증가하였으나, 기업조직이 복잡해지면서 노동생산성이 현저하게 감소하는 현상이 나타났다. 이러한 배경에서 1880년에 창설된 미국기계기사협회(American Society of Mechanical Engineers: ASME)의 엔지니어들은 노동생산성의 향상을 위해 기계설계, 공장배치, 작업방법 등 일련의 작업관리를 과학화해야 한다고 주장하였다. 특히, 테일러(F. W. Taylor, 1856~1915)는 과학적 관리론을 탄생시키는 데 결정적인 공헌을 하였으며, 오늘날에는 그를 과학적 관리의 아버지(father of scientific management)라고 부르고 있다.[1)]

테일러는 1878년에 필라델피아의 미드베일제철소(Midvale Steel Company)에 기계공으로 입사하여 기계기사로 근무하였고, 1898년에는 베들레헴제철소(Bethlehem Steel Company)로 옮겨 기계설계, 공장배치, 작업방법 등 다양한

1) '과학적 관리'라는 용어는 테일러 자신이 사용한 것이 아니라 'Eastern Railroad Rate' 사건으로 미국 하원이 개최한 청문회에 운송회사측의 변호사로 참석한 브랜다이스(L. D. Brandeis)가 테일러의 관리방식을 지칭하여 처음으로 사용한 말이다.

그림 2-2 고전적 관리론의 체계

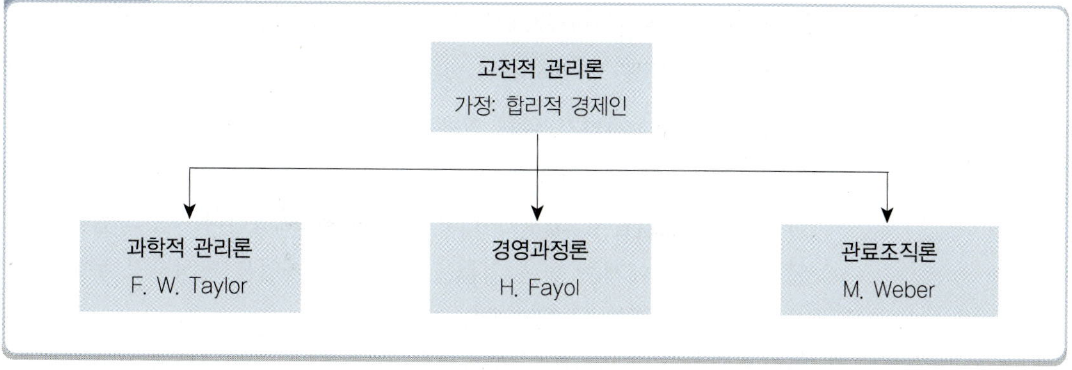

자료: John R. Schermerhorn, Jr., *Management*, John Wiley & Sons, Inc., 1996, p. 29.

공장관리 실무를 담당하였다.

〈표 2-1〉은 과학적 관리론의 특성을 요약한 것이다. 먼저, 과학적 관리론의 기본 이념은 테일러리즘(Taylorism)을 실현하는 데 있다. 테일러리즘은 과학적 관리론의 적용으로 노동생산성을 크게 향상시켜, '고임금과 저노무비(high wage and low labor cost)'를 동시에 달성함으로써 노사간의 공동번영과 사회 발전을 실현하는 데 있다.

과학적 관리론은 다음과 같은 네 가지 내용으로 구성되어 있다.

① 동작연구(motion study)를 통해 작업별로 최적의 작업방법을 결정하고, 시간연구(time study)를 통해 작업자별로 하루 동안의 공정한 작업량, 즉 과업(task)을 결정한 다음, 그 과업에 맞게 직무설계(job design)를 한다.

▶▶ 표 2-1 • 과학적 관리론의 특성

기본 이념	테일러리즘 실현 : 고임금과 저노무비의 달성으로 노사 공동 번영과 사회 발전
주요 내용	시간 및 동작연구를 통한 직무설계 직무에 적합한 작업자 선발 및 교육훈련 성과급제도 도입 직능별 직장제 도입
주요 공헌	직무설계 방법 도입 작업자 선발 및 교육훈련의 중요성 강조 성과보상의 중요성 강조
비판 사항	작업자의 사회적 요인 및 고차원적 욕구 무시 개인차 무시 작업자의 아이디어 또는 제안 무시

이러한 일련의 과정을 과업관리(task management)라 하는데, 이는 과학적 관리론의 핵심 부분이다.

② 과업이 결정되면 그 과업에 가장 적합한 작업자를 선발하고, 그의 과업수행능력을 향상시키기 위해 교육훈련을 실시한다.

③ 작업자들이 주어진 과업을 최선을 다해 수행할 수 있도록 동기부여를 하기 위해 성과급제도(piece-rate system)를 도입한다. 즉, 과업을 초과달성한 작업자에게는 높은 임률을 적용하고, 과업을 달성하지 못한 작업자에게는 벌칙으로 낮은 임률을 적용한다.

④ 작업조직의 노동생산성을 향상시키기 위해 직능별 직장제도(functional foremanship)를 도입한다. 이 제도는 계획기능과 작업기능을 분리하여, 계획기능은 직장이 담당하고, 작업기능은 작업자가 담당하도록 하는 조직화 원리를 말한다.

이러한 테일러의 과학적 관리법을 실제로 적용한 결과, 작업자의 노동생산성과 임금소득이 크게 증가하였으나 다음과 같은 비판을 받고 있다.

① 작업과정에서 발생하는 작업자간의 인간관계 문제나 비공식조직과 같은 사회적 요인을 고려하지 않고, 인간의 고차원적 욕구를 무시하며, 작업자를 기계의 부속물과 같이 취급한다.

② 작업자는 작업지식이나 숙련도 등에 있어서 개인차가 있게 마련인데 이점을 고려하지 않는다.

③ 작업자는 직장의 작업지시를 일방적으로 수행하고, 직장은 작업자의 새로운 아이디어나 제안을 받아들이지 않는다.

그러나 테일러의 과학적 관리론은 수많은 작업장에 적용되었으며, 특히 포드(H. Ford)의 자동차 공장에 적용되어 대량생산시스템을 발전시키는데 크게 기여하였다. 포드의 경영이념은 포디즘(Fordism)으로 대변되는데, 이는 기업을 사회봉사기관으로 인식하는 데서 출발한다. 즉, 기업은 사회봉사기관으로서 노동자에게 높은 임금을 지불하고 소비자에게 양질의 제품을 싼값으로 공급해야 하며, 그 결과로서 이윤을 획득해야 한다는 것이다. 포디즘은 한마디로 '고임금과 저가격(high wage and low price)'으로 표현할 수 있는데, 포드는 자동차 생산 공정에 컨베이어 시스템(conveyer system)을 도입한 결과, 획기적인 생산성 향상과 대량생산을 통해 포디즘을 실천할 수 있었다.

테일러의 아이디어는 후속 연구자들에 의해 계속 확대되어 산업공학의 기반을 마련하였다. 그 가운데 특히 공로가 많은 사람을 들면, 길브레스 부부(Frank B. Gilbreth and Lillian M. Gilbreth), 간트(H. Gantt), 에머슨(H. Emerson) 등을 들 수 있다. 길브레스 부부는 동작과 피로에 관한 연구를 통해 작업의 단순화를 강조하였고, 간트는 작업의 일정계획과 통제를 연구하여 오늘날 널리 활용되는 간트 차트(Gantt chart)를 개발하였다. 그리고 에머슨은 능률의 원리를 개발하였고, 오늘날 많은 조직에서 찾아 볼 수 있는 라인·스탭의 개념을 정립하였다.

2.2 경영과정론

기업의 규모가 증가하고 조직이 복잡해짐에 따라 작업자 개인의 직무관리보다 조직 전체의 관리가 중요하게 되었다. 이러한 상황에서 나타난 것이 경영과정론이다. 경영과정론에서는 목표 설정과 이를 달성하기 위한 경영기능에 초점을 둔다.

프랑스의 페이욜(H. Fayol, 1841~1925)은 경영과정론의 창시자라고 할 수 있다.[2] 그는 프랑스 출신이지만 오히려 미국의 경영과정론에 더 큰 영향을 미쳤다. 그는 관리원칙을 최초로 주장하였을 뿐만 아니라 미국 경영학의 주류를 이루는 경영과정론의 발전에 크게 기여하였으며, 오늘날에는 그를 경영과정론의 아버지(father of management process)라고 부르고 있다. 또한 그는 평생 동안 경영자 교육의 중요성을 강조하고 이를 실천하였기에 최고경영자의 스승(teacher of top management)이라고도 부른다.

페이욜은 프랑스 탄광회사 엔지니어 출신으로 자신의 오랜 현장경험을 바탕으로, 기업의 활동을 크게 관리활동과 전문활동으로 구별하였다. 관리활동은 '계획하고, 조직하고, 지휘하고, 조정하고, 통제하는 활동'이라고 정의하였는데, 이들 5가지 관리기능은 오늘날 미국의 경영과정론에서 사용하는 경영기능과 거의 같다. 또한 전문활동은 영업, 재무, 회계, 기술, 안전의 5가지 활동으로 구분하였는데, 이는 오늘날 경영관리 분야를 마케팅, 재무관리, 회계학, 경영정보시스템, 인적자원관리 등으로 구분하는 것과 유사하다.

그리고 페이욜은 관리활동을 효율적으로 수행하기 위해 14가지의 관리원칙

---

2) Henri Fayol, *Industrial and General Administration*, trans. J. A. Coubrough, Geneva: International Management Institute, 1930.

▶▶ 표 2-2 • 페이욜의 주요 관리원칙

관리 원칙	내 용
분업의 원칙	아담 스미스의 국부론에서 제시된 원칙으로 전문화의 원칙이라고도 한다. 작업자들이 전문적인 지식과 기술을 가지고 한정된 분야에서 작업을 능률적으로 수행하기 위해서는 작업을 분업해야 한다는 원칙이다.
명령통일의 원칙	하급자는 한 명의 상급자로부터 통일된 명령을 받아야 한다는 원칙이다.
권한과 책임의 원칙	직무가 효과적으로 수행되기 위해서는 권한과 책임이 서로 대응되어야 한다는 원칙이다.
계층조직의 원칙	모든 조직에는 일선 감독자로부터 최고 경영층에 이르기까지 계층이 연쇄적으로 연결되어야 한다는 원칙이다.

(administrative principles)을 주장하였는데, 이 중에서 오늘날 자주 사용되는 관리원칙은 〈표 2-2〉와 같다.

페이욜의 관리원칙은 너무 단순하고 비현실적이라는 비판을 받기도 하였으나, 그는 테일러와 함께 근대적인 경영이론과 경영사상을 형성하는데 선구적인 역할을 하였다. 나아가, 페이욜의 경영과정론은 쿤쯔(H. D. Koontz), 오도넬(C. O'Donnell) 등에 계승되어 미국의 경영과정론으로 발전하였으며, 바나드(C. I. Barnard)와 사이몬(H. A. Simon)에 영향을 주어 조직이론의 형성에 기여하였다.

2.3 관료조직론

독일의 사회학자 베버(Max Weber, 1864~1920)는 조직을 전체적인 시스템으로 보는 관료조직론을 제시하였다.[3] 그는 19세기 말에 산업혁명의 여파로 독일사회가 급격하게 변화하는 모습을 목격한 후, 기업을 위시한 모든 사회적·경제적·정치적 조직이 합리적이고 능률적인 관료조직을 갖추면 사회를 보다 이상적인 모습으로 발전시킬 수 있을 것으로 믿었다.

그러나 19세기 말경에 유럽의 조직은 대부분 사적이고 가족 중심적으로 관리되고 있었다. 조직의 구성원들은 조직보다는 한 개인을 위해 충성을 바치고 있었고, 조직의 자원은 조직의 목표 달성보다는 개인적 욕구를 충족하는데 사용되고 있었다. 그래서 베버는 조직이 사적인 욕구를 충족하기 위해 즉흥적으

3) Max Weber, *The Theory of Social and Economic Organizations*, ed. and trans. A. M. Henderson and Talcott Parsons, New York: Free Press, 1947.

▶▶ **표 2-3 • 관료조직의 특성**

관료조직의 특성 요소	내 용
분 업	분업을 통해 과업을 단순하고 명확하게 세분화한다.
권한 계층	권한 계층에 따라 직위를 명확하게 구분하고, 하위 직위는 상위 직위의 감독과 통제하에 있어야 한다.
규칙과 절차	규칙과 절차를 통해 업무의 획일성과 통일성을 유지할 수 있고, 직무 담당자의 행동을 규제할 수 있다.
비개인성	모든 구성원을 비개인적으로 취급하며, 개인적인 특성은 고려하지 않는다.
채용과 승진	채용과 승진은 능력과 업적으로 결정한다.
경력 관리	경력 관리는 구성원들이 일정한 트랙을 따라 승진해 가도록 한다.
조직생활과 사생활 구분	구성원의 조직생활과 사생활은 엄격하게 구분한다.

로 사용되어서는 안 되고 비개인적이고 합리적인 기준으로 관리되어야 한다고 주장하였다. 이러한 이상적인 조직을 관료조직이라 하며, 그 중요한 특성을 요약하면 〈표 2-3〉과 같다.

그러나 오늘날에는 관료제란 용어가 부정적인 의미로 사용되는 경우가 많다. 즉, 관료제란 수많은 규칙과 공문서, 관료의 불친절, 비효율적인 절차를 통한 중복 규제 등을 연상하게 한다. 하지만, 이러한 관료제의 병폐는 베버의 관료제 이념이 잘못 적용된 결과로 해석된다. 이상적인 관료제하에서 규칙과 절차가 표준적으로 적용되면, 구성원이 상급자의 자의적 판단에 좌우되지 않고 공정한 대우를 받게 되어 고용이 안정되고 능률이 향상된다.

03 인본주의적 관리론

고전적 관리론에서는 인간을 합리적 경제인으로 가정하기 때문에 경제적 유인을 통해 생산성을 향상시킬 수 있다고 믿었다. 그러나 이러한 관리방식은 인간의 경제적 욕구를 충족시키는데 치중하고, 사회 · 심리적 욕구를 무시하여 인간 소외를 초래하였다.

1920년대 이후에 미국 국민들은 경제적 생활수준이 크게 향상되면서 인간다운 삶의 질을 추구하는 경향이 나타났다. 이러한 변화는 고전적 관리론에서 주

그림 2-3 인본주의적 관리론의 체계

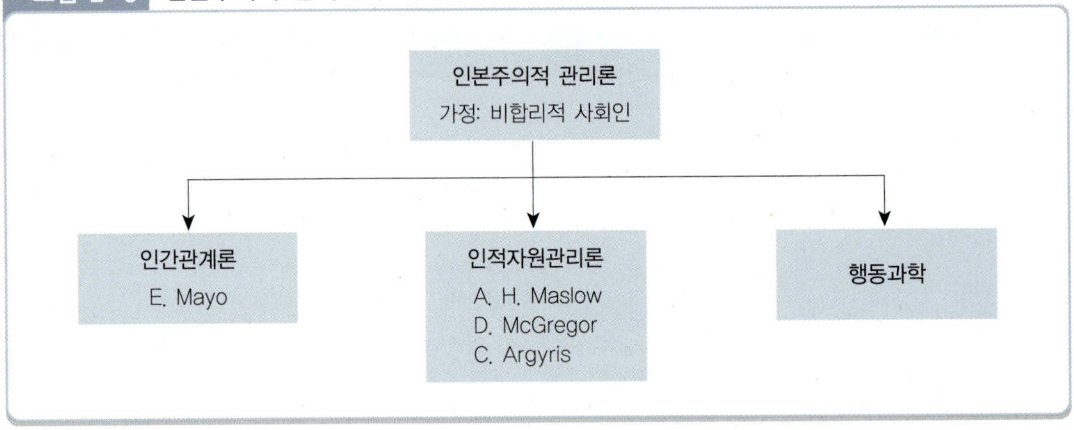

장하는 관리원칙들이 수정되어야 함을 예고하는 것이다. 이에 따라 인간의 사회·심리적 욕구, 상호작용, 집단과정 등 조직의 인간적인 측면을 강조하는 인본주의적 관리론(humanistic management)이 새롭게 등장하게 되었다. 고전적 관리론에서는 작업자의 직무에 초점을 둔 반면에, 인본주의적 관리론에서는 직무를 수행하는 사람에 더 무게를 두었다. 다시 말해, 고전적 관리론에서는 인간을 합리적 경제인으로 가정하고 능률의 논리 또는 비용의 논리로 접근하였으나, 인본주의적 관리론에서는 인간을 비합리적 사회인으로 가정하고 인간의 감정이나 태도를 중시하는 감정의 논리로 접근하였다.

인본주의적 관리론은 세 줄기로 발전하였는데, 첫째는 호손실험을 계기로 나타난 인간관계론이고, 둘째는 인간의 고차원적 욕구충족을 중요시하는 인적자원관리론이며, 셋째는 인간의 행동을 종합과학적 접근법으로 규명하고자 하는 행동과학이다. 따라서 인본주의적 관리론은 [그림 2-3]과 같이 체계화해 볼 수 있다.

3.1 호손실험과 인간관계론

(1) 호손실험

호손 실험(Hawthorne experiments)은 하버드대학의 사회학자인 메이요(Elton Mayo, 1880~1949)가 중심이 되어 미국의 웨스턴 전기회사(Western Electric Co.)의 호손 공장(Hawthorne plant)에서 1924~32년까지 4단계로 실시

된 일련의 인간관계 실험을 말한다.[4] 실험의 주된 목적은 과학적 관리론의 유효성을 실제로 검증하는 데 있었다. 그 결과 인간과 조직에 대한 인식 방법에 새로운 전환이 이루어졌으며, 나아가 인간관계론이라는 새로운 학문분야가 탄생하게 되었다.

호손실험은 조명실험, 계전기 조립실험, 면접실험, 배선 관찰실험의 4단계로 이루어졌다. 이 중에서 첫 번째 조명실험은 호손공장이 자체적으로 1924~27년 사이에 조명도가 생산성에 미치는 양(+)의 영향을 실험한 것이다.[5] 작업자들을 실험집단과 통제집단으로 구분하여, 실험집단에 대해서는 조명도를 변화시켜 가면서 생산성의 변화를 관찰하고, 통제집단에 대해서는 조명도를 변화시키지 않고 일정하게 유지하였다. 그러나 매우 당혹스러운 실험결과가 제시되었다. 실험집단의 경우, 조명도가 높아짐에 따라 예상대로 생산성이 향상되었으나, 아이러니컬하게도 조명도가 낮아질 경우에도 생산성이 향상되었다. 더 당혹스러운 것은 통제집단의 경우에는 조명도를 변화시키지 않았는데도 불구하고 생산성이 계속 향상되는 것으로 나타났다. 이에 당황한 호손공장 측에서, 이 실험결과에 대한 해명을 하버드대학에 의뢰함에 따라 호손실험이 새로운 국면을 맞이하게 된 것이다.

하버드대학의 메이요 연구팀은 1927~32년까지 4개의 실험집단과 3개의 통제집단으로 나눈 다음, 조명실험에 이어 1,2차 계전기 조립실험, 3집단에 대한 면접실험, 배선 관찰실험을 실시하였다. 모든 실험은 조명도 이외의 작업조건이 생산성에 미치는 영향에 초점을 두었다. 호손실험의 주요 내용은 〈표 2-4〉와 같이 요약된다.

호손실험에서 얻어진 주요 결론은 다음과 같다.

① 작업자의 생산성이 향상된 것은 물리적 작업조건 때문이 아니라, 작업자의 사회 · 심리적 요인 때문이다. 작업자가 실험집단에 속하든 통제집단에 속하든 모두가 실험을 위해 선발된 특별한 존재(something else)로서 남의 주목을 받는다는 인식이 스스로 자부심을 갖게 하고 동기부여(motivation)가 이루어져 생산성이 향상된 것이다. 또 메이요 팀의 학자

4) Elton Mayo and Fritz Roethlisberger, *The Human Problems of an Industrial Civilization*, 1933.

5) 이 당시 미국 전등설치업자들은 시장확대 전략으로 '작업장의 조명도를 높이면 생산성이 향상된다'는 캠페인을 벌리고 있었으나, 작업 현장에서는 매출액이 증가하지 않았다. 이에 따라 업자들은 CIL(Committee on Industrial Lighting)을 구성하여 에디슨(Thomas Edison)을 명예위원장으로 앉힌 다음, 조명도가 생산성에 미치는 양(+)의 효과를 입증하기 위한 실험을 착수하였으며, 그 실험 대상지의 하나로 웨스턴 전기회사의 호손공장이 선정된 것이다.

▶▶ 표 2-4 • 호손실험의 주요 내용

실험 명칭	실험 주체	실험 기간	실험 내용
조명실험	호손공장	1924~27	조명도가 생산성에 미치는 양(+)의 영향
계전기 조립실험	메이요 팀	1927~29	조명도 이외의 작업조건(작업시간, 임금, 휴식시간, 작업환경, 감독방법, 인간관계 등)이 생산성에 미치는 영향
면접실험	〃	1928~30	작업자의 심리적 요인이 작업자의 태도와 생산성에 미치는 영향
배선 관찰실험	〃	1931~32	작업장의 사회적 요인으로 작용하는 비공식조직과 비공식규범 분석

들이 관리자들의 감독 스타일과는 전혀 다른 온정적인 스타일로 실험을 진행한 데서도 부분적인 원인이 있다.

② 작업장에는 사회적 요인으로 작용하는 비공식집단(informal group)이 자연발생적으로 존재하는 것으로 밝혀졌다. 나아가, 작업자가 비공식집단에서 인간관계가 좋으냐 나쁘냐에 따라 생산성이 달라지며, 비공식집단의 행동규범으로 작용하는 집단규범(group norms)이 조직의 목표와 어느 정도 일치하느냐에 따라 생산성이 달라지는 것으로 나타났다.[6)]

(2) 인간관계론의 발전

호손실험은 인간관계론의 발전에 새로운 전기를 마련하였고, 과학적 관리론에서 '인간관계를 소홀히 한 점'에 대해 깊이 반성하게 되었다. 관리자들은 작업자의 사회 · 심리적 욕구뿐만 아니라 집단규범이 생산성에 큰 영향을 미칠 수 있음을 인식하게 되었다. 다시 말해, 인간은 경제적 욕구뿐만 아니라 다양한 사회 · 심리적 요인에 의해 동기부여가 이루어질 수 있다는 것이다.

기업조직은 기계설비나 원재료의 조합을 통해 제품이나 서비스를 생산하는 물적 · 기술적 시스템으로 볼 수 있으나, 여러 계층의 사람들, 즉 종업원, 감독자, 관리자로 구성된 인적 · 사회적 시스템으로도 볼 수 있다. 인간관계론에서는 후자의 측면을 더 강조한다. 즉, 기업 내의 작업자는 결코 경제적 욕구만으로 움직이는 기계와 같은 존재가 아니라, 다양한 사회 · 심리적 요인에 의해 영향을 받는 인간적 존재로 이해해야 한다는 것이다.

6) 배선 관찰실험에서 다음과 같은 네 가지 집단규범이 밝혀졌다: ① 너무 열심히 일해도 안 된다. ② 너무 게을리 일해도 안 된다. ③ 동료를 고자질해서는 안 된다. ④ 남에게 지나치게 참견해서는 안 된다.

인간관계론은 호손실험 이후 4반세기 동안 경영학의 발전에 크게 기여하였으나, 다음과 같은 한계점도 지적되고 있다.

① 인간관계론은 과학적 타당성이 부족하다.
② 인간관계론에서는 비공식조직을 지나치게 강조한 나머지 공식조직을 경시하는 경향이 있다.
③ 인간관계론에서는 과학적 관리론에서와 마찬가지로 노동조합의 역할을 고려하지 않았다.

3.2 인적자원관리론

인적자원관리론은 인간관계론과 가장 밀접한 관계가 있으나 조직이나 집단보다는 개인을 주로 연구대상으로 하는 학문 분야로서, 개인의 잠재능력과 자아실현욕구를 중요시 한다. 이 이론에서는 작업자들이 자신의 잠재능력을 최대한으로 발휘할 수 있도록 직무설계를 함으로써 자아실현욕구를 충족하도록 하면, 그 결과로 조직의 생산성도 향상된다고 본다.

인적자원관리론은 호손실험을 계기로 나타난 인간관계론과 매슬로우(Abraham H. Maslow, 1908~70)의 욕구단계이론에서 가장 큰 영향을 받았다. 매슬로우는 인간의 욕구가 생리적 욕구, 안전 욕구, 사회적 욕구, 존경 욕구 및 자아실현 욕구로 구성되며, 이들 욕구는 계층구조를 이루고 있다고 주장하였다.[7] 그리고 인적자원관리론에서 공로가 큰 학자로는 맥그리거(Douglas McGregor, 1906~64)를 들 수 있다.

맥그리거는 메이요의 과학적 관리론에 관한 비판적 사고와 매슬로우의 욕구단계이론에 영향을 받아 X이론과 Y이론을 전개하였다.[8] 그는 과학적 관리론적 인간관은 X이론(theory X)에 근거한다고 하였다. 과학적 관리론에서는 인간의 생리적 욕구나 안전욕구와 같은 저차원적 욕구만 충족되면 생산성이 향상된다고 가정한다. 이와 달리, 인간관계론적 인간관은 Y이론(theory Y)에 근거한다. 인간관계론에서는 작업자들도 사회적 욕구, 존경 욕구, 자아실현 욕구와 같은 고차원적 욕구를 가지며, 이러한 욕구가 충족되어야 인간다운 삶이 실현됨

7) Abraham H. Maslow, *Motivation and Personality*, New York: Harper and Row, 1954. 매슬로우의 욕구단계이론에 관한 자세한 내용은 제14장을 참고하기 바람.
8) Douglas McGregor, *The Human Side of Enterprise*, New York: McGraw-Hill, 1960.

▶▶ 표 2-5 • 맥그리거의 X이론과 Y이론

X이론의 인간관	Y이론의 인간관
인간은 일을 싫어한다. 인간은 야심이 부족하다. 인간은 책임을 회피하려 한다. 인간은 변화에 저항한다. 인간은 지시하기보다 지시받기를 좋아한다.	인간은 기꺼이 일을 좋아한다. 인간은 자기통제 능력이 있다. 인간은 기꺼이 책임을 수용한다. 인간은 상상력과 창조력을 가지고 있다. 인간은 자기지시 능력을 가지고 있다.

과 동시에 생산성도 향상된다고 주장한다.

맥그리거의 X이론과 Y이론에 근거한 인간관을 요약하면 〈표 2-5〉와 같다. X이론에 따르면, 종업원들은 원래 게을러서 일을 싫어하고 남의 지시를 받거나 금전적 유인이 있어야 일을 한다고 보기 때문에, 의사결정권을 경영자에게 집중시키고, 많은 규칙과 절차를 만들어 종업원들을 철저히 감독하고 통제해야 한다고 본다. 그러나 Y이론에 따르면, 종업원들도 즐거운 마음으로 스스로 일을 찾아서 자기 책임 하에 일을 창조적으로 수행할 수 있고, 적절한 동기가 주어지면 적극적으로 조직의 활동에 협력하기 때문에, 많은 규칙과 절차를 만들어 엄격하게 통제하기보다는 자발적으로 일을 수행하고 조직에 협력하도록 해야 한다고 본다. 이에 따라, 맥그리거는 X이론에 입각한 관리방법에서 Y이론에 입각한 관리방법으로 바꿀 것을 강력히 주장하였다.

그러나 현실 세계에서는 X이론과 Y이론 중에서 어느 하나도 절대적인 우위를 차지하지 못하는 것으로 나타났다. 왜냐하면 종업원들은 제각기 태도와 행동이 다르고, 감정과 지각의 정도가 다를 뿐만 아니라 목표인식도 다르며, 대인간의 행동이나 집단규범도 다르기 때문이다.

3.3 행동과학

행동과학(behavioral science)은 인간의 행동을 종합과학적 접근법으로 규명하고자 하는 학문이다. 호손실험 이후 사회학, 심리학, 인류학, 경제학 등에서 인간의 행동을 제각각 연구해 왔으나, 행동과학의 발전으로 인간의 행동과 상호작용을 종합적으로 연구할 수 있게 되었다. 행동과학은 많은 조직에서 실무적으로도 적용되고 있다. 예를 들어, GE사는 이력서확인, 서류전형, 면접을 통해 신입사원을 선발할 때, 행동과학적 방법을 사용한다.

조직개발(organization development: OD)은 행동과학에 기초한 대표적인 경영기법이다. 1970년대에 OD는 행동과학과 별도의 분야로 발전하였다. OD는 조직의 변화 대응 능력을 증진시키고, 내부적 관계를 개선시키며, 문제해결능력을 강화시키는데 목적이 있다. 조직과 환경이 복잡해짐에 따라 OD의 개념도 점점 넓게 적용되고 있다.

그 외에, 행렬조직(matrix organization), 자율적 팀(self-directed team), 기업문화(corporate culture), 배회관리(management by wandering around: MBWA)와 같은 수많은 경영학적 개념이 행동과학에서 파생하였다. 1970년대 이후 행동과학은 경영도구나 기법에 많은 영향을 주었으며, 조직행동론의 발전에도 큰 기여를 하였다.

04 경영과학

2차 대전 이후 경영학에 대한 새로운 접근법으로 경영과학(management science)이 나타났다. 경영과학에서는 수학적인 모델에 기초를 둔 과학적인 접근법을 의사결정과 문제해결에 많이 적용하였다.

경영과학은 2차 대전 중 군사전략을 수립하거나 군수물자의 수송문제를 해결하기 위해, 영국과 미국이 OR 팀(operations research teams)을 구성한 데서 비롯되었다. 이 팀은 군사전문가는 물론 수학자, 통계학자, 공학자, 심리학자 등이 서로의 전문지식을 체계적으로 이용하기 위해 학제적 팀(interdisciplinary teams)을 구성하였다. 주요 연구프로젝트에는 폭탄투하 정확성 개선, 적 잠수함 위치 탐색, 물자 및 장비 수송 등이 포함되었다.

2차 대전 종전 후 OR 기법은 산업 분야에 적용되기 시작하였다. 특히, 자재관리, 품질관리, 재고관리, 공정관리와 같은 생산관리 분야에 많이 적용되었으며, 그 후 컴퓨터와 정보기술의 발전에 힘입어 선형계획, 시뮬레이션 등에 폭넓게 적용되면서 OR은 경영과학(management science)의 개념으로 발전하였다.

경영과학 중에서 OR 기법은 경영현상을 계량적 모델로 접근하는 데 매우 중요하며, 그 주요 기법을 요약하면 〈표 2-6〉과 같다.

오늘날 정보기술(information technology: IT)은 경영과학의 하위 분야로 간주되고 있으며, 경영정보시스템(management information system: MIS)의 설계

▶▶ 표 2-6 • 주요 OR 기법

주요 기법	내 용
손익분기점 분석	총수익과 총비용이 일치하여 이익이 영(0)이 되는 손익분기점을 찾아내는 분석 기법
선형계획법	일정한 제약조건 하에서 최적 해를 찾아내는 기법
대기이론	사람, 원자재, 장비 등의 대기시간과 시설추가 비용간의 관계를 탐색하는 기법
네트워크 모델	예정대로 완성할 수 있도록 프로젝트의 활동을 계획하는 기법
시뮬레이션	수학적 모델과 컴퓨터를 이용하여 진행과정을 모의실험하는 기법
확률분석	확률을 이용하여 의사결정의 결과를 예측하는 기법
회귀분석	독립변수의 변화가 종속변수에 미치는 영향을 예측하는 통계 기법

에도 큰 영향을 미친다. MIS는 경영자가 필요로 하는 정보를 적시에 저렴한 비용으로 제공할 수 있어야 한다. 최근에 정보기술은 비용측정, 생산계획, 프로젝트 관리, 자원배분, 종업원관리를 위한 각종 소프트웨어 프로그램을 개발하는데 폭넓게 적용되고 있다.

05 경영학의 현대적 접근법

1950년대 이후 기업들은 규모의 증가, 제품의 다양화, 생산기술의 고도화, 컴퓨터와 정보기술의 발전, 커뮤니케이션과 운송수단의 발전과 같은 급격한 환경 변화에 직면하게 되었다. 이제 기업은 환경과 단절된 폐쇄시스템(closed system)이 아니라 환경과 끊임없이 상호작용하는 개방시스템(open system)으로 인식되었다.

개방시스템에서는 환경변화를 예측하기 어렵기 때문에 고전적 관리론, 인본주의적 관리론, 경영과학과 같은 접근법으로는 복잡한 경영 문제를 효과적으로 해결할 수 없었다. 이에 따라 개방시스템에 적합한 새로운 접근법이 나타나게 되었는데, 대표적인 접근법이 시스템이론, 상황이론 및 종합적 품질관리이다.

5.1 시스템이론

시스템에 관한 학문적 연구는 20세기에 들어와서 이루어졌으며, 경영학을 비롯한 다른 학문 분야에서도 이 개념을 도입하였다. 처음에는 과학이나 공학 분야에 주로 적용되다가, 1960년대 이후에는 경영학에도 적용되기 시작하였다.

시스템(system)이란 하나의 공동목표를 달성하기 위해 상호 작용하는 여러 부분의 집합체를 말한다. 기업조직을 하나의 시스템으로 보면, 조직 내의 여러 부서가 하위시스템(subsystem)으로 상호 작용한다. 달리 말해, 하위시스템은 상호 작용하면서 전체 시스템의 목표달성에 기여한다.

모든 시스템은 다음과 같은 기본적인 특성을 가지고 있다.

① 모든 시스템은 주어진 환경 내에서 활동한다. 예를 들어, 기업 시스템은 주주, 고객, 경쟁업체, 노동조합, 정부 등으로 구성된 환경 속에서 경영활동을 수행한다. 환경은 경영활동에 중요한 영향을 미치지만 임의로 통제할 수 없는 요소이다.

② 모든 시스템은 여러 개의 하위시스템으로 구성된다. 하위시스템은 전체 시스템의 구성요소가 된다. 기업 시스템에서는 인사, 재무, 생산, 마케팅, 회계와 같은 부서가 하위시스템이다.

③ 모든 하위시스템은 상호 관련성을 갖는다. 하위시스템간의 상호 관련성은 시스템적 접근법에서 매우 중요한 특징이다. 예를 들어, 기업 시스템에서 경영자가 어느 한 가지 하위시스템에 영향을 주면 다른 하위시스템에도 영향을 미치게 된다. 나아가, 기업 시스템에서 인사, 재무, 생산, 마케팅, 회계 부서와 같은 하위시스템의 활동은 상호 관련 속에서 이해하지 않으면 안 된다.

④ 모든 시스템은 목표를 갖고 있다. 따라서 하위시스템은 전체 시스템의 목표 달성에 기여해야 한다. 그리고 하위시스템의 성과는 전체 시스템의 목표 달성에 기여한 정도에 따라 평가되어야 한다.

[그림 2-4]는 기업을 시스템으로 나타낸 것이다. 이 그림에서 기업 시스템은 5가지 요소, 즉 투입, 변환과정, 산출, 피드백 및 환경으로 구성된다. 첫째, 인적· 물적·재무적·기술적 자원과 정보자원이 시스템에 투입된다. 둘째, 투입된 자원은 변환과정(transformation process)을 거친다. 변환과정은 경영과정

그림 2-4 기업 시스템의 기본 형태

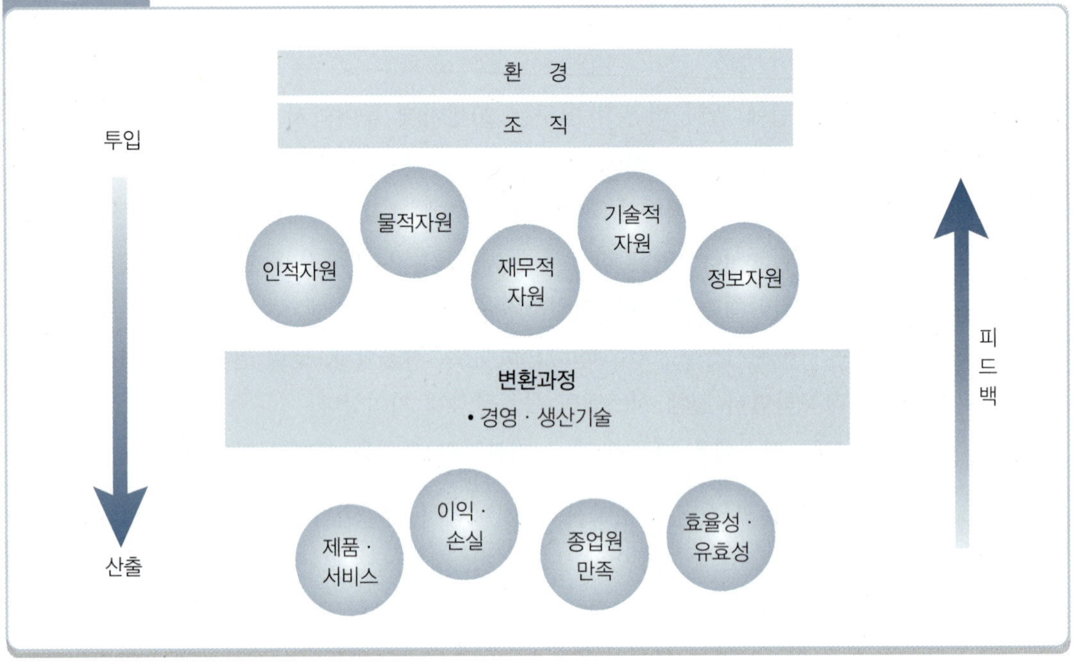

이라 할 수 있으며, 경영기술과 생산기술이 사용된다. 셋째, 변환과정을 거쳐 산출되는 것은 목표달성, 제품생산, 서비스생산, 효율성과 유효성 증진 등이다. 넷째, 피드백(feedback)은 산출 결과에 관한 자료나 정보가 다음 단계의 투입을 결정하는데 재사용하는 것을 말한다. 다섯째, 환경은 기업 시스템을 둘러싸고 있는 정치적 · 경제적 · 사회적 환경을 말한다.

오늘날 기업은 개방시스템으로서 외부 환경과 끊임없이 상호 작용하고 있다. 기업은 외부로부터 인적 · 물적 · 재무적 · 기술적 · 정보 자원을 받아들이고, 이것을 이용하여 제품과 서비스를 산출해 냄으로써 사회에 존재할 수 있는 것이다. 그러므로 기업이 외부환경 변화에 어떻게 대처하느냐가 가장 어려운 문제인데, 시스템이론은 이러한 문제를 체계적으로 해결하는데 많은 도움이 된다.

5.2 상황이론

상황이론(contingency theory)은 1960년대 초에 영국과 미국의 많은 선행연구와 실무경험을 토대로 발전하였다. 상황이론은 보편주의적 이론과 대비되는

그림 2-5 고전적 관리론, 사례연구 및 상황이론

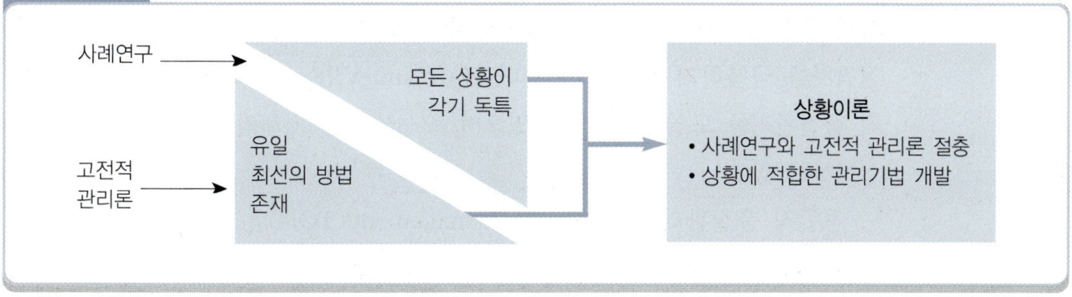

자료: Richard L. Daft, *Management*, 10th ed., South-Western, 2010, p. 53.

상황조건부 이론이다.

[그림 2-5]는 고전적 관리론, 사례연구 및 상황이론을 간단히 비교한 것이다. 고전적 관리론은 보편주의적 이론에 속한다. 따라서 환경의 변화와 무관하게 최선의 조직이 존재하고, 최선의 관리유형, 관리기능 및 관리원칙이 존재하며, 모든 상황에 적용할 수 있는 최선의 방법(one best way)이 존재한다고 본다. 이와 달리, 사례연구는 극단주의에 속한다. 사례연구에서는 모든 상황이 각기 독특하기 때문에 모든 상황에 적용할 수 있는 보편적 원칙은 존재하지 않는다고 본다. 따라서 경영자들은 수많은 사례연구를 통해 관리기법을 배울 수는 있으나, 새로운 상황이 전개되면 거기에 맞는 관리기법을 새로 개발해야 한다.

상황이론은 고전적 관리론의 보편주의와 사례연구의 극단주의를 절충한 상황조건부 이론으로, 관리유형이나 관리기능 또는 관리원칙은 상황의 변화에 따라 달라져야 한다는 입장을 취한다. 따라서 상황이론에서는 조직을 둘러싸고 있는 환경을 중요시하고, 조직과 환경간의 상호관계를 주된 연구대상으로 한다. 다시 말해, 상황이론에서는 조직과 환경이 어떤 조건을 이룰 때 조직의 유효성이 증가되는가를 연구한다.

5.3 종합적 품질관리

1970년대 이후 일본 기업들은 품질운동의 아버지(father of the quality movement)로 불려지는 데밍(W. Edwards Deming)의 도움으로 제품과 서비스의 품질향상에 많은 노력을 기울였다. 미국에서는 데밍의 아이디어를 배척하였으나, 일본에서는 그의 아이디어를 수용하여 품질검사의 개념에서 품질통제의 개념으로 발전시켰다. 그 결과, 일본 제품의 품질은 끊임없이 개선되어 미국 제품의 품질을 추월하게 되었다. 1980년대 이후 미국 기업들은 일본 기업과의 품질격차를 극복하기 위해, 파이겐바움(Armand V. Feigenbaum)이 제창한 종합적 품질관리를 도입하기 시작하였으며, 오늘날에는 세계의 모든 기업들이 이를 실천하고 있다.

종합적 품질관리(total quality management: TQM)는 기업의 모든 활동에 품질 개념을 주입하여 제품과 서비스의 품질을 개선시키려는 조직 전반적인 노력을 의미한다. TQM은 종업원 참여(employee involvement), 고객 지향(focus on the customer), 벤치마킹(benchmarking), 연속적 개선(continuous improvement)의 4가지 요소로 구성된다. 다시 말해, TQM이 성공하기 위해서는, 첫째, TQM 과정에 종업원들이 참여하여야 한다. 둘째, 모든 업무는 고객 지향적으로 수행해야 하며, 고객의 욕구를 충족시키고, 고객의 기대에 어긋나지 않아야 한다. 셋째, 벤치마킹의 대상으로 설정한 경쟁기업이나 우수기업의 장점을 모방하려고 노력해야 한다. 넷째, 연속적 개선의 개념에서 출발하여 조금씩 꾸준히 개선해 나가는 노력이 필요하다.

Motorola, GE, Apple, DuPont 등 수많은 기업들이 TQM을 통해 능률향상, 품질개선, 고객만족의 측면에서 놀라운 성과를 거두었다. 예를 들어, Motorola사가 처음 도입한 6-시그마(six sigma)는 100만 건당 3.4개의 결함 이하를 목표로 하는데, 이는 99.9997%의 무결점 확률을 의미한다.

06 경영학의 최근 동향

1970년대 이후 세계경제는 불확실성의 시대로 접어들었다. 1971년 8월 15일에 미국 닉슨 대통령의 금태환 중지 선언으로 고정환율제가 변동환율제로 이행함에 따라 외환시장에서 환율의 변동성이 증가하였다. 또한 시장의 세계화와 개발도상국의 산업화가 가속화되어 시장의 규모와 사업의 영역이 확대되었으며, 두 차례에 걸친 석유파동으로 인플레이션이 가속화되었다. 그리고 컴퓨터와 정보기술의 발전으로 정보 전달속도는 매우 빨라졌다.

이와 같은 기업 환경의 급격한 변화에 따라 경영실무나 경영이론도 새로운 변화를 겪게 되었다. 그 중에서 두드러진 동향은 학습조직과 기술주도 작업장에 대한 관심을 들 수 있다.

6.1 학습조직

센지(Peter Senge)가 1990년에 「The Fifth Discipline: The Art and Practice of Learning Organizations」를 출간한 후에, 경영자들이 학습조직에 많은 관심을 갖게 되었다.[9] 센지는 이 책에서 조직이 혼란스러운 세계에 적응하기 위해서는 조직 자체가 학습조직으로 변화해야 한다고 주장하였다. 그러나 학습조직이 어떤 형태가 되어야 한다는 일관된 견해는 제시하지 않았다.

학습조직(learning organization)은 구성원들이 끊임없는 학습을 통해 문제를 찾아서 그 문제를 스스로 해결해 나가는 조직을 말한다. 전통적 조직에서는 능률이 중요하지만, 학습조직에서는 문제해결이 가장 중요하다. 예를 들어, 학습조직을 통해, 고객의 욕구를 찾아내고 그 욕구를 충족시킬 수 있는 방안을 모색함으로써 매출액을 증대시킬 수 있다.

학습조직이 성공하기 위해서는 [그림 2-6]과 같이 자율적 팀, 종업원들의 임파워먼트, 정보공유의 3가지 요소가 필요하다.

① 학습조직에서는 스스로 지시하고 통제할 수 있는 자율적 팀(self-directed

그림 2-6 학습조직의 성공요소

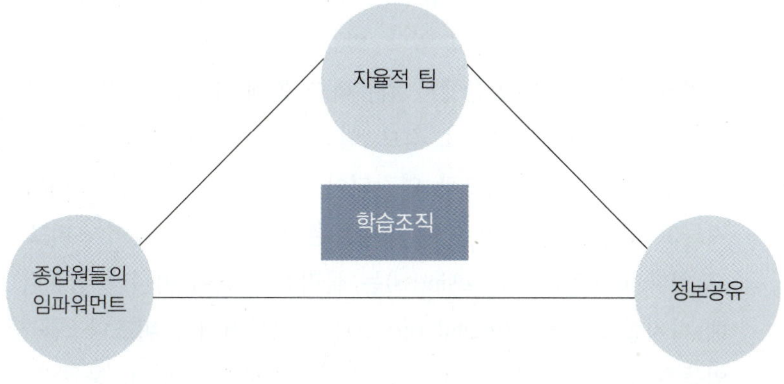

9) Peter Senge, *The Fifth Discipline: The Art and Practice of Learning Organizations*, New York: Doubleday/Currency, 1990.

team)이 기초가 된다. 자율적 팀은 기술이 서로 다른 종업원들로 구성되며, 각 팀은 스스로 훈련하고, 업무스케줄을 수립하고, 작업방법과 보상시스템을 결정하고, 다른 팀과 협력할 줄 안다. 팀의 리더십이 중요하지만, 전통적인 의미의 보스는 존재하지 않는다. 팀원들은 문제해결에 필요한 기술, 도구, 동기부여, 의사결정권한을 가지며, 새로운 도전과 기회에 창의적이고 유연하게 대응한다.

② 학습조직에서는 종업원들의 임파워먼트가 필요하다. 종업원들의 임파워먼트(empowerment)를 위해서는 업무 재량권, 자원, 정보, 기술이 충분히 제공되어야 한다. 다시 말해, 종업원들이 엄격한 감독 없이 직무를 스스로 수행할 수 있는 권한을 부여해야 하고, 그에 따른 훈련을 강화하고, 필요한 정보를 충분히 제공해 주어야 한다. 또한 작업조건을 개선하고, 자기개발기회를 부여하고, 성과보상을 지급해야 한다.

③ 학습조직에서는 정보공개를 통한 정보공유(information sharing)가 매우 중요하다. 문제를 찾아서 그 문제를 해결하기 위해서는 정보가 필요하다. 특히, 조직의 예산, 이익, 비용 등에 관한 정보는 모든 구성원들이 공유해야 한다.

6.2 기술주도 작업장 관리

정보기술의 발전으로 많은 작업장이 기술주도 작업장(technology-driven workplace)으로 변화하고 있다. 인간과 조직이 모두 정보기술에 푹 빠져 있다. 종업원들은 사이버 공간에서 컴퓨터를 통해 대부분의 작업을 수행한다. 기술주도 작업장에서는 아이디어, 정보, 인간관계가 기계, 제품, 직무보다 더 중요하다.

종업원들은 전자적으로 연결되어 있으며, 조직은 전자 네트워크에 점점 빠져들고 있다. 인터넷에 이어 스마트폰의 발전과 더불어 e-비즈니스도 붐을 타고 있다. e-비즈니스(e-business)는 물리적 공간이 아니라 컴퓨터 네트워크를 통해 디지털 프로세스(digital process)로 이루어지는 비즈니스를 말한다. 많은 기업들은 인터넷과 스마트폰을 통해 고객, 사업 파트너, 공급업자, 종업원, 주주 등과 연결하고 있다.

또한 기업들은 인터넷 기술을 확장하여 인트라넷과 엑스트라넷을 구축하고 있다. 인트라넷(intranet)은 조직의 구성원들만 내부적으로 접속할 수 있는 시스템을 말한다. 인트라넷에는 방화벽(firewall)이 구축되어 있기 때문에 외부에서는 접속할 수 없다. 엑스트라넷(extranet)은 인트라넷을 확장시켜 외부의 고객, 사업 파트너, 공급업자들도 접속할 수 있는 시스템을 말한다.

e-커머스(e-commerce)는 e-비즈니스보다 제한된 의미에서, 전자적으로 발생하는 비즈니스 거래(business exchange)를 말하며, 전자상거래라고 한다. e-커머스의 발전으로 돈과 제품의 교환은 데이터와 정보의 교환으로 대체되고 있다.

e-커머스의 유형은 [그림 2-7]과 같이, B2C(business-to-consumer), B2B(business-to-business), C2C(consumer-to-consumer)의 3가지로 분류된다. B2C는 기업과 소비자간의 전자상거래로서, Amazon.com, Gateway, 800-Flowers, Expedia.com 등 수많은 기업들이 참여하고 있다. 소비자들은 웹 사이트에 접속하여 컴퓨터, 책, CD, 꽃, 선물, 항공권, 보험증권, 기타 필요한 것을 구입할 수 있다. 또한 소비자들은 온라인으로 대금을 지불하고, 컨설턴트와 사업상담을 하고, 의사와 건강상담을 하고, 중고차의 사고기록을 체크할 수 있다.

e-커머스는 기업과 기업간의 전자상거래인 B2B로 급속히 확산되고 있다. 많은 기업에서는 전자 데이터 교환(electronic data interchange: EDI) 네트워크를 통해 B2B 거래를 하고 있다. 예를 들어, Wal-Mart사는 판매 데이터를 Procter & Gamble사와 같은 공급업자에게 넘겨주기 위해 EDI 네트워크를 사용한다. 그러나 인터넷이나 스마트폰이 EDI보다 접속이 쉽기 때문에 이를 이용하는 기

그림 2-7 e-커머스의 유형

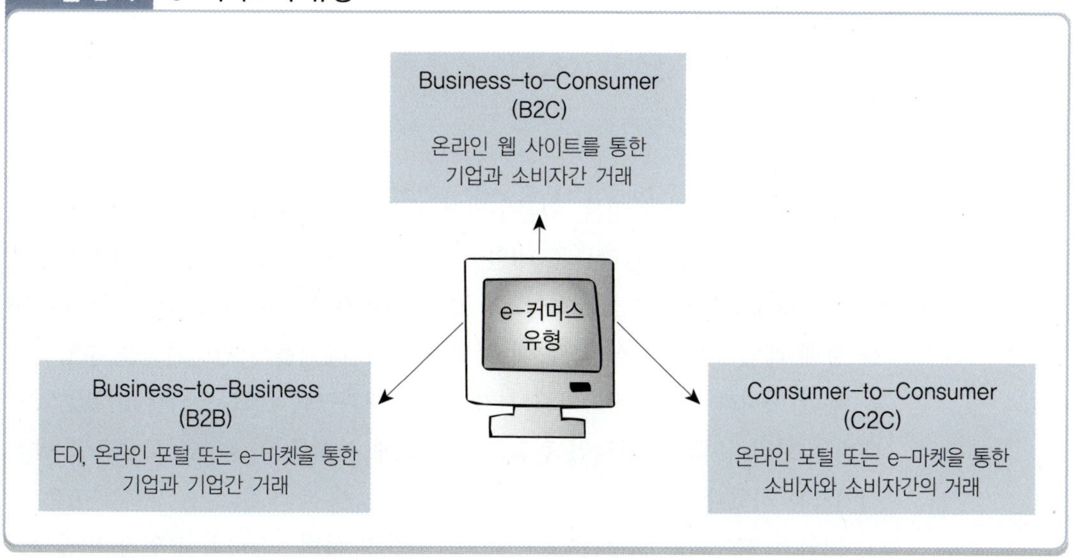

업들이 더 증가하고 있다.

e-커머스의 3번째 영역인 C2C는 소비자와 소비자간의 전자상거래로서, 대표적으로 eBay사의 웹 기반 경매(web-based auction)를 들 수 있다. 인터넷 경매시장은 소비자와 소비자간에 경매거래가 이루어지는 거대한 전자시장이다.

정보기술의 발전으로 전통적 작업장에서 새로운 작업장으로 변화하고 있다. 예를 들어, 사무실, 현장 조립라인, 백화점 판매장, 건설 현장 등 각종 작업장에서 ERP를 도입하고 있다. ERP(enterprise resource planning) 시스템은 주문처리, 제품설계, 구매관리, 재고관리, 인적자원관리, 대금수령, 수요예측 등 기업의 주요 기능을 통합시켜 주는 시스템이다. ERP 시스템은 경영에 있어서 등뼈와 같은 역할을 하며, 다양한 경영과정을 통합하고 최적화 하는데 매우 유용하다. 또한 CEO는 물론 현장 기능공까지도 ERP 시스템에 접속하여 필요한 정보를 즉시 검색할 수 있다.

피터 드러커(Peter Drucker)는 40년 전에 지식작업(knowledge work)이라는 용어를 사용한 바 있으나, 기업에서는 최근 들어 지식경영을 도입하고 있다. 지식경영(knowledge management)은 지식을 체계적으로 수집하고, 조직 전반적으로 활용하며, 학습문화를 조장하는 과정을 말한다. 오늘날 지식은 기업가치를 결정하는 중요한 요인으로 인식되고 있다. 지식경영이 성공하기 위해서는 지식과 학습을 중요시하는 리더십이 필요하고, 정보공유를 지원하는 조직구조가 필요하며, 변화를 추구하는 경영과정이 필요하다.

>>> 요약 s·u·m·m·a·r·y

경영학은 고전적 관리론, 인본주의적 관리론, 경영과학으로부터 가장 큰 영향을 받았다. 고전적 관리론은 테일러의 과학적 관리론, 페이욜의 경영과정론, 베버의 관료조직론으로 체계화할 수 있다. 과학적 관리론은 고임금과 저노무비를 통해 테일러리즘을 실현하는데 목적이 있다. 페이욜은 관리원칙을 수립하였을 뿐만 아니라 경영과정론의 창시자로서 경영과정에 새로운 시각을 열었으며, 베버는 합리적이고 능률적인 관료조직을 통해 사회를 이상적인 모습으로 발전시키고자 하였다.

미국의 메이요는 호손실험을 계기로 인간의 사회 · 심리적 요인과 비공식집단의 측면을 강조하는 인간관계론을 발전시켰다. 호손실험은 1924~32년까지 4단계로 실시된 방대한 인간관계 실험이다. 인적자원관리론은 인간관계론과 가장 밀접한 관계가 있으나 조직이나 집단보다 개인에 초점을 둔 학문 분야로서, 개인의 잠재적 능력과 자아실현욕구를 중요시 한다. 인적자원관리론은 인간관계론과 매슬로우의 욕구단계론으로부터 많은 영향을 받았고, 맥그리거의 X, Y 이론이 대표적이다. 또한 호손실험 이후 인간의 행동을 종합과학적으로 연구하기 위한 행동과학이 발전하였다.

2차 대전 이후 수학적인 모델에 기초를 둔 다양한 OR 기법이 개발되면서 경영과학이 탄생하였다. OR 기법은 생산관리 분야에 먼저 적용되었으며, 컴퓨터와 정보기술의 발전으로 선형계획, 시뮬레이션 등에 광범위하게 적용되었다.

1950년대 이후 시스템의 관점에서 경영현상을 설명하려는 새로운 접근법으로 시스템이론과 상황이론이 탄생하였다. 시스템이론에서는 기업조직을 개방시스템의 관점에서 설명한다. 상황이론은 고전적 관리론의 보편주의와 사례연구의 극단주의를 절충한 상황조건부 이론으로, 조직과 환경이 어떤 조건을 이룰 때 조직의 유효성이 증가되는가를 연구한다.

1970년대 이후 일본 기업들은 '품질운동의 아버지'로 불려지는 데밍의 도움으로 제품과 서비스의 품질향상에 많은 노력을 기울였으며, 미국에서는 1980년대 이후에 파이겐바움이 제창한 종합적 품질관리를 도입하기 시작하였다. 종합적 품질관리(TQM)는 기업의 모든 활동에 품질 개념을 주입하여 제품과 서비스의 품질을 개선시키려는 조직 전반적인 노력을 의미한다.

1990년대 이후 경영자들은 학습조직에 많은 관심을 갖게 되었다. 학습조직은 구성원들이 끊임없는 학습을 통해 문제를 찾아서 그 문제를 스스로 해결해 나가는 조직을 말한다. 전통적 조직에서는 능률이 중요하지만, 학습조직에서는 문제해결이 가장 중요하다.

정보기술의 발전으로 전통적 작업장이 기술주도 작업장으로 변화하고 있다. 기술주도 작업장에서는 아이디어, 정보 및 인간관계가 기계, 제품 및 직무보다 더 중요하다. 종업원들은 전자적으로 연결되어 있으며, 조직은 전자 네트워크에 점점 빠져들고 있다. 인터넷의 발전과 더불어 e-비즈니스도 붐을 타고 있다. e-비즈니스는 물리적 공간이 아니라 컴퓨터 네트워크를 통해 디지털 프로세스로 이루어지는 비즈니스를 말한다.

e-커머스는 e-비즈니스보다 제한된 의미에서, 전자적으로 발생하는 비즈니스 거래를 말하며, 전자상거래라고 한다. e-커머스의 발전으로 돈과 제품의 교환은

데이터와 정보의 교환으로 대체되고 있다. e-커머스의 유형은 B2C, B2B, C2C의 3가지로 분류된다. 또한 사무실, 현장 조립라인, 백화점 판매장, 건설 현장 등 각종 작업장에서 ERP를 도입하고 있다. ERP 시스템은 주문처리, 제품설계, 구매관리, 재고관리, 인적자원관리, 대금수령, 수요예측 등 기업의 주요 기능을 통합시켜 주는 시스템이다. ERP 시스템은 경영에 있어서 등뼈와 같은 역할을 하며, 다양한 경영과정을 통합하고 최적화 하는데 매우 유용하다. 그리고 많은 기업들이 최근에 지식경영을 도입하고 있다. 지식경영은 지식을 체계적으로 수집하고, 조직 전반적으로 활용하며, 학습문화를 조장하는 과정을 말한다.

>>> 연습문제 e·x·e·r·c·i·s·e

01 과학적 관리론은 어떤 배경에서 탄생하였고, 어떤 내용으로 구성되어 있으며, 어떤 점에서 비판을 받고 있는가?

02 페이욜의 관리원칙 중에서 오늘날에도 유용한 관리원칙은 어떤 것이 있는가?

03 베버가 관료조직론을 주장한 배경은 무엇이고, 관료조직의 주요 특징은 무엇이며, 관료조직에 대한 부정적인 비판은 무엇인가?

04 호손실험은 어떤 계기로 시작되었고, 어떤 과정으로 진행되었으며, 그 주요 결과는 무엇인가?

05 과학적 관리론과 인간관계론은 각각 어떤 점에서 비판을 받고 있는가?

06 맥그리거의 X, Y이론에서는 각각 인간을 어떤 관점에서 보고 있으며, 관리방법은 어떻게 개선되어야 한다고 주장하였는가?

07 경영과학이 발전하게 된 배경은 무엇이고, 주요 OR 기법에는 어떤 것이 있는가?

08 시스템의 개념과 주요 특징을 설명하고, 기업을 시스템의 관점에서 설명해 보라.

09 상황이론을 고전적 관리론 및 사례연구와 비교하여 설명하라.

10 종합적 품질관리(TQM)란 무엇이며, TQM이 성공하기 위한 4가지 요소는 무엇인가?

11 학습조직이란 무엇이며, 학습조직의 3가지 구성요소는 무엇인가?

12 e-커머스는 e-비즈니스와 어떻게 다르며, e-커머스의 3가지 유형은 무엇인가?

MANAGEMENT

02 PART

기업과 환경

Part 02 들어가며……

오늘날에는 제품의 이름만 들어도 쉽게 알 수 있는 세계적인 일류 기업들이 많다. 이들 기업이 제공하는 일류 제품과 서비스를 통해 사람들은 풍요로운 삶을 누리고 있다. 세계인이 즐겨 마시는 음료수를 생산하는 CocaCola, 컴퓨터의 대명사로 알려진 IBM, 반도체를 생산하는 Intel, 자동차를 생산하는 Toyota, 인터넷으로 친숙한 Google, 소프트웨어로 전 세계를 석권한 Microsoft는 세계적인 초일류기업으로 성장하였고, 국내 기업들 중에서도 삼성전자, 포스코, 현대자동차, LG전자 등은 세계적인 명성을 쌓아가고 있다.

그러나 기업을 둘러싸고 있는 환경은 급속하게 변화하고 있다. 기업의 윤리와 사회적 책임은 더욱 강조되고 있다. 세계적인 초일류 기업이라도 환경의 변화에 신속하게 대응하지 못하면 언제 위기에 빠질지 모른다. 이러한 현상은 기업에만 국한되지 않는다. 노동조합, 정부, 대학, 병원, 박물관, 교회에서도 일어나고 있다.

제3장에서는 기업에 관한 기초적인 내용을 개괄적으로 설명한다. 기업의 개념과 역할, 기업의 형태, 기업의 결합, 기업의 M&A와 구조조정으로 나누어 설명한다.

제4장에서는 기업의 환경과 문화에 관해 설명한다. 환경의 개념과 구조, 외부환경, 기업과 환경의 상호작용, 기업문화로 나누어 설명한다.

제5장에서는 기업의 윤리와 사회적 책임에 관해 설명한다. 기업의 윤리, 기업의 사회적 책임, 기업의 윤리와 사회적 책임의 관리로 나누어 설명한다.

제6장에서는 기업가 정신과 창업에 관해 설명한다. 기업가 정신과 창업의 개요, 창업자의 특성, 중소기업의 창업 과정, 인터넷 창업, 중소기업의 성장단계와 경영과정으로 나누어 설명한다.

나의 20대는 어떤 일을 해도 잘 되지 않았다.
무엇이든 해보려고 했지만 아무 것도 할 수 없었다.
그것이 나의 20대였다.
내 20대는 실패투성이였다.

– 나카타니 아키히로, 20대에 하지 않으면 안될 50가지 –

MANAGEMENT

chapter

03 기업의 이해

이 장에서는 기업은 무엇이며 어떤 역할을 하는가? 기업의 형태는 어떻게 분류되며, 주식회사는 왜 대표적인 기업 형태로 발전하였는가? 기업이 다양한 형태로 결합하는 이유는 무엇인가? 기업이 콤비나트, 계열화, 콩글로머리트, 조인트 벤처, 다국적기업으로 발전하는 이유는 무엇인가? 그리고 기업의 M&A와 구조조정은 어떤 형태로 이루어지는가에 대해 살펴본다.

01 기업의 개념과 역할

여기서는 기업은 무엇이고 어떤 성격을 가지고 있으며, 어떤 역할을 하는가를 살펴본다.

1.1 기업의 개념

기업의 개념은 학자에 따라 다르게 정의되고 있지만, 일반적으로 '이윤을 목적으로 제품이나 서비스를 영속적으로 생산 · 판매하는 협동적 조직시스템'으로 정의된다. 이 정의에 내포되어 있는 기업의 특성을 분석해 보면 다음과 같다.

① 기업은 적정한 이윤을 추구하는 조직체이다. 기업의 이윤은 사회적 저항이나 희생을 초래할 만큼 지나친 수준이 되어서는 안 되며, 이해관계자들이 수용할 수 있는 적정한 수준이어야 한다.

② 기업은 내부 구성원과 외부 이해관계자간의 협동관계를 바탕으로 존속하는 협동적 조직시스템이다.

③ 기업은 생산 주체로서 제품과 서비스를 생산 · 판매하는 기능을 수행한다.

④ 기업은 영속적으로 존속하는 실체(entity)로서 계속기업(going concern)의 성격을 갖는다.

이와 같이 기업은 적정한 이윤을 목적으로 제품과 서비스를 생산 · 판매하는 조직시스템이며, 조직 내외의 이해관계자들이 서로 협동하여 계속기업으로 존속시켜야 할 사회 · 경제적 기관이라 할 수 있다.

1.2 기업의 역할

기업은 국민 경제와 사회 발전을 위해 매우 중요한 역할을 한다. 즉, 기업은 계속기업으로 존속하기 위해 다음과 같은 경제적 역할과 사회적 역할을 수행 한다.

(1) 경제적 역할

기업은 정보화 사회의 경제적 기관으로서 경영자원을 효율적으로 이용하여 사회가 필요로 하는 제품과 서비스를 생산한다. 즉, 기업은 경제적 가치나 효용을 창출하는 생산기능을 담당한다. 이러한 생산기능을 통해 적정한 이윤을 달성하고, 이 중의 일부를 확대재생산을 위해 재투자한다. 기업은 재투자를 통해 계속기업으로 존속하면서 수많은 일자리를 창출하여 새로운 고용 기회를 제공하고 국가의 부를 증진시킨다. 나아가, 기업은 국민 경제를 발전시키는 기관차 역할을 담당하고, 국민들의 생활수준 향상과 복지 증진에도 기여하며, 시장경제와 자유기업제도를 발전시키는 데 공헌한다.

(2) 사회적 역할

기업은 경제적 역할과 더불어 사회적 역할도 수행한다. 기업은 고객, 경쟁업체, 정부를 비롯한 다양한 이해관계집단의 이해관계를 조정한다. 또한 기업은 불공정거래 방지와 소비자 보호, 공해방지와 환경보호와 같은 사회적 요구를 적극 수용해야 한다. 나아가, 인간생활의 질적 향상과 건전한 사회 문화 형성에도 관심을 가져야 하고, 사회정의 구현과 자유민주주의 실현에도 앞장서야 한다.

02 기업의 형태

기업의 형태는 여러 가지 분류기준에 따라 다양하게 분류될 수 있으나, 이 책에서는 오늘날 중요시되는 개인회사, 합명회사, 합자회사, 주식회사에 대해 자세히 설명하고자 한다.

2.1 개인회사

개인회사(proprietorship)는 법원에 등기를 하지 않고 개인이 소유하는 기업형태를 말한다. 개인회사는 역사가 가장 오래 되었을 뿐만 아니라 가장 단순한 형태이다. 또한 개인회사는 설립이 용이하기 때문에 대부분의 자영업은 개인회사로 설립된다. 우리가 주변에서 자주 보는 문방구, 커피점, 약국, 변호사 사무소, 회계사 사무소 등은 모두 개인회사로 운영된다. 개인회사는 주인이 전액 출자하여 설립하고, 소유권과 통제력을 전반적으로 행사하며, 채권자에 대해서는 무한 책임을 진다. 즉, 개인회사의 성패는 전적으로 주인의 역량에 달려있다.

2.2 합명회사

합명회사(general partnership)는 중세 유럽의 내륙 상업도시를 중심으로 발생한 소시에타스(societas)라는 공동기업을 그 기원으로 한다. 소시에타스는 출자자 상호간의 신뢰관계를 중심으로 설립된 기업이다.

합명회사는 2명 이상의 사원이 공동으로 출자하여 설립한 회사로 법원에 등기를 하지 않은 기업이다. 합명회사의 사원은 회사의 채무에 대해 무한 연대책임을 지면서 직접 회사경영에 참여한다. 그래서 합명회사는 소유자가 다수라는 점을 제외하고는 개인회사와 유사하다.

합명회사는 개인회사와 같이 설립이 쉽다. 그러나 나중에 분쟁과 오해의 소지를 없애기 위해, 재무적 의무, 의결권, 이익 분할, 사원간의 관계 등에 관한 합의서를 세밀하게 작성하여 공증인의 인증을 받아 둘 필요가 있다.

합명회사의 사원은 회사의 채무에 대해 무한 연대책임을 지기 때문에 무한

책임사원이라 한다. 즉, 사원들은 회사의 채무에 대해 저마다 책임을 져야 한다. 이는 채권자들이 각 사원에게 개별적으로 책임을 물어도 되고, 모든 사원에게 집단적으로 책임을 물어도 된다는 의미이다. 이와 같이 합명회사는 사원들이 무한 책임을 져야 한다는 점과 주장이 센 사람에 의해 의견불일치가 일어나기 쉽다는 단점이 있다.

2.3 합자회사

합자회사(limited partnership)는 중세 이탈리아의 해상무역에서 발달된 코멘다(commenda)에서 그 기원을 찾을 수 있다. 코멘다란 일종의 위탁계약으로서, 위탁자인 귀족, 지주, 상인 등이 수탁자인 해상무역업자에게 상품 또는 자본을 위탁하고, 그의 책임 하에 해상무역을 수행하고 거기서 발생하는 이익금을 분배하는 계약을 말한다. 이 경우, 위탁자는 출자금액을 한도로 유한책임을 지고, 수탁자인 무역업자는 무한책임을 졌다. 이런 방식의 무역거래에서 수탁자도 자기 자금을 일부 출자하는 형태로 일반화되면서 오늘날의 합자회사로 발전하게 되었다.

합자회사는 합명회사와 주식회사의 장점을 모두 결합한 기업형태라 할 수 있다. 합자회사는 무한책임사원(general partner)과 유한책임사원(limited partner)으로 구성된다. 무한책임사원은 출자와 더불어 경영에도 참여하는 반면에, 유한책임사원은 출자만 하고 경영에는 참여하지 않으므로 침묵사원(silent partner)이라 한다.

무한책임사원은 합자회사의 채무에 대해 개별적으로 책임을 지는 반면에, 유한책임사원은 합자회사의 자기자본 중에서 출자액의 한도 내에서만 책임을 진다. 유한책임사원의 주식은 주식회사의 보통주와 마찬가지로 양도가 가능하기 때문에 합자회사는 자기자본을 조달하기가 용이하다. 또한 채권자는 무한책임사원의 개인 자산에 대해서도 청구권을 행사할 수 있기 때문에 합자회사는 부채를 조달하는 데도 용이하다.

따라서 합자회사는 자본은 없으나 경영능력이 있는 사람과 자본은 있으나 경영능력이 없는 사람이 결합하기에 적합하다. 그리고 합자회사는 합명회사보다 자본조달의 원천이 더 넓기 때문에 합명회사보다 발전된 형태로 생각할 수 있으나, 실제로는 합자회사가 소규모로 운영되는 경우가 많다. 왜냐하면 자본가가 합자회사의 유한책임사원보다 주식회사의 주주가 되는 편이 더 유리하기 때문이다. 또한 합자회사의 유한책임사원은 출자만 하고 직접 경영에 참가할 수 없고, 전 사원의 동의가 없으면 출자금마저 인출할 수 없다는 문제가 있다.

2.4 주식회사

(1) 주식회사의 의의

주식회사(corporation)는 1602년에 설립된 네델란드의 동인도회사(Vereenigde Oost Indishe Compagnie)를 그 기원으로 한다.[1] 네델란드의 동인도회사는 출자자의 유한책임제도, 지분의 자유양도, 회사기관의 설치 등 오늘날의 주식회사와 유사한 특성을 가지고 있었다.

현대 기업은 대부분 주식회사 형태를 취하고 있다. 미국과 유럽은 물론 일본, 한국 등 아시아 각국의 기업들도 대부분 주식회사이다. 이처럼 주식회사가 대표적인 기업으로 발전한 이유는 대규모 자본을 쉽게 조달할 수 있는 특성 때문이다.

주식회사는 주주가 출자한 자본을 바탕으로 설립되기 때문에 인적 결합보다 물적 결합의 성격이 더 강하다. 따라서 주식회사는 조직구조가 매우 공식적이다. 또한 주식회사는 상법에 따라 법인(legal person)의 지위를 갖는다. 즉, 주식회사는 법인으로서 자연인과 같이, 그의 이름으로 재산을 소유하고, 재산을 사고 팔 수 있으며, 법적인 소송이나 계약을 체결할 수도 있다.

(2) 주식회사의 특징

주식회사는 대규모 자본으로 결합된 물적 회사로서 다음과 같은 특징을 갖는다.

1) 유한책임제도

주주는 출자액의 한도 내에서 기업의 채무에 대한 책임을 지는데, 이를 주주의 유한책임제도(limited liabilities of stockholder)라 한다. 이 제도로 인해 주주의 재산과 기업의 재산이 구별되며, 기업이 파산하는 최악의 경우에도 주

1) 1600년에 설립된 영국의 동인도회사는 존속기간이 1항해 기간으로 항해가 종료될 때마다 청산하였으나, 1602년에 설립된 네델란드의 동인도회사는 존속기간이 20년으로 특허받은 회사로서, 오늘날의 계속기업에 더 가깝다.

주는 자신의 출자지분에 대해서만 책임을 진다. 이러한 특징 때문에 주식회사는 투자대중으로부터 대규모 자본을 쉽게 조달하여, 이를 모험적인 사업에 투자할 수 있다.

2) 자본의 증권화 제도

주식회사의 자본금은 주식으로 분할하여 주주의 권리를 표시하는데, 이를 자본의 증권화 제도(securitization of capital)라 한다. 주주는 주식을 통해 출자의무를 가짐과 동시에 의결권, 배당청구권, 잔여재산분배청구권과 같은 주주권을 행사할 수 있다. 또한 주주는 주식시장에서 주식을 자유롭게 매매할 수 있다. 일반 투자자들도 언제든지 주식시장에서 주식을 매입함으로써 주주가 될 수 있고, 주식을 매도함으로써 투자자금을 회수할 수 있다.

유망한 주식회사는 일반 투자자로부터 소액자본을 모집하여 대규모 자본을 쉽게 조달할 수 있다. 나아가, 주식이 다수의 주주에게 분산되면, 소유와 경영의 분리가 촉진되어 주식회사가 더욱 발전하게 된다. 오늘날과 같은 고도 자본주의는 증권 자본주의(securities capitalism)라고도 하는데, 그 이유는 증권화 제도의 묘미에서 찾을 수 있다.

3) 소유와 경영의 분리

소유와 경영의 분리(separation between ownership and management)는 '자본과 경영의 분리' 라고도 하는데, 이는 주식회사의 발달에 따라 기업의 출자자와 경영자가 분리되어 경영자가 기업을 지배하는 현상을 말한다. 기업의 규모가 증가하고 경영활동이 복잡해지면, 전문적인 지식과 경험을 갖춘 경영자가 필요하게 된다. 이에 따라 전문경영자(expert manager)가 기업경영을 총괄하고 기존의 소유경영자(owner manager)는 경영 일선에서 후퇴하는 현상이 나타난다. 이와 같이 전문경영자가 기업을 실질적으로 지배하는 현상을 번햄(J. Burnham)은 경영자 혁명(managerial revolution)이라고 하였다.[2)]

세계 각국에서는 소유와 경영의 분리 현상에 따라 주식회사의 경영권이 전문경영자에게 이전되는 경향이 뚜렷해지고 있다. 전문경영자들은 자신의 전문적 지식과 관리능력을 최대한으로 발휘함으로써 경영성과가 계속 향상되고 있다. 그러나 일부 전문경영자들은 주주의 이익보다 자신의 사적 이익을 최대화하는데 더 많은 관심을 두는 부정적인 사례도 나타나고 있다. 이러한 문제는

2) J. Burnham, *Managerial Revolution: What is Happening in the World*, Indiana Univ. Press, 1941.

주주와 전문경영자간의 대리인문제(agency problems)라고 하는데, 이는 주식회사가 가지고 있는 가장 심각한 문제로 인식되고 있다. 최근에는 대리인 문제를 예방하기 위한 제도적 장치로서, 소액주주들의 권익을 대변할 수 있는 사외이사제도, 외부감사제도, 주주들의 집단소송제도 등이 도입되고 있다.

(3) 주식회사의 설립절차

주식회사의 설립은 법으로 규정하며 다음과 같은 적법 절차를 밟아야 한다.

1) 정관의 작성

정관은 주식회사의 조직과 운영에 관한 기본 원칙을 기재한 서류를 말하며, 발기인이 작성하여 기명날인 또는 서명한 후 공증인의 인증을 받아야 효력이 발생한다. 정관 기재사항은 절대적 기재사항과 상대적 기재사항으로 구분되는데, 전자는 회사의 목적, 상호, 회사가 장래 발행할 주식의 총수와 액면가, 회사 설립 시 발행하는 주식의 총수, 본 · 지점의 소재지, 발기인의 성명과 주소, 정관의 작성 연월일 등이며, 후자는 필요에 따라 기재하며 이를 정관에 기재하지 않는 한 주주를 구속하지 않는다.

2) 자본의 확정과 이행

주주들의 출자의무를 확정하여 회사 존립의 재산적 기초를 확립하기 위해, 주식회사의 자본은 정관에 기재한다. 즉, 주식회사의 자본은 (회사가 장래 발행할 주식의 총수)×(액면가)로 확정되며, 이는 주주들의 궁극적인 출자의무가 된다.

그러나 회사 설립 당시에, 주주들이 (회사가 장래 발행할 주식의 총수)를 모두 인수하고 자본의 전액을 출자해야 하는 것은 아니다. 우리나라 상법에서는 회사 설립 당시에는 (회사가 장래 발행할 주식의 총수)의 1/4 이상만 발행하도록 하고, 나머지는 회사 설립 후에 이사회의 결의로 수시로 발행할 수 있도록 규정하고 있다.

이와 같은 제도를 수권자본제도라고 하며, 회사의 자본을 수권자본(authorized capital)의 개념으로 이해한다. [그림 3-1]에서 보는 바와 같이, 회사 설립 당시에는 수권자본의 일부만 출자하도록 하고 나머지는 회사 설립 후 상황에 따라 이사회의 판단에 따라 융통성 있게 수권자본을 출자하도록 하고

그림 3-1 수권자본과 납입자본

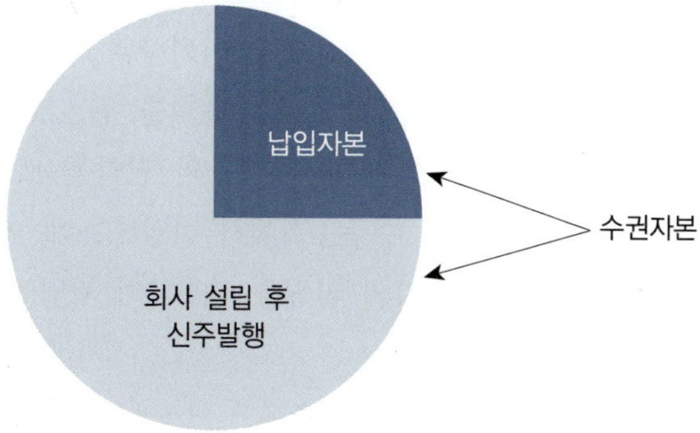

있다. 수권자본은 (회사가 장래 발행할 주식의 총수)×(액면가)로 확정되고, 회사 설립 당시의 납입자본은 (회사 설립 시 발행하는 주식의 총수)×(액면가)로 계산된다.

3) 임원의 선임

발기 설립의 경우에는 발기인의 출자의무가 이행되는 대로 발기인은 의결권의 과반수 찬성으로 이사와 감사를 선임한다. 이 경우 의결권은 1주당 1표이다. 선임된 이사는 검사인을 선임하여 설립에 관한 제반 사항의 정확성 여부를 조사하여 그 결과를 발기인에게 넘겨주면 발기인은 이를 법원에 제출한다.

모집 설립의 경우에는 주식 총수가 인수되는 대로 발기인은 지체 없이 창립총회를 소집하여 이사와 감사를 선임한다.

4) 설립 등기

이상의 모든 절차가 완료되면 이사의 공동 신청으로 설립 등기를 마쳐야 한다. 발기 설립의 경우에는 발기인의 현물출자와 주식 전액의 납입에 대한 검사인의 조사가 끝난 날로부터 2주 이내에 회사 소재지 지방법원에 설립 등기를 마쳐야 하고, 모집 설립의 경우에는 창립총회가 끝난 날로부터 2주 이내에 설립 등기를 마쳐야 한다.

(4) 주식회사의 기관

주식회사의 기관은 의회정치에서 발전한 3권 분립의 사상에 기초하여 주주총회, 이사회 및 감사로 구성된다. 즉, 주식회사의 소유자인 주주의 권익을 대변하기 위한 최고 의사결정기관으로 주주총회를 두는 한편, 경영을 실질적으로 담당하는 기관으로 이사회를 두며, 주주들의 권익을 보호하기 위한 기관으로 감사를 둔다. 이사와 감사는 주주총회에서 선임하는데, 이 중에서 이사들이 이사회를 구성하고, 여기서 회사의 임원을 선출하여 기업경영을 실질적으로 담당하게 한다.

1) 주주총회

주주총회(general meeting of shareholders)는 주식회사의 소유자인 주주가 행사할 수 있는 권한의 범위 내에서 회사의 기본 조직과 주요 안건을 처리하는 최고 의사결정기관이다. 주주총회의 권한은 구체적으로 상법 또는 정관에 규정되어 있는데, 그 주요 내용은 ① 정관의 변경, 자본의 증감, 영업의 양도, 양수, 합병에 관한 사항, ② 이사, 감사, 검사인, 청산인의 선임과 해임에 관한 사항, ③ 주식배당, 신주인수권, 계산서류의 승인에 관한 사항 등이 포함된다.

주주총회는 정기총회와 임시총회로 구분되는데, 전자는 매 결산기에 정기적으로 소집되어 계산서의 승인이나 이익 또는 이익의 배당에 관한 사항을 주로 결의하고, 후자는 회사의 필요에 따라 수시로 소집된다. 주주총회의 소집은 이사회에서 결정하되, 소집일 2주 전에 각 주주에게 통지해야 한다. 총회에서 의결권을 행사하기 위해서는 발행주식수의 과반수에 해당하는 주식을 가진 주주가 출석하여 그 과반수가 동의해야 한다. 주주가 총회에 참석하지 못할 경우에는 대리투표 또는 위임장 투표도 가능하다.

2) 이사회

이사회(board of directors)는 주주총회로부터 경영에 관한 일체의 권한을 위임받은 상설기관이다. 이사회의 구성원인 이사는 주주총회에서 선임되고 최소한 3인 이상이어야 하며 그 임기는 3년을 초과하지 못한다.[3] 그리고 이사 중에서 대외적으로 회사를 대표하고 대내적으로 이사회를 주재할 대표이사를 선임한다. 이사는 대주주나 발기인 중에서 선임하는 경우가 통례이지만, 대기업에

3) 다만, 자본금이 5억원 미만인 회사는 이사의 수를 1인 또는 2인으로 할 수 있다.

서는 전문경영자가 임명되는 경우가 많으며, 우리나라에서는 1999년부터 이사회의 투명성 제고를 위한 장치로서 사외이사 제도를 도입하고 있다.

이사회에서 결의할 주요 사항은 신주의 발행, 사채의 모집, 지배인의 선임 및 해임, 대표이사의 선임, 이사와 회사간의 거래 승인, 이사의 직무 집행 감독 등이다.

3) 감 사

감사(auditor)는 주주총회에서 선임되며, 회사의 회계감사와 업무감사를 주 임무로 하는 주식회사의 필요 상설기관이다. 임기는 3년 이내이며 인원수는 제한이 없다. 또한 감사의 선임방법에 있어서 대주주의 횡포를 막기 위해 그 의결권을 제한하는 제도적 장치가 마련되어 있다.

따라서 감사는 그 직능 상 전문적인 지식과 경험이 필요하기 때문에 감사의 자격을 엄격히 제한하거나 공인회계사(certified public accountant: CPA)에 의한 외부감사 제도를 채택하기도 한다.

(5) 기업공개와 종업원 지주제도

기업공개는 기업의 자산상태나 경영성과를 공개하여 일반투자자들이 공개기업의 주식에 투자할 수 있도록 하는 것을 말한다. 일반투자자들이 공개기업의 주식에 분산투자하게 되면, 주식이 일부 대주주에게 집중되는 데서 발생하는 각종 폐단을 예방할 수 있고, 민간자본을 산업자본화 하는데 도움이 되며, 주식의 대중화를 통해 경영의 민주화를 실현할 수 있다. 우리나라에서도 1974년에 「기업공개촉진법」을 제정하여 기업공개의 촉진과 증권거래소 상장을 적극 권장해 왔다.

종업원 지주제도는 종업원에게 자사주를 분산 소유하도록 하는 제도로서, 종업원의 경영참가를 고취시키고 노사협조를 원활히 하고 경영능률을 향상시키며 주식의 대중화를 통해 경영의 민주화를 실현하는데 목적이 있다.

종업원 지주제도는 오래 전부터 미국과 영국에서 실시되어 왔으며, 우리나라에서는 1974년에 비공개기업의 공개촉진, 근로자의 재산형성과 저축 증대, 노사간의 협조 증진과 같은 목적에서 「우리 사주 조합 제도」를 채택하였다.

03 기업의 결합

3.1 기업결합의 의의와 목적

(1) 기업결합의 의의

기업결합(business combination)이란 여러 개의 기업들이 보다 큰 경제단위로 결합하는 현상을 말한다. 기업들은 서로 간에 경쟁을 제한하거나 배제하여 시장에서 지배력을 강화하고, 이윤확보에서 우위를 차지하며, 경영합리화를 촉진할 목적으로 기업결합을 하게 된다.

자본주의 체제 하에서 기업이 성장하려면 자본 규모를 확대시켜야 하는데, 그 방법은 내적 성장과 외적 성장의 두 가지가 있다. 이 중에서 기업결합은 외적 성장을 위한 중요한 수단으로 사용된다.

1) 기업의 내적 성장

기업의 내적 성장(internal growth)은 기업이 창업되어 중소기업에서 대기업으로 내부적으로 성장하는 것을 말한다. 기업의 내적 성장은 국민경제 전체적으로 자본축적(capital accumulation)을 가져오고 순부가가치의 창출과 국부의 증가를 통해 경제성장을 유도하게 된다.

2) 기업의 외적 성장

기업의 외적 성장(external growth)은 내적 성장을 거친 기존의 기업들이 서로 결합하여 자본의 규모를 대규모로 증대시키는 방법을 말한다. 기업결합의 결과, 기업의 외적 성장이 획기적으로 달성된다. 그러나 기업의 외적 성장은 기존 기업의 단순한 결합으로 기업자본이 실질적으로 증가되는 것이 아니기 때문에 국민 경제 전체적으로 자본축적을 가져오지는 않는다.

(2) 기업결합의 목적

기업이 결합하는 목적은 다음과 같은 세 가지로 나누어 볼 수 있다.

1) 시장에서의 경쟁 제한

기업들은 시장에서 과도한 경쟁을 피하거나 제한할 목적에서 서로 결합한다. 예를 들어, 동종 산업에 속하는 맥주회사, 시멘트회사, 섬유회사, 정유회사 등이 제품의 생산이나 판매에 관한 협정을 체결하여 상호간의 경쟁을 피하거나 제한하는 경우를 들 수 있다. 카르텔이나 트러스트가 여기에 속하며, 이러한 기업결합 형태는 수평적 결합(horizontal combination)이라 한다.

2) 생산 공정의 합리화

기업들은 서로 관련성이 있는 제품의 생산 공정을 합리화할 목적으로 서로 결합한다. 예를 들어, 원료 생산 기업, 원료 가공 기업 및 제품 판매 기업이 서로 결합할 수 있다. 이 때는 제품의 생산 공정뿐만 아니라 원료 확보나 제품 판매 측면에서도 효율성이 증가된다. 콘체른이나 콤비나트는 여기에 속하며, 이러한 기업결합 형태는 수직적 결합(vertical combination)이라 한다.

3) 기업지배

재벌이나 금융기관이 출자관계를 이용하여 지배력을 강화할 목적으로 여러 기업을 결합한다. 예를 들어, 은행이 기업에 장기대출을 하거나 기업의 주식을 소유함으로써 기업에 대한 지배력을 강화할 수 있다.

기업결합은 동종기업뿐만 아니라 이종기업간에도 일어날 수 있다. 그 대표적인 사례가 금융콘체른인데, 이는 자본적 결합(capital combination)이라고도 한다. 자본적 결합은 수평적 결합이나 수직적 결합에 따른 이익뿐만 아니라 기업지배를 위한 자본 절약과 투자수익 증대를 동시에 달성할 수 있다.

3.2 기업결합의 기본적 형태

기업결합의 기본적 형태로는 카르텔, 트러스트, 콘체른 및 지주회사를 들 수 있다.

(1) 카르텔

카르텔(cartel)은 영국에서 발전된 제도로서, 가입 기업들이 법률적 · 경제적으로 독립성을 유지하면서 상호간에 시장경쟁을 배제하여 경제적 이익을 얻기 위한 협정을 말한다. 카르텔 협정은 문서로 계약하기도 하고 구두로 약속하기도 하는 일종의 신사협정에 속한다. 또한 가입 기업들은 외견상으로 독립성을 유지하면서 카르텔 협정에 따라 공동보조를 취한다는 점에서 카르텔은 기업연합이라고도 한다. 카르텔의 주요 목적으로는 자유경쟁 지양, 시장통제 및 지배, 가격유지 및 가격안정 등을 들 수 있다. 그리고 카르텔의 종류에는 생산카르텔, 판매카르텔, 구매카르텔 등이 있다.

1) 생산카르텔

생산카르텔은 주로 동종기업간에 생산량이나 시장공급량을 제한하거나 특정제품의 생산을 전문화하거나 특허기술을 상호 이용할 목적으로 협정하는 것을 말한다. 예를 들어, 석유수출국기구(Organization of Petroleum Exporting Countries: OPEC)는 강력한 석유생산카르텔을 통해 세계 석유시장을 장악하고 있다.

2) 판매카르텔

판매카르텔은 판매상의 상호 경쟁을 제한하기 위해 동종 또는 유사기업간에 협정하는 것을 말한다. 협정 내용에 따라 가격카르텔, 조건카르텔, 수량카르텔, 지역카르텔, 공동판매카르텔 등이 있다. 가격카르텔은 최고가격이나 최저가격과 같은 판매가격에 관한 협정을 말하고, 조건카르텔은 지불조건, 할인방법, 운임계산과 같은 판매조건에 관한 협정을 말하며, 수량카르텔은 판매수량의 할당에 관한 협정을 말한다. 또 지역카르텔은 판매지역의 분할에 관한 협정을 말하고, 공동판매카르텔은 제품의 공동판매에 관한 협정을 말한다.

3) 구매카르텔

구매카르텔은 석유, 원목, 광물자원 등 주로 외국에서 원자재를 도입할 경우, 외자를 절약하고 원자재를 적정하게 도입하기 위해 가입 기업간에 구매량을 할당하는 협정을 말한다. 구매카르텔은 정부에서 권장하는 경우가 많다.

(2) 트러스트

트러스트(trust)는 미국에서 발전된 제도로서, 가입 기업들이 법률적 · 경제적으로 독립성을 상실하고 자본적으로 새로운 단일기업으로 설립되는 기업합동을 말한다. 가입 기업들은 트러스트를 통해 시장 지배력을 강화할 뿐만 아니라 생산공정을 합리화하고 생산비용도 절감할 수 있다.

트러스트는 가입 기업들이 독립성을 상실한다는 점에서 독립성을 유지하는 카르텔보다 훨씬 강력한 시장지배력과 독점력을 행사한다. 역사적으로 보면, 카르텔에서 트러스트로 발전하기 때문에 트러스트의 결합력이 카르텔보다 더 강화되는 경향이 있다.

트러스트라는 용어는 재산의 소유권을 양도하여 이것을 유리하게 이용하고 관리하도록 타인에게 위양하는 것을 의미한다. 광의의 트러스트는 두 가지 유형으로 구분할 수 있는데, 그 하나는 개별 기업들이 합병함으로써 법률상의 독립성을 상실하고 새로운 단일기업으로 설립되는 합동형 트러스트(fusion type trust)이고, 다른 하나는 법률상의 독립성을 유지하지만 재산의 관리권을 위양함으로써 경제적인 독립성을 상실하는 콘체른형 트러스트(konzern type trust)이다.

미국의 트러스트는 19세기 중엽부터 영미법상의 신탁제도에서 발전하였다. 즉, 여러 기업이 신탁에 가입하게 되면, 각 기업은 법률상으로 독립성을 유지하면서 주식을 수탁자에게 양도하고 주식의 지분율에 따라 배당을 받는다. 이 경우, 수탁자는 기업의 대주주가 되므로 주주총회에서 의결권을 장악하여 기업을 지배할 수 있게 된다. 이런 방법으로 설립된 대표적인 트러스트가 미국의 Standard Oil Trust, American Tobacco Trust이다. 그러나 트러스트는 가입 기업의 주주권을 무시하는 결과가 되기 때문에 1890년에 Anti-Trust Act가 제정되어 트러스트가 금지되었다. 그 후에는 여러 기업이 법률상의 독립성은 유지하되 경제적으로는 지주회사(holding company)의 지배를 받는 지주회사 제도가 발전하게 되었다.

(3) 콘체른과 지주회사

콘체른(konzern)은 독일에서 발전된 제도로서, 여러 개의 기업들이 카르텔처럼 법률적으로는 독립성을 유지하지만 경제적으로는 출자관계나 금융지원을 통해 하나의 대기업으로 결합된 형태를 말한다. 그러나 대기업이 출자관계를 통해 여러 산업에 걸친 기업들을 지배할 목적으로 콘체른을 형성하는 경우가 많다. 이 경우에, 개별 기업들이 독립성을 유지한다고 하지만, 출자관계를 통해 대기업의 지배를 받게 되므로 경제적으로는 일체가 된다.

콘체른은 그 결합 형태에 따라 생산콘체른, 판매콘체른 및 금융콘체른의 세 가지로 구분된다. 생산콘체른은 생산의 합리화나 생산비의 절약을 목적으로 여러 개의 관련 기업들이 수직적으로 결합한 형태를 말하고, 판매콘체른은 판매망의 확보나 영업비의 절감을 목적으로 여러 개의 판매 기업들이 수평적으로 결합한 형태를 말하며, 금융콘체른은 금융기관이 출자관계나 금융지원을 통해 여러 종류의 기업을 지배할 목적으로 결합한 형태를 말한다.

따라서 콘체른은 동종기업간의 결합뿐만 아니라 전혀 관련성이 없는 이종기업간에도 결합될 수 있고, 수평적 결합뿐만 아니라 수직적 결합도 가능하기 때문에 가장 복잡한 기업결합 형태에 속한다. 콘체른은 복잡한 기업결합을 통해 거대한 자족 경제를 형성하여 그 경제적 세력을 확장시켜 나간다. 그 결과, 콘체른은 카르텔이나 트러스트와 같이 반드시 시장독점을 목적으로 하지 않더라도 그 거대한 경제세력의 확장에 따라 독점적 폐단이 나타날 수 있다.

콘체른은 출자관계나 금융지원을 통해 다른 기업을 지배하는 형태로 주로 독일에서 발전하였으나, 우리나라에서는 독일식 콘체른과는 약간 성질이 다른 재벌 제도가 발전하였다. 우리나라에서는 삼성, 현대, LG, SK와 같은 기업그룹을 재벌이라고 하는데, 이들 재벌은 출자관계나 금융지원 외에 상호지급보증, 내부자거래, 가족경영체제를 통해 계열기업들이 복잡하게 연결되어 있다. 일본에서도 2차 대전 이전의 재벌이 변형된 게이레츠(keiretzu: 系列)가 형성되어

그림 3-2 지주회사의 지배 · 종속 관계

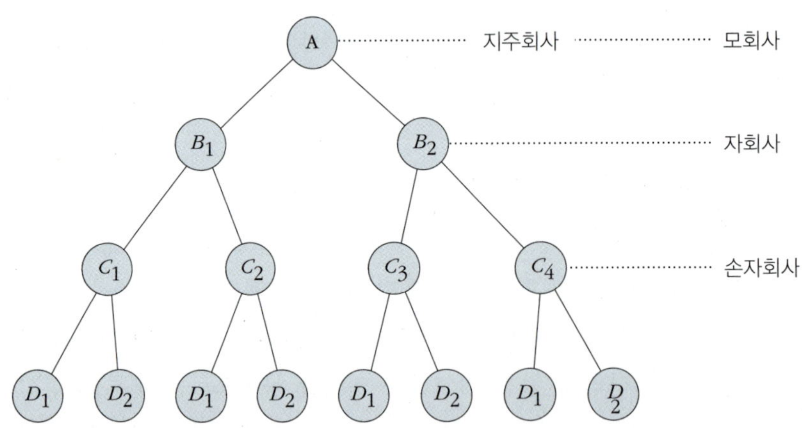

있다.

영국이나 미국에서는 독일식 콘체른이 지주회사(holding company)를 통해 다른 기업을 지배하는 지주회사 제도로 발전하였다. 이러한 영 · 미식의 콘체른은 [그림 3-2]와 같이 지주회사를 중심으로 지배관계가 형성된다. 우리나라에서도 우리금융지주회사가 2001년에 처음으로 탄생한 이후 신한지주회사, 농심홀딩스, LG, GS 등이 지주회사로 설립되었다.

지주회사(holding company)는 기업을 지배할 목적으로 자본을 출자하여 대상기업의 주식을 일정비율 이상 소유하는 기업을 말한다. 지주회사는 모자관계를 통해 피라미드식 지배관계를 형성하는데, 지주회사는 모회사(parent company)가 되고, 지배를 받는 회사는 자회사(subsidiary company)가 된다. 자회사는 자본적인 지배를 받지만 법률적으로는 독립성을 유지한다.

지주회사는 순수지주회사(pure holding company)와 사업지주회사(operating holding company)로 분류된다. 전자는 순수한 지배목적으로 자회사의 주식을 보유하는 형태인데 반해, 후자는 지배목적 외에 고유한 사업도 영위하는 형태이다.

3.3 기업결합의 특수 형태

카르텔, 트러스트, 콘체른과 같은 기업결합은 그 규모가 증가함에 따라 독점성을 띠게 되고 그 폐단이 증가되어 점차 법의 규제를 받게 되었다. 이에 따라 기업들은 기업결합의 형태를 바꾸어 콤비나트, 기업의 계열화, 콩글로머리트, 조인트 벤처, 다국적기업과 같은 특수한 형태로 결합하게 되었다.

(1) 콤비나트

콤비나트(kombinat)는 동일 지역에 있는 여러 기업을 생산기술적 관점에서 유기적으로 결합한 다수 기업의 집단을 말한다. 콤비나트는 원래 1930년대에 소련이 공업화를 추진하기 위한 기업집단화 전략에서 탄생한 것으로 다음과 같은 특징이 있다.

① 기업이나 공장이 독립성을 가지면서 인접한 지역에 위치해 있어야 한다. 즉, 기업이나 공장이 지역적으로 집단화되어 있어야 한다.

② 기업이나 공장이 지배 · 종속 관계가 아니라 생산기술적 관점에서 상호 보완적 관계가 있어야 한다. 콤비나트가 자본적 결합인 콘체른의 형태를 취하는 경우도 가끔 있으나 생산기술적 결합을 원칙으로 한다.

이러한 특징을 가진 콤비나트는 원재료 가공, 폐기물 처리, 부산물 및 반제품 이용, 완제품 생산에 이르기까지 전체 생산 공정을 유기적으로 결합할 수 있기 때문에 자원의 효율적 이용, 에너지 절약, 수송비 절약과 같은 시너지 효과(synergy effect)를 얻을 수 있다. 우리나라에서도 이러한 시너지 효과를 얻기 위해 울산 석유화학공단, 포항 철강공단, 구미 전자공단 등을 건설할 때 콤비나트 방식을 도입하였다.

(2) 기업의 계열화

기업의 계열화(integration)는 대기업이 중소기업을 자사의 통제 하에 두고, 그 생산력이나 판매력을 독점적 · 배타적으로 이용하는 것을 말한다. 일반적으로 대기업이 모기업이 되고 중소기업은 협력회사의 지위에 서게 된다. 예를 들어, 삼성전자, 현대차, 포스코와 같은 대기업은 수많은 협력회사와 계열화 되어 있다.

모기업은 계열화된 중소기업을 위하여 자금지원을 하고 중역을 파견하여 기술지원과 경영지원을 한다. 또 계열화된 중소기업은 모기업과 협력 관계를 맺고 배타적인 거래계약을 체결하기도 한다.

우리나라에서도 1975년에 「중소기업 계열화 촉진법」이 제정된 후 자동차, 전자, 철강 등 각 산업별로 모기업과 협력회사간에 계열화가 촉진되었다. 이 법에서는 모기업과 협력회사간의 상호이익 증진, 대금 지급 지연방지, 중소기업의 보호 및 국민경제의 균형 있는 발전을 목적으로 하고 있다.

(3) 콩글로머리트

콩글로머리트(conglomerate)는 상호 관련성이 없는 이업종간에 복합적으로 합병하는 것을 말한다. 콩글로머리트는 대부분 상호 관련성이 없는 이종기업간에 이루어진다. 미국에서 1890년에 Anti-Trust Act가 제정된 데 이어 1950년에 Clayton Act의 제정으로 동종 또는 유사기업간의 수평적 · 수직적 결합이 금지된 후, 이를 회피하기 위한 방법으로 1950년대 후반부터 1960년대에 콩글로머리트가 많이 이용되었다.

따라서 콩글로머리트는 동종기업간의 수평적 결합이나 원료공급자와 제조업자 및 판매업자간의 수직적 결합이 아니라 이종기업간의 복합적 합병이란 특징이 있다. 또한 주식공개매수(take over bid: TOB)를 통해 다른 기업의 주식을 무차별적으로 매입하는 특징도 있다.

(4) 조인트 벤처

조인트 벤처(joint venture)는 두 개 이상의 기업들이 자본을 출자하여 제 3의 기업을 인수하거나 설립하는 것을 말한다. 조인트 벤처는 국내기업간의 공동출자도 해당되지만, 일반적으로는 해외직접투자의 방법으로 많이 사용된다. 즉, 국내 기업이 외국기업과 공동으로 출자하여 현지에 새로운 기업을 설립하거나 현지기업을 인수할 경우에 주로 사용된다. 조인트 벤처는 기술이전을 쉽게 하거나, 외국의 저임금노동을 이용하거나, 또는 국제적인 분산투자에 매우 유용하다. 예를 들어, 삼성전자, 현대차, 포스코 등 국내 대기업들이 중국, 인도 등에 진출할 때 조인트 벤처 방식을 많이 이용하였다.

국내 기업이 해외에 진출할 경우에는 현지에 자회사를 설립하는 방법이 가장 바람직하다. 하지만, 그 나라에서 외국자본에 대한 반발이 심하거나 법적 규제가 심할 경우에는 현지기업과 제휴하여 공동경영을 하는 것이 더 바람직하다. 조인트 벤처는 특정 사업을 대상으로 공동출자하여 합작기업을 설립하고 출자액에 비례하여 손익을 분담하며 사업기간의 완료와 동시에 합작기업도 해산하는 특징이 있다.

(5) 다국적기업

다국적기업(multinational corporation)은 여러 나라에 사업본부나 공장을 갖고 전 세계를 무대로 경영을 하는 세계기업(world corporation)을 말한다. 전 세계를 하나의 거대한 시장으로 보고, 인적 · 물적 자원을 가장 유리한 곳에서 확보하고 수요가 있는 곳이면 어디든지 진출한다. 연구개발, 부품조달, 제품생산 및 판매가 범세계적으로 이루어진다. 다국적기업의 주주는 국적을 초월하여 전 세계에 산재해 있으며, 경영자도 능력만 있으면 국적을 초월하여 기용된다. 그리고 다국적기업은 전 세계를 무대로 경영을 하기 때문에 국내경영과 국제경영이 구분되지 않으며, 다양한 각국의 현지기업이 필요하다. 현지기업은 본사의 종합적 전략에 의해 통합되긴 하지만 독립적인 이익중심점(profit center)으로 운영되기 때문에 현지기업의 이익은 본사에 송금하지 않고 현지의 경영을 위해 재투자하는 것이 원칙이다.

다국적기업은 국경을 초월하여 활동하므로 자국 정부에 대한 충성심은 매우 약한 편이다. 이들은 자국 정부의 정책에 따르기보다는 기업의 장기전략에 부합되기만 하면 어디서 어떤 방법으로든지 제품을 생산하여 판매하며, 자금조달비용이 저렴하기만 하면 어떤 금융시장에도 접근하여 자금을 조달한다.

다국적기업의 활동이 강화되면서 세계 시장의 규모는 전체적으로 증가되었으나 기업간의 경쟁은 오히려 심화되었다. 그 결과, 소비자들은 양질의 제품을 저렴한 가격으로 구입할 수 있게 된 반면에, 기업들은 글로벌 경영에 따른 위험에 많이 노출되고 수익성도 악화되었다. 기업의 규모가 증가함에 따라 타인자본에 대한 수요도 계속 증가하여 재무구조는 더욱 악화되고 있다. 이에 따라 다국적기업은 금리위험과 환위험에 크게 노출되고 있으며, 이러한 위험을 적절히 관리하지 못하면 경쟁에서 패배할 위기에 처하게 된다.

04 기업의 M&A와 구조조정

기업의 M&A는 주로 기업의 규모를 확대하는 전략으로 사용되고, 구조조정은 기업의 규모를 축소하는 전략으로 사용된다. 특히, 우리나라에서는 1997년 IMF 금융위기 이후 기업의 규모를 축소시키는 의미로 구조조정이 많이 사용되었다.

4.1 기업의 M&A

기업의 M&A(merger and acquisition)는 어떤 기업이 다른 기업의 전체 또는 일부를 취득하는 행위를 말한다. 법적으로 보면, M&A는 흡수합병(merger)과 신설합병(consolidation)으로 구분된다. 그러나 경제적으로 보면, 합병의 결과 두 기업 중에서 한 기업만이 존속한다는 점에서 동일하다.

흡수합병은 합병기업(acquiring firm)이 피합병기업(acquired firm)을 흡수하는 형식을 취하며, 신설합병은 신설기업을 통해 기존 기업의 자산을 취득하는 형식을 취한다. 따라서 흡수합병에서는 합병기업만 존속하고 피합병기업은 소멸하며, 신설합병에서는 신설기업만 존속하고 기존의 기업은 모두 소멸한다. 또한 신설합병에서는 합병기업 또는 피합병기업의 구분이 무의미하며 기존의 여러 기업의 자산이 신설기업으로 합병된다. 이와 같이 두 가지 합병은 법적으로는 구분되지만, 경제적으로는 여러 기업의 자산이 한 기업의 자산으로 결합된다는 의미에서 동일하다.

경제학자들은 합병을 수평적 합병(horizontal merger), 수직적 합병(vertical merger), 다각적 합병(conglomerate merger)으로 구분한다. 수평적 합병은 경쟁의 배제 또는 능률의 향상을 위해 동일업종간에 합병을 하는 것을 의미하는데, 예를 들어, 두 원유회사의 합병, 두 폐기물처리회사의 합병을 들 수 있다. 수직적 합병은 생산기술의 합리화 또는 유통비용의 절감을 위해 생산공정 또는 판매경로에서 수직적 관계가 있는 두 기업간에 합병을 하는 것을 의미하는데, 예를 들어, 원유생산회사와 정유회사의 합병, 폐기물처리회사와 폐기물재생회사의 합병을 들 수 있다. 다각적 합병은 상호 관련성이 없는 이업종간에 다양하게 합병을 하는 것을 의미하는데, 예를 들어, 정유회사와 폐기물재생회사의 합병을 들 수 있다.

M&A전략에는 우호적 M&A(friendly M&A)와 적대적 M&A(hostile M&A)가 있다. 우호적 M&A에서는 매수기업 측에서 대상기업의 경영자에게 M&A협상을 우호적으로 제안한다. 그러나 실제로는 쌍방이 M&A조건을 유리하게 끌어내기 위해 협상에 들어가기 전에 대상기업의 주식의 상당한 부분을 확보해 두는 것이 보통이다. 쌍방간에 협상이 성사되면, 대상기업의 주주들은 흡수합병의 경우에는 매수기업의 주식이나 현금을 지급받고, 신설합병의 경우에는 신설기업의 주식을 교부받으며, 대상기업의 경영자들은 그 기업이 인수된 후에도 그들의 지위를 그대로 유지하는 게 보통이다.

그러나 M&A협상이 우호적으로 진행되지 않으면 매수기업 측에서 적대적 M&A 전략으로 바꾸게 된다. 매수기업 측에서 우호적 M&A의 후속단계로 적대적 M&A를 사용하기도 하지만, 처음부터 대상기업의 경영자를 협상테이블에 끌어내기 위해 적대적 M&A를 사용하기도 한다. 예를 들어, 매수기업 측에서 사전에 대상기업의 주식을 상당량 매수해 둔 후에 어느 날 갑자기 대상기업의 경영자에게 매수의사를 전달하는 방법이 있는데, 이를 새벽의 기습(dawn raid)이라 한다. 또한 매수기업 측에서 곰이 몰래 포옹하는 것처럼 대상기업의 경영자를 포옹하겠다는 공포분위기와 함께 매수의사를 전달하는 방법이 있는데, 이를 곰의 포옹(bear's hug)이라 한다. 이 경우 매수기업 측에서 대상기업의 경영자에게 시간적인 여유가 없는 주말을 이용하여 충분한 격식을 갖추어 매수 의사를 전달하고, 대상기업의 경영자가 그 제의에 대한 수용여부를 빨리 결정할 것을 요구하며, 만약 대상기업이 그 제의를 거부하면 즉시 주식공개매수에 들어간다는 의사도 전달한다.

주식공개매수(take over bid: TOB)는 대상기업의 주식을 공개적으로 매수하겠다는 의사를 그 대상기업의 주주들에게 직접 제의하는 것을 말한다. 즉, 대상기업의 주주들에게 일정 기간 동안에 시장가격보다 높은 가격으로 그 대상기업의 주식을 매수하겠다는 의사를 공개적으로 제의하는 것을 말한다.

이러한 주식공개매수는 협상에 의해 M&A가 이루어지지 않을 경우에 적대적 M&A의 수단으로 사용하는 경우가 많다. 쌍방이 적대적 상황에서 주식공개매수는 매수자의 강력한 공격수단이 된다. 그래서 매수자 측에서는 대상기업의 주가에 매우 높은 프리미엄을 가산하여 공개매수가격을 시장가격보다 높게 책정하거나 대상기업의 경영자가 방어할 수 있는 시간적 여유를 안주기 위해 주말에 갑자기 공개매수를 발표하는 방법을 사용한다.

4.2 기업의 구조조정

기업의 구조조정(restructuring)은 매우 다양한 의미로 사용되기 때문에 아직까지 통일된 정의가 없다. 우리나라에서는 1997년 IMF 금융위기 이후 기업의 규모를 축소시키는 의미로 주로 사용되고 있다.

1980년대 중반 이후 엔고(高)가 시작되면서 미국 경제가 일본 경제로부터 추월당하기 시작하자, 미국에서는 미국 경제의 고비용·저효율 구조를 타파하기 위한 방안으로 구조조정을 단행하였다. 특히, GE, Intel, Microsoft, CocaCola 등 미국의 초일류기업들은 일본 기업을 이기기 위해 뼈아픈 구조조정을 실천하였다. 그 결과, 미국 경제는 놀라운 경쟁력을 회복하여 일본 경제를 누르고 저실업, 저인플레이션, 저성장을 극복할 수 있었다.

주요 구조조정 기법으로는 〈표 3-1〉에서와 같이 다운사이징(downsizing), 아웃소싱(outsourcing), 리엔지니어링(reengineering), 벤치마킹(benchmarking) 등이 있다. 그리고 1997년 IMF 금융위기 이후 우리나라에서 경제회생 정책으로 사용한 빅딜(big deal), 워크아웃(workout), 분사(spin-offs), 자산매각(sell-offs), 화의 및 법정관리도 구조조정 기법에 속한다. 그 외에 1980년대 이후 영국에서

▶▶ 표 3-1 • 주요 구조조정 기법

주요 기법	내 용
다운사이징	기업의 규모나 사업 규모를 축소하는 기법
아웃소싱	경비절감을 위해 외부의 인력, 시설, 기술 자원을 활용하는 기법
리엔지니어링	환경변화에 적응하기 위해 조직구조, 생산방법, 기타 역량을 재편하는 기법
벤치마킹	경쟁력과 효율성을 높이기 위해 경쟁기업이나 동종기업을 모방하는 기법
빅딜	재벌이나 대기업의 사업구조를 개편하기 위해 대규모로 사업교환을 하는 기법
워크아웃	자산매각, 분사, 감자, 대출상환유예 등을 통해 부실기업을 회생시키는 기법
분사	대기업에서 불필요한 사업 부문을 분리하여 별도 법인을 설립하는 기법
자산매각	불필요한 사업 부문이나 자산을 매각하여 현금화하는 기법
화의	현재의 경영진과 채권기관간에 부실기업을 회생시키기 위한 화의계약
법정관리	법원이 선정한 법정관리인이 부실기업을 경영하거나 자산을 관리하는 기법
빅뱅	금융기관의 업무영역, 거래 제도를 대폭 개편하여 경쟁력을 제고시키는 기법

금융기관의 구조조정에 활용한 빅뱅(big bang)이나 기업의 구조조정을 전제한 M&A(merger and acquisition)도 그 범주에 속한다.

>>> 요약 s·u·m·m·a·r·y

기업은 적정한 이윤을 추구하는 조직체로서 국민 경제와 사회 발전을 위해 중요한 역할을 한다. 기업은 여러 가지 형태로 분류되며, 개인회사, 합명회사, 합자회사, 주식회사가 중요하다.

주식회사는 여러 가지 기업 형태 중에서 가장 중요하다. 주식회사는 유한책임제도, 자본의 증권화 제도, 소유와 경영의 분리라는 특성을 가지고 있다. 주식회사의 기관은 주주총회, 이사회 및 감사로 구성된다. 주주총회는 주주의 권익을 대변하기 위한 최고 의사결정기관이고, 이사회는 경영을 실질적으로 담당하는 기관이며, 감사는 주주의 권익을 보호하기 위한 기관이다.

기업결합은 여러 개의 기업들이 보다 큰 경제단위로 결합하는 현상을 말하며, 기본적 형태로는 카르텔, 트러스트, 콘체른, 지주회사를 들 수 있다. 우리나라에서는 독일식 콘체른과는 약간 성질이 다른 재벌 제도가 발전하였고, 일본에서도 2차 대전 이전의 재벌이 변형된 게이레츠(keiretzu: 系列)가 형성되어 있다. 영국이나 미국에서는 독일식 콘체른이 지주회사를 통해 다른 기업을 지배하는 지주회사 제도가 발전하였으며, 우리나라에서도 우리금융지주회사가 2001년에 처음으로 탄생하였다.

세계 각국에서 카르텔, 트러스트, 콘체른과 같은 기업결합이 법의 규제를 받게 되자 콤비나트, 기업의 계열화, 콩글로머리트, 조인트 벤처, 다국적기업과 같은 특수한 결합 형태가 나타났다. 콤비나트는 동일 지역에 위치한 여러 기업을 생산기술적 관점에서 유기적으로 결합한 기업집단을 말하며, 우리나라의 울산 석유화학공단, 포항 철강공단, 구미 전자공단도 콤비나트에 속한다. 기업의 계열화는 대기업이 중소기업을 자사의 통제 하에 두고 그 생산력, 판매력을 독점적 · 배타적으로 이용하는 것을 말한다. 일반적으로 대기업은 모기업이 되고 중소기업은 협력회사 역할을 한다. 콩글로머리트는 상호 관련성이 없는 이업종 간의 복합적 합병을 말한다. 조인트 벤처는 두 개 이상의 기업들이 자본을 출자하여 제 3의 기업을 인수하거나 설립하는 것을 말한다. 조인트 벤처는 국내 기업간의 공동출자도 해당되지만, 일반적으로는 해외직접투자의 방법으로 많이 사용된다. 다국적기업은 여러 나라에 사업본부나 공장을 갖고 전 세계를 무대로 경영을 하는 세계기업을 말한다.

기업의 M&A는 주로 기업의 규모를 확대하는 전략으로 사용되고, 구조조정은 기업의 규모를 축소하는 전략으로 사용된다. 기업의 M&A는 어떤 기업이 다른 기업의 전체 또는 일부를 취득하는 행위를 말하며, 흡수합병과 신설합병으로 구분된다. 또한 합병은 수평적 합병, 수직적 합병, 다각적 합병으로 구분하기도 한다. M&A 전략에는 우호적 M&A와 적대적 M&A가 있다. 매수기업 측에서 우호적 M&A 협상이 실패하면 적대적 M&A 전략으로 바꾸게 된다.

기업의 구조조정은 다양한 의미로 사용되기 때문에 아직까지 통일된 정의가 없다. 우리나라에서는 IMF 금융위기 이후 기업의 규모를 축소시키는 의미로 주로 사용되고 있다. 주요 구조조정 기법으로는 다운사이징, 아웃소싱, 리엔지니어링, 벤치마킹 등이 있으며, 우리나라에서 IMF 금융위기 이후 경제회생을 위해 사용한 빅딜, 워크아웃, 분사, 자산매각, 화의, 법정관리, 빅뱅도 그 범주에 속한다.

>>> 연습문제 e·x·e·r·c·i·s·e

01 기업이란 무엇이며 어떤 역할을 하는가?

02 합명회사와 합자회사는 어떻게 다른가?

03 주식회사는 어떤 특징을 가지고 있고, 어떤 절차로 설립되며, 어떤 기관으로 구성되어 있는가?

04 기업공개란 무엇이며, 종업원 지주제도와는 어떤 관계가 있는가?

05 기업의 외적 성장과 내적 성장이란 무엇인가?

06 기업결합의 목적은 무엇인가?

07 카르텔과 트러스트는 어떻게 다른가?

08 지주회사란 무엇이며, 콘체른과 어떤 관계가 있는가?

09 카르텔과 콩글로머리트는 어떻게 다른가?

10 조인트 벤처와 다국적기업은 어떻게 다른가?

11 흡수합병과 신설합병은 어떻게 다른가?

12 우호적 M&A와 적대적 M&A는 어떻게 다른가?

13 구조조정이 나타나게 된 배경과 주요 구조조정 기법을 설명하라.

> 걱정의 40%는 절대 현실로 나타나지 않는다.
> 걱정의 30%는 이미 일어난 일에 대한 것이다.
> 걱정의 22%는 사소한 고민이다.
> 걱정의 4%는 우리 힘으로는 어쩔 도리가 없는 일에 대한 것이다.
> 나머지 걱정의 4%는 우리가 바꿔 놓을 수 있는 일에 대한 것이다.
>
> – 어니 젤린스키, 모르고 사는 즐거움 –

MANAGEMENT

chapter

04 기업의 환경과 문화

이 장에서는 기업의 환경이란 무엇이며, 어떤 구조를 이루고 있는가? 외부 환경은 어떻게 변하고 있는가? 일반환경과 과업환경이란 무엇이며, 각각 기업의 성과에 어떤 영향을 미치는가? 기업은 환경의 변화에 어떻게 적응해야 하는가? 기업문화란 무엇이며, 환경과 어떤 관계를 가져야 바람직한가를 살펴본다.

01 환경의 개념과 구조

1.1 환경의 개념

고전적 경영학에서는 기업을 폐쇄시스템(closed system)으로 이해하였다. 즉, 기업은 환경의 영향을 받지 않는다고 생각하였다. 고전적 관리론이나 인본주의적 관리론, 심지어 경영과학에서도 환경의 영향을 고려하지 않고, 종업원이나 작업조건과 같은 내부요소만을 잘 관리하면 경영합리화가 달성되는 것으로 생각하였다.

그러나 오늘날에는 기업을 개방시스템(open system)으로 이해한다. 즉, 기업은 환경의 영향을 많이 받는다고 생각한다. 환경은 급격하게 변화하고 있기 때문에 환경의 변화를 정확하게 예측하고 적절하게 대응하는 것이 중요하게 되었다. 또한 기업의 규모가 대형화되고 활동 분야가 넓어지고, 심지어 다국적 기업이 세계를 무대로 경영활동을 하고 있기 때문에 환경의 영향은 날로 증가하고 있다.

오늘날 기업은 개방시스템 속에서 환경의 영향을 받기도 하고 환경에 영향을 미치기도 한다. 달리 말해, 기업은 환경과 상호작용하는 유기체로 이해해야 한다. 환경은 기업에 새로운 기회를 제공하기도 하고 위협으로 작용하기도 하기 때문에 기업은 환경과 불가분의 관계가 있다. 기업은 환경으로부터 필요한 자원을 얻는 대신에 제품과 서비스를 공급하는 관계를 통해 유기적으로 연결되어 있다. 따라서 기업과 환경간의 동태적 상호작용을 이해하지 않고는 기업을 경영하기가 어렵게 되었다.

1.2 환경의 구조

기업의 환경은 일반적으로 [그림 4-1]과 같이 외부환경과 내부환경으로 구분된다. 외부환경(external environment)은 기업의 경영성과에 영향을 미치는 외부적 환경으로서 일반환경과 과업환경으로 구분한다. 일반환경(general environment)은 기업의 경영성과에 간접적으로 영향을 미치는 외부적 환경을 말하는데, 여기에는 경제적 환경, 법적 · 정치적 환경, 사회 · 문화적 환경, 기술적 환경, 국제적 환경으로 세분된다. 예를 들어, 인플레이션율의 증가나 맞벌이 부부의 증가는 기업의 일반환경에 속한다. 과업환경(task environment)은 기업의 경영성과에 직접적으로 영향을 미치는 외부적 환경을 말하는데, 여기에는 고객, 경쟁기업, 공급자, 노동시장 등이 포함된다.

그림 4-1 환경의 구조

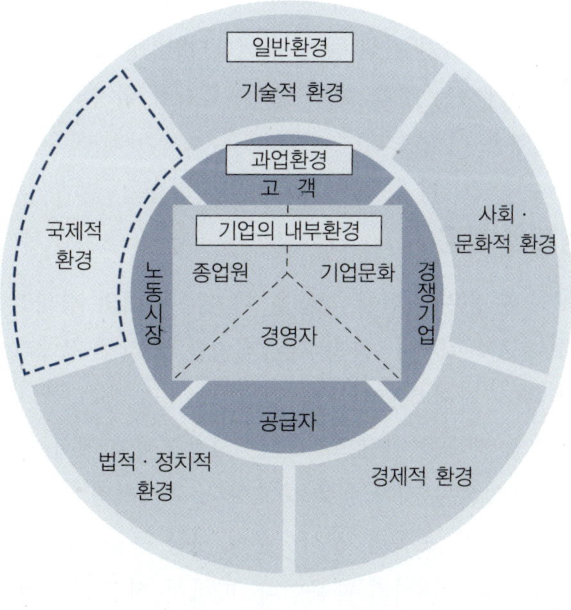

자료: Riohard L. Daft, *Management*, 10th ed., South-Western, 2010, p. 73.

내부환경(internal environment)은 기업의 경영성과에 영향을 미치는 내부적 환경으로서 경영자, 종업원, 기업문화 등이 포함된다. 특히, 기업문화(corporate culture)는 종업원의 행동에 중요한 영향을 미치는 것으로 알려져 있다.

02 기업의 외부환경

2.1 일반환경

일반환경(general environment)은 기업의 경영성과에 간접적으로 영향을 미치는 외부적 환경를 말하며, 경제적 환경, 법적 · 정치적 환경, 사회 · 문화적 환경, 기술적 환경, 국제적 환경의 5가지로 세분된다.

일반환경은 기업의 조직 특성에 따라 다르게 영향을 미친다. 예를 들어, 기술적 환경은 섬유산업보다 반도체산업에 더 큰 영향을 미친다. 또 일반환경은 주어진 시점에서 기업에 미치는 영향이 제각기 다르다. 예를 들어, 자동차 소비 감소와 같은 경제적 환경의 변화는 자동차회사에 즉각적으로 영향을 미쳐 생산라인 감축, 종업원 감원 등을 초래하지만, 정부가 에너지 절약형 자동차를 생산하도록 규제하는 것과 같은 법적 · 정치적 환경의 변화는 자동차회사에 장기적으로 영향을 미치게 된다.

(1) 경제적 환경

경제적 환경은 기업에 영향을 미치는 국내의 경제적 상태를 말하는데, 1인당 GNP, 인플레이션율, 금리수준, 실업률, 소비자 구매력, 국제수지, 외환보유고와 같은 주요 경제지표로 표현된다.

자유기업 제도를 바탕으로 하는 시장경제 하에서는 시장의 경쟁 상태를 주기적으로 파악하는 것이 매우 중요하다. 왜냐하면 기업은 각종 생산요소, 즉 원자재나 기계설비, 노동력, 생산 · 운영 자금 등을 시장에서 조달하고, 제품과 서비스를 시장에 판매하기 때문이다. 따라서 시장의 경쟁 상태를 주기적으로 파악한 후에 적합한 경영전략을 수립해야 한다. 시장의 경쟁 상태가 완전경쟁시장인가, 과점시장인가, 독점시장인가에 따라 기업의 생산과 마케팅전략은 달라진다.

그 외에 그 나라의 경제체제나 산업구조, 국민소득, 부존자원, 인구통계, 재정 · 금융정책, 무역정책 등도 중요한 경제적 환경이 된다.

(2) 법적 · 정치적 환경

법적 · 정치적 환경은 기업에 영향을 미치는 법적 규제나 정치적 제도를 말한다. 세계 각국에서는 대부분 자유민주주의 제도를 운영하고 있고, 자국 기업들이 국제경쟁력을 충분히 발휘할 수 있도록 각종 규제를 완화하고 있다.

기업은 제품과 서비스를 공급하고 고용기회를 창출하는 등 국가경제 발전에 크게 기여하는 반면에, 공해 발생, 매점매석, 허위광고, 독과점 형성을 통해 자유시장 경제를 파괴하고 공공의 이익을 침해하는 행위를 하기도 한다. 따라서 정부에서는 조세감면, 금융지원, 중소기업 육성과 같은 지원정책을 통해 건전한 기업 활동은 보호 · 육성하고, 자유시장 경제를 파괴하고 공공의 이익을 침해하는 기업 활동은 규제하고 있다.

우리나라에서도 독과점의 폐단을 방지하기 위해, 1975년에 '물가안정 및 공정거래에 관한 법률'을 제정한 후 1980년에는 '독점규제 및 공정거래에 관한 법률'을 제정하였다. 그 외에 상법, 세법, 공해방지법, 품질규제법과 같은 법률을 통해 기업 활동을 규제하며, 정부의 각종 행정명령을 통해서도 규제하고 있다.

(3) 사회 · 문화적 환경

사회 · 문화적 환경은 기업에 영향을 미치는 사회규범, 전통, 관습, 가치관, 문화, 인구통계와 같은 사회 · 문화적 특성을 말한다. 사회 · 문화적 환경은 종업원은 물론 소비자의 행동에도 막대한 영향을 미친다. 특히, 다국적기업의 경영자는 각국의 사회 · 문화적 환경을 이해하는 것이 매우 중요하다. 왜냐하면 국가마다 사회 · 문화적 환경이 다르기 때문이다.

인구구조, 남녀구성, 교육정도, 소득수준, 지리적 이동과 같은 인구 통계적 변화는 사업기회, 소비자행동, 고용기회 등에 중요한 영향을 미친다. 특히, 소비자의 욕구, 기호, 취미, 생활방식의 변화는 소비자행동에 영향을 미치기 때문에 신제품개발이나 마케팅전략에 반영해야 한다. 그리고 직업이나 직무에 대한 종업원의 태도나 신념도 종업원의 행동에 영향을 미친다.

최근에는 문화적 차이가 경영에 미치는 영향에 대해서도 연구가 활발하다. 예를 들어, 오우치(W. Ouchi)는 미국과 일본의 문화적 차이를 비교하여 Z이론을 탄생시킨 바 있다. FTA 체제와 글로벌 경영 시대를 맞이하여 국가간의 문화적 차이에 대한 연구는 매우 중요시되고 있다.

(4) 기술적 환경

기술적 환경은 기업뿐만 아니라 사회 전반에 중대한 영향을 미친다. 기술진보는 생명공학, 신물질, 우주, 항공, 환경, 에너지, 컴퓨터 하드웨어 · 소프트웨어, 정보통신 분야에서 급격히 진행되고 있으며, 각 분야의 기술진보는 컴퓨터 및 정보기술의 발전과 밀접한 관련이 있다. 컴퓨터 기술은 고속 프로세서 개발, 강력한 컴퓨터와 네트워크 시스템 도입, 자료처리방법 개선 등에 영향을 주었으며, 정보기술은 정보통신망을 이용한 동시영상회의, 정보와 자료전송의 대량화, 인공위성을 통한 정보와 자료 전송을 가능하게 하였고, 소프트웨어 프로그램의 개발에도 많은 영향을 주었다. 최근에는 멀티미디어, 디지털, 인터넷, 스마트폰 분야에서 기술진보의 속도가 더욱 빨라지고 있으며, 디지털 컨버전스(digital convergence)가 가속화 되고 있다. 또한 많은 기업들이 e-커머스에 진출하면서, 기업과 고객과의 관계뿐만 아니라 경쟁의 본질까지도 과거와 달라지고 있다.

기술적 환경은 그 변화의 속도가 매우 빠를 뿐만 아니라 기업에 미치는 영향이 매우 크기 때문에 경영자는 기술혁신과 기술이전에 많은 관심을 기울여야 한다. 기술혁신(technological innovation)은 새로운 기술, 새로운 제조방법 및 새로운 제품을 개발하는 것을 말하며, 주로 기업의 R&D 부서에서 담당한다. 기술이전(technology transfer)은 새로운 기술이 실험실에서 제품화되어 시장으로 이전되는 과정을 말하며, 산업 내에서 뿐만 아니라 산업 간에도 일어난다. 최근에 컴퓨터 기술이 다른 산업으로 이전되는 현상은 산업 간의 기술이전으로 볼 수 있다.

따라서 경영자들은 기술적 환경의 변화가 경영에 미치는 영향을 다음과 같은 관점에서 이해해야 한다.

① 기술적 환경의 변화는 제품의 진부화 속도를 증가시키고 경쟁을 촉진시킨다. 새로운 기술이 개발되면, 신제품이 개발되고 구제품은 시장에서 퇴

출되기 때문에 제품수명주기(product life cycle)가 더욱 빨라진다.

② 기술적 환경의 변화를 신속 · 정확하게 예측할 수 있는 기법을 개발해야 한다. 기술적 환경의 변화를 예측하지 않고는 경쟁력을 유지하기가 점점 어렵다.

(5) 국제적 환경

국제적 환경은 외국에서 일어나는 각종 환경의 변화를 말한다. 이는 국내적 환경과 대칭적으로 사용되며 글로벌 환경이라고도 한다.

오늘날과 같은 개방경제 하에서는 모든 기업들이 국제적 환경의 영향을 받지 않을 수 없으며, 우리나라와 같이 해외의존도가 높은 나라에서는 더 말할 필요가 없다. 예를 들어, 미국, 중국, EU, 일본 등 주요 수출상대국의 경기침체, 관세율 인상, 수입제한 정책 등은 우리나라의 수출에 영향을 주게 되고, 해외에서 강력한 경쟁기업이 나타나면 수출경쟁력이 약화된다. 또 수출상대국의 정치체제가 변화하거나 사회적 불안이 증가하면, 수출에 영향을 주게 된다. 특히, 다국적기업은 국제적 환경의 영향을 더 크게 받는다. 심지어, 국내기업들도 국제적 환경의 영향을 직 · 간접적으로 받는다. 예를 들어, 1973년과 1979년에 1, 2차 석유파동이 발생했을 때나 1987년에 블랙먼데이(black monday)가 발생했을 때, 1997년에 IMF 금융위기가 불어 닥쳤을 때, 그리고 2008년에 미국발 금융위기가 발생했을 때는 국제기업은 물론 국내기업도 그 영향을 피할 수 없었다.

국제적 환경은 예측이 힘들 정도로 끊임없이 변화하며, 이러한 변화는 국내적 환경에도 심각한 영향을 미친다. 즉, 국제적 환경은 [그림 4-1]에서 국내적 환경에 속하는 나머지 4가지 외부환경과 과업환경에도 심각한 영향을 미친다. 다시 말해, 국제적 환경은 외부환경 중에서 국내적 환경에 속하는 경제적 환경, 법적 · 정치적 환경, 사회 · 문화적 환경, 기술적 환경에도 영향을 미치고, 궁극적으로는 과업환경에도 영향을 미친다.

2.2 과업환경

과업환경(task environment)은 기업의 경영성과에 직접적으로 영향을 미치는 환경을 말하며, 여기에는 고객, 경쟁기업, 공급자 및 노동시장이 포함된다.

과업환경은 이해관계자집단(interest group)이라고도 하는데, 이들은 압력집단(pressure group)의 성격을 갖고 있기 때문에 경영자는 이들의 이해관계를 잘 조정해야 한다.

(1) 고 객

고객은 기업으로부터 제품과 서비스를 제공받는 사람이나 조직을 말한다. 예를 들어, 환자는 병원의 고객이고 학생은 학교의 고객이며 여행자는 항공회사의 고객이다. 고객은 기업이 생산한 제품과 서비스를 최종적으로 소비하는 주체이기 때문에 고객의 욕구를 어느 정도 충족시킬 수 있느냐 하는 것이 기업의 성패를 결정한다. 따라서 기업이 고객의 욕구를 충족시키기 위해서는 양질의 제품과 서비스를 저렴한 가격으로 판매해야 하며, 고객과 호의적인 관계를 유지하기 위해 광고, 캠페인, 편지 보내기, 고객사은행사와 같은 특별 프로그램을 실시할 필요가 있다.

(2) 경쟁기업

경쟁기업은 동일한 고객집단에게 동일한 제품과 서비스를 제공하는 동일한 산업내의 다른 기업을 말한다. 경쟁기업은 서로 간에 공정한 경쟁관계를 유지하기를 희망하지만 오늘날과 같은 무한경쟁 시대에는 기업간의 경쟁관계가 항상 변할 수 있다. 또한 기업간의 경쟁관계는 산업마다 제각기 다른 특성을 가지고 있다. 예를 들어, 철강산업에 속해 있는 기업의 경쟁력은 전자산업이나 반도체산업에 속해 있는 기업과 다르다. 그리고 자동차, 반도체, 전자, 철강 산업 분야의 수출업체는 국내 경쟁기업뿐만 아니라 국제 경쟁기업까지 고려해야 한다.

기업들은 서로 치열한 경쟁관계를 유지하지만, 서로간의 공동목표를 달성하기 위해 필요한 경우에는 전략적 제휴(strategic alliance)를 맺기도 한다. 예를 들어, 1990년대에 미국의 Apple, IBM 및 Compaq은 PC 하드웨어 산업에서 과당경쟁을 중지하고 소프트웨어 산업에 대한 Microsoft의 독점력을 봉쇄할 목적으로 전략적 제휴를 맺은 바 있고, 우리나라에서도 1998년에 기아자동차를 인수하기 위해 현대자동차와 대우자동차가 전략적 제휴를 맺기도 하였다.

(3) 공급자

공급자는 제품과 서비스를 생산하는데 사용할 원자재를 공급하는 사람이나 기업을 말한다. 예를 들어, 제철소의 공급자는 철을 생산하는 데 필요한 철광석, 전기, 석탄 등 수많은 원자재를 공급하며, 대학의 공급자는 대학에서 필요한 종이, 연필, 컴퓨터, 교과서, 전기, 연료, 트럭 등 수백 가지의 원자재를 공급한다. 미국의 GM, Westinghouse, IBM, 우리나라의 현대자동차, 삼성전자와 같은 대기업은 수천 명의 공급자를 거느리고 있다.

기업은 공급자와 우호적인 관계를 유지함으로써 양질의 원자재를 저렴한 가격으로 공급받을 수 있고, 공급자 측에서는 거래관계를 안정적으로 유지할 수 있다.

(4) 노동시장

노동시장은 기업에서 고용할 인적자원이 모여 있는 시장을 말한다. 기업은 양질의 노동력이 필요하기 때문에 노동시장의 영향을 피할 수 없다. 또한 노동시장에서 양질의 노동력을 기업에 공급하기 위해서는 인적자원에 대한 교육·훈련 투자가 계속되어야 하고, 국제적인 노동이동, 사무자동화, 정리해고와 같은 노동환경의 변화에 대응할 수 있어야 한다.

03 기업과 환경의 상호작용

기업은 환경의 불확실성을 중요시 한다. 왜냐하면 환경의 불확실성이 클수록 경영의 불확실성도 커지기 때문이다. 따라서 환경의 불확실성이 클 경우에, 환경의 변화에 수동적으로 적응하는 전략과 환경의 변화를 능동적으로 유도하는 전략이 필요하다.

3.1 환경의 불확실성

경영자는 환경의 변화를 정확하게 예측·분석하고 환경의 불확실성을 효과적으로 관리해야 한다. 특히, 다국적기업의 경영자는 환경의 불확실을 관리하는 데 많은 노력을 기울여야 한다. 여기서, 환경의 불확실성(environmental uncertainty)이란 환경에 관한 정보가 부족하여 환경의 변화를 정확하게 예측·분석할 수 없는 상태를 말한다.

다프트(Richard L. Daft)는 환경의 불확실성을 [그림 4-2]와 같이 환경에 영향을 미치는 환경요인의 수와 각 환경요인의 변화율로 설명하고 있다. 이 그림에서 보면, 환경에 영향을 미치는 환경요인의 수가 많을수록 그리고 각 환경요인의 변화율이 클수록 환경의 불확실성은 증가한다. 이와 반대로 환경요인의 수가 적을수록 그리고 각 요인의 변화율이 적을수록 환경의 불확실성은 감소한다. 예를 들어, 미국의 Apple, GE, 일본의 Toyota, 우리나라의 삼성전자, 현대자동차와 같은 다국적기업들은 환경요인의 수가 수천 개나 되기 때문에 환경의 불확실성이 매우 크다. 인터넷을 통해 제품과 서비스를 판매하는 e-커머스 기업도 환경의 불확실성이 매우 크다. 또한 IT산업이나 생명공학산업은 각 환경요인의 변화율이 크기 때문에 다른 산업보다 환경의 불확실성이 크다. 그러나 식품가공업이나 목재업은 환경요인의 수도 적고 각 환경요인의 변화율도 안정되어 있기 때문에 환경의 불확실성이 매우 낮다. 환경의 불확실성이 낮을 경우에는 경영자들이 외부환경의 변화에 관심을 적게 기울여도 된다.

그림 4-2 환경의 불확실성

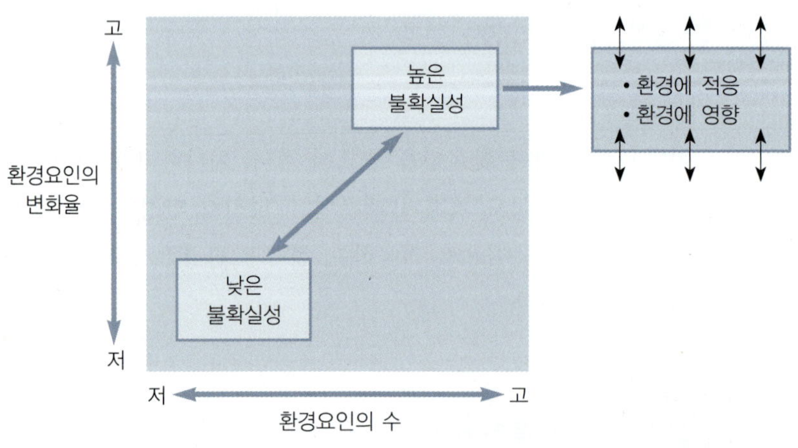

3.2 기업의 환경 적응 전략

환경의 불확실성이 클 경우에, 환경의 변화에 수동적으로 적응하기 위한 전략이 필요하다. 이러한 환경 적응 전략에는 경계역할 강화, 계획과 예측력 강화, 유기적 조직, 합병과 조인트 벤처 등이 있다. [그림 4-3]에서는 기업의 환경 적응 전략과 환경 유도 전략을 동시에 보여 준다.

(1) 경계역할 강화

경계역할(boundary-spanning role)이란 기업과 주요 외부환경을 서로 연결하거나 조정하는 역할을 말한다. 환경의 불확실성이 클 경우에, 기업이 환경과의 경계선을 넘어 환경의 변화에 대한 관찰과 경계역할을 강화함으로써 두 가지 목적을 달성할 수 있다. 첫째는 환경의 변화에 관한 정보를 수집하여 이용할 수 있고, 둘째는 환경에 대해 기업의 이익을 대변할 수 있다. 예를 들어, 마케팅이나 구매 부서에 근무하는 직원들은 고객이나 공급자와 직접 만나서 대화를 나누거나 시장조사와 같은 방법으로 경계역할을 수행할 수 있으며, 그 과정에서 기업이 필요한 정보를 수집하거나 기업이 처한 입장을 자연스럽게 대변할 수 있다.

그림 4-3 기업의 환경 적응 전략과 환경 유도 전략

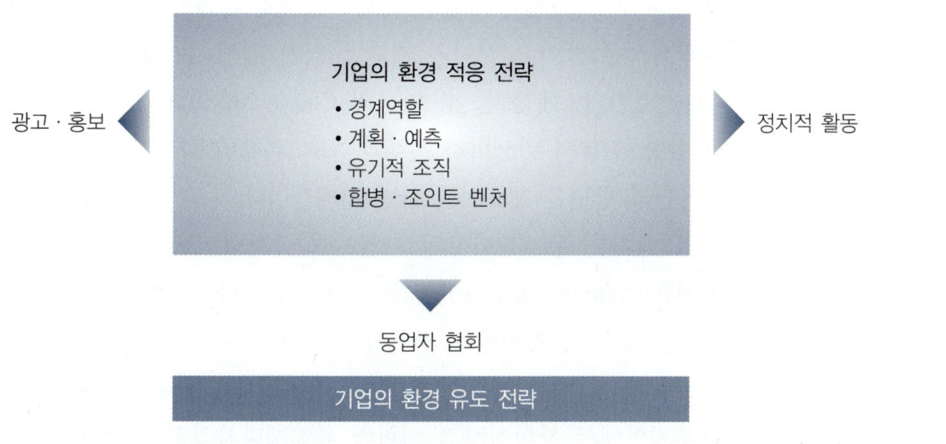

(2) 계획과 예측력 강화

환경의 변화에 대한 예측과 그에 대비한 계획수립이 매우 중요하다. 환경의 불확실성이 증가하는 시기에는 계획 부서를 보강하여 환경의 변화에 대한 예측력을 강화해야 한다. 예측기법은 통계학적 예측 기법, 계량경제학적 예측 기법, 신문 기사 스크랩 등 매우 다양하다.

(3) 유기적 조직

환경의 불확실성이 증가하는 시기에는 환경의 변화에 효과적으로 적응할 수 있도록 조직구조를 기계적 조직에서 유기적 조직으로 개편해야 한다. 많은 연구결과에 의하면, 환경의 불확실성이 높을 경우에는 유기적 조직이 유리하고, 환경이 안정적일 경우에는 기계적 조직이 유리하다.

유기적 조직(organic organization)은 정보의 자유로운 흐름, 규칙과 규제의 최소화, 종업원간의 팀웍 강화, 의사결정의 분권화, 권한 위양과 같은 특성을 가지고 있다. 이와 달리, 기계적 조직(mechanistic organization)은 정보의 경직된 흐름, 과다한 규칙과 규제, 종업원간의 팀웍 약화, 의사결정의 집권화, 권한 집중과 같은 특성을 가지고 있다. 따라서 환경이 급격하게 변동할 때는 기계적 조직에서 유기적 조직으로 개편하는 것이 유리하다.

(4) 합병과 조인트 벤처

합병이나 조인트 벤처도 환경의 불확실성에 대응하는 방법이다. 합병은 미래의 불확실성을 줄이고 시너지 효과를 얻기 위해 두 개 이상의 기업을 결합하는 것을 말한다. 예를 들어, 미국의 Chase Manhattan Bank와 Chemical Bank의 합병, 일본의 미쯔비시 은행과 도쿄 은행의 합병, 우리나라의 국민은행과 주택은행의 합병은 대표적인 합병 사례들이다.

조인트 벤처는 두 개 이상의 기업이 신규사업의 불확실성을 줄이기 위해 전략적 제휴(strategic alliance)를 맺는 것을 말한다. 기업이 수행하는 신규사업이 너무 복잡하고 불확실하고 경비가 과다하여 혼자 감당하기가 어려울 경우에 조인트 벤처를 체결한다. 예를 들어, 석유회사가 대륙붕이나 알래스카나 캐나다 북부지역에서 불확실하고 위험한 유전개발사업을 수행할 경우에는 여러 기업이 조인트 벤처를 체결한다. 또 중소기업들은 판매능력, 유통망, 재무능력, 시장조사능력, 국제적 업무능력 등의 측면에서 취약하기 때문에 대기업이나 국제적 파트너와 조인트 벤처를 체결하는 경우가 많다.

3.3 기업의 환경 유도 전략

환경의 불확실성에 대응하는 또 다른 전략은 기업이 능동적으로 환경의 변화를 유리한 방향으로 유도하는 방법이다. 이러한 전략에는 광고와 홍보, 정치적 활동, 동업자협회 활동 등이 있다.

(1) 광고와 홍보

광고는 기업의 제품에 대한 수요를 촉진시키는 유용한 방법이다. 수많은 기업들이 소비자의 기호에 영향을 미치기 위해 광고를 하고 있으며, 심지어 병원, CPA 회사, 법률회사, 대학에서도 TV, 신문, 라디오 방송, 인터넷을 통해 그들의 특수한 서비스를 광고하고 있다. 따라서 광고는 고객에 대한 불확실성을 줄이는 유용한 방법이다. 또한 홍보도 기업에 대한 대중의 이미지를 높이는데 영향을 미친다.

(2) 정치적 활동

정치적 활동이란 기업이 정부의 법률이나 규제의 제정에 영향력을 행사하는 것을 말한다. 기업은 경영에 장애가 되는 법률을 폐지하거나 규제를 완화하거나 경쟁제품의 수입을 금지시키기 위해 로비스트(lobbyist)를 고용하여 국회나 정부에 영향력을 행사한다. 예를 들어, 미국에 일본 상품을 수출하는 많은 일본기업들은 미국 워싱턴에 전직 미국 정치인 출신의 로비스트를 상주시키고 있다.

(3) 동업자협회

동업자협회(trade association)는 동일한 업종에 속하는 기업들이 자신들의 이익을 위해 결성한 조직이다. 동업자협회는 회원들로부터 회비를 갹출하여 자금을 조성하고 조직을 결성하여 집단적으로 국회나 정부를 상대로 영향력을 행사한다. 우리나라에는 산업별로 섬유산업협회, 건설업협회, 전자산업협회, 철강업협회, 소프트웨어산업협회와 같은 수많은 동업자협회가 활동하고 있다. 미국의 예를 들면, National Rifle Association은 수천 명의 개인과 법인 회원으로 결성하여 총기를 자유롭게 사용할 수 있는 권리를 주장하기 위해 각종 로비 활동을 펼치고 있다.

04 기업문화

기업문화는 [그림 4-1]에서 보는 바와 같이, 경영자 및 종업원과 더불어 기업의 내부환경을 구성한다. 경영자와 종업원에 대한 설명은 1장을 참고하고, 여기에서는 기업문화를 중심으로 설명한다.

기업문화(corporate culture)는 기업 내에서 현성된 문화를 말하며, 조직문화(organizational culture)라고도 한다. 기업문화는 구성원들이 공유하는 가치관, 신념, 전통, 규범 등을 집합적으로 표현한 개념이다. 기업의 구성원들이 오랫동안 함께 생활하다 보면 독특한 기업문화가 형성된다. 따라서 기업문화는 조직생활의 감추어진 복잡한 측면을 이해하는데 도움이 되고, 구성원들의 사고방식과 행동에 영향을 미치며, 기업의 성과에도 보이지 않는 영향을 미치게 된다. 기업문화는 기업풍토(corporate climate)와 유사하지만 더 분석적인 개념이다.

그림 4-4 기업문화의 두 가지 차원

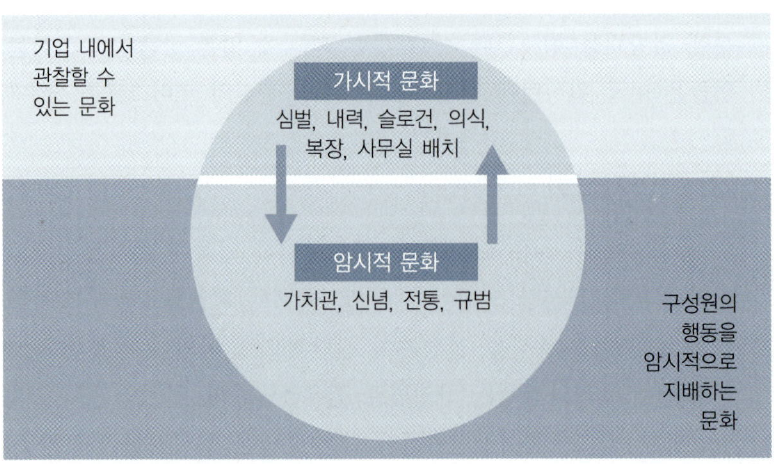

기업문화는 [그림 4-4]와 같이 가시적 문화와 암시적 문화의 두 가지 차원으로 분석할 수 있다. 가시적 문화(visible culture)는 기업의 심벌(symbols), 내력(stories), 인물(heroes), 슬로건(slogans), 의식(ceremonies), 종업원 복장, 사무실 배치와 같이 기업 내에서 관찰할 수 있는 문화적 패턴을 말하고, 암시적 문화(invisible culture)는 가치관, 신념, 전통, 규범과 같이 구성원들의 행동을 암시적으로 지배하는 문화적 패턴을 말한다. 암시적 문화는 직접적인 관찰이 불가능하지만, 기업의 심벌, 내력, 슬로건과 같은 가시적 문화를 통해서 간접적으로 표현된다.

기업문화는 환경의 변화에 어떻게 적응하느냐에 따라 기업의 성과에 미치는 영향이 달라진다. 기업문화가 아무리 좋은 문화라도 환경에 잘 적응하지 못하면 기업의 성과에는 도움이 되지 않는다.

>>> 요약 s·u·m·m·a·r·y

기업은 환경과 서로 상호작용하는 유기체이다. 환경은 기업에 새로운 기회를 제공할 뿐만 아니라 위협으로도 작용한다.

기업의 환경은 외부환경과 내부환경으로 구분되며, 외부환경은 일반환경과 과업환경으로 구분된다. 일반환경은 기업의 성과에 간접적으로 영향을 미치는 환경으로, 경제적 환경, 법적 · 정치적 환경, 사회 · 문화적 환경, 기술적 환경, 국제적 환경으로 세분되며, 과업환경은 기업의 성과에 직접적으로 영향을 미치는 환경으로, 고객, 경쟁기업, 공급자, 노동시장 등이 포함된다.

경영자는 환경의 변화를 정확하게 예측 · 분석하고 환경의 불확실성을 효과적으로 관리해야 한다. 환경의 불확실성은 환경요인의 수와 환경요인의 변화율로 설명할 수 있다. 환경요인의 수가 많고 각 환경요인의 변화율이 클수록 환경의 불확실성은 증가한다.

불확실한 환경에 대처하기 위한 전략은 두 가지가 있다. 즉, 기업이 환경의 변화에 수동적으로 적응하는 전략과 환경의 변화를 능동적으로 유도하는 전략이다. 전자에는 경계역할 강화, 계획과 예측력 강화, 유기적 조직, 합병과 조인트 벤처 등이 있고, 후자에는 광고와 홍보, 정치적 활동, 동업자협회 활동 등이 있다.

내부환경에는 종업원, 경영자, 기업문화로 구성된다. 이 중에서, 기업문화는 기업 내에서 형성된 문화를 말하며, 조직문화라고도 한다. 기업문화는 구성원들의 가치관, 신념, 전통, 규범 등을 집합적으로 표현한 개념이다. 기업의 구성원들이 오랫동안 함께 생활하다 보면 독특한 기업문화가 형성된다. 기업문화는 가시적 문화와 암시적 문화로 구분된다. 기업문화가 아무리 좋은 문화라도 환경에 잘 적응하지 못하면 기업의 성과에는 도움이 되지 않는다.

>>> 연습문제 e·x·e·r·c·i·s·e

01 기업의 환경이란 무엇이며, 어떤 구조를 이루고 있는가?

02 일반환경이란 무엇이며, 어떤 환경요소로 구성되는가?

03 과업환경이란 무엇이며, 이해관계집단과 어떤 관계가 있는가?

04 환경의 불확실성을 환경요인의 수와 환경요인의 변화율로 설명하라.

05 기업의 환경 적응 전략과 환경 유도 전략을 설명하라.

06 기업문화란 무엇이며, 가시적 문화와 암시적 문화는 어떻게 다른가?

> 길은 많다.
> 그러나 그 많은 길을
> 다 가보기에는 생이 너무 짧다.
> – 롤랑 퀴블러, 한 번뿐인 삶을 사랑하는 법 –

MANAGEMENT

chapter

05 기업의 윤리와 사회적 책임

이 장에서는 기업의 환경과 문화에 관한 개념을 확장시켜 기업의 윤리와 사회적 책임에 관해 설명한다. 기업의 윤리란 무엇이고, 윤리적 의사결정 기준은 어떻게 정립되어야 하는가? 그리고 기업의 사회적 책임이란 무엇이며, 기업의 윤리와 어떤 관계가 있는가? 사회적 책임에 대한 찬성론과 반대론은 어떻게 전개되고 있는가? 기업의 이해관계자란 무엇인가? 사회적 책임은 어떻게 분류되며, 기업의 윤리와 사회적 책임은 어떻게 관리해야 하는가를 설명한다.

01 기업의 윤리

1.1 기업윤리의 개념

윤리(ethics)는 '개인이나 집단의 행위가 옳고 그름에 관한 판단 기준으로 사용되는 윤리적 원칙이나 가치 체계'를 말한다. 다시 말해, 윤리는 행동이나 의사결정의 옳고 그름에 관한 판단 기준으로 사용된다.

기업윤리(business ethics)는 인간이 사회생활 속에서 근본적으로 부딪힐 수밖에 없는 윤리문제를 기업경영에 적용한 것이다. 즉, 기업윤리는 기업문화의 일부를 이루는 내면적 가치(internal value)와 외부환경과 관련된 사회적 책임(social responsibility)에 관한 의사결정 문제를 다룬다. 따라서 윤리 문제는 개인이나 기업의 행동이 다른 사람에게 피해를 줄 수 있는 상황에서 발생한다.

윤리적 행동은 인간의 행동 중에서 법률의 지배를 받는 행동과 완전한 자유선택이 가능한 행동을 서로 비교해 보면 이해가 쉽다. [그림 5-1]에서는 인간의 행동을 세 가지 영역으로 분류하고 있다.

① 법률의 영역(domain of codified law)은 개인이나 기업이 법률적 기준(legal standard)에 따라 행동해야 하는 영역이다. 예를 들어, 개인이 법률적 기준에 따라 운전면허증을 취득하거나 기업이 세법의 기준에 따라 세금을 납부하는 것은 법률의 영역에 속한다.

② 자유선택의 영역(domain of free choice)은 개인이나 기업이 개인적 기준(personal standard)에 따라 자유롭게 행동할 수 있는 영역이다. 예를

들어, 개인이 자신의 판단기준에 따라 직업이나 배우자나 종교를 선택하거나, 기업이 채용기준에 따라 종업원을 선발하는 것은 자유선택의 영역에 속한다.

③ 윤리의 영역(domain of ethics)은 개인이나 기업이 윤리적 기준(ethical standard)에 따라 행동해야 하는 영역이다. 이 영역은 법률의 영역과 자유선택의 영역의 중간에 위치한다. 자유선택의 영역에서는 개인이나 기업이 스스로의 행동 결과에 복종하고, 법률의 영역에서는 법률의 규정에 복종하지만, 윤리의 영역에서는 윤리적 행동 규범이나 기준에 복종한다. 또한 윤리적인 의사결정은 대부분의 사회에서 법적으로나 도덕적으로도 수용된다.

인간의 행동 영역에 법률의 영역과 자유선택의 영역만 존재하고 윤리의 영역이 존재하지 않는다면, 개인이나 기업은 불법적이지만 않으면 무엇이든지 할 수 있는 것으로 오해하기 쉽다. 그래서 법률의 영역과 자유선택의 영역 외에 윤리의 영역도 존재한다는 점을 인식해야 하며, 윤리적으로 무분별한 행동은 마땅히 규제되어야 한다. 실제로 기업윤리나 사회적 책임은 널리 알려져 있기 때문에 기업 내의 행동은 윤리강령이나 기업문화를 통해 많이 규제되고 있으며, 이에 따라 법적 규제의 필요성은 상대적으로 줄어들게 된다.

그러나 윤리적 기준은 법률과 같이 명문화가 어렵기 때문에 개인이나 기업은 윤리적 딜레마에 빠질 우려가 있다. 윤리적 딜레마(ethical dilemma)는 자신의 결정이 당장에는 이득을 가져올 수 있지만 윤리적으로는 옳지 않다고 느

그림 5-1 인간 행동 영역의 분류

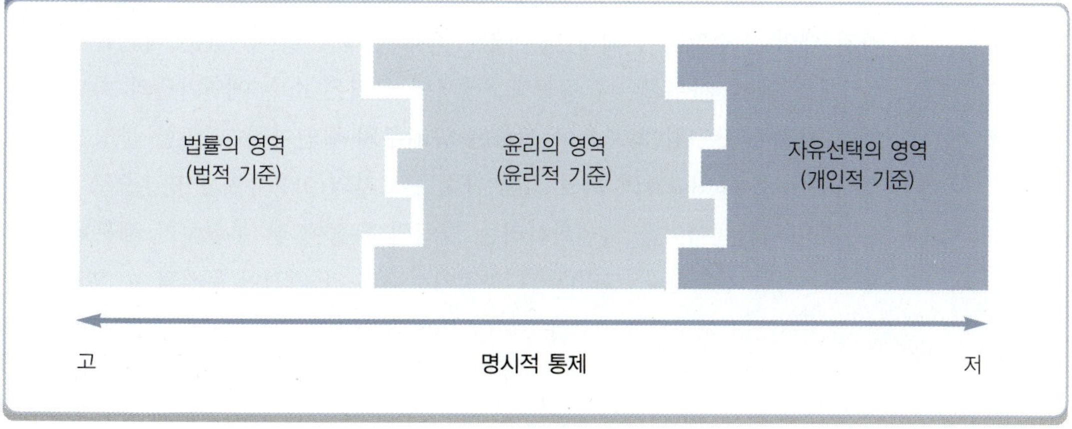

끼는 심리적 불편 상태를 말한다. 윤리적 딜레마는 개인이나 기업이 행동을 하기에 앞서서 그 행동의 옳고 그름에 대한 윤리적 판단이 불명확할 때 발생한다.

1.2 윤리적 의사결정 기준

윤리적 딜레마는 부분과 전체 사이에서 심리적 갈등을 초래할 수 있다. 개인과 기업간에 또는 기업과 사회간에 윤리적 딜레마로 갈등이 일어날 수 있다. 예를 들어, 기업이 종업원에게 알코올 및 약물 검사를 강제적으로 실시한다면, 기업은 생산성 향상으로 이익을 볼지 몰라도 종업원은 개인적인 자유를 박탈당하게 된다. 또한 미국의 FDA 기준에 불합격한 의약품이 외국에 수출되면, 미국 기업은 이익을 볼지 몰라도 세계 시민의 건강에는 해롭다.

윤리적 의사결정 기준은 윤리적 딜레마로 인한 집단간의 갈등을 해결하는데 사용된다. 문제는 윤리적 의사결정 기준을 어떤 방법으로 도출하느냐 하는 것이다. 규범적 윤리학(normative ethics)에서는 규범적 기준을 주장하고 있다. 즉, 윤리적 의사결정은 규범이나 가치판단에 입각해야 한다는 것이다. 여기에는 공리주의 기준, 개인주의 기준, 도덕적 권리 기준, 정의 기준 등이 있다.

(1) 공리주의 기준

공리주의(utilitarian) 기준은 벤담(Jeremy Bentham), 밀(John Stuart Mill)과 같은 19세기 공리주의자들이 신봉하였는데, 이들은 '최대 다수에게 최대행복을 주는 의사결정'이 가장 윤리적이라고 주장하였다. 따라서 공리주의자는 여러 가지 대안을 검토하여 최대 다수에게 최대 행복을 줄 수 있는 대안을 선택한다. 예를 들어, 사무실이나 공공장소에서의 금연은 소수 애연가들의 희생 하에 다수 사람들의 건강에 도움이 된다는 공리주의에 근거한다. 또한 불경기의 정리해고는 소수 해고자의 희생 하에 다수 근로자의 고용유지를 명분으로 한다.

공리주의는 이익을 극대화하려는 기업의 특성에 잘 부합하기 때문에 경영자들이 가장 선호한다. 그러나 그 과정에서 소수의 의견이 무시될 수 있다.

(2) 개인주의 기준

개인주의(individualism) 기준은 개인의 사적 이익을 최대한 존중하는 방향으로 의사결정을 하는 것이 가장 윤리적이라는 관점이다. 기업의 의사결정은 개인의 이기주의를 충족시키고, 개인의 사적 이익을 보호하고 증대시켜야 한다고 생각한다. 개인주의는 [그림 5-1]에서 설명한 자유선택의 영역과 가장 가까운 개념이다.

개인주의가 극단적 이기주의로 발전할 수 있다는 주장도 있으나, 이는 잘못된 생각이다. 왜냐하면 고도로 조직적이고 집단 지향적인 사회에서는 극단적 이기주의가 통용되지 않기 때문이다. 그러나 개인주의를 지나치게 강조하면 기업 활동이 제약될 수밖에 없다.

(3) 도덕적 권리 기준

도덕적 권리(moral-rights) 기준은 개인의 도덕적 권리를 최대한 존중하는 방향으로 의사결정을 하는 것이 가장 윤리적이라는 관점이다. 즉, 기업의 의사결정은 개인의 기본권을 침해해서는 안 된다는 것이다. 개인의 기본권은 각국의 헌법에 가장 잘 명문화 되어 있다.

경영자는 개인의 사생활 보호, 양심의 자유, 표현의 자유, 생명과 안전의 권리와 같은 개인의 기본권을 침해하지 않도록 해야 한다. 그러나 이 기준은 법적 분쟁을 좋아하는 문화를 조장하고 기업의 생산성을 저해할 수 있다.

(4) 정의 기준

정의(justice) 기준은 개인의 법률적 정의가 존중되는 방향으로 의사결정을 하는 것이 가장 윤리적이라는 관점이다. 달리 말해, 기업의 의사결정이 모든 구성원들에게 공평하게 적용되어야 한다는 것이다. 정의 기준은 [그림 5-1]에서 설명한 법률의 영역과 가장 가까운 개념이다.

정의 기준은 현실적으로 인적자원관리 분야에 많이 적용되며, 노동법에 많이 규정되어 있다. 예를 들어, 성차별이나 학력차별은 정의 기준에 어긋난다. 그러나 정의 기준이 지나치게 팽배하면 위험을 무릅쓰고 노력하는 사람보다 적당주의로 자신의 몫을 챙기려는 사람이 늘어날 우려가 있다.

경영자가 관심을 가져야 할 정의에는 분배적 정의, 절차적 정의 및 보상적 정의의 세 가지가 있다.

① 분배적 정의(distributive justice)는 분배를 공평하게 해야 한다는 관점이다. 예를 들어, 남녀 및 학력별로 임금에 차등을 두어서는 안 된다. 그러나 직무기술이나 직무책임의 측면에서 실질적인 차이가 있으면 차별대우를 할 수 있다. 하지만, 차별 대우는 조직 목표 및 직무와 관련하여 명확하게 규정되어 있어야 한다.

② 절차적 정의(procedural justice)는 규칙과 절차를 공평하게 적용해야 한다는 관점이다. 즉, 규칙이나 절차가 명확하게 규정되어 있어야 하고 공평하게 시행되어야 한다.

③ 보상적 정의(compensatory justice)는 피해보상을 공평하게 해야 한다는 관점이다. 개인은 누구나 책임 있는 당사자로부터 피해 보상을 받을 수 있으며, 자신이 통제할 수 없는 일에 대해서는 책임을 질 필요가 없다는 뜻이다.

경영자는 이상 네 가지 기준 중에서 공리주의 기준을 가장 선호하는 경향이 있다. 왜냐하면 그들은 항상 생산성 향상, 능률 향상, 수익 증대와 같은 경영성과에 집착하는 경우가 많기 때문이다. 또한 경영성과 달성이 최대 다수에게 최대 행복을 가져다 줄 수 있다는 점을 쉽게 설명할 수 있기 때문이다. 그러나 최근에는 개인의 자유와 권리를 주장하고 공평성 문제를 제기하는 목소리가 사회 곳곳에서 일어나고 있다. 그런 만큼 경영자가 겪는 윤리적 딜레마는 점점 커질 수밖에 없다.

02 기업의 사회적 책임

2.1 사회적 책임의 개념

기업의 사회적 책임(social responsibility)이란 기업이 사회를 위해 옳게 행동할 책임을 말한다. 즉, 기업이 사회를 위해 지켜야 할 책임을 다하는 것을 뜻한다. 달리 말하면, 경영자가 기업의 이익은 물론 사회 전체의 복지 증진을 위해 의사결정을 할 책임을 말한다.

기업의 사회적 책임론은 기업의 환경 변화와 밀접한 관계가 있다. 왜냐하면 기업은 환경과 끊임없이 상호작용하는 개방시스템이기 때문에 기업이 존속·발전하기 위해서는 당연히 환경에 대한 책임을 수행해야 한다. 기업은 사회 내에서 이익을 추구하는 경제적 실체인 동시에 사회적 기관으로 활동하기 때문에 당연히 사회적 책임을 수행해야 한다. 다시 말해, 기업은 자신의 이익만 추구해서는 안 되며, 사회전체의 복지 증진을 위해서도 노력해야 한다.

2.2 사회적 책임론

기업의 사회적 책임론은 1929년 대공황 이후 본격적으로 제기되었으나 지금까지 찬반 양론이 대립되어 있다. 오늘날에는 찬성론이 앞서고 있지만 그 반대 주장도 만만찮다.

(1) 반대론

아담 스미스(Adam Smith) 이후의 고전파 경제학자들은 기업의 사회적 책임을 부정한다. 개인들이 자신의 이익만을 위해 행동하면, '보이지 않는 손(invisible hands)'에 의해 각자의 이해관계가 자연스럽게 조화를 이루게 되고, 그 과정에서 사회복지도 달성된다고 본다. 즉, 완전경쟁시장에서 결정되는 가격과 생산량은 생산자와 소비자 모두에게 최대의 이익을 가져다준다. 이러한 시장 메커니즘 속에서 기업은 자신의 이익만을 추구하더라도 하등의 문제가 없으므로 사회적 책임 문제는 발생할 여지가 없는 것이다.

경제학자 하이에크(F. Hayek)는 기업의 사회적 책임을 부정하는 대표적 학자에 속한다. 기업의 사회적 책임을 강요하면, 국가가 기업에 대한 통제를 강화할 것이고, 궁극적으로는 자유기업 체제가 붕괴된다고 경고하였다. 경영자의 임무는 주주의 수탁자로서 주주에게 최대의 이익을 달성시켜주는 것이다. 다시 말해, 주식회사인 기업이 주주 이외의 사회적 집단에게 봉사한다면, 그것은 주주의 이익을 감소시킬 뿐만 아니라 국가에 의한 기업 통제를 초래하여 자유기업 체제 그 자체를 붕괴시킨다는 것이다.

미국의 경제학자 프리드만(Milton Friedman)도 자유시장 경제의 존립을 위해 기업의 사회적 책임을 부정한다. 경영자는 주주로부터 이익의 최대화 외에는 위임받은 것이 없기 때문에 사회적 책임을 수행할 자격이 없다. 역설적으로 말하면, 기업이 주주의 이익을 최대화하게 되면, 그것이 곧 사회적 책임을 수행하는 결과가 된다는 것이다.

미국의 경영학자 쿤쯔와 오도넬(H. Koontz and C. O'Donnell)도 기업이 지나치게 본연의 사명에서 벗어나면, 사회적으로 혼란을 초래할 뿐만 아니라 자신의 목표마저 달성할 수 없다고 주장하였다. 기업 본연의 사명은 어디까지나 주주의 이익을 최대화하는 것이기 때문에 사회적 책임의 강요는 기업의 생산성을 약화시키고 경쟁력의 상실을 초래한다는 것이다.

그 외에 많은 학자들이 기업의 사회적 책임을 반대하였는데, 그 주장을 요약하면 다음과 같다.

① 기업에 주어진 1차적 책임은 이익을 내는 것이다. 기업이 본업에 충실하지 않고 사회적 책임에 신경을 쓰면 생산원가가 올라가고 제품가격이 상승하여 고객이 손해를 본다. 또 이익이 감소하여 주주나 종업원도 손해를 본다. 국가경쟁력도 사회적 책임이 없는 나라에 비해 떨어져서 국민경제가 어려워진다.

② 기업은 무엇이 사회적으로 바람직한가에 관한 가치 판단을 할 자격이 없다. 그러한 판단은 국민의 대표기관인 국회나 정부에서 하는 것이 바람직하다.

③ 기업은 사회적 문제를 해결할 수 있는 지식이 부족하다. 그러한 일은 전문적인 사회복지기관이 맡아야 한다.

④ 기업이 사회적 책임까지 떠맡으면 기업의 힘이 너무 커진다. 그렇지 않아도 기업이 사회에 미치는 영향력은 매우 크다.

⑤ 기업이 어디까지 사회적 책임을 수행해야 하는 것인지 그 범위를 측정하기 어렵다.

(2) 찬성론

1970년대 이후 기업의 사회적 책임을 찬성하는 주장이 제기되었다. 기업도 사회를 구성하는 일원이기 때문에 당연히 살기 좋은 사회를 만드는데 협력해야 한다는 것이다. 이러한 견해는 이 장에서 설명할 내용에 대부분 반영되어 있다. 찬성론은 반대론보다 더 강력한데, 이를 요약하면 다음과 같다.

① 기업이 성장하면 규모의 경제로 인해 이익은 극대화되는 반면에 사회 전체에 미치는 부정적인 영향으로 사회적 비용(social cost)이 증가하기 때문에 당연히 사회적 책임을 부담해야 한다. 예를 들어, 기업은 독과점

형성, 기업집중, 불공정거래, 공해 배출과 같은 부정적인 영향을 미칠 수 있다.

② 소유와 경영의 분리로 전문경영자가 등장하면서, 이들은 과거의 소유경영자와 달리 주주의 이익만을 대변할 수 없게 되었다. 즉, 전문경영자는 주주 외에 종업원, 고객, 공급업자, 지역사회와 같은 이해관계집단의 이익도 조정할 책임이 있다.

③ 기업이 사회적 책임을 수행하면, 기업의 이미지가 개선된다. 이러한 효과로 매출액이 증가하고 이익이 증가하고 배당이 증가하고 주가도 상승하여 주주에게 이익이 된다.

④ 정부가 모든 사회적 문제를 해결할 수는 없기 때문에 기업이 부분적으로 참여해야 한다.

2.3 기업의 이해관계자

기업은 누구에게 어떤 책임을 져야 하느냐? 기업은 이해관계자에게 사회적 책임을 져야 한다. 이해관계자(stakeholder)는 기업에 대한 이해관계가 제각기 다를 뿐만 아니라 요구 사항도 다르다. 따라서 기업의 사회적 책임이란 이해관계자들의 다양한 요구 사항을 충족시켜 주는 행위라고 할 수 있다.

[그림 5-2]에서와 같이, 이해관계자는 무수히 많지만, 그 중에서 주주, 종업원, 고객, 채권자, 공급업자, 투자자 등이 중요하다.

이해관계자가 기업에 요구하는 사항은 제각기 다르다. 종업원은 고용의 안정, 적절한 임금 지급, 근로시간의 단축과 작업조건의 개선, 인간적 대우와 감독체계의 개선 등을 원하고, 고객은 양질의 제품과 서비스를 저렴한 가격으로 공급해 주기를 원한다. 주주나 투자자는 기업의 자원을 효율적으로 사용하고 이익을 극대화하여 배당금을 적정수준 이상으로 지급하고 주가수준도 높게 유지하기를 원하며, 채권자는 기업의 건전한 경영을 통해 기업의 담보력을 유지하고 채권 원리금을 만기일에 상환해 주기를 원한다. 공급업자는 안정적이고 공정한 거래관계를 유지하고 거래대금을 제때에 결제해주기를 원하며, 경쟁기업은 공정한 경쟁관계를 유지하기를 원한다.

정부와 지역사회도 중요한 이해관계자에 속한다. 기업은 정부의 허가나 면허를 받거나 각종 규제를 받기 때문에 정부와 호의적인 관계를 유지해야 하고,

그림 5-2 기업의 이해관계자

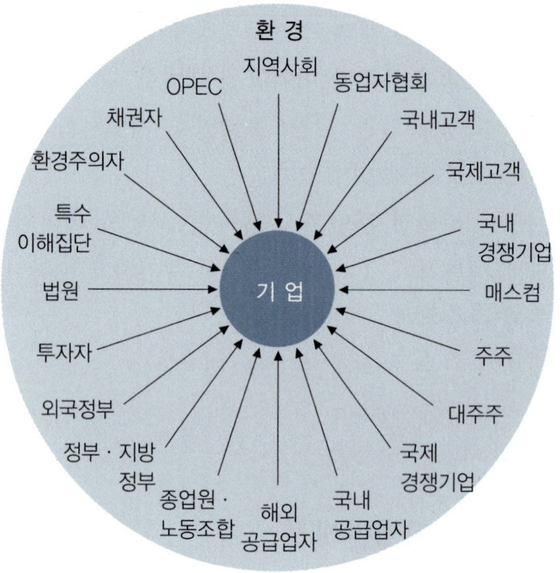

자료: Nancy C. Roberts and Paula J. King, "The Stakeholder Audit Goes Public," *Organizational Dynamics*, Winter 1989, pp. 63-79.

법인세와 각종 세금을 성실히 납부해야 한다. 또한 기업은 지역사회로부터 노동력을 비롯한 각종 생산요소를 획득하고 제품과 서비스를 지역사회에 판매하기 때문에 지역사회의 발전과 복지증진을 위해 노력해야 한다. 그 외에도 동업자협회, 국회전문위원회, 전문가협회, 소비자보호단체와 같은 특수한 이해관계자들도 많다.

2.4 사회적 책임의 유형

기업의 사회적 책임은 어떤 기준으로 분류할 수 있는가? 캐롤(Archie. B. Carroll)은 기업의 사회적 책임을 [그림 5-3]과 같이 경제적 책임, 법률적 책임, 윤리적 책임, 자유재량적 책임의 네 가지 하위책임으로 분류하고, 사회에 대한 영향력의 크기와 경영자의 취급 빈도를 기준으로 계층화 하였다.

이와 같이 기업의 사회적 책임을 계층구조로 분류하면 사회적 책임을 이해

그림 5-3 사회적 책임의 유형

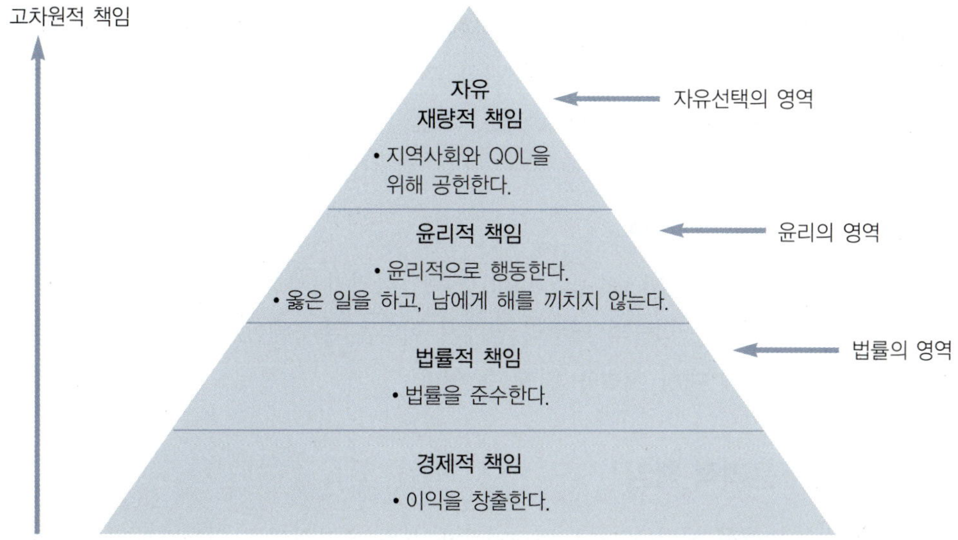

자료: Archie B. Carroll, "A Three Dimensional Conceptual Model of Corporate Performance," *Academy of Management Review* 4, 1979, p. 499.

하기가 용이할 뿐만 아니라 각 사회적 책임의 유형별로 그 사회적 성과를 측정하기가 용이해진다. 여기서, 사회적 성과(social performance)란 기업이 이해관계자를 위해 사회적 책임을 수행한 정도를 말한다.

그런데 [그림 5-3]의 사회적 책임 분류는 [그림 5-2]의 인간행동 영역 분류와 유사한 점이 있다. 즉, [그림 5-2]에서 윤리의 영역이 법률과 자유선택의 영역 중간에 위치하였는데, [그림 5-3]에서 윤리적 책임은 법률적 책임과 자유재량적 책임의 중간에 위치하고 있다. 하지만, [그림 5-3]에서는 경제적 책임이 추가되었는데, 그 이유는 기업이 경제적 이익을 추구해야 존립할 수 있기 때문이다.

(1) 경제적 책임

기업의 사회적 책임 중에서 가장 기초적인 책임이 경제적 책임(economic responsibility)이다. 경제적 책임은 제품과 서비스를 생산·판매하여 이익을 낼 책임을 말한다. 미국의 경제학자 프리드만(Milton Friedman)은 기업이 이익을 내는 것이 가장 중요하다고 강조하였다.[1] 왜냐하면 기업이 이익을 내지 못하면, 종업원들에게 임금을 지불할 수 없고, 고용을 보장할 수 없고, 납품업자에게 대금을 결제할 수 없고, 금융기관에 이자를 지급할 수 없고, 정부에 세금을 낼 수 없고, 주주에게 배당을 지급할 수 없으며, 주가가 폭락하는 등 막대한 부작용이 발생하기 때문이다.

(2) 법률적 책임

법률적 책임(legal responsibility)은 국가가 제정한 법률을 준수할 책임을 말한다. 기업은 법률의 테두리 안에서 이익을 추구해야 한다. 기업이 법률을 위반하면 그에 대한 처벌을 면할 수 없다.

(3) 윤리적 책임

윤리적 책임(ethical responsibility)은 윤리적으로 의사결정을 할 책임을 말한다. 윤리적 책임은 기업의 이익과 직접적인 관계가 있는 것은 아니며 법률에도 규정되어 있지 않다. 윤리적 의사결정이란 윤리적으로 올바른 일을 하고 다른 사람이나 기업을 해치지 않는 것을 말한다.

(4) 자유재량적 책임

자유재량적 책임(discretionary responsibility)은 경제적, 법률적, 윤리적 책임을 초월하여 자유재량으로 사회발전과 삶의 질 향상을 위해 공헌할 책임을 말한다. 예를 들어, 기업이 고아원이나 양로원과 같은 사회복지시설에 아무런 대가없이 기부하는 행위는 자유재량적 활동에 속한다.

자유재량적 책임은 사회적 책임 중에서 가장 높이 평가해야 한다. 왜냐하면 자유재량적 활동은 사회에서 기대하는 이상으로 사회복지 증진에 기여하기 때문이다.

---

1) Milton Friedman, *Capitalism and Freedom*, Chicago: University of Chicago Press, 1962, p. 133.

03 기업의 윤리와 사회적 책임의 관리

기업은 기업윤리와 사회적 책임을 개선시키고자 노력한다. 트레비노 · 하트만 · 브라운(Linda K. Trevino, Laura P. Hartman, and Michael Brown)은 윤리적 조직을 [그림 5-4]와 같이 윤리적 개인, 윤리적 리더십, 윤리적 조직구조 및 시스템의 3가지 기둥으로 설명하였다. 다시 말해, 윤리적 조직으로 성숙하기 위해서는 윤리적 개인, 윤리적 리더십, 윤리적 조직구조 및 시스템의 3가지 기둥이 튼튼하게 뒷받침되어야 한다는 것이다.

3.1 윤리적 개인

윤리적 개인(ethical individual)은 윤리적 조직을 위한 첫 번째 기둥이다. 이는 경영자가 윤리적 개인이 되어야 함을 뜻한다. 윤리적 개인은 성실성(in-

그림 5-4 윤리적 조직의 3가지 기둥

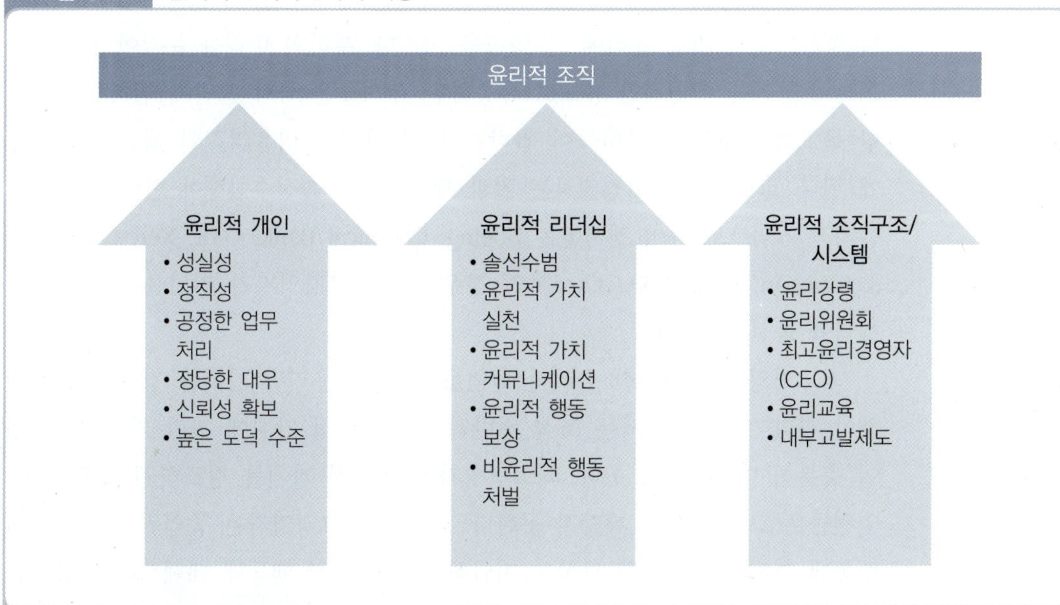

자료: Linda Klebe Trevino, Laura Pincus Hartman, and Michael Brown, "Moral Person and Moral Manager," *California Management Review* 42, No. 4, Summer 2000, pp. 128-142.

tegrity)과 정직성(honesty)이 바탕이 되어야 하고, 이러한 특성이 그들의 행동과 의사결정에 반영되어야 한다. 또한 윤리적 개인은 공정성의 기준에 따라 업무를 처리하고, 사람들을 정당하게 대우하고, 조직 내외에서 강한 신뢰를 받아야 한다. 또한 윤리적 개인은 높은 도덕적 수준을 유지하기 위해 많은 노력을 해야 한다.

그러나 경영자는 윤리적 개인으로서 윤리적인 의사결정을 하는 것만으로 충분하지 않다. 경영자는 다른 사람을 위해 윤리적 풍토를 조성해야 한다. 다시 말해, 윤리적 가치를 존중하고 윤리적 행동을 지향하는 조직적 분위기를 조성해야 한다.

3.2 윤리적 리더십

윤리적 리더십(ethical leadership)은 윤리적 조직을 위한 두 번째 기둥이다. 이는 최고경영자가 윤리적 리더십을 발휘해야 함을 뜻한다. 윤리적 리더십에서 가장 중요한 것은 최고경영자의 솔선수범이다. '윗물이 맑아야 아랫물이 맑다'라는 속담과 같이, 윗사람이 윤리적으로 솔선수범해야 한다. 최고경영자는 말이나 행동으로서 기업 윤리에 큰 영향을 미친다. 부하의 비리를 눈감아 준다든지 회사의 공금을 개인적인 용도로 유용하면, 부하들은 금방 본받게 된다. 또 무리한 목표를 강요하면 부하들이 압박을 느낀 나머지 비윤리적인 행동을 자행하게 된다. 그러므로 최고경영자는 말과 행동으로서 솔선수범해야 한다. 미국에서 윤리적 기업으로 높이 평가받는 Boeing, Chemical Bank, GTE, Xerox, Johnson & Johnson, Hewlett-Packard사의 경우에는 최고경영자가 기업윤리와 사회적 책임을 솔선수범한다.

최고경영자는 확고한 윤리적 신념을 가지고, 윤리적 가치를 강력하게 실천해야 한다. 이를 위해서는 조직 전반적으로 윤리적 가치에 관한 커뮤니케이션이 충분히 이루어져야 한다. 최고경영자가 윤리적 가치를 강조하지 않으면, 종업원들은 그 중요성을 깨닫지 못한다. 그리고 최고경영자는 종업원들의 윤리적 행동에 대해서는 충분한 보상을 지급하고, 비윤리적 행동에 대해서는 상응하는 처벌을 해야 한다.

3.3 윤리적 조직구조와 시스템

윤리적 가치를 추구하고 윤리적 행동을 촉진하기 위한 조직구조와 시스템은 윤리적 조직의 세 번째 기둥이 된다. 이 세 번째 기둥은 윤리강령, 윤리적 조직구조, 내부고발제도로 구성된다.

(1) 윤리강령

윤리강령(code of ethics)은 기업윤리와 사회적 책임에 관한 기업의 가치관을 기술한 문서를 말하며, 복잡한 환경 속에서 기업윤리와 사회적 책임을 수행하기 위한 지침서가 된다.

윤리강령은 원칙적 선언서와 정책적 선언서의 두 가지가 있다. 원칙적 선언서(principle-based statements)는 기업의 사회적 책임, 제품 품질, 종업원 처우 등에 관한 기본적인 가치를 기술한 문서로서, 기업신조(corporate credos)라고도 한다. 예를 들면, 미국 GTE사의 'Vision and Values', Johnson & Johnson사의 'The Credo', Hewlett-Packard사의 'The HP Way' 등이 있다.

정책적 선언서(policy-based statements)는 특수한 윤리적 상황에 적용할 수 있는 정책적인 절차를 기술한 문서로서, 마케팅 실무, 이해관계 갈등, 법률 준수, 소유주 재산 정보, 정치적 선물, 기회균등에 관한 사항이 포함된다. 예를 들면, 미국 전국제조업협회의 'Code of Business Practice', Boeing사의 'Business Conduct Guidelines', Chemical Bank의 'Code of Ethics', 한국경영자총협회의 '기업인이 나아갈 길' 등이 있다. 개별 기업으로는 포스코가 국내기업 최초로 1993년 기업윤리강령을 발표한데 이어 삼성, 현대, LG, SK 그룹에서도 제각기 기업윤리강령을 발표하였다. 그 외에 변호사, 의사, 약사, 공인회계사, 공무원, 교직자, 신문·방송 언론인, 연예인이 지켜야 할 윤리강령이 직종별로 제정되어 있다. '히포크라테스의 선서'는 가장 오래된 윤리강령에 속한다.

〈표 5-1〉은 미국 전국제조업협회(National Association Manufacture: NAM)에서 발표한 'Code of Business Practice'이고, 〈표 5-2〉은 한국경영자총협회에서 1991년에 발표한 '기업인이 나아갈 길'이다.

그러나 윤리강령이 기업윤리와 사회적 책임을 수행하기 위한 지침으로서 충분하지 않다는 지적을 받고 있는데, 그 이유는 다음과 같다.

▶▶ 표 5-1 • 미국 NAM의 'Code of Business Practice'

While there can be no question as to the right do American citizens to engage in private business under our Constitution and form of government, this right like all rights has accompanying responsibilities. Business organizations must serve the public interest, as separate entities and in the over-all sense, if the right is to be respected and maintained.
NAM and its member companies are committed to policies and practices which will strengthen faith in our free economy and inspire public confidence in our business enterprises and those who manage them.
All members of the Association are urged to subscribe to the official CODE OF BUSINESS PRACTICES adopted by the Board of Directors, which is as follows.

① We will strive at all times to conduct the affairs of this company to merit public confidence in American business and industry and faith in our free private competitive enterprise system.
② We will see that our employees are given every opportunity to progress with the company and are appropriately compensated for their work.
③ We will deal fairly with customers and suppliers and extend to them the same treatment we wish to receive ourselves.
④ We will compete vigorously to serve our customers and expend our business, but we will avoid unfair or unethical practices.
⑤ We will seek through sound management practices to produce the profit necessary to the continued progress of the business and so fulfill our responsibilities to our stockholders, employees, customers, community and nation.

① 윤리강령은 그 자체가 너무 개괄적이고 일반적인 성격을 띠고 있다. 다시 말해, 윤리강령은 그 내용이 너무 개괄적이고 해석하기가 애매하여 특정한 상황에 적용하기가 어렵다.
② 윤리강령은 경영자의 옳고 그른 행동을 판단할 수 있는 기준을 명확하게 규정하지 않고 있다. 다시 말해, 경영자의 의사결정이 윤리적으로 옳은지 그른지를 윤리강령만으로 판단해서는 안 된다.

(2) 윤리적 조직구조

윤리적 조직구조(ethical structure)는 기업윤리와 사회적 책임을 효과적으로 실천하기 위한 조직, 직위, 프로그램 등을 말한다. 그 중에서 윤리위원회(ethics committee)는 윤리 문제를 광범위하게 감독하기 위한 조직이다. 이 위원회에서는 윤리 문제를 관리하기 위한 규칙을 제정하고, 위반자에게 처벌을 하거나 책임을 부과하는 역할을 담당한다. 예를 들어, Boeing사는 윤리위원회를 구성하고, 처리결과를 이사회에 직접 보고한다.

최고윤리경영자(chief ethics officer: CEO)는 기업의 윤리적 문제를 전반적으로 다루는 직책으로, 1990년대 이후 미국에서 급속하게 도입되고 있다. 최고

표 5-2 • 한국경영자총협회의 '기업인이 나아갈 길'

우리는 선진 경제를 이룩한다는 역사적 임무를 띠고 오늘에 이르렀다. 하나로 모아진 온 겨레의 힘을 바탕으로 가난의 고통을 딛고 진정 무에서 유를 창조하듯 오늘의 경제를 이룩해 왔다. 우리는 지난날과 같이 있는 힘을 다해 국민 속의 기업으로 오늘을 다지고 후손에게 풍요를 안겨줄 존경받는 기업인으로 내일을 향하려 한다.
이 과정에서 그 어떤 평화도 산업평화에 우선할 수 없음을 우리는 경험했다. 우리는 근로자와 기업, 그리고 모든 사람이 더불어 살아가는 산업사회의 건설에 온 힘을 다할 것이다. 우리는 우리의 조국통일도 기업 입국에 있음을 절감했다. 우리의 지혜, 우리의 결심, 우리의 노력이 곧 이 나라를 번영시키고 이 나라 통일의 밑거름이 될 것을 확신한다. 우리는 우리 기업이 국민 속의 기업에서 세계 속의 기업으로 뻗어 나가기 위해 창조적인 기업정신이 발휘되어야 함을 강조한다.
여기에 우리는 행동지표로 우리의 경제이념을 다음과 같이 만들어 세계 속의 기업이며, 국민의 마음 속 한가운데 자리 잡는 기업과 기업인이 될 것임을 다짐한다.

– 다 음 –

1. 우리는 고객에게 봉사하는 경영을 한다.
   사회가 필요로 하는 것을 찾아 우리 기업인과 종업원 모두의 정성이 담긴 질 높은 제품을 생산하고 공급하며 고객과의 약속을 반드시 지키는 기업과 기업인이 된다.
1. 우리는 종업원이 보람찬 삶을 영위토록 한다.
   내가 일하는 직장이 보람찬 일터일 때 보람찬 삶이 이루어진다. 유쾌한 작업환경, 공정한 성과배분, 타고난 능력과 재능이 발휘되도록 함으로써 기꺼이 땀흘려 일하는 미덕이 조성되도록 한다.
1. 우리는 인재양성의 경영문화를 창달한다.
   기업은 인재의 집합이며 경영은 인재의 산물이다. 경영자의 자질이 경영에 구현될 수 있도록 경영 문화 체제를 발전시키고 전종업원의 기여로 창의적 경영문화를 창달해 나간다.
1. 우리는 연구개발에 부단히 노력을 경주한다.
   연구개발에 전력하는 기업이 참으로 앞서가는 기업이다. 높은 생산성, 새로운 제품, 첨단기술의 개발로 국제 경쟁력을 길러 나간다.
1. 우리는 공정경쟁 윤리를 존중한다.
   공정경쟁은 기업 발전의 원천이다. 기업과 기업간에 서로 비방하지 않고 상호의 전문 영역을 존중하며 공존공영의 보완적 관계를 유지 발전시켜 나간다.
1. 우리는 사회의 소리를 귀 기울여 듣는다.
   유해상품을 만들지 않고 과대광고를 하지 않으며 나라의 발전에 기여할 수 있게끔 국민이 기업을 신뢰할 수 있도록 하고 어떻게 생각하고 있는지를 항상 의식한다. 우리 국토가 후손들이 영원히 살 수 있는 영토가 되도록 공해의 사전 예방에 힘쓴다.
1. 우리는 사회의 투자자들의 기대에 부응한다.
   기업 부실화는 최대의 악이다. 기업이윤은 소비자와 사회에 대해 훌륭한 제품과 서비스를 제공한 대가로 받는 것이다. 내실 있는 성장발전으로 고용증대, 물가안정을 이룩하여 사회번영에 기여한다.

1991년 2월 20일
한국경영자총협회

윤리경영자는 윤리적 의사결정기준을 설정하고, 윤리교육을 실시하고, 최고경영자의 윤리적 의사결정을 지원하며, 종업원들의 윤리적 문제를 상담 · 처리하는 역할을 수행한다.

윤리교육 프로그램(ethics training program)은 종업원들에게 윤리의식을 고취시키고, 뇌물, 향응 등 윤리적 문제에 대처하는 방법을 교육시키고, 윤리강령상의 가치를 일상적 행동으로 실천하는 방법을 교육시킨다. 예를 들어, Chemical Bank는 윤리교육 프로그램을 집중적으로 실시하고 있다. 모든 신입

행원은 윤리교육에 참여해야 하고, 'Code of Ethics'를 읽은 다음 자필로 서명해야 한다.

(3) 내부고발제도

내부고발제도(whistle-blowing)는 종업원이 상사나 동료의 불법적, 비윤리적 행위나 불합리한 업무처리를 고발하는 제도를 말한다. 종업원들은 상사나 동료의 불법적, 비윤리적 행위나 불합리한 업무처리를 감독기관, 국회, 방송국, 신문사와 같은 외부기관에 고발할 수 있다. 또한 기업 내부의 윤리위원회나 최고윤리관리자에게 고발할 수도 있다.

상사나 동료가 잘못을 저지를 때 양심에 따라 고발하려면 용기가 필요하다. 특히, 충성심이나 의리를 강조하는 조직 풍토에서는 더욱 어렵다. 따라서 내부고발제도가 정착되기 위해서는 내부고발자를 철저하게 보호해야 한다. 양심에 따라 행동하는 사람이 보호받는 분위기가 조성되어야 한다.

>>> 요약 s·u·m·m·a·r·y

윤리는 행동이나 의사결정의 옳고 그름에 관한 판단 기준으로 사용된다. 기업윤리는 인간이 사회생활 속에서 근본적으로 부딪힐 수밖에 없는 윤리문제를 기업경영에 적용한 것이다.

인간의 행동 중에서 윤리의 영역은 법률의 영역과 자유선택의 영역 중간에 위치한다. 만일 법률의 영역과 자유선택의 영역만 존재하고 윤리의 영역이 존재하지 않는다면, 개인이나 기업의 비윤리적 행동을 규제하기가 어려워진다.

윤리적 의사결정 기준은 윤리적 딜레마로 인한 집단간의 갈등을 해결하는 데 사용된다. 구체적인 접근법으로 공리주의 기준, 개인주의 기준, 도덕적 권리 기준, 정의 기준이 제시되었으나, 경영자는 공리주의 기준을 가장 선호하는 경향이 있다.

기업의 사회적 책임론은 1929년 대공황 이후 본격적으로 제기되었으나, 현재 찬반 양론이 대립되어 있다. 아담 스미스 이후의 고전파 경제학자들은 기업의 사회적 책임을 부정한다. 그러나 1970년대 이후 기업의 사회적 책임을 찬성하는 주장이 강하게 제기되었다. 기업도 사회를 구성하는 일원이기 때문에 사회적 책임을 수행해야 한다는 것이다.

기업은 이해관계자에게 사회적 책임을 져야 한다. 이해관계자는 무수히 많지만, 그 중에서 주주, 종업원, 고객, 채권자, 공급업자, 투자자 등이 중요하다. 최근에는 정부와 지역사회도 중요한 이해관계자로 등장하고 있다.

기업의 사회적 책임은 경제적 책임, 법률적 책임, 윤리적 책임, 자유재량적 책임으로 구분되며, 경제적 책임이 가장 중요하다. 윤리적 책임은 법률적 책임과 자유재량적 책임의 중간에 위치하며, 오늘날에는 자유재량적 책임을 가장 높이 평가해야 한다.

기업은 기업윤리와 사회적 책임을 개선시키고자 노력한다. 윤리적 조직은 윤리적 개인, 윤리적 리더십, 윤리적 조직구조 및 시스템의 3가지 기둥으로 설명할 수 있다.

윤리적 개인은 윤리적 조직을 위한 첫 번째 기둥이다. 윤리적 개인은 성실성과 정직성이 바탕이 되어야 하고, 공정성의 기준에 따라 업무를 처리하고, 사람들을 정당하게 대우하고, 조직 내외에서 강한 신뢰를 받아야 하며, 높은 도덕적 수준을 유지하기 위해 많은 노력을 해야 한다.

윤리적 리더십은 윤리적 조직을 위한 두 번째 기둥이다. 윤리적 리더십에서 가장 중요한 것은 최고경영자의 솔선수범이다. 또한 최고경영자는 확고한 윤리적 신념을 가지고, 윤리적 가치를 강력하게 실천해야 한다. 그리고 윤리적 가치에 관한 커뮤니케이션이 충분히 이루어져야 하며, 윤리적 행동에 대해서는 충분한 보상이 따라야 하고, 비윤리적 행동에 대해서는 상응하는 처벌이 따라야 한다.

윤리적 가치를 추구하고 윤리적 행동을 촉진하기 위한 조직구조와 시스템은 윤리적 조직의 세 번째 기둥이 되며, 윤리강령, 윤리적 조직구조, 내부고발제도로 구성된다. 윤리강령은 원칙적 선언서와 정책적 선언서의 두 가지가 있다. 원칙적 선언서는 기업의 사회적 책임, 제품 품질, 종업원 처우 등에 관한 기본적인 가치를 기술한 문서로서, 기업신조라고도 한다. 정책적 선언서는 특수한 윤리적 상황에 적용할 수 있는 정책적인 절차를 기술한 문서로서, 마케팅 실무, 이해관계 갈등, 법률 준수, 소유주 재산 정보, 정치적 선물, 기회균등에 관한 사항이 포함된다. 윤리적 조직구조는 기업윤리와 사회적 책임을 효과적으로 실천하기 위한 조직, 직위, 프로그램 등을 말하며, 대표적으로 윤리위원회, 최고윤리경영자, 윤리교육 프로그램을 들 수 있다. 그리고 내부고발제도는 종업원이 상사나 동료의 불법적, 비윤리적 행위나 불합리한 업무처리를 고발하는 제도를 말한다.

>>> 연습문제 e·x·e·r·c·i·s·e

01 인간의 행동 영역을 법률의 영역, 자유재량의 영역, 윤리의 영역으로 나누어 설명하라.

02 윤리적 의사결정 기준을 도출하기 위한 규범적 기준을 설명하라.

03 기업의 사회적 책임에 대한 반대론과 찬성론을 설명하라.

04 기업의 주요 이해관계자를 설명하라.

05 캐롤은 기업의 사회적 책임을 어떻게 분류하였는가?

06 트레비노 · 하트만 · 브라운은 윤리적 조직의 3가지 기둥을 무엇이라고 하였는가?

모든 아기는 신이 인간에게 실망하지 않았다는 메시지를 가지고 태어난다.
신은 사원에 있지 않고,
농부가 밭 갈고 인부가 길 닦는 곳에 있다.

– 타고르 –

MANAGEMENT

chapter

06 기업가 정신과 창업

이 장에서는 기업가 정신과 창업이란 무엇이며 창업 환경과 어떤 관계가 있는가? 창업자는 성격적으로나 인구통계학적으로 어떤 특성을 갖는가? 중소기업은 어떤 과정으로 창업되는가? 인터넷 창업은 어떤 과정으로 이루어지는가? 창업 후 중소기업은 어떤 단계로 성장하며, 각 단계에 적합한 경영과정은 무엇인가에 대하여 살펴본다.

01 기업가 정신과 창업의 개요

1.1 기업가 정신과 창업의 개념

기업가 정신(entrepreneurship)은 시대와 상황에 따라 달라지므로 한 마디로 정의하기는 어렵다. 그러나 어느 시대나 어떤 상황에서나 기업가가 갖추어야 할 본질적인 정신이 존재한다. 전통적으로, 기업가 정신은 새로운 아이디어를 가지고 모험적인 사업에 과감하게 도전하는 창의적이고 혁신적인 정신을 말한다. 기업가 정신에는 모험적인 사업을 성공시키기 위한 도전성, 창의성, 혁신성과 같은 정신적인 요소가 필요하다. 특히, 경제학자 슘페터(Joseph A. Schumpeter)는 기업가 정신과 관련하여, 혁신(innovation)을 통한 창조적 파괴(creative destruction)를 강조하였다.

창업은 기업가 정신으로 기업을 새로 설립하는 것을 말하고, 기업을 창업하는 사람을 창업자(entrepreneur)라 한다. 특히, 모험적인 벤처기업을 창업하는 사람을 벤처창업자라 한다. 창업자는 기존의 경영자와는 달리, 창의적이고 모험적인 기업가 정신이 필요하며, 모험적인 사업을 위해 자신의 시간, 재능, 에너지를 모두 쏟아 부어야 한다. 따라서 창업자는 모험적인 사업에 수반되는 높은 위험을 감수하는 대신에, 그 사업이 성공하면 높은 보상을 기대할 수 있다.

대기업도 처음에는 모험적인 중소기업에서 출발하는 경우가 많다. 예를 들어, 스티브 잡스(Steve Jobs)가 창업한 Apple이나 빌 게이츠(Bill Gates)가 창업한 Microsoft도 처음에는 중소기업에서 출발하였다. 샘 월턴(Sam Walton)이 1962년에 Wal-Mart를 창업할 당시에는 시골의 점포 하나에서 출발하였다.

창업은 기존의 직장생활과 어느 정도 대체관계가 있다. 실제로 많은 직장인들이 직장생활을 청산하고 창업에 나서는 경우가 많다. 특히, 우리나라에서도 1997년 IMF 금융위기 이후 구조조정의 여파로 많은 직장인들이 회사를 퇴직하고 창업을 선택하였다. 더 이상 인생을 회사에 의지하지 않고 새로운 삶의 방식을 추구하기 위해 창업에 나서는 사람이 많아졌으며, 경제 침체기를 창업의 적기로 생각하는 경우가 많다. 최근에는 정보통신, 생명공학, 인터넷 등 다양한 방면에서 젊은 창업자가 늘어나고 있다.

1.2 창업의 환경

창업은 환경의 변화와 밀접한 관계가 있다. 특히, 경제적 환경이 변화하면, 새로운 창업기회가 자주 발생한다. 최근에 대기업 중심의 산업구조가 변하고 있으며, 그에 따라 새로운 창업기회가 증가하고 있다. 대기업들은 핵심사업에 역량을 집중하고, 부수적인 사업은 중소기업으로부터 아웃소싱을 하거나 분사를 통한 경영합리화를 모색하고 있다.

(1) 경제적 환경 변화

경제적 환경의 변화는 새로운 기업가 정신을 요구한다. 경제적 환경이 변화하면 새로운 창업기회가 발생한다. 대기업이 전체 경제를 주도하는 것을 부인할 수는 없지만, 중소기업의 비중이 점차 증가하고 있다.

(2) 세계화와 경쟁 심화

세계화와 격심한 경쟁을 극복하기 위해서는 기업가 정신이 필수적이다. 중소기업은 대기업보다 환경의 변화에 더 신속하고 유연하게 대응할 수 있다. 세계화와 경쟁 심화로 대기업의 지배력이 계속되기 어렵다. 대기업은 중소기업이나 자영업자를 통해 각종 인적 · 물적 자원을 아웃소싱하여 비용을 절감하고, 핵심사업에 역량을 집중시켜야 한다.

(3) 기술혁신

기술혁신은 제품과 서비스 기술을 획기적으로 발전시키고 새로운 사업을 탄생시킨다. 특히, 컴퓨터와 정보통신 분야의 기술혁신은 과거와는 비교가 되지 않을 정도로 영향력이 크다. 예를 들어, 과거에는 종업원이 수만 명이던 철강회사가 컴퓨터와 정보기술의 발전으로 100명 정도로도 운영할 수 있게 되었다.

(4) 새로운 기회와 틈새시장

창업자는 새로운 기회를 신속하게 포착하고 틈새시장(niche market)을 최대한으로 활용해야 한다. 정보기술의 발전으로 홈쇼핑 산업이 발전하고, 개인이나 기업체의 주문을 받아 최종목적지까지 물품을 신속하게 배달하는 택배산업이 새로운 성장산업으로 떠오르고 있다.

02 창업자의 특성

창업자는 미래에 대한 새로운 비전을 가지고 창업한다. 자기가 하는 일이 행복하지 않다고 생각할 때도 있지만, 모험적인 기업가 정신으로 새로운 사업기회를 포착하고 필요한 자원을 조달한다. 창업자의 이미지는 좀 무모한 데가 많지만, 낭만적인 면도 있다. 여기서는 창업자의 특성을 성격적 특성과 인구통계학적 특성으로 나누어 살펴보고자 한다.

2.1 창업자의 성격적 특성

창업자의 성격적 특성은 기존의 조직에서 커온 경영자와 다르다. 창업자는 성취욕구를 매우 중요시하고, 자신의 잠재능력을 최대한으로 발휘하는 경향이 있다. 쿠엘과 램빙(Charls R. Kuehl and Peggy A. Lambing)은 창업자의 성격적 특성을 40가지 확인하였으며, 그 중에서 가장 중요한 6가지 특성은 [그림 6-1]과 같다.

(1) 내재적 통제 능력

창업자는 스스로 모든 일을 계획하고 통제하는 능력이 있다. 창업자는 새로

그림 6-1 창업자의 성격적 특성

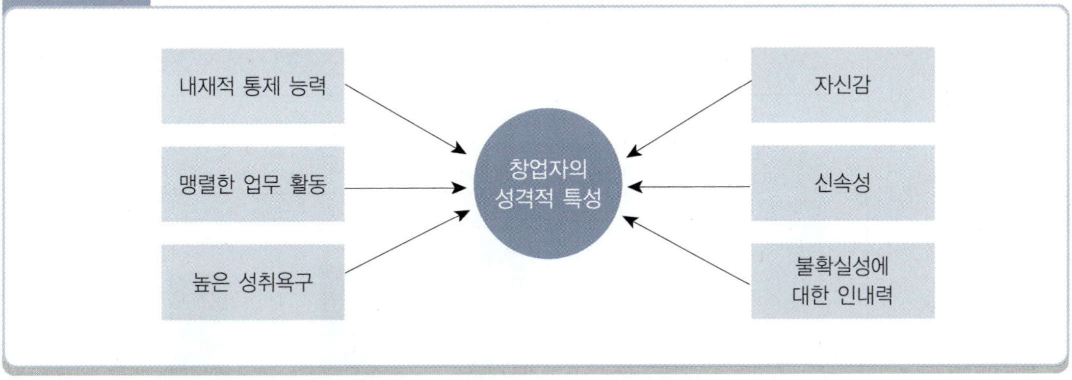

자료: Charls R. Kuehl and Peggy A. Lambing, *Small Business: Planning and Management*, The Dryden, 1994, p. 45.

운 아이디어를 개발하고 이를 실천하기 위한 계획을 스스로 수립하고 통제한다.

창업자가 일을 어떠한 스타일로 수행하느냐가 중요하다. 창업자가 일을 통제하는 스타일은 내재적 통제와 외재적 통제로 구분된다. 내재적 통제(internal control)는 자신이 원하는 방향으로 모든 일을 스스로 통제하는 것을 말한다. 이런 스타일의 창업자는 자기의 미래가 자기 손에 달려 있다고 믿는다. 그러나 세상일이 너무나 불확실하여 모든 것이 자기가 원하는 대로 통제되지 않을 때가 많다. 외재적 통제(external control)는 자신의 미래가 자신이 원하는 대로 통제되는 것이 아니라 외부의 영향을 많이 받는 것을 말한다. 그러나 모험적인 창업자는 성공과 실패의 차이를 자신이 만들어 갈 수 있다고 확신하고 내재적 통제를 실행한다.

(2) 맹렬한 업무 활동

창업자는 보통 사람보다 더 많은 시간과 노력을 소비한다. 창업자는 누구나 창업초기의 힘들고 어려웠던 기억을 잊지 않는다. 창업자는 많은 장해물과 아픈 상처를 극복하고 믿을 수 없을 정도로 열심히 그리고 끈기 있게 일하는 특성이 있다. 미국의 조사에 따르면, [그림 6-2]와 같이 창업자의 절반 이상이 주당 평균 60시간 이상 일하는 것으로 나타났다. 23%미만이 50시간 이하로 일하는 것으로 나타났는데, 이는 기존 조직의 경영자가 일하는 시간과 비슷하다.

그림 6-2 창업자의 주당 평균 업무시간

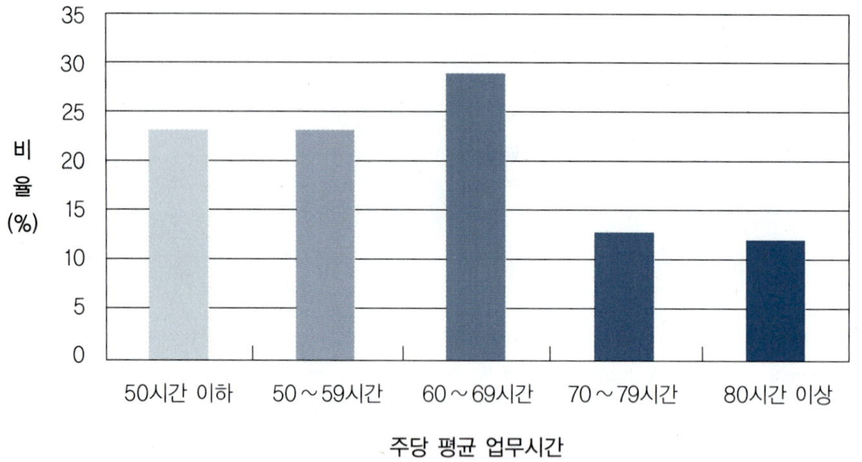

자료: National Federation of Independent Business, *The Wall Street Journal*, May 12, 1989, B1.

(3) 높은 성취 욕구

창업자는 성취 욕구가 매우 높은 특징이 있다. 다른 사람보다 앞서가고 싶은 강한 성취 욕구를 가지고 있으며, 성공 가능성이 높은 기회를 적시에 포착하는 능력을 가지고 있다. 성취 욕구가 높은 사람은 너무 어려운 목표가 아니라 달성 가능한 목표를 설정한다. 너무 쉬운 목표는 도전감을 주지 못하는 반면에 너무 어려운 목표는 달성이 불가능하다. 중간 정도의 목표가 도전감을 불러일으키고 달성했을 때 만족도도 높다.

(4) 자신감

창업자는 모든 일에 자신감이 넘친다. 자신의 능력을 믿고 과업을 잘 수행할 수 있다는 확신을 갖고 있다. 고객을 잘 설득시키고 세부적인 기술문제도 잘 다루며, 사업을 잘 수행할 수 있다는 강한 믿음을 갖고 있다. 장래에 일어날 수 있는 복잡하고 불확실한 문제를 잘 해결할 수 있다는 자신감이 있다.

(5) 신속성

창업자는 모든 일을 신속하게 처리한다. 그래서 창업자는 시간의 낭비를 참지 못한다. 항상 시간에 대한 긴박감을 느끼고, 일이 신속하게 처리되기를 바란다. 모든 일이 즉시 이루어지기를 바란다. 창업자는 순간을 포착하는 능력이 뛰어나다.

(6) 불확실성에 대한 인내력

창업자는 불확실성에 대한 인내력이 강하다. 사람들은 작업상황이 투명하고, 업무 지시가 명확하며, 완벽한 정보가 주어지기를 바란다. 불확실성에 대한 인내력은 무질서나 불확실한 상황을 견딜 수 있는 심리적 특성을 말한다. 이는 창업자에게 매우 중요하다. 왜냐하면 새로운 사업을 시작하는 것만큼 불확실한 상황은 없기 때문이다. 창업자는 불확실한 상황에서 의사결정을 내려야 하기 때문에 불확실성에 대한 강한 인내력이 필요하다.

2.2 창업자의 인구 통계학적 특성

창업자는 다른 사람들과 구별되는 몇 가지 인구 통계학적 특성이 있다. 대체로 맏이로 태어나는 경우가 많고 부모가 창업자인 가정이 많다. 창업자는 보통 25세에서 40세 사이에 자기 사업을 시작한다. 그러나 미국에서는 10명중 8명이 40세 이후에 사업을 시작하는 것으로 나타났다. 이는 기업의 구조조정으로 퇴직한 직장인들이 자신의 기술과 경험을 살리기 위해 다소 나이가 든 시기에 창업을 하기 때문이다. 우리나라에서도 최근에 기업의 구조조정으로 조기퇴직이나 명예퇴직을 한 직장인들이 직장에서 배운 기술을 바탕으로 창업을 하는 사례가 증가하고 있다.

03 중소기업의 창업 과정

중소기업은 일반적으로 중소규모의 기업체를 말하지만, 대기업과 중소기업의 구분은 불명확하고 상대적이다. 규모 지표로는 종업원 수, 자본금, 매출액, 자산총액 등이 사용된다. 우리나라에서는 1995년 이후 중소기업을 소기업과 중기업으로 분류하며, 제조업의 경우에는 종업원 수를 기준으로 50인 이하는 소기업, 51인 이상 300인 이하는 중기업으로 분류한다. 중소기업은 사회 · 경제적으로 중요한 역할을 담당한다. 중소기업은 고용 창출 능력이 뛰어나고, 혁신을 주도하며, 사회의 다양화를 촉진한다.

새로운 중소기업을 창업하는 것은 창업자의 꿈을 실천하는 과정이다. 창업자는 모험적인 창업 아이디어를 실행하기 위해, 미친 듯이 계획을 수립하고 밤낮 없이 일한다. 그러나 창업을 실행하기 위해서는 마음속의 창업 아이디어를 구체화할 수 있는 창업계획이 필요하다. 창업계획에는 조직구조, 재무적 자원, 사업전술 등에 관한 사항이 포함된다.

3.1 새로운 창업 아이디어 획득

창업자 중에는 창업 아이디어를 지체 없이 실행에 옮기는 사람도 있다. 그러나 대부분은 마음속으로 창업을 결심한 후에, 새로운 창업 아이디어를 찾는 데 많은 시간을 소비한다. [그림 6-3]에서는 창업 동기와 창업 아이디어 원천을 보여준다. 창업 동기는 매우 다양하지만, 가업을 승계하거나 자신의 미래를 위해 창업하는 경우가 가장 많다. 그리고 창업 아이디어는 과거의 직장에서 경험한 사업에 관한 전문적 지식을 활용하거나 틈새시장에서 발견하는 경우가 가장 많다. 그러나 자신의 경험과 지식을 지나치게 과신해서는 안 되며, 자신의 아이디어가 시장의 수요와 맞아야 성공할 수 있다.

그림 6-3 창업 동기와 창업 아이디어 원천

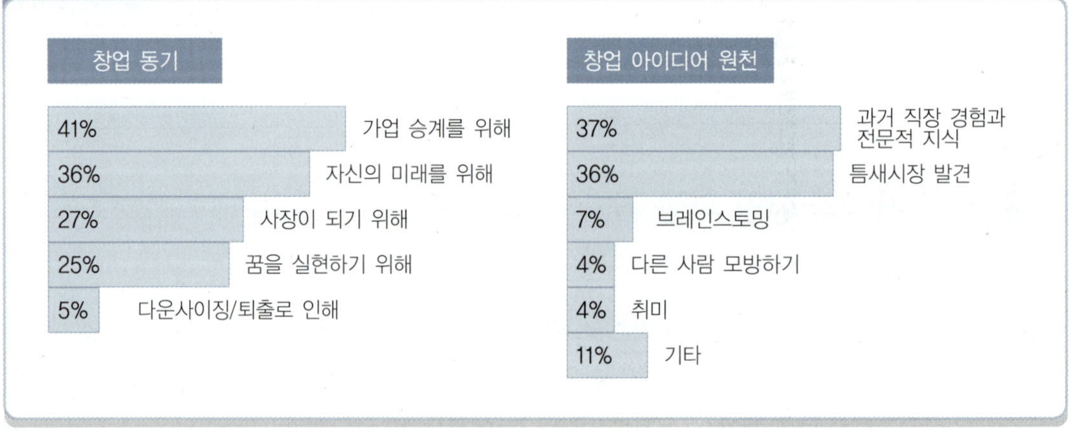

자료: Leslie Brokaw, "How to Start an Inc., 500 Company," *Inc. 500*, 1994, pp. 51-65.

3.2 창업계획 수립

새로운 창업 아이디어가 떠오르면 창업계획을 자세히 수립해야 한다. 창업계획은 창업에 필요한 구체적인 사항을 명시한 서류를 말한다. 특히, 창업자금을 조달하기 위해서는 금융기관과 투자자를 설득해야 하는데, 이 때 창업계획서가 유용하게 사용된다. 연구결과에 따르면, 창업계획을 자세히 작성할수록 성공할 확률이 높은 것으로 나타났다.

창업계획에는 다음과 같은 세부 사항이 포함되어야 한다.

① 사업 비전 제시
② 자금조달에 관한 정보
③ 시장에 관한 정보
④ 사업과 경쟁자에 관한 정보
⑤ 개업자금과 운영자금의 원천과 사용에 관한 정보
⑥ 사업의 성패를 좌우할 수 있는 핵심적 위험 제시
⑦ 계획서는 50쪽 이하로 짧게 작성

3.3 창업 기업의 형태 선택

창업을 할 때는 여러 가지 기업 형태 중에서 가장 적합한 형태를 선택해야 한다. 창업자가 선택할 수 있는 기업 형태는 3장에서 설명한 개인회사, 합명회사, 합자회사, 주식회사 등이 있다.

3.4 자금조달 방법 선택

창업에는 많은 자금이 필요하다. 빌딩을 임차하고 노동력을 확보하고 제품생산에 필요한 원재료와 기계를 구입해야 한다. 그러므로 자금조달방법은 매우 중요하다. 자금조달은 부채조달과 주식발행으로 구분된다.

부채조달(debt financing)은 부채로 자금을 조달하고 나중에 원리금을 상환하는 방법이다. 창업 초기에는 개인저축, 가족, 친지, 신용차입 등을 통해 자금을 조달한다. 그 외에 저축은행, 보험회사와 같은 금융기관에서 부채를 조달하고, 돈 많은 부자나 잠재고객으로부터 자금을 조달하기도 한다. 그리고 주식발행(equity financing)은 주식을 발행하여 자금을 조달하는 방법이다.

벤처기업을 창업할 경우에는 벤처 캐피탈 회사(venture capital firm)로부터 자금을 조달할 수도 있다. 벤처 캐피탈은 모험적인 벤처기업에 투자해서 높은 수익을 올리려는 위험자본이다. 벤처기업의 주가는 현재의 수익성보다 미래의 성장가능성에 의해 더 큰 영향을 받는다.

3.5 창업전술 선택

창업자는 다양한 창업전술 중에서 가장 유리한 전술을 선택해야 한다. 자신의 사재를 털어 신규로 창업을 하거나 기존의 기업을 인수하거나 프랜차이즈를 매입할 수 있다. 그 외에 창업보육센터에 참여하거나 대기업의 분사를 소유하는 방법이 있다.

(1) 신규 창업

일반적으로 창업자는 자신의 사재를 털어 신규로 창업을 할 수 있다. 이 방법은 새로운 분야에서 창업을 구상하고 이를 강력하게 추진할 수 있는 장점이 있다. 그러나 안정적인 수익을 올릴 때까지 시간이 오래 걸리면 많은 압박을 받을 수 있고, 고객이 확보되지 않은 상태에서 신규로 창업을 하기 때문에 많은 시행착오가 따를 수 있다. 아무리 창업계획을 치밀하게 수립하더라도 신규 창업은 위험이 따를 수 있다.

(2) 기존 기업 인수

신규로 창업을 하면 시간도 오래 걸리고 실패할 확률도 높다. 그 대안으로 기존의 기업을 인수하는 방법은 시간도 줄이고 위험도 피할 수 있다. 기존의 기업은 임금명세서, 문서시스템, 조직편성, 인원배치, 운영규정 등을 이미 갖추고 있기 때문에 많은 시간과 비용을 절감할 수 있다. 그러나 기존의 기업을 인수할 경우에는 영업권에 해당하는 프리미엄을 지불해야 한다. 또 기존 기업이 시대에 뒤떨어진 기술을 가지고 있거나 종업원의 사기가 지나치게 저하되어 있으면 영업에 부정적인 영향을 미칠 수 있다.

(3) 프랜차이즈 매입

프랜차이즈(franchise)는 가장 효과적으로 창업할 수 있는 방법으로 각광을 받고 있다. 미국의 조사에 따르면, 평균 12개 사업 가운데 1개는 프랜차이즈로 운영되며, 8분마다 1개의 프랜차이즈 사업이 탄생하고 있다.

프랜차이즈 계약은 상표 또는 상호 사용료를 매출액의 일정 비율로 계산하여 프랜차이즈 매도자에게 지불하는 조건으로 체결한다. 우리나라의 유명 음식점 체인이나 스포츠용품 대리점, 의류점, 커피 전문점은 대부분 프랜차이즈 형태로 운영되고 있다. 프랜차이즈는 이미 상호나 상표가 등록되어 있고, 사업의 안정성이 어느 정도 보장되는 장점이 있다.

그러나 프랜차이즈는 본점이 의도하는 대로 영업을 해야 하기 때문에 융통성이 부족하다는 단점이 있다. 그러므로 프랜차이즈 창업자는 회사의 연혁이나 사업방식 등 여러 가지 계약조건을 잘 살펴봐야 한다. 또 초기에는 위치선정, 착수비용, 신용확보를 위해 본점의 지원이 필요하다. 계약이 언제 어떤 조건으로 종결되는가를 명확히 해 두어야 하고, 종업원 교육 프로그램도 사전에 파악해야 한다.

(4) 창업보육센터 활용

창업보육센터(business incubator center)는 자기자금만으로 창업을 시작하는 사람에게 매력적이다. 정부에서는 고용창출과 새로운 창업지원을 위해 창업보육센터를 적극 육성하고 있다. 우리나라에서는 대전 과학단지에 창업보육센터를 설립한 이후, 각 지역마다 정부와 지방자치단체의 지원으로 창업보육센터가 운영되고 있다. 정부나 지방자치단체는 지역의 대학들과 협력하여 일정한 공간을 마련하고, 3년 정도의 기간 동안 세금혜택을 부여하고 기술과 인력을 지원한다.

(5) 분사 독립

분사(spin-offs)는 기업의 일부 사업을 분리하여 독립된 기업으로 설립하는 것을 말한다. 분사 기업은 기존의 모기업에서 필요로 하는 제품이나 서비스를 생산하여 모기업에 납품하는 형태로 운영되는 경우가 많다. 따라서 분사는 새로운 창업을 꿈꾸는 창업자가 활용할 수 있는 안정적이고 매력적인 방법이다.

예를 들어, 기존의 종업원이 모기업을 퇴직한 후에 분사 기업으로 독립한 후에 모기업과 납품계약을 맺고 제품을 납품할 수 있다.

04 인터넷 창업

2000년대 이후에 수많은 닷컴기업(dot-com companies)이 거품 붕괴의 후유증으로 도산하였으며, 미국의 NASDAQ이나 한국의 KOSDAQ에 상장된 인터넷 기업들도 주가가 폭락하였다. 「The Industry Standard」의 조사에 따르면, 2000년 이후 미국의 닷컴기업 중에서 50% 정도만 살아남았다. 그러나 인터넷은 여전히 인간 생활과 기업경영에서 중요한 역할을 수행하며, 새로운 인터넷기업들이 계속 탄생하고 있다. 여기서는 대표적인 닷컴기업에 속하는 인터넷 창업과정을 일반 중소기업과 비교하여 설명한다.

4.1 인터넷 비즈니스 준비

인터넷 창업은 일반 중소기업과 약간 다른 독특한 측면이 있다. 일반 중소기업의 창업자는 자신의 저축자금을 사용하거나 가족과 친지들로부터 차입하여 자금을 조달하고, 창업의 속도도 느리고, 고객 수도 점진적으로 증가하는 특징이 있다. 또한 제품과 서비스에서 문제가 발생하면 경험을 통해 배워가면서 해결할 수 있다. 그러나 인터넷 창업자는 기술인프라(technology infrastructure)를 구축하는데 많은 자금이 필요하다. 또한 인터넷 세계는 급속하게 변화하기 때문에 창업자는 사무실에서 편안히 지낼 수 없고, 수시로 발생하는 문제를 신속하게 해결하지 않으면 안 된다. 예를 들어, 웹 사이트(web site)가 자주 다운되면, 방문자들이 금방 다른 사이트로 옮겨간다. 따라서 닷컴 창업자는 시행착오를 거칠 시간적 여유가 없으며, 사전에 철저히 준비할 수밖에 없다.

4.2 비즈니스 아이디어 개발

인터넷 창업자는 급속하게 변화하는 인터넷 환경에 맞추어 아이디어 개발을 신속히 해야 한다. 미국의 조사에 따르면, 하이테크 비즈니스 아이디어가 최종적으로 채택될 확률은 100만분의 6에 지나지 않는다.[1] 인터넷 비즈니스 아이디어는 성공확률이 더 낮을 수 있으므로, 매우 신속하게 개발되어야 한다.

4.3 창업계획 수립

인터넷 세계는 급속하게 변화하기 때문에 창업계획이 지체되면 무용지물이 된다. 따라서 즉시 실행가능 한 창업계획을 수립해야 하고, 벤처 캐피탈이나 전문가들과 예상되는 위험요소를 사전에 충분히 검토해야 한다.

4.4 초기 창업자금 조달

인터넷 창업자는 개인저축, 가족, 친지, 신용차입 등을 통해 초기 창업자금을 조달한다. 한 가지 독특한 것은 엔젤을 통한 자금조달이다. 엔젤(angel)은 통상 사업경험이 있는 부자로서, 창업 아이디어를 신뢰하고 개인 자금을 투자하여 창업을 도와주는 사람을 말하며, 여러 명의 엔젤이 모인 집단을 엔젤 클럽(angel club)이라 한다. 초기 자금조달에서 엔젤의 참여는 매우 중요하다. 엔젤이 참여하면, 창업자는 자금조달에 대한 부담이 줄어들므로, 특히 서류 작성, 기술적 컨설턴트 고용, 신제품과 서비스 마케팅 등 다른 직무에 충실할 수 있다. 또 한 가지 중요한 것은, 엔젤이 창업자에게 사업에 관한 훌륭한 조언을 아끼지 않는다는 점이다.

4.5 제품과 서비스 개발

창업자가 초기 창업자금의 조달에 성공하면, 제품과 서비스를 개발해야 한

1) J. Neil Weintraut, "Told Any Good Stories Lately?" *Business 2.0*, March 2000, pp. 139-140.

다. 이 단계에서 종업원과 컨설턴트를 고용하고, 기술인프라를 구축하고, 사무실과 필요한 설비를 갖추어야 한다. 또한 기업이 나중에 곤경에 빠지는 사태를 예방하기 위해, 제품과 서비스 개발 초기부터 변호사나 은행가의 조언을 받는 게 좋다. 더욱 중요한 것은 창업자의 꿈을 현실로 바꿔줄 수 있는 유능한 시스템 설계자, 소프트웨어 전문가, 웹 사이트 개발자, 상품 개발자, 네트워크 관리자 등을 채용하는 일이다.

e-비즈니스에서는 신뢰가 생명이다. 웹 사이트가 20시간 이상 다운되면, 모든 고객이 떠나고 투자자는 격분하게 된다. 예를 들어, eBay.com은 치명적인 사고를 예방하기 위해, CEO와 같은 보상을 지급하는 조건으로 수리전문가를 고용한 바 있고, Google.com은 웹 사이트를 공개하기 전에 엄밀한 알파 테스트와 베타 테스트를 반드시 거친다.

4.6 인터넷기업 출범

인터넷기업이 출범하는 단계에서 가장 중요한 것은 마케팅이다. 인터넷기업의 브랜드 가치는 전통적인 기업보다 짧은 시간에 평가된다. 고객의 마음속을 파고들면 하루 밤 사이에도 명성을 얻을 수 있다. 예를 들어, Amazon.com은 구매자에게 온라인 리뷰(online reviews)를 쓰게 하고, 다른 사람의 리뷰에 투표를 하도록 하는 전략으로 짧은 기간에 명성을 얻었다.

4.7 추가 운영자금 조달

인터넷기업은 미래의 성장과 확장에 대비하여 추가 운영자금을 확보해 두어야 한다. 창업자는 창업 후에도 월급을 지급하고, 정보인프라를 유지하며, 마케팅 노력을 계속해야 한다. 또한 기업이 성장함에 따라 스탭도 늘려야 하고, 사무실도 확장해야 하며, 하드웨어와 소프트웨어도 추가로 구입해야 한다. 이 단계에서 가장 확실한 자금조달의 원천은 벤처캐피탈이다. 벤처캐피탈회사는 지분취득을 조건으로 투자를 하는 기업을 말한다. 또한 인터넷 비즈니스에 관심이 많은 대기업도 벤처캐피탈의 원천이 될 수 있다. 예를 들어, Microsoft, Cisco Systems, Intel과 같은 대기업은 인터넷기업의 지분을 취득하기 위해 거액을 투자하고 있다.

4.8 파트너십 구축

인터넷기업이 다른 기업과 파트너십을 구축하는 방법은 두 가지가 있다. 첫째로 명성이 높은 대기업과 파트너십을 구축하는 방법이다. 대기업을 통해 다양한 마케팅지원을 받을 수 있고, 대기업의 후광으로 시장에 빨리 진출할 수도 있다. 둘째로 업무능력이 뛰어난 기업과 파트너십을 구축하는 방법이다. 이 경우, 고객서비스, 물류, 창고, 선적, 다른 파트너와의 전자적 연결과 같은 다양한 업무분야에서 실질적인 도움을 받을 수 있다.

4.9 기업공개

인터넷기업의 최종 목표는 NASDAQ이나 KOSDAQ과 같은 증권시장에서 기업공개(going public)를 하는 것이다. 기업공개는 최초공모(initial public offerings: IPO)를 통해 이루어진다. IPO는 기업을 증권시장에 상장시켜 주식을 공개적으로 매각하여 자금을 조달하는 것을 말한다. 인터넷 창업자의 꿈은 기업을 빨리 키워서 기업공개를 통해 부자가 되는 것이다.

05 중소기업의 성장단계와 경영과정

기업이 창업단계를 지나 성장단계로 들어가면, 창업 초기의 자신감, 창의력, 내재적 통제와 같은 창업자적 특성이 퇴색하는 경향이 있다. 또한 자수성가한 창업자는 모든 일에 지나치게 간섭하는 습성이 있다. 그러나 기업이 성장함에 따라, 창업자도 변해야 하고 경영과정도 변해야 한다.

5.1 중소기업의 성장단계

중소기업의 성장단계는 일반적으로 [그림 6-4]와 같이 다섯 단계로 구분된다.

① 창업단계(start-up stage)는 기업이 처음으로 창업되어 탄생하는 단계로, 새로운 제품과 서비스를 생산하고 고객을 확보하는 일이 가장 중요하다. 경영자가 직면하는 가장 중요한 이슈는 '고객을 충분히 확보할 수 있을까? 자금은 충분한가?' 등이다.

② 생존단계(survival stage)는 기업이 생존해 있는 사업실체임을 보여주는 단계이다. 기업이 생존하기 위해서는 제품과 서비스를 계속 생산 · 판매하고 충분한 고객을 확보해야 한다. 그리고 현금유입이 현금유출보다 많아야 하고, 수익이 비용보다 많아야 한다. 이 단계에서 규모가 점점 커지고 수익성도 점점 좋아진다.

③ 성공단계(success stage)는 수익성이 점점 안정되면서 성공적으로 운영되는 단계이다. 운영 시스템과 절차가 정착되고, 성장속도도 적절히 조절되면서 기업이 본 궤도에 올라서는 단계이다. 이 단계가 되면, 창업자가

그림 6-4 중소기업의 성장단계

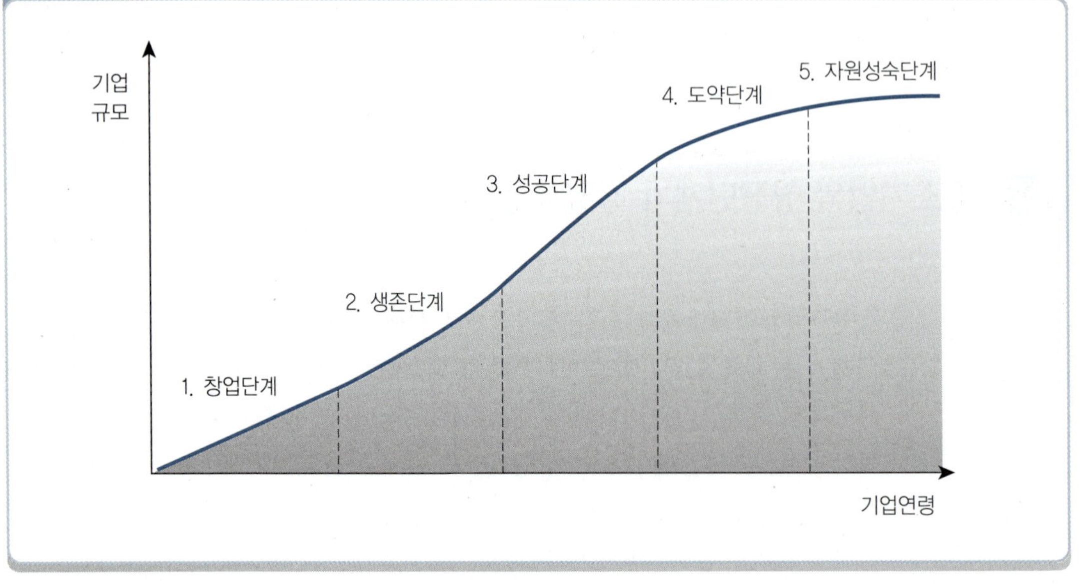

자료: Neil C. Churchill and Virginia L. Lewis, "The Five Stages of Small Business Growth," *Harvard Business Review*, May-June 1993, pp. 30-50.

계속 경영을 담당할 수도 있지만, 전문경영자에게 위임할 수도 있다.

④ 도약단계(takeoff stage)는 기업이 급속하게 도약하는 단계이다. 이 단계가 되면, 고도 성장에 필요한 자금조달 능력을 보강하는 것이 가장 중요하며, 주요 성장제품에 집중 투자해야 한다. 이 단계는 중소기업이 대기업으로 발전할 수 있는 전환점이 된다.

⑤ 자원성숙단계(resource maturity stage)는 기업이 충분한 자원을 확보하고 소규모의 이점을 포기하고 대기업으로 성숙해지는 단계이다. 사업계획이 구체적으로 수립되고 통제시스템도 완벽하게 작동하며, 종업원들도 대기업의 종업원과 비슷하게 행동한다. 그러나 중소기업으로서의 유연성은 줄어들고 기업가 정신도 퇴색하기 쉽다.

5.2 중소기업의 경영과정

(1) 계 획

창업의 초기단계에는 개괄적인 창업계획 외에 공식적인 계획이 아직 수립되지 않는다. 초기단계에는 오로지 살아남는 것이 기본목표가 된다. 대체로 성공단계에 이르기까지는 공식적인 계획이 수립되지 않는다. 그러나 기본적인 목표를 설정하고 자원조달계획을 수립하며, 이를 달성하기 위한 실천계획을 수립해야 한다.

(2) 조직화

창업의 초기단계에는 조직구조가 아직 미완성이므로 창업자 중심으로 사업이 운영된다. 성공단계에 접어들어야 사업의 전망이 어느 정도 확인되므로, 기능관리자가 일부 채용되어 창업자가 수행하던 과업을 떠맡게 된다. 기능적 조직구조가 서서히 형성되면서, 재무, 생산, 마케팅 부서가 설립되고 과업도 세분화되기 시작한다. 기업이 성장하는 과정에서 창업자의 권한과 책임은 경영자에게 부분적으로 위임되고 분권화가 추진된다. 성장과정에서 발생하는 문제점은 신속하게 해결해야 한다. 도약단계나 자원성숙단계가 되면, 규칙, 절차, 직무기술서 등이 많이 필요하게 된다.

(3) 지 휘

창업의 초기에는 창업자의 비전에서 추진력이 나온다. 창업자의 비전은 그의 성격과 조합을 이루면서 기업문화가 형성된다. 창업자는 서비스, 능률, 품질 및 윤리에 관한 문화적 가치관을 형성해 나간다. 창업자는 대인적 기술이 부족하지만 생산이나 마케팅과 같은 업무 기술이 탁월할 때가 많다. 성공단계가 되면, 창업자는 종업원들에게 적극적으로 동기부여를 시킬 수 있는 유능한 경영자가 필요하다. 종업원들의 동기부여가 약하면, 급격한 도약을 기대할 수 없다. 중소기업에서는 어려운 시기를 잘 극복할 수 있는 인재가 매우 중요하다. 다른 한편, 인력 부족으로 급격한 도약이 저해되는 경우도 많다. 따라서 건전한 조직문화를 형성하여 기업이 매력적으로 보이도록 노력해야 한다.

(4) 통 제

기업의 각 성장단계에서 재무적 통제는 매우 중요하다. 창업단계나 생존단계에서는 간단한 회계기록과 개인적 감독으로도 충분하다. 성공단계에서는 운영예산이 제대로 편성되고 좀더 구조화된 통제시스템이 필요하다. 도약단계에서는 예산과 표준원가시스템을 활용할 필요가 있고, 통계적 수치를 분석하기 위해 전산시스템을 갖추어야 한다. 자원성숙단계가 되면 통제시스템이 좀더 복잡한 구조로 발전한다.

>>> 요약 s·u·m·m·a·r·y

기업가 정신은 새로운 아이디어를 가지고 모험적인 사업에 과감하게 도전하는 창의적이고 혁신적인 정신을 말한다. 기업가 정신에는 모험적인 사업을 성공시키기 위한 도전성, 창의성, 혁신성과 같은 정신적인 요소가 필요하다. 경제학자 슘페터는 혁신을 통한 창조적 파괴를 강조하였다.

창업은 기업가 정신으로 기업을 새로 설립하는 것을 말하고, 기업을 창업하는 사람을 창업자라 한다. 특히, 모험적인 벤처기업을 창업하는 사람을 벤처창업자라 한다. 창업자는 기존의 경영자와는 달리, 창의적이고 모험적인 기업가 정신이 필요하며, 모험적인 사업을 위해 자신의 시간, 재능, 에너지를 모두 쏟아 부어야 한다. 따라서 창업자는 모험적인 사업에 수반되는 높은 위험을 감수하는 대신에, 그 사업이 성공하면 높은 보상을 기대할 수 있다.

창업은 환경의 변화와 밀접한 관계가 있다. 특히, 경제적 환경이 변화하면 새로운 창업기회가 많이 발생한다. 또한 창업은 세계화와 격심한 경쟁에서 살아남기 위해 필수적이다. 기술혁신은 제품과 서비스의 생산기술을 획기적으로 발전시키고 새로운 산업을 탄생시킨다. 그리고 창업자는 새로운 기회를 신속하게 포착하고, 틈새시장을 최대한으로 활용해야 한다.

창업자는 스스로 모든 일을 계획하고 통제하는 능력이 있다. 또한 보통 사람보다 더 많은 시간과 노력을 소비하며, 성취 욕구가 매우 높은 특징이 있다. 창업자는 모든 일에 자신감이 넘치고, 모든 일을 신속하게 처리하며, 불확실성에 대한 인내력이 강하다. 인구 통계학적으로 보면, 창업자는 맏이로 태어나는 경우가 많고, 부모가 창업자인 가정이 많다.

창업자는 마음속의 사업 아이디어를 구체화할 수 있는 창업계획을 수립해야 한다. 창업계획에는 조직구조, 재무적 자원, 사업전술에 관한 사항이 포함된다. 창업자가 선택할 수 있는 기업의 법적 형태는 개인회사, 합명회사, 합자회사, 주식회사 등이 있다. 자금조달 방법은 부채조달과 주식발행으로 구분된다. 창업 초기에는 벤처 캐피탈을 이용하는 것이 유리하다. 창업자가 선택할 수 있는 사업전술은 여러 가지가 있다. 처음부터 자기의 사재를 털어 새로운 사업을 착수하기도 하고, 기존의 기업을 인수하거나 프랜차이즈를 매입하는 방법이 있다. 그 외에 창업보육센터에 참여하거나 대기업의 분사 기업으로 독립하는 방법이 있다.

인터넷 창업은 일반 중소기업과 약간 다른 독특한 측면이 있다. 기술인프라 구축에 더 많은 자금이 소요되고, 인터넷 세계가 빠르게 변화하기 때문에 창업자는 사무실에서 편히 지낼 수 없고, 신속하게 문제를 해결하지 않으면 안 된다.

인터넷 창업자는 급속하게 변화하는 인터넷 환경에 맞추어 아이디어 개발을 신속하게 해야 한다. 창업계획도 즉각 실행가능 해야 하고, 벤처 캐피탈이나 전문가들과 예상되는 위험요소를 사전에 충분히 검토해야 한다. 초기 창업자금은 개인저축, 가족, 친지, 신용차입 등을 통해 조달할 수 있으며, 특히, 엔젤을 통한 자금조달이 매우 유용하다. 초기 창업자금의 조달에 성공하면, 제품과 서비스를 개발하여 공개해야 한다. 또한 미래의 성장과 확장에 대비하여 추가 운영자금을 확보해 두어야 하고, 다른 기업과 파트너십을 구축해 둘 필요가 있다.

그리고 인터넷 창업의 최종 목표는 NASDAQ이나 KOSDAQ과 같은 증권시장에 기업공개를 하는 것이다.

중소기업은 일반적으로 창업단계, 생존단계, 성공단계, 도약단계, 자원성숙단계로 성장하며, 각 단계마다 계획, 조직화, 지휘, 통제의 경영과정이 변화한다.

>>> 연습문제 e·x·e·r·c·i·s·e

01 기업가 정신과 창업이란 무엇이며, 창업 환경과 어떤 관계가 있는가?

02 창업자의 성격적 · 인구통계학적 특성은 무엇인가?

03 중소기업은 일반적으로 어떤 과정으로 창업되는가?

04 창업자가 선택할 수 있는 자금조달방법에는 어떤 것이 있는가?

05 창업자가 선택할 수 있는 사업전술에는 어떤 것이 있는가?

06 기존의 기업을 인수하는 전술은 새로운 사업을 착수하는 전략에 비해 어떤 이점이 있는가?

07 인터넷기업은 일반 중소기업과 비교할 때 창업과정이 어떻게 다른가?

08 중소기업은 어떤 단계로 성장하며, 각 단계에 적합한 경영과정은 어떻게 수립되어야 하는가?

MANAGEMENT

03 PART 계획

제 7 장 목표 설정과 계획 수립

제 8 장 전략의 수립과 실천

Part 03 들어가며……

현대 경영학의 주류는 경영과정론이다. 경영과정론은 페이욜 이후 굴릭(L. Gulick), 쿤쯔(H. Koontz), 다프트(R.L. Daft) 등에 의해 체계화되었다. 굴릭은 7가지 경영기능, 즉 계획(planning), 조직화(organizing), 충원(staffing), 지휘(directing), 조정(coordinating), 보고(reporting), 예산(budgeting)의 머리글자를 따온 POSDCORB를 제안하였고, 쿤쯔는 계획, 조직화, 충원, 지휘, 통제의 5단계 경영과정을 제안하였으며, 다프트는 계획, 조직화, 지휘, 통제의 4단계 경영과정을 제안하였다. 이 책에서는 4단계 경영과정론의 주류를 따라 설명해 나가고자 한다.

경영과정은 계획 수립에서 시작된다. 계획 수립은 기업의 목표를 설정하고 이를 달성하기 위한 방법을 결정하는 일련의 과정을 말한다. 즉, 계획 수립에는 목표 설정도 포함한다. 또한 최근에는 전략경영이 강조되면서 전략의 수립도 계획 수립의 영역에 포함된다.

제7장에서는 목표 설정과 계획 수립에 관해 개괄적으로 설명한다. 목표와 계획의 개요, 기업의 목표 설정, 기업의 계획 수립과 계획의 종류, 계획 수립의 전통적 접근법과 새로운 접근법으로 나누어 설명한다.

제8장에서는 전략의 수립과 실천에 관해 설명한다. 전략의 개념과 종류, 전략 경영 과정으로 나누어 설명한다.

일생의 계획은 어릴 때에 있고 일년의 계획은 봄에 있고
하루의 계획은 새벽에 있는 것이니,
어려서 학문을 배우지 않으면 늙어서 아무 것도 알지 못하게 될 것이요,
봄에 씨를 뿌리지 않으면 가을이 되어 수확할 가망이 없을 것이요,
새벽에 일찍 일어나지 않으면 그 날 할 일을 판단하지 못할 것이다.

– 명심보감 –

MANAGEMENT

chapter

07 목표설정과 계획 수립

이 장에서는 기업의 목표와 계획이란 무엇이며 서로 어떤 관계가 있는가? 기업의 미션은 목표나 계획과 어떤 관계가 있는가? 전략 목표와 계획은 누가 수립하고, 전술 목표와 계획은 누가 수립하며, 업무 목표와 계획은 누가 수립하는가? 목표관리는 목표와 계획 수립에 어떻게 활용되는가? 프로그램과 프로젝트는 계획과 어떻게 다른가? 단일계획, 상설계획, 예비계획은 왜 필요한가? 위기관리계획은 왜 필요하며, 위기관리는 어떤 단계로 실천되어야 하는가? 그리고 계획 수립의 전통적 접근법과 새로운 접근법은 어떻게 다른가를 설명한다.

01 목표와 계획의 개요

1.1 목표와 계획의 개념

목표(goal)는 기업이 달성하려고 하는 미래의 바람직한 상태를 말하고, 계획(plan)은 이를 달성하기 위한 방법을 말한다. 목표는 미래의 결과를 지향하는 반면에, 계획은 현재의 수단에 초점을 둔다. 그리고 계획수립(planning)은 이 양자를 모두 포함하는 개념으로, 기업이 추구하는 목표를 분명하게 설정하고 이를 달성하기 위한 방법을 결정하는 일련의 과정을 말한다. 예를 들어, 기업이 원하는 것은 무엇인가, 기업이 해야 할 구체적인 업무는 무엇인가, 기업이 필요한 자원을 어떻게 배분할 것인가, 그리고 기업이 어떤 순서로 어떤 일을 언제까지 할 것인가를 결정해야 한다.

미션(mission)은 기업이 존재할 이유와 사업의 기본적 방향을 나타내며, 이를 자세히 기술한 문서를 미션기술서(mission statement)라 한다. 기업의 기본적 미션은 양질의 제품과 서비스를 생산하여 저렴하게 판매하는 것이다. 달리 말해, 기업은 무엇이며, 또 무엇이 되어야 하는가를 나타낸다. 미션이 분명하지 않으면 목표와 계획 수립이 어려워진다.

[그림 7-1]은 목표와 계획의 계층구조를 나타낸다. 계획 과정은 미션에서 시작된다. 미션은 투자자, 고객, 공급업자, 지역사회와 같은 외부 이해관계자에게 기업의 메시지를 전달하기 위한 수단이 된다. 미션이 결정되면, 이를 토대로 전략 목표와 계획이 수립된다. 전략 목표와 계획이 수립되면 조직의 계층구조

그림 7-1 기업의 목표와 계획의 계층구조

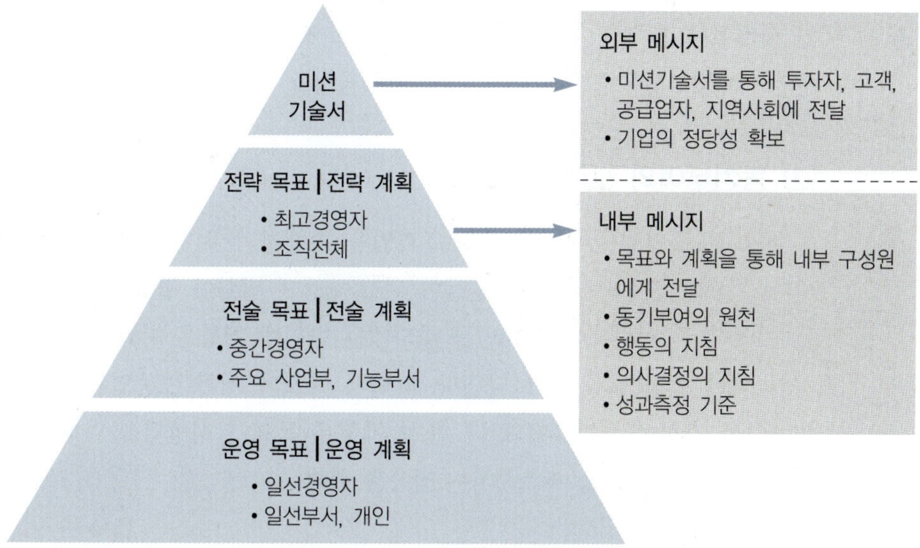

를 따라 내려가면서 전술 목표와 계획이 수립되고, 이어서 운영 목표와 계획이 수립된다. 다시 말해, 기업의 목표와 계획은 미션에서 출발하여 전략, 전술 및 운영 수준으로 조직의 계층구조를 따라 내려가면서 점진적으로 구체화된다.

1.2 목표와 계획의 중요성

기업은 개방시스템으로서 외적 메시지(external message)와 내적 메시지(internal message)를 끊임없이 전달한다. 외적 메시지는 미션기술서를 통해 투자자, 고객, 공급업자, 지역사회와 같은 외부 이해관계자에게 전달되고, 내적 메시지는 목표와 계획을 통해 내부 구성원에게 전달된다. 미션은 기업의 정당성을 대변하며, 목표와 계획은 동기부여의 원천, 행동의 지침, 의사결정의 지침, 성과측정 기준으로 사용된다.

(1) 기업의 정당성

미션은 기업의 존립 이유와 사업의 기본 방향을 제시함으로써 기업의 정당성을 대변한다. 우리나라에서는 기업의 미션이 사시(社是)나 사훈(社訓)의 형태로 표현되는데, 삼성그룹의 '초일류기업'이나 LG 그룹의 '디지털 LG'는 그 대표적인 사례이다. 미션은 투자자, 고객, 공급업자, 지역사회와 같은 외부 이해관계자뿐만 아니라 내부 구성원에게도 기업의 정당성을 대변하는 상징적 수단이 된다.

(2) 동기부여의 원천

목표는 종업원들이 효율적으로 과업을 수행하기 위한 동기부여의 원천이 된다. 목표가 설정되어야 종업원들이 취할 행동의 방향이 결정될 수 있다. 목표는 기업이 존재하는 이유(why)를 나타내는 반면에 계획은 기업의 목표를 달성하기 위한 방법(how)을 나타낸다. 따라서 목표와 계획은 종업원과 기업간의 일체감을 강화하는 작용을 한다. 또한 계획은 목표 달성방법을 나타내기 때문에 미래의 불확실성을 해소시키는 작용을 한다.

(3) 행동의 지침

목표와 계획은 종업원들이 취할 행동의 방향을 제시한다. 종업원들은 계획에 따라 행동함으로써 목표 달성을 위해 노력을 집중시킬 수 있다. 즉, 종업원들은 목표와 계획에 따라 미래지향적으로 행동할 수 있다.

(4) 의사결정의 지침

목표와 계획은 경영자가 무엇을 어떻게 달성해야 하는가를 결정하기 위한 지침이 된다. 나아가, 목표와 계획은 내부 정책, 역할, 조직구조, 제품, 비용지출에 관한 의사결정의 지침이 된다.

(5) 성과 측정 기준

목표는 통제를 위한 성과측정 기준이 되며, 계획은 인력, 물자, 자금, 시간 등 경영자원을 효과적으로 통제할 수 있는 수단이 된다. 예를 들어, 매출액 성장률 목표가 15%일 경우에 실제 성장률이 17%가 되면 목표를 초과 달성한 것으로 평가한다.

02 기업의 목표 설정

미션이 결정되면 전략 목표와 계획이 수립된다. 전략 목표와 계획이 수립되면 조직의 계층구조를 따라 내려가면서 전술 목표와 계획이 수립되고, 이어서 업무 목표와 계획이 차례로 수립된다.

2.1 기업의 미션

미션은 목표와 계획의 계층구조 중에서 최상위에 위치한다. 미션은 기업의 가치, 열망, 존립이유 등을 나타낸다. 미션기술서(mission statement)에는 다른 기업과 구별되는 기본적 사업영역, 운영방법 등이 포괄적으로 기술된다. 미션기술서의 주요 내용은 시장과 고객에 초점을 두는 경우가 많지만, 기업의 희망사항이 포함되기도 하고, 기업의 가치, 제품품질, 공장위치, 종업원 태도와 같은 기업의 특징을 기술하기도 하며, 기업의 경영철학을 반영하기도 한다.

데이비드(F. David)는 미션기술서에 포함시킬 주요 항목을 〈표 7-1〉과 같이 정리하였다. 미션기술서에는 ① 고객, ② 시장, ③ 생산, 성장, 수익성에 대한 관심, ④ 경영철학, ⑤ 대중적 이미지에 대한 관심, ⑥ 제품 또는 서비스, ⑦ 기

표 7-1 • 미션기술서의 주요 항목

항목	내용
고객	누가 기업의 고객인가?
시장	기업은 지역적으로 어디에서 경쟁하는가?
생존, 성장, 수익성에 대한 관심	기업은 생존과 성장, 그리고 재무적 수익성에 전념하는가?
경영철학	기업의 경영철학, 기본적 신념, 가치, 윤리적 우선순위는 무엇인가?
대중적 이미지에 대한 관심	기업은 대중적 이미지에 대해 어떻게 대처하는가?
제품 또는 서비스	기업의 주요 제품 또는 서비스는 무엇인가?
기술	기업은 기술적으로 얼마나 앞서 있는가?
자아 개념	기업의 핵심역량과 주요 경쟁우위에 대한 자아 개념은 어느 정도인가?
종업원에 대한 관심	기업은 종업원을 얼마나 가치 있는 자산으로 생각하는가?

자료: F. David, *Strategic Management*, 11ed., NJ: Prentice Hall, 2007, p. 70.

술, ⑧ 자아 개념, ⑨ 종업원에 대한 관심 등에 관한 사항들을 선별적으로 포함시킬 수 있다.

2.2 목표와 계획 수립

(1) 전략 목표와 계획

전략 목표(strategic goals)는 기업이 미래에 달성하고자 하는 바람직한 상태를 폭넓게 기술한 것을 말한다. 전략 목표는 부분적인 차원이 아니라 전체적인 차원에서 설정되어야 한다. 드러커(Peter Drucker)는 기업의 목표가 이익 추구 이상의 내용을 포함해야 한다고 주장했다. 따라서 이익 추구는 물론 시장지위 향상, 기술혁신, 생산성 향상, 물리적 · 재무적 자원 배분, 경영자 개발, 종업원 태도, 사회적 책임에 관한 사항도 포함되어야 한다.

전략 계획(strategic plans)은 전략 목표를 실행하기 위한 제반 활동과 자원배분 방법을 말한다. 전략 계획은 전략 목표를 실현시키는데 목적이 있으며, 기간은 2~5년 동안의 장기적 성격을 갖는다. 예를 들어, 시장점유율을 3년 내에 15%에서 20%로 5% 향상시키는 것을 전략 목표로 세웠다고 하자. 이 전략 목표를 달성하기 위해서는 다음과 같은 전략 계획이 필요하다. 즉, ① 경쟁력이 높은 신제품을 개발하기 위해 자원을 배분하고, ② 저렴한 생산비용으로 높은 생산성을 달성하기 위해 새로운 생산방법을 도입하며, ③ 현재의 제품과 서비스에 대한 새로운 용도를 찾아내기 위해 연구개발 활동을 강화해야 한다.

(2) 전술 목표와 계획

전술 목표(tactical goals)는 중간계층의 부서에서 전략 목표를 전술적으로 달성하기 위한 목표를 말한다. 전술 목표는 최고경영자가 수립한 전략 목표를 토대로 중간경영자가 수립한다.

전술 계획(tactical plans)은 중간계층의 부서에서 전술 목표를 달성하고 전략 계획을 전술적으로 실행하기 위한 계획을 말한다. 전술 계획도 중간경영자가 수립하며, 기간은 통상 1년 이내로 짧게 잡는다.

(3) 운영 목표와 계획

운영 목표(operational goals)는 하위 부서나 작업 단위에서 전술 목표를 세부적으로 달성하기 위한 목표를 말한다. 즉, 운영 목표는 전술 목표를 토대로 일선경영자나 종업원이 명확하고 측정 가능하게 수립해야 한다. 예를 들어, 운영 목표는 '1주 내에 TV 100대 판매', '불량률 1% 줄이기', '1개월 내 초과근무시간 10% 줄이기'와 같이 명확하고 측정 가능해야 한다.

운영 계획(operational plans)은 하위 부서나 작업 단위에서 운영 목표를 달성하고 상위 부서의 전술 계획을 업무적으로 실행하기 위한 계획을 말한다. 운영 계획은 일선경영자나 감독자가 실행방법을 계량적 수치로 구체적으로 작성해야 한다. 따라서 운영 계획은 일선경영자나 감독자가 일별 또는 주별 업무현황을 파악하기 위한 수단으로 사용된다.

운영 계획을 수립할 때는 시간스케줄을 잘 잡아야 한다. 시간스케줄은 운영 목표를 달성하는데 소요되는 시간 명세를 말한다. 또한 운영 계획을 수립할 때는 소요 예산도 충분히 고려해야 한다.

2.3 성공적 목표 설정의 지침

(1) 목표의 측정성

기업의 목표는 계량적으로 측정할 수 있도록 설정해야 한다. 예를 들어, '매출액 증가율 10% 달성', '원가절감 15%', '신입사원 150명 채용'과 같이 계량적으로 측정 가능해야 한다.

목표의 계층구조에서 최상위의 전략 목표는 계량적으로도 표현되고 질적으로도 표현되지만, 전술 목표와 업무 목표는 대부분 계량적으로 표현된다. 모든 목표가 계량적으로 표현될 수 있는 것은 아니지만, 질적으로 표현된 목표는 종업원들의 목표의식을 약화시킬 우려가 있다.

목표가 계량적으로 표현될 수 없을 경우에는 간접적인 방법으로 목표의 성과를 측정할 수 있다. 예를 들어, 종업원의 사기는 계량적으로 측정하기 어렵지만, 종업원의 이직률, 결근율, 사고발생률 등을 이용하여 간접적으로 측정할 수 있다.

다시 말해, 목표를 계량화함으로써 종업원들에게 명확한 목표의식을 부여할 수 있다. 나아가, 목표를 계량화하면 종업원들의 목표달성 정도를 쉽게 측정할 수 있다. 그러나 목표의 계량화를 지나치게 강조한 나머지 계량화가 불가능한 목표를 소홀히 하는 우를 범해서는 안 된다.

(2) 목표의 도전성과 현실성

목표는 도전적이어야 하지만 현실적으로 달성 가능해야 한다. 다시 말해, 목표는 종업원들이 도전할 가치가 있도록 설정되어야 하지만, 현실적으로 달성이 불가능하게 되면 포기해 버린다. 반면에, 목표가 너무 쉽게 설정되면 종업원들에게 동기부여가 되지 않는다. 또한, 현실적으로 사용가능한 자원의 범위 내에서 목표를 설정해야 한다.

(3) 목표달성 기간의 명시

목표를 설정할 때는 목표달성 기간을 반드시 명시해야 한다. 기간이 명시되어야 종업원들이 목표를 언제까지 어떤 방법으로 달성할 것인가를 스스로 결정할 수 있다. 예를 들어, '직무분류 시스템을 2020년 12월 31일까지 개편한다'와 같이 목표에 기간을 명시해야 한다.

(4) 목표와 보상의 연결

목표달성과 보상이 서로 연결되어야 열심히 노력하게 된다. 목표를 성공적으로 달성한 종업원에게는 임금인상, 승진과 같은 보상이 적절히 주어져야 한다.

그러나 목표를 달성하지 못했을 경우에는, 그것이 종업원이 통제할 수 없는 외적 요인 때문이 아닌가를 분석해 봐야 한다. 예를 들어, 경기후퇴로 인해 시장수요가 감소하는 시기에는 매출액 목표를 달성하기가 어렵다. 이러한 외적 요인으로 인해 목표가 일부밖에 달성되지 않았을 경우에도, 그에 상응하는 보상을 제공하는 것이 바람직하다.

03 기업의 계획 수립

전략, 전술 및 운영 목표가 설정되면, 경영자들은 그들이 처한 상황에 가장 적합한 계획 수립 방법을 선택해야 한다. 성공적인 계획 수립을 위해서는 환경의 변화에 대한 유연성과 적응성을 갖추어야 한다. 경영자가 선택할 수 있는 계획 수립 방법은 수없이 많다. 그 중에서 목표관리, 단일계획, 상설계획, 예비계획, 위기관리계획을 설명한다.

3.1 목표관리

(1) 목표관리의 개념

고전적 관리론에서는 최고경영자가 목표를 설정하고 이를 하위경영자에게 일방적으로 지시하는 형태를 취한다. 최고경영자가 가장 많은 정보를 가지고 있기 때문에 최고경영자가 목표를 설정하고 하위경영자는 실행만 하면 된다는 현실적인 판단에 근거를 두고 있다. 즉, 하위경영자나 종업원은 상부의 지시에 따라 일만 하는 사람이라는 X이론적 인간관을 바탕으로 하고 있다.

이러한 사고로는 하위경영자와 종업원의 자발적인 참여를 기대할 수 없다. 그 대안으로, 목표 설정 시에 하위경영자와 종업원을 참여시켜 그들의 자주성과 창의성을 반영한 새로운 관리방법이 목표관리(management by objectives: MBO)이다.

MBO의 개념은 드러커(P. Drucker)와 맥그리거(D. McGregor)에 의해 제창되고 발전되었는데, 드러커는 계획수립 방법의 개선에 역점을 두었다.[1] 그는 종래의 집권적 목표설정 방법은 일시적인 성과를 거둘 수 있지만 장기적으로는 매우 비효율적이라고 비판하였다. 반면에, MBO는 개인과 기업의 목표를 명확히 규정하고 서로 연결시켜 주기 때문에 기업이 나아가야 할 합일점을 제공하고 목표달성에도 매우 효과적이라고 주장하였다.

맥그리거는 MBO를 업적평가 방법으로 발전시켰다.[2] 그는 과거의 인성적

---

1) P. Drucker, *The Practice of Management*, Harper, 1954.

2) D. McGregor, "An Uneasy Look at Performance Appraisal," *Harvard Business Review* 35(3), 1957, pp. 87-94.

평가방법보다 목표에 의한 평가방법을 도입하여 종업원의 의욕을 고취시켜야 한다고 주장하였다.

최근에는 MBO가 계획수립과 업적평가뿐만 아니라 통제 시스템으로 발전하고 있다. 오디언(G. Odiorne)은 MBO가 경영자와 종업원이 각 부서나 개인의 목표를 공동으로 설정하고, 설정된 목표와 실제의 결과를 정기적으로 비교하여 각자의 성과를 통제할 수 있는 시스템이라고 하였다.[3)]

(2) 목표관리의 구성요소

[그림 7-2]에서는 목표관리와 그 구성요소를 나타낸다. MBO의 주요 구성요소는 목표 설정, 실행계획 수립, 과정 검토, 성과 평가의 네 가지이다.

1) 목표 설정

목표 설정은 MBO 과정에서 가장 어려운 단계인데, 경영자와 종업원이 '우리가 무엇을 달성해야 하는가?' 라는 질문을 가지고 함께 참여하여, 각 단계의 목표를 공동으로 설정한다. 경영자와 종업원이 공동으로 협의하여 목표를 도출하는 과정이 가장 중요하다. 이렇게 도출된 목표는 강력한 실천력을 갖는다. 그리고 조직계층에 따라 기업 전략 목표, 부서 목표, 개인 목표의 순서로 설정되어야 하고, 각 목표는 명확하고 현실적이어야 하며, 목표달성 기간이 명시되어야 한다. 또한 가능하면 예산과 연결시켜 계량적인 수치로 나타내야 한다. 목표가 구체적이고 실천적으로 설정되어야 책임소재가 분명하게 되고, 서로간의 역할 갈등이나 역할 모호성을 줄일 수 있다.

2) 실행계획 수립

실행계획(action plan)은 설정된 목표를 실행하기 위한 계획을 말한다. 실행계획은 각 부서와 개인별로 작성된다.

3) 과정 검토

실행계획을 실천하는 과정에서 세심한 과정 검토가 있어야 하고, 필요할 경우에는 수정조치가 따라야 한다. 첫째, 목표 설정 시 종업원의 의견이 경영자에게 반영될 수 있는 장치가 필요하다. 그렇지 않으면, MBO 과정은 전통적인 목

---

3) George S. Odiorne, "MBO: A Backward Glance," *Business Horizons* 21, October 1978, pp. 14-24.

그림 7-2 MBO 과정의 모형

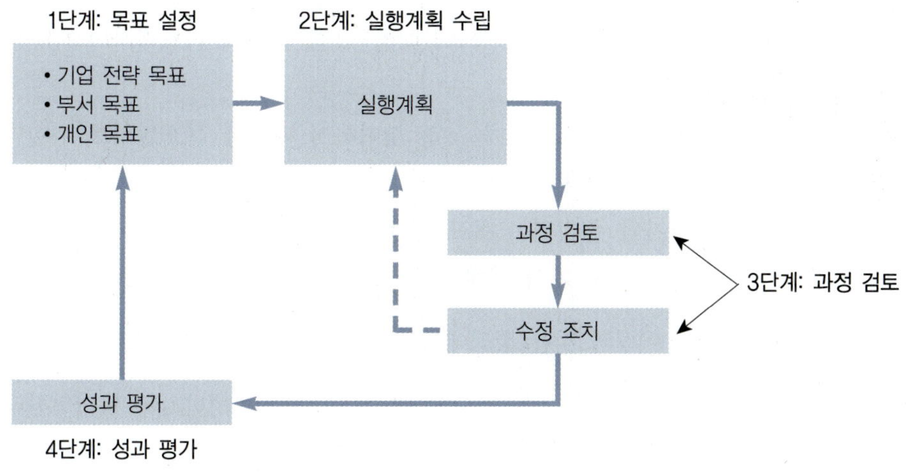

표설정과 차별화되지 않는다. 둘째, 경영자와 종업원이 함께 각자의 목표달성 정도를 정기적으로 측정 · 평가해야 한다. 그 과정에서 새로운 문제점을 찾아내고 해결책을 수립하거나 필요에 따라서는 목표 자체를 수정해야 한다. 과정 검토가 중요한 이유는 그것이 원만해야 집단의 문제해결 능력도 증진되고 개인의 직무수행 능력도 향상되기 때문이다.

4) 성과 평가

MBO 과정의 최종단계는 개인과 부서의 양쪽에서 목표가 얼마만큼 달성되었는가를 평가하는 단계이다. 목표가 성공적으로 달성되었을 경우에는 임금 인상, 승진과 같은 보상이 주어진다. 기업 전체와 부서의 성과는 내년도 목표 설정에 참고 자료가 된다. 이러한 MBO 과정은 통상 1년 단위로 반복된다.

(3) 목표관리의 장점과 한계점

Intel, DuPont과 같은 많은 기업들이 MBO를 사용하고 있으며, 많은 경영자들은 MBO를 효과적인 관리수단으로 믿고 있다. 그러나 MBO도 잘 사용하면 이점이 발생하지만, 잘못 사용하면 문제점이 발생한다.

MBO를 사용하면 다음과 같은 장점이 발생한다.

① 경영자와 종업원이 노력을 집중할 수 있기 때문에 목표를 더 쉽게 달성할 수 있다.
② 경영자와 종업원이 목표달성을 위해 합심하여 노력하기 때문에 성과가 향상된다.
③ 종업원이 목표설정에 직접 참여하기 때문에 목표달성을 위한 동기부여가 이루어진다.
④ 경영자와 종업원이 목표 설정 과정에 모두 참여하기 때문에 개인과 부서의 목표와 기업 전체의 전략 목표를 균형 있게 연결시킬 수 있다.

MBO는 이상과 같은 장점에도 불구하고 다음과 같은 한계점을 가지고 있다.

① 기업의 환경이 급격히 변동하면 MBO를 실행하기가 어려워진다. 환경이 어느 정도 안정되어 있어야 목표와 성과를 비교할 수 있다. 환경의 변화에 따라 목표를 자주 수정하게 되면, 실행계획을 수립하고 성과를 평가할 시간적 여유가 없어진다.
② 경영자와 종업원간의 관계가 나쁠 경우에는 서로 신뢰하기가 어렵기 때문에 MBO의 효과가 감소한다.
③ 경영자가 종업원의 참여를 싫어하는 기업문화에서는 공동으로 목표를 설정하기가 어렵다.
④ MBO 과정에 사무처리가 너무 많아지면 목표달성을 위해 기울이는 노력이 약화된다.

3.2 단일계획과 상설계획

(1) 단일계획

단일계획(single-use plans)은 비교적 짧은 기간 내에 1회용 목표를 달성하기 위해 수립된 계획을 말한다. 전형적인 형태로는 [그림 7-3]과 같이 프로그램과 프로젝트가 있다.

프로그램(program)은 정해진 날짜까지 1회용 목표를 달성하기 위해 수립된 목표와 계획의 복합체를 말한다. 예컨대, NASA의 신형 우주선 개발, Boeing의 767기 개발, IBM의 신형 컴퓨터 개발, Apple의 iPhone, 종이파일의 디지털 파일 변환 등은 프로그램에 속한다. 하나의 프로그램을 완수하는 데는 수년이 소요

그림 7-3 단일계획과 상설계획

단일계획	상설계획
프로그램 • 조직목표 달성을 위한 1회용 계획 • 프로그램 완수에 장기 소요 • 넓은 범위 취급 • 다수 프로젝트로 편성 사례 : NASA의 신형 우주선 개발 프로그램 종이파일의 디지털파일 변환 프로그램 **프로젝트** • 조직목표 달성을 위한 1회용 계획 • 좁은 범위 취급 • 프로그램보다 복잡 • 프로젝트 완수에 단기 소요 • 큰 프로그램의 일부로 편성 사례 : 사무실 개편 프로젝트 인트라넷 설치 프로젝트	**정 책** • 넓은 범위의 일반적 행동 지침 • 조직의 전략 목표와 계획에 기초 • 의사결정의 범위로 사용 사례 : 성희롱 예방 정책 **규 칙** • 좁은 범위의 구체적 행동 지침 • 명확한 행동 범위 기술 • 위반시 처벌조항 명시 사례 : 안전모 착용 규칙 **절 차** • 표준적 업무 절차 • 목표달성을 위한 단계적 업무 지시 사례 : 종업원 고충 처리 절차

되는 경우도 있으며, 별도의 조직을 편성해야 하는 경우도 있다. 프로그램의 범위가 넓을 경우에는 여러 개의 프로젝트로 편성하기도 한다.

프로젝트(project)는 프로그램보다 범위가 좁고 복잡성은 더 크며, 계획기간은 짧고 필요한 자원은 더 적다. 예컨대, 사무실 개편, 인트라넷 설치 등은 프로젝트에 속한다. 또한 프로젝트는 대형 프로그램의 구성요소로 편성되는 경우도 많다. 예를 들어, NASA의 우주정거장 프로그램은 로케트 부스터 프로젝트, 우주정거장 내부환경 조성 프로젝트, 우주정거장 외부 셀 프로젝트 등으로 편성된다.

기업에서는 정규적 기업활동에 속하지 않는 특수한 활동을 수행할 목적으로 프로젝트를 편성하는 경우가 많다. 일상적 업무와 다른 새로운 업무가 계속 발생하면 프로젝트도 수시로 필요하다. 하나의 프로젝트가 완성되면 참여 인력은 다른 직무에 재배치된다.

(2) 상설계획

상설계획(standing plans)은 반복적인 업무를 상시로 수행하기 위한 지침으로 사용되는 계획을 말한다. 전형적인 형태로는 [그림 7-3]과 같이 정책, 규칙,

절차가 있다. 상설계획은 질병, 지각, 조퇴, 결석, 흡연, 고용, 해고, 징계와 같은 반복적인 업무에 적용된다.

정책(policy)은 넓은 범위에서 행동의 일반적 지침으로 사용된다. 정책은 전략 목표와 계획에 바탕을 둔 일반적 지침서로 사용된다. 그래서 정책은 조직 구성원의 행동범위를 제약하거나 의사결정의 범위로 사용된다. 예를 들어, 기업에서 여성의 권익증진을 위해 성희롱 예방 정책을 시행할 수 있고, 경영대학원 석사과정의 자질 향상을 위해 지원자 자격을 TOEIC 800점 이상으로 설정하는 정책을 수립할 수 있다. 또한 종업원의 건강을 위해 금연정책을 수립할 수 있는데, 여기에는 사무실과 회의실 내의 금연, 흡연구역 설정, 위반자에 대한 처벌 등이 포함된다.

규칙(rule)은 좁은 범위에서 구성원이 해도 되는 사항과 해서는 안 되는 사항을 구체적으로 기술한 것을 말한다. 따라서 규칙을 제정할 때는 구성원의 행동범위를 명확하게 설정해야 하고, 규칙을 위반할 경우에는 적절한 처벌이 있어야 한다. 예를 들어, '공장 내에서 작업을 할 때는 안전모를 착용해야 한다'는 규칙이 제정되면, '이 규칙을 준수하지 않으면 작업을 금지 시킨다'는 처벌이 있어야 한다.

절차(procedure)는 특수한 직무상의 목표를 달성하기 위한 표준적인 업무절차를 규정한 것을 말한다. 절차는 무엇을 어떤 단계로 수행해야 하는가를 명확하게 기술한 단계적 업무지시(step-by-step instruction)에 속한다. 따라서 절차는 구성원이 문제해결에 사용할 수 있는 개인적인 판단의 범위를 축소시키는 효과가 있다.

이와 같이 규칙과 절차는 구성원의 행동범위를 축소시킨다는 점에서 유사하다. 그러나 규칙은 특수한 단일 행동에만 적용되지만, 절차는 일련의 행동 과정에 모두 적용된다는 점에서 차이가 있다.

3.3 예비계획

환경이 급격하게 변동하는 상황에서는 사전에 예상하기 어려운 돌발적인 사태에 대비하여 예비계획을 수립해 둠으로써 실제로 그러한 사태가 발생하면 신속히 대처할 수 있다.

예비계획(contingency plans)은 사전에 예상하기 어려운 돌발적인 사태에 대비하기 위한 사전 준비계획을 말하며, 통상적으로 시나리오(scenarios)라고도 한다. 예비계획을 수립하기 위해서는 경기후퇴, 인플레이션, 기술적 발전, 안전사고와 같은 통제 불가능한 요소를 확인하고, 그러한 요인으로 인해 돌발적인 사태가 발생할 것에 대비한 시나리오를 수립해 두어야 한다.

예를 들어, 매출액이 예상과 달리 20%나 감소하고 판매가격이 8%나 떨어지는 돌발적인 사태가 발생한다면 어떻게 대처할 것인가? 신제품에 대한 소비자의 반응이 예상과 전혀 다르면 어떻게 대처할 것인가? 이러한 돌발적인 사태에 대비하여 정리해고, 긴급예산 편성, 판매촉진책과 같은 예비계획을 수립해 두어야 한다.

3.4 위기관리계획

위기관리계획(crisis management plan)은 예비계획의 특수한 형태이다. 위기는 갑자기 발생하고 파괴적인 결과를 초래하기 때문에 즉각적으로 대응할 수 있어야 한다. 위기발생에 신속하게 대응하기 위해서는 매우 신중하고 세심

그림 7-4 위기관리의 3단계

예방 단계

- 이해관계자와 우호적 관계 수립
- 환경으로부터 위기 신호 탐지

준비 단계

- 위기관리 팀과 대변인 임명
- 상세한 위기관리계획 수립
- 효과적인 커뮤니케이션 시스템 구축

봉쇄 단계

- 신속한 대응과 위기관리계획 실천
- 위기의 무서운 진실을 솔직하게 공개
- 물리적 안전 조치 및 불안감의 안정화
- 비즈니스 복귀

자료: W. Timothy Coombs, *Ongoing Crisis Communication: Planning, Managing, and Responding*, Thousand Oaks, Calif.: Sage Publications, 1999.

한 위기관리계획이 필요하다. 쿰브즈(W. Timothy Coombs)는 [그림 7-4]와 같이 위기관리의 3단계를 예방 단계, 준비 단계, 봉쇄 단계로 제시하였다. 예방 단계는 위기발생을 예방하고 환경으로부터 위기발생의 경고신호를 탐색하는 단계이고, 준비 단계는 위기에 대비하여 상세한 위기관리계획을 수립하는 단계이며, 봉쇄 단계는 위기관리계획을 실행하여 위기사태에 신속히 대응하고 피해 확산을 최대한으로 봉쇄하는 단계이다.

(1) 예방 단계

예방 단계(prevention stage)는 위기발생을 예방하고 환경으로부터 위기발생의 경고신호를 탐색하는 단계이다. 이 단계에서는 종업원, 고객, 공급업자, 정부, 노동조합, 지역사회와 같은 주요 이해관계자들과 우호적인 관계를 구축하고, 환경으로부터 위기발생에 관한 경고신호를 탐색한다. 기업이 확고한 명성을 구축해 두면, 위기를 슬기롭게 피해 갈 수 있고, 불가피하게 위기가 발생하더라도 효과적으로 대응할 수 있다. 예를 들어, 종업원 및 노동조합과 신뢰관계가 잘 형성되어 있으면, 치명적인 파업을 예방할 수 있다.

(2) 준비 단계

준비 단계(preparation stage)는 위기에 대비하여 상세한 위기관리계획을 수립하는 단계이다. 이 단계에서는 위기관리 팀과 대변인을 임명하고, 상세한 위기관리계획을 수립하며, 효과적인 커뮤니케이션 시스템을 구축해야 한다. 위기관리 팀은 위기 발생시에 대처할 수 있는 다양한 능력을 보유한 사람들로 구성되어야 하고, 위기관리계획을 수립할 때 긴밀하게 참여해야 하며, 실제로 위기가 발생했을 경우에 계획을 실천에 옮겨야 한다. 또한 위기 발생시에 기업을 대변할 수 있는 대변인을 임명해야 한다. 대부분의 경우에 최고경영자가 대변인의 역할을 담당한다. 2001년 9.11 테러 당시에는 쥴리아니(Rudolph Guilliani) 시장이 뉴욕시 대변인의 역할을 하였다.

위기관리계획(crisis management plan: CMP)은 상세하게 기술되어야 한다. CMP는 위기관리 팀뿐만 아니라 긴급구조원, 보험회사와 같은 외부기관을 위해 완전한 정보를 망라해야 한다. 또한 CMP는 종업원과 고객의 안전, 사후 조치 사항, 컴퓨터 시스템 복구, 사적 정보 보호, 비상 철수 절차, 언론미디어 및 외부 커뮤니케이션 지침 등을 망라해야 한다. 때에 따라서는 비상 철수 절차를 수록한 지갑 크기의 카드를 종업원들에게 지급할 필요가 있다. 그리고 CMP는 정규적으로 재검토하여 최신 정보로 업데이트해 두어야 한다.

CMP는 효과적인 커뮤니케이션 시스템을 포함해야 한다. 위기 지휘 센터(crisis command center)를 중심으로 완벽한 커뮤니케이션 시스템이 구축되어야 한다. 위기 지휘 센터는 위기 관리 팀이 상주하면서 데이터를 수집하고 정보를 모니터하고 언론미디어와 공중에게 정보를 전파하는 역할을 한다. CMP는 메인 센터가 파괴될 것에 대비하여 예비 센터를 지정해 두어야 하고, 무료 전화, 인터넷, 인트라넷과 같은 다양한 커뮤니케이션 계획도 포함해야 한다. 종업원들은 다양한 방법으로 기업에 접촉할 수 있어야 하고, 재난 발생 이후 자신의 위치와 상황을 보고할 수 있어야 한다. 또한 기업도 다양한 방법으로 종업원과 접촉할 수 있고 상황의 변화를 수시로 알려 줄 수 있어야 한다.

(3) 봉쇄 단계

봉쇄 단계(containment stage)는 위기관리계획을 실천하고 사태변화에 신속히 대응하여 피해확산을 최대한 봉쇄하는 단계이다. 아무리 준비를 철저히 하더라도 불가피하게 위기가 발생할 수 있다. 위기가 발생하면, 신속한 대응이 가장 중요하다. 위기 관리 팀은 사전에 충분한 훈련과 연습을 통해, CMP를 즉각적으로 실천해야 한다. 아울러, 위기의 무서운 진실을 종업원, 고객, 공중들에게 솔직하게 공개해야 한다. 이 때, 혼돈을 피하기 위해 대변인이 직접 발표하는 것이 중요하다. 만일 위기의 진실을 신속하게 발표하지 않으면, 위기를 복구하는데 어려움을 겪게 된다.

물리적인 안전 조치를 취한 후에, 사람들의 불안감을 안정시켜야 한다. 종업원, 고객, 공중들의 불안감을 조기에 안정시키지 못하면 재난의 후유증이 심각하게 된다. 또한 종업원들에게 안전감과 소속감을 주기 위해 신속하게 비즈니스를 복귀시켜야 한다. 연구결과에 의하면, 위기 후 10일 이내에 비즈니스를 복귀할 수 없는 기업은 위기 이후 계속 존속하지 못하는 것으로 나타났다.

04 계획수립의 전통적 접근법과 새로운 접근법

계획수립 과정이 전통적 접근법에서 새로운 접근법으로 변화하고 있다. 전통적으로, 전략과 계획수립은 최고경영자의 영역이었다. 그러나 오늘날의 새로운 작업장에서는 최고경영자가 계획수립 과정을 더 이상 통제하지 않는다. 기업의 모든 구성원들이 계획수립에 참여한다. 어떤 회사에서는 계획수립이 회사의 중역실이나 계획부서에서만 이루어지는 것이 아니라 조직의 일상적인 업무로 편입되고 있다. 이 절에서는 먼저, 하향식 계획수립의 전통적인 접근법을 살펴 본 후, 상향식 계획수립의 새로운 접근법을 통해 기업의 구성원들과 이해관계자들이 계획수립 과정에 어떻게 참여하는가를 설명한다.

4.1 계획수립의 전통적 접근법

계획수립은 전통적으로 최고경영자, 컨설팅 회사, 그리고 집권적 계획부서가 전담해 왔다. 집권적 계획 부서(central planning department)는 기업 전체의 계획을 수립하여 CEO나 사장에게 직접 보고하는 계획전문부서를 말한다. 이 방법은 1970년대에 매우 인기가 있었다. 특별히 채용된 계획 전문가가 필요한 자료를 수집하고 기업 전체적인 전략 계획을 수립한다. 계획부서에서 수립된 계획이 최고경영자의 승인을 받으면 각 부서에 할당되어 집행된다. 예를 들어, 미국의 Columbia Gas System은 8명의 계획 전문가로 집권적 계획부서를 운영하고 있다. 이 계획 부서는 운영분석과와 계획과의 2개 과로 구성되어 있다. 운영분석과는 전략 계획을 수립하는데 필요한 자료를 수집 · 분석하고, 계획과는 전략 계획을 수립하고 자회사의 전략 계획 수립에 필요한 지침을 제공한다.

전통적 접근법은 아직까지 많은 기업에서 채택하고 있지만, 오늘날과 같이 급변하는 환경에는 적합하지 않다는 비판이 제기되고 있다. 집권적 계획부서는 일선 종업원들이 직면하는 변화무상한 현실에 적응할 수 없다. 그 결과, 일선 종업원들은 환경과 고객욕구에 맞지 않는 계획을 실천하는데 고군분투하고 있다. 그리고 최고경영자와 집권적 계획부서가 공식적 계획을 수립함으로 인해, 종업원들의 창의력이 저하되고 학습능력이 감소한다. 왜냐하면 종업원들이 스스로 생각하여 새로운 아이디어를 개발하고자 하는 인센티브가 없어지기 때문이다.

4.2 계획수립의 새로운 접근법

계획수립의 새로운 접근법은 조직의 모든 구성원들은 물론 외부의 이해관계자들까지도 계획수립 과정에 참여시키는 방법이다. 새로운 접근법은 분권적 계획수립제도를 실행하는 것이다. 분권적 계획수립(decentralized planning)은 계획 전문가가 각 부서의 경영자들과 함께 그 부서의 목표와 계획을 수립하는 것을 말한다. 이 방법을 통해, 각 부서의 경영자들은 자기 부서의 문제를 더 창의적으로 해결할 수 있고, 계획을 더 잘 실천할 수 있다. 환경이 아무리 심하게 변화하더라도, 계획 전문가는 일선 경영자와 현장 작업자들과 협력하여 환경변화에 동태적으로 적응할 수 있는 계획을 수립할 수 있다.

복잡하고 경쟁적인 비즈니스 환경에서는 전통적인 접근법이 더 이상 유효하지 않다. 모든 구성원들은 전략적인 사고와 집행을 기대한다. 모든 구성원들이 계획수립에 참여하면 새로운 아이디어와 혁신적 방안을 찾아낼 수 있다.

전략 계획을 수립하기 위해서는 태스크 포스를 구성할 수도 있다. 계획수립 태스크 포스(planning task force)는 전략 계획을 수립할 책임을 부여받은 경영자와 종업원의 임시적 집단을 말한다. 많은 기업들이 전략 목표를 설정하고 이를 실천하기 위한 계획을 수립하기 위해, 다양한 부서에서 차출한 경영자와 종업원들로 태스크 포스를 구성하고 있다. 새로운 작업장에서는, 고객, 공급업자, 전략적 파트너, 투자자, 지역사회 대표자를 포함한 외부 이해관계자들도 태스크 포스에 참여시키고 있다. 다시 말해, 이러한 이해관계자들을 목표설정과 계획수립에 참여시킴으로서 그들의 욕구와 이해관계를 효과적으로 충족시킬 수 있다.

>>> 요약 s·u·m·m·a·r·y

목표는 기업의 바람직한 미래 상태를 말하고, 계획은 목표를 달성하기 위한 방법을 말한다. 목표는 미래의 결과를 지향하는 반면에 계획은 현재의 수단에 초점을 둔다. 계획수립은 양자를 통합한 개념으로 목표를 분명히 설정하고 이를 달성하기 위한 방법을 결정하는 일련의 과정을 말한다.

미션은 목표의 계층구조 중에서 최상위에 위치하며, 기업의 가치, 열망, 존립이유 등을 나타낸다. 미션이 결정되면 전략 목표와 계획이 수립된다. 전략 목표와 계획이 수립되면, 조직의 계층구조를 따라 내려가면서 전술 목표와 계획이 수립되고, 이어서 업무 목표와 계획이 수립된다.

목표관리(MBO)는 목표 설정 시에 하위경영자와 종업원을 참여시켜 그들의 자주성과 창의성을 반영한 새로운 관리방법이다. MBO는 개인과 기업의 목표를 명확히 규정하고 서로 연결시켜 주기 때문에 기업이 나아가야 할 합일점을 제공하고 목표달성에도 매우 효과적이다. 최근에는 MBO가 계획수립, 업적평가뿐만 아니라 통제 시스템으로 발전하고 있다.

단일계획은 비교적 짧은 기간 내에 1회용 목표를 달성하기 위한 계획을 말한다. 전형적인 형태로는 프로그램과 프로젝트가 있다. 상설계획은 조직 내에서 반복적인 업무를 수행하기 위한 지침으로 사용되는 계획을 말하며, 전형적인 형태로는 정책, 규칙, 절차가 있다. 그리고 예비계획은 사전에 예상하기 어려운 돌발적인 사태에 대비하기 위한 사전 준비계획을 말하며, 통상적으로 시나리오라고도 한다.

위기관리계획은 예비계획의 특수한 형태이다. 위기는 갑자기 발생하고 파괴적인 결과를 초래하기 때문에 즉각적으로 대응할 수 있어야 한다. 쿰브즈는 위기관리의 3단계를 예방 단계, 준비 단계, 봉쇄 단계로 제시하였다.

계획수립 과정이 전통적 접근법에서 새로운 접근법으로 변화하고 있다. 전통적으로, 계획수립은 최고경영자, 컨실팅 회사, 그리고 대부분은 집권적 계획부서가 전담해 왔다. 그러나 오늘날과 같이 급변하는 환경에서는 전통적 접근법이 적합하지 않다는 비판이 제기되고 있다. 새로운 접근법에서는 기업의 모든 구성원들은 물론 외부의 이해관계자들까지도 계획수립 과정에 참여시키는 분권적 계획수립제도이다.

>>> 연습문제 e·x·e·r·c·i·s·e

01 미션, 목표, 계획, 계획수립의 개념을 설명하라.

02 목표와 계획은 미션을 중심으로 어떤 계층구조를 이루고 있는가?

03 목표를 성공적으로 설정하기 위해서는 어떤 점을 유의해야 하는가?

04 목표관리(MBO)는 어떤 배경에서 개발되었고, 어떤 요소로 구성되며, 어떤 한계점을 갖는가?

05 단일계획이란 무엇이며, 프로그램과 프로젝트는 어떻게 다른가?

06 상설계획이란 무엇이고 어떤 형태가 있으며 어떤 경우에 적용되는가?

07 예비계획이란 무엇이며 왜 필요한가?

08 위기관리계획이란 무엇이며, 쿰브즈는 위기관리가 어떤 단계로 이루어져야 한다고 하였는가?

09 계획수립의 전통적 접근법과 새로운 접근법은 어떻게 다른가?

적을 알고 나를 알면
백 번 싸워도 위태롭지 아니하다.
(知彼知己 百戰百殆)

– 손자병법 –

MANAGEMENT

chapter

08 전략의 수립과 실천

이 장에서는 전략은 무엇이며, 전략경영은 무엇인가? 전략의 수립과 실천은 어떻게 이루어지는가? 전략적 사고는 왜 필요한가? 전략은 계층구조에 따라 어떻게 분류되는가? SWOT분석이란 무엇이며, 어떻게 활용되는가? 사업 포트폴리오 전략이란 무엇인가? 포터의 경쟁력 요인은 무엇이며, 세 가지 경쟁전략은 무엇인가? 파트너십전략은 왜 필요한가? 그리고 전략을 실천하기 위한 수단에는 어떤 것이 있는가를 설명한다.

01 전략의 개념과 종류

1.1 전략의 개념

전략이라는 용어는 원래 군사용어이다. 영어로 전략(strategy)이라는 용어는 그리스어로 '장군'을 뜻하는 strategos에서 유래한다. 기업간의 경쟁을 국가간의 전쟁과 직접 비교하기는 어렵지만 유사한 점도 많기 때문에 오늘날에는 전략이라는 군사용어가 경영학에도 폭넓게 사용되고 있다. 전략(strategy)의 경영학적 개념은 '경쟁적 환경 속에서 기업의 목표를 설정하고 이를 달성하기 위한 수단을 개발하는 활동'을 의미한다. 다시 말해, 전략이란 내부환경이 가지고 있는 강점과 약점을 외부환경이 가져다 줄 기회와 위협에 적합시켜 기업의 목표를 달성하는 것을 말한다. 간단히 말하면, 전략이란 기업이 환경과 적합관계를 갖는 과정이라고 할 수 있다.

전략의 경영학적 개념에서는 경영자의 전략적 사고가 매우 중요하다. 전략적 사고(strategic thinking)란 '기업이 장기적으로 어떤 방향으로 나아갈 것인가? 기업은 어떻게 하면 환경과 적합관계를 가질 수 있는가?'와 같이 장기적이고 넓은 시각에서 생각하는 것을 말한다. 전략적 사고를 위해서는 전략의 개념, 전략의 수준, 전략의 수립과 실천에 관한 기본적 이해가 필요하다.

전략경영(strategic management)은 기업의 장기적 목표를 달성하기 위해 전략을 수립하고 실천하는 과정을 말한다. 전략경영은 '기업은 현재 어디에 있는가? 기업은 앞으로 어디로 가야 하는가? 경쟁적 환경에서 어떤 변화가 일어나고 있는가? 기업의 목표를 달성하기 위해 어떤 조치를 취해야 하는가?'와 같은 전략적 문제를 다룬다. 최고경영자는 전략경영을 통해 기업의 전략적 방향을 제시하고 장기적 목표를 달성하게 된다.

전략경영은 특수한 계획수립의 형태에 속한다. 기업의 전략 계획은 치열한 시장경쟁에서 이기기 위한 계획인 반면에, 적십자사와 같은 비영리조직의 전략 계획은 외부환경에서 일어나는 사태에 능동적으로 대처하기 위한 계획이다. 일부 기업에서는 전략 계획 전문가를 고용하기도 하지만, 최종 책임은 경영자에게 있다. 미국의 GE, Westinghouse, IBM사에서는 최고경영자가 중간 · 일선 경영자에게 전략적 사고를 장려하고 있다.

1.2 전략의 목적

경영자는 전략을 통해 핵심역량을 강화하고 시너지 효과를 얻고 가치창조를 할 수 있다.

(1) 핵심역량 강화

핵심역량(core competence)은 경쟁기업보다 사업을 특별히 잘 할 수 있는 능력을 말한다. 다시 말해, 핵심역량은 경쟁기업이 갖지 못한 전문성을 통해 경쟁적 우위를 차지한 상태를 말한다. 핵심역량은 주로 우월한 R&D, 제조기술, 고객서비스과 같은 전략적 분야에서 나타난다.

(2) 시너지 효과

시너지 효과(synergy effect)는 기업의 각 부서가 상호 협력함으로써 개별적으로 행동할 때보다 더 좋은 효과를 얻는 것을 말한다. 기업은 전략경영을 통해 비용절감, 마케팅 향상, 기술개발 촉진, 경영기술 향상과 같은 시너지 효과를 얻을 수 있다. 예를 들어, 미국의 AT&T사는 통신서비스와 하드웨어간의 시너지 효과를 달성하기 위해 1991년에 하드웨어 업체인 NCR을 합병하였다.

(3) 가치창조

기업은 전략경영을 통해 고객에 대한 가치창조를 이루어야 한다. 가치창조가 이루어지기 위해서는 고객이 지불하는 가격보다 받는 가치가 더 크다고 느껴야 한다. 그러기 위해서는 제품과 서비스의 가격은 낮추고 품질은 개선시켜야 한다.

1.3 전략의 종류

전략은 여러 가지 기준에 따라 분류할 수 있으나, 여기서는 조직의 계층구조에 따라 적용되는 전략이 어떻게 분류되는가를 설명한다. 조직의 계층구조에 따라 전략은 [그림 8-1]에서와 같이 기업 전략, 사업부 전략 및 기능부서 전략으로 구분된다.

(1) 기업 전략

기업 전략(corporate-level strategy)은 각 사업부와 생산라인을 포함하여 기업의 전반적인 차원에 적용되는 전략을 말한다. 즉, '우리는 어떤 사업을 할 것인가?' 와 같은 기업 차원의 문제에 초점을 둔다. 기업 전략은 새로운 사업 진출, 사업부 추가, 공장 또는 생산라인 추가, 사업부 축소, 다른 기업과의 조인트 벤처와 같은 문제에 적용된다.

그림 8-1 조직의 계층별 전략

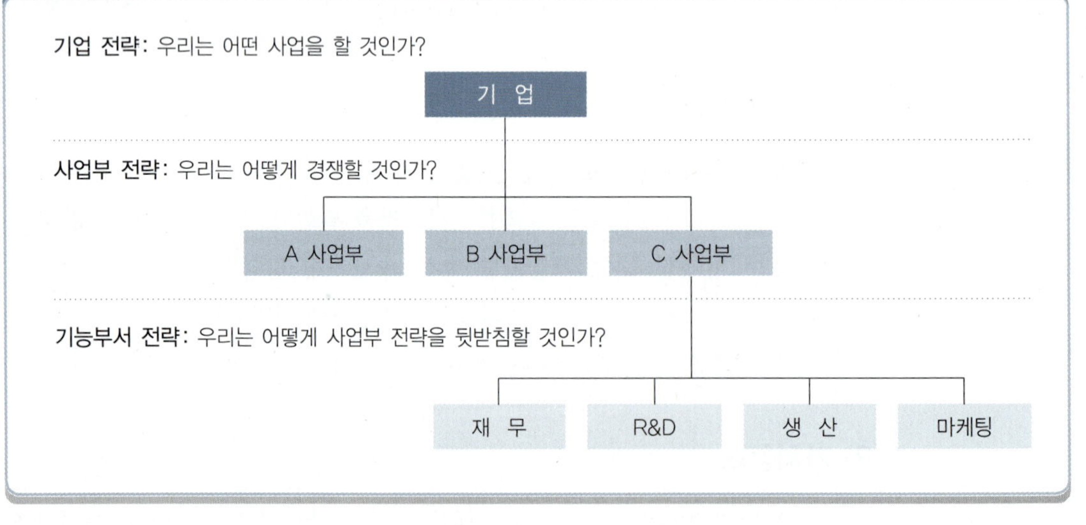

(2) 사업부 전략

사업부 전략(business-level strategy)은 자율적인 운영권을 어느 정도 가지고 있는 전략적 사업단위(strategic business unit)나 생산라인에 적용되는 전략을 말한다. 즉, '우리가 어떻게 경쟁해야 하는가?' 와 같은 사업부 차원의 문제에 초점을 둔다. 다시 말해, 사업부가 고객을 위해 어떻게 경쟁할 것인가를 다룬다. 사업부 전략은 제품 · 서비스 믹스, 제조기술 도입, 시설 · 장비 도입, 제품 변경, 신제품 개발, 생산라인 확장과 축소, R&D 범위 확대, 광고 확대 등에 적용된다. 기업이 여러 가지 사업을 수행할 경우에는 각 사업부별로 전략이 수립된다.

(3) 기능부서 전략

기능부서 전략(functional-level strategy)은 사업부 내의 주요 기능부서에 적용되는 전략을 말한다. 즉, '우리 부서는 사업부 전략을 어떻게 뒷받침해야 하는가?' 와 같은 기능부서 차원의 문제에 초점을 둔다. [그림 8-1]에서와 같이, 기능부서가 재무, R&D, 제조, 마케팅의 네 부서일 경우에는 각 부서별로 전략이 수립된다.

02 전략 경영 과정

전략 경영 과정(strategic management process)은 [그림 8-2]와 같이 모형화 할 수 있다. 이 그림에서 보면, 전략경영은 현재의 미션, 목표 및 전략에 대한 평가에서 시작된다. 그리고 내부환경을 분석하여 강점과 약점을 파악하고, 외부환경을 분석하여 기회와 위협을 파악한다. 그 결과에 따라 미션과 목표를 수정하고, 조직의 계층별로 기업 전략, 사업부 전략 및 기능부서 전략을 새로 수립한다. 그리고 리더십, 조직개편, 인적자원관리, 정보와 통제시스템을 사용하여 전략을 실천한다.

그림 8-2 전략 경영 과정

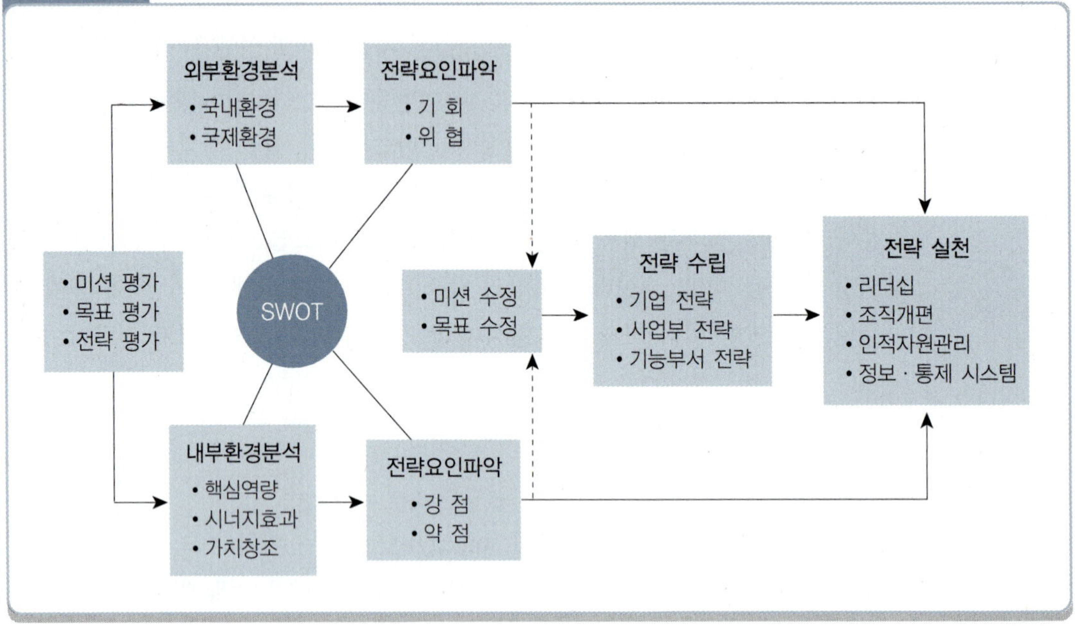

2.1 SWOT 분석

SWOT 분석(strength-weakness-opportunity-threat analysis)은 경영성과에 중대한 영향을 미치는 환경의 기회와 위협뿐만 아니라 기업의 강점과 약점을 동시에 분석하는 것을 말한다. 다시 말해, SWOT 분석을 통해 기업의 약점과 환경의 위협을 최소화하고 기업의 강점과 환경의 기회를 최대화하는 전략을 수립할 수 있다.

환경의 기회와 위협에 관한 정보는 고객, 정부보고서, 전문잡지, 공급업자, 거래은행, 타 기업 친구, 컨설턴트, 동업자협회와 같은 정보원을 통해 수집한다. 많은 기업에서는 신문기사 스크랩과 국내외 추세를 전문적으로 분석하는 정보분석가를 고용하고 있다. 또한 경쟁기업의 방문객이나 전직 종업원 또는 고객을 통해 정보를 수집하기도 한다.

기업의 강점과 약점에 관한 정보는 예산서, 재무비율, 손익계산서, 종업원 태도와 만족도 조사와 같은 보고서를 통해 수집한다. 경영자는 다른 사람으로부터 정보를 수집하거나 교환하는데 80% 정도의 시간을 소비한다. 경영자는 다양한 계층의 구성원들과 토론과 회의를 자주 가짐으로써 내부적 강점과 약점

▶▶ 표 8-1 • 기업의 강점과 약점 점검표

관리 분야	점 검 사 항
조직관리	분권화 정도, 조직도, 계획시스템, 정보 · 통제시스템
재무	자금조달 능력, 이익 마진, 부채비율, 재고비율, ROI, 채권신용등급
마케팅	시장점유율, 분배채널, 광고효율, 고객만족도, 제품품질, 서비스평판
생산	생산능률, 공장입지, 기계 진부화 정도, 구매시스템, 품질관리
인적자원	직무만족도, 종업원 연령 및 학력, 노동조합 상태, 이직률과 결근율, 불평 정도
R&D	신제품개발 능력, 실험능력, 리서치 프로그램, 기술혁신

자료: Howard H. Stevenson, "Defining Corporate Strengths and Weaknesses," *Sloan Management Review* 17, Spring 1976, pp. 51-68.

을 파악할 수 있다.

(1) 기업의 내부적 강점과 약점

SWOT 분석의 첫 번째 부분은 [그림 8-2]의 아래쪽에 표시되어 있다. 그것은 내부환경으로부터 기업의 강점과 약점을 추출하는 과정이다. 강점(strengths)은 전략적 목표를 달성하는데 도움이 되는 내적 특성을 말하고, 약점(weaknesses)은 방해가 되는 내적 특성을 말한다.

기업의 강점과 약점을 파악하기 위해서는 수많은 요인을 고려해야 한다. 〈표 8-1〉은 강점과 약점을 파악하기 위한 점검표를 나타낸다. 주요 점검 사항은 조직관리, 재무, 마케팅, 생산, 인적자원, R&D 분야로 구분되어 있다. 이러한 분야별 점검을 통해 분야별 강점과 약점을 파악할 수 있다.

[그림 8-3]은 SWOT 분석의 기본 체계를 나타내는데, 〈표 8-1〉의 점검표를 내부환경에 적용한 결과, 강점과 약점이 각각 6가지로 추출된 사례를 나타낸다. 즉, 강점은 효율적인 분권화, 탁월한 자금조달 능력, 유리한 시장점유율, 높은 생산성, 높은 직무만족도, 우수한 제품개발 능력 등이 추출된 반면에, 약점은 허술한 계획시스템, 낮은 이익 마진, 낮은 광고효율, 불리한 공장입지, 종업원 고령화, 취약한 실험능력 등이 추출되었다. 여기서 유의할 것은 각 기업의 강점과 약점은 제각기 처한 내부환경에 따라 달라진다는 점이다.

따라서 [그림 8-3]의 6가지 강점을 최대화하고 6가지 약점을 최소화하는 방향으로 기존의 미션과 목표를 수정하고, 조직의 계층별로 기업 전략, 사업부 전략 및 기능부서 전략을 새롭게 수립해야 한다. 다시 말해, SWOT 분석을 통

그림 8-3 SWOT 분석의 기본 체계

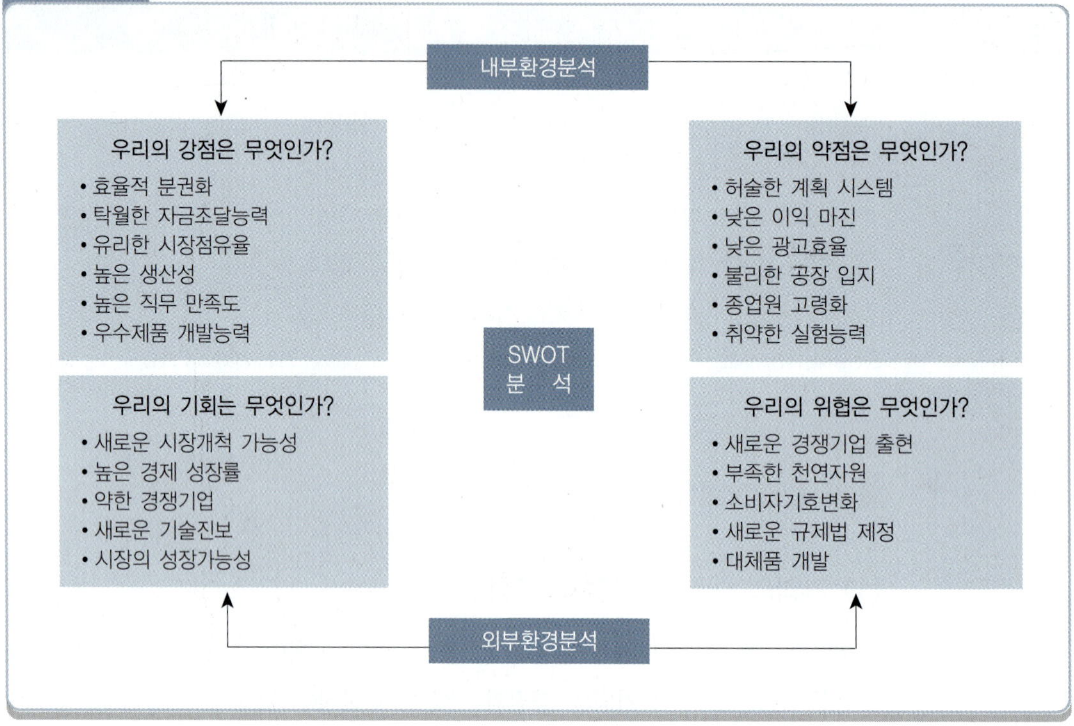

해 추출된 강점을 최대화하고 약점을 최소화하는 방향으로 미션과 목표를 수정하고 전략을 수립해야 강한 실천력이 뒷받침될 수 있다.

(2) 기업의 외부적 기회와 위협

SWOT 분석의 두 번째 부분은 [그림 8-2]의 윗쪽에 표시되어 있다. 그것은 외부환경으로부터 기회와 위협 요인을 추출해 내는 과정이다. 기회(opportunities)는 전략 목표를 달성하는데 도움이 되는 외부환경의 특성을 말하고, 위협(threats)은 방해가 되는 외부환경의 특성을 말한다.

경영자는 외부환경에 관한 정보를 분석하여 외부적인 기회와 위협을 추출해야 한다. 외부환경은 일반환경과 과업환경으로 구성된다고 하였다. 일반환경은 외부에서 경영성과에 간접적으로 영향을 미치므로 전략 수립에도 간접적으로 영향을 미친다. 여기에는 경제적 환경, 법률적 · 정치적 환경, 사회 · 문화적 환경, 기술적 환경, 국제적 환경 등이 있다. 과업환경은 경영성과에 직접적으로 영향을 미치므로 전략 수립에도 가장 큰 영향을 미친다. 여기에는 고객, 경쟁기업, 공급업자, 노동시장 등이 있다. 그 외에 기업에게 기회와 위협이 될 수 있는 영역은 이해관계자집단, 채권자, 천연자원, 경쟁산업 등이 있다.

[그림 8-3]에서는 외부환경에서 추출된 기회와 위협 요인으로 각각 5가지 사항을 보여준다. 즉, 기회 요인은 새로운 시장개척 가능성, 높은 경제성장률, 약한 경쟁기업, 새로운 기술진보, 시장의 성장가능성 등이 추출된 반면에, 위협 요인은 새로운 경쟁기업 출현, 부족한 천연자원, 소비자기호 변화, 새로운 규제법 제정, 대체품 개발 등이 추출되었다. 여기서 유의할 것은 각 기업의 기회와 위협은 제각기 처한 외부적 환경에 따라 달라진다는 점이다.

2.2 기업 전략의 수립

기업 차원에서 전략을 수립할 때 가장 유용한 접근법은 포트폴리오 전략이다. 포트폴리오 전략은 1970년대에 미국의 보스턴 컨설팅 그룹(Boston Consulting Group: BCG)이 사업이나 제품다각화의 순서와 정도를 결정하기 위해 개발한 기법이다. 포트폴리오 전략은 BCG 모형이라고도 한다.

(1) 포트폴리오 전략

포트폴리오 전략(portfolio strategy)은 경쟁적 이점과 시너지 효과를 얻기 위해 기업 차원에서 사업부와 생산라인을 다양하게 배합하는 전략을 말한다. 예를 들어, 증권투자자는 고위험 주식, 저위험 주식, 안전한 채권으로 포트폴리오를 구성하여 분산투자하는 경향이 있다. 이와 마찬가지로, 기업도 전략적 사업단위(strategic business unit: SBU)라 불리는 사업단위를 균형 있게 배합하는 사업 포트폴리오 전략이 필요하다. SBU는 고유한 미션, 제품라인, 경쟁자 및 시장을 갖는 사업단위와 같은 개념이다. 예를 들어, 삼성전자는 스마트폰, 반도체, LCD, 디지털 가전 등 여러 사업단위로 사업 포트폴리오를 구성하고 있다. 사업 포트폴리오 전략을 이해하는 데는 BCG 매트릭스(BCG matrix)가 매우 유용하다.

(2) 전략적 사업단위의 유형

1970년대에 미국의 보스턴 컨설팅 그룹이 사업 포트폴리오 전략을 수립하기 위해 전략적 사업단위(SBU)를 구분하였다. 사업성장률과 시장점유율을 축으로 하여 SBU를 4가지 범주로 구분한다. 세로축에 사업성장률을 표시하고 가로축에 시장점유율을 표시한다. 사업성장률(business growth rate)은 전체 산업의 성장 속도를 나타내고, 시장점유율(market share)은 각 SBU의 시장점유율을 나타낸다. 따라서 사업성장률의 고·저와 시장점유율의 고·저에 따라 시장상황은 [그림 8-4]와 같이 4가지 범주로 구분되며, 각 상황에 적합한 사업 포트폴리오 전략을 수립한다.

1) 별

별(star)은 사업성장률도 높고 시장점유율도 높은 사업을 나타낸다. 그러나 성장률이 높을 때는 시장에서 계속 혁신이 일어나기 때문에 기술개발, 시설확충, 시장개척 등에 많은 투자가 필요하다. 즉, 별 사업은 성장과 확장이 급속하게 이루어지기 때문에 자금수요가 매우 크다. 따라서 기업의 유보이익을 별 사

그림 8-4 BCG 매트릭스

업에 재투자하는 것이 유리하다.

2) 현금젖소

현금젖소(cash cow)는 사업성장률은 낮으나 시장점유율은 높은 사업을 나타낸다. 현금젖소 사업은 새로운 투자 수요가 크지 않고 이익은 커서 효자 노릇을 한다. 즉, 현금젖소 사업은 현금을 끌어오는 젖줄과 같다. 현금젖소 사업에서 생산되는 현금은 물음표 사업이나 별 사업과 같이 위험한 신규사업에 투자하는 것이 바람직하다.

3) 물음표

물음표(question mark)는 사업성장률은 높으나 시장점유율은 낮은 사업을 나타낸다. 즉, 산업이 새롭게 급격히 성장하고 있긴 하지만, 그 산업에서 선두를 달리지 못해 시장점유율은 매우 낮은 상황이다. 이는 급격히 성장하는 산업에서 보잘 것 없는 적은 수익을 내면서 경쟁하고 있는 상태를 나타낸다. 물음표 사업은 성공하면 별 사업이 될 수도 있으나 자칫 잘못하면 실패할 수도 있다.

물음표 사업이 미래에 별 사업으로 성장할 것을 기대하여, 현금젖소 사업에서 발생하는 현금을 추가로 투자하는 경우가 많다. 그러나 물음표 사업은 장래가 불확실하기 때문에 계속 참여할지를 판단해야 한다. 따라서 물음표 사업은 초기에 성장전략으로 대응하지만, 중도에 희망이 없으면 철수전략으로 전환해야 한다.

4) 개

개(dog)는 사업성장률도 낮고 시장점유율도 낮은 사업을 나타낸다. 즉, 산업도 느리게 성장하고, 그 산업에서 차지하는 시장점유율도 매우 낮은 상황이다. 개 사업은 장래성도 없고 큰 이익을 내지도 못하는 매우 저조한 사업이다. 따라서 신규 투자를 중단한 채, 방향전환을 모색해 본 다음, 여의치 않을 경우에는 부분매각이나 청산을 통해 사업을 철수해야 한다.

[그림 8-4]에서 원은 가상 기업의 다양한 사업 포트폴리오를 나타낸다. 원의 크기는 전체 포트폴리오에서 차지하는 각 사업의 상대적 크기를 나타낸다. 대부분의 기업들은 사업성장률과 시장점유율이 각기 상이한 별, 현금젖소, 물음표, 개의 4가지 사업단위에 분산투자한다. 이상적인 포트폴리오는 큼직한 현금

젖소 사업 몇 개와 여러 개의 별 사업으로 구성된 경우이다. 그러나 개 사업이 많으면 어려움에 처할 가능성이 많다. 개 사업은 적절한 시점에 철수하는 것이 바람직하다.

BCG 모형은 널리 알려진 만큼 다음과 같이 비판도 많이 받고 있다.

① SBU를 구분하기가 현실적으로 어렵다. 사업단위가 구분되지 않으면 각 사업별로 사업성장률과 시장점유율을 측정하기가 어렵다.

② 개 사업도 이익을 내는 경우가 있다. 즉, 성장률과 시장점유율이 낮은 사업에서도 이익이 발생할 수 있다는 것이다.

③ BCG 모형은 주로 대기업에 적용되는 모형이다. 즉, BCG 모형은 산업에서 비중이 큰 몇 개의 대기업 외에 중소기업에는 적용이 어렵다는 주장이다.

2.3 사업부 전략의 수립

사업부 전략을 수립할 때 가장 유용한 접근법은 포터(Michael E. Porter)의 경쟁전략과 메이나드(Roberta Maynard)의 파트너십 전략이다. 포터는 사업 포트폴리오 전략에 너무 치중하면 다각화 전략의 유혹에 빠지기 쉽다고 비판하고, 자신의 경쟁전략이 더 우수하다고 주장하였다. 포터는 사업부의 경쟁력을 결정하는 5가지 요인을 설명하고 사업부에서 선택할 수 있는 3가지 전략을 제시하였다. 그러나 포터의 경쟁전략에서는 경쟁적 우위를 지나치게 강조한 나머지 협력관계의 중요성을 간과하고 있다. 메이나드(Roberta Maynard)는 협력관계를 강조하는 파트너십 전략(partnership strategy)을 제시하였다. 이 두 가지 전략은 대기업의 사업부 전략으로 사용되지만, 중소기업 자체의 전략으로도 사용할 수 있다.

(1) 포터의 경쟁력 요인

포터는 수많은 기업을 대상으로 연구한 결과, 사업부의 경쟁력을 결정하는 5가지 요인(competitive forces)을 [그림 8-5]와 같이 제시하였다.

1) 경쟁자의 신규진입 위협

현재 사업이 유망한 사업일 경우에는 새로운 경쟁자의 신규진입 위협이 항

그림 8-5 포터의 경쟁력 요인

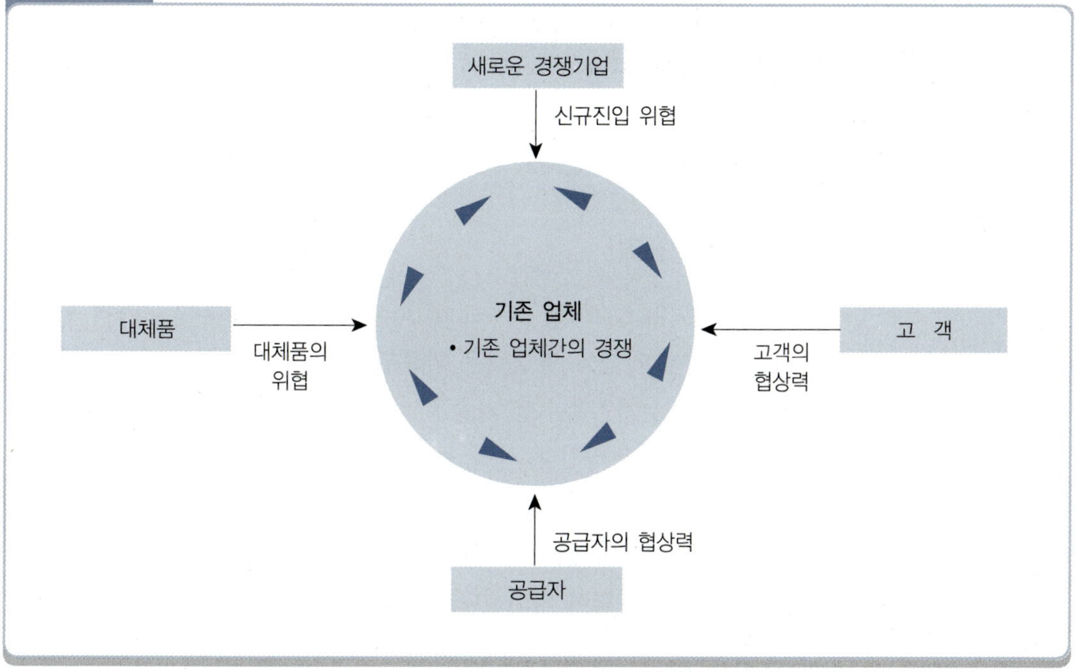

자료: Michael E. Porter, *Competitive Strategy: Techniques for Analyzing Industries and Competitors*, New York: Free Press, 1980.

상 존재한다. 새로운 경쟁자가 뛰어들면 경쟁력이 약화되고 수익률도 떨어진다. 반대로 신규진입이 어려우면 기존 업체들은 그만큼 유리하다. 따라서 신규진입이 어려울수록 경쟁력을 갖게 된다. 신규진입을 어렵게 하는 요인을 진입장벽(entrance barrier)이라 한다. 진입장벽은 사업에 따라 다르지만, 상표 이미지, 유통망, 투자규모, 기술수준, 법적 규제 등을 들 수 있다. 예를 들어, 우리나라 기업이 콜라시장에 진출하려는 시도는 아예 하지 않을 것이다. 왜냐하면 코카콜라나 펩시콜라에 대응할 수 있는 상표 이미지를 구축하기가 너무나 어렵기 때문이다. 또한 자동차나 반도체산업에 뛰어들기 위해서는 대규모 투자가 필요하다.

2) 고객의 협상력

고객의 협상력(bargaining power of buyers)이 클수록 가격인하 압력이 커지기 때문에 기업의 경쟁력은 약화된다. 고객이 많은 정보를 가질수록 협상력은 강해진다. 즉, 고객이 광고나 다른 매체를 통해 제품의 가격과 품질에 관한 정보를 많이 가질수록 협상력이 커진다. 또 기업의 매출액이 한 두 명의 고객에게 크게 의존할 경우에는 고객의 협상력이 커진다. 예를 들어, 중소기업이 롯데백화점에 의류를 납품할 경우에 롯데백화점은 상대적으로 강한 협상력을 발휘한다. 기업이 독특한 품질이나 기술이 있어야 큰 고객에게 맞설 수 있다.

3) 공급자의 협상력

공급자의 협상력(bargaining power of suppliers)이 클수록 공급가격 인상압력이 커지기 때문에 기업의 경쟁력은 약화된다. 공급자의 협상력은 원자재를 얼마나 독점하고 있는가? 특수한 기술을 갖고 있는가? 그리고 대체적 공급자가 존재하는가에 따라 달라진다. 예를 들어, 자동차 부품 업체가 독점업체일 경우에는 강력한 협상력을 발휘하고, 완성차 업체는 상대적으로 약한 처지에 놓인다. 반대로, 기업 측에서 원자재 구매를 중단시키고 자가 생산을 할 수 있는 처지라면, 공급자의 협상력이 약화된다.

4) 대체품의 위협

시장에서 대체품이 많을수록 자사 제품에 대한 수요감소와 가격인하 압력이 커지기 때문에 기업의 경쟁력은 약화된다. 예를 들어, 설탕 제조업체는 설탕 대체품의 개발로 많은 어려움을 겪었다. 그러나 자사 제품에 대한 고객 충성도가 높거나 가격에 비해 품질이 우수할 경우에는 대체품의 위협(threat of substitute products)을 적게 받는다. 예를 들어, '아래 한글' 프로그램에 익숙한 고객은 다른 프로그램으로 바꾸기를 싫어하므로 한글과컴퓨터사는 그만큼 경쟁력을 가질 수 있다.

5) 기존 업체간의 경쟁

기존 업체간의 경쟁(rivalry among competitors)은 기업의 경쟁력을 결정하는 가장 중요한 요인이다. 기존 업체간의 경쟁이 치열할수록 기업의 경쟁력은 약화되고 수익성도 감소한다. 제품의 품질이 비슷하고 기업 규모도 비슷한 경쟁업체가 많을수록 경쟁이 치열해진다. 업종에 따라서는 선두기업을 중심으로 거래질서가 안정된 경우도 있지만, 인력 스카웃, 광고경쟁, 심지어 기업매수까지도 서슴치 않는 살벌한 관계가 벌어진다. 포터는 경쟁이 치열하면 시장쟁탈을 위한 광고 난타전(advertising slugfest)이 벌어진다고 하였다. 예를 들어, 코카콜라와 펩시콜라간의 광고경쟁은 난타전에 가깝다. [그림 8-5]에서 기존 업체간의 경쟁은 한가운데에 위치해 있으므로 나머지 4가지 요인으로부터도 영향을 받는다. 뿐만 아니라, 기존 업체간의 경쟁은 각 기업의 원가절감과 제품 차별화에 의해서도 영향을 받는다.

(2) 포터의 경쟁전략

포터는 5가지 경쟁력 요인에 대한 분석결과를 토대로 세 가지 경쟁전략을 제시하였다. 경쟁전략은 시장에서 경쟁범위를 넓게 잡느냐 좁게 잡느냐, 그리고 전략적 우위요소를 원가에 초점을 두느냐 차별화에 초점을 두느냐에 따라 [그림 8-6]과 같이 구분된다.

1) 차별화 전략

차별화 전략(differentiation strategy)은 자사 제품을 경쟁기업의 제품과 차별화시키는 전략을 말한다. 품질이나 디자인이 월등하든지 유명상표가 부착되면 차별화가 이루어진다. 예를 들어, Apple, NIKE, Mercedes-Benz, Tylenol은 차별화 전략에 성공하였다. 이들 기업은 오랜 기간 동안 소비자로부터 신뢰를 쌓아왔기 때문에 상표 자체가 부가가치를 창출한다.

차별화 전략을 구사하는 기업은 〈표 8-2〉에서와 같이 마케팅 능력, 기능

그림 8-6 포터의 경쟁전략

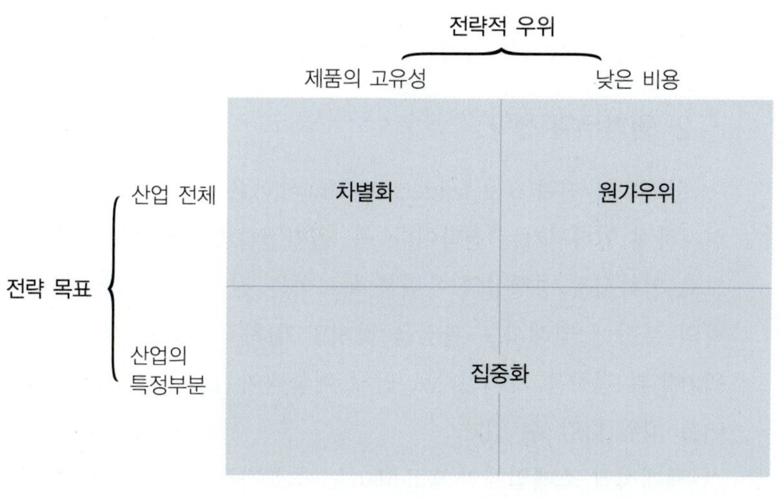

▶▶ 표 8-2 • 포터의 경쟁전략과 기업의 특성

전 략	기업의 특성
차별화 전략	마케팅 능력 강화, 기능부서간의 협조체제, 창의력과 R&D 능력 향상, 품질 및 기술적 명성
원가우위 전략	강력한 원가통제, 생산공정의 기술적 관리, 집중적 노동관리, 생산성 향상을 위한 제품설계, 빈번하고 세부적인 보고체계
집중화 전략	특정한 전략목표를 달성하기 위한 기업 특성의 결합

부서간의 협조체제, 창의력과 R&D 능력, 품질 및 기술적 명성과 같은 요건을 갖추어야 한다. 그리고 차별화를 위한 투자가 경쟁기업보다 더 많아야 한다. 나아가, 고객들이 더 높은 가격으로 구매할 욕구가 생겨야 차별화가 성공한다.

차별화 전략은 [그림 8-6]의 5가지 경쟁력 요인에 효과적으로 대응할 수 있다. 차별화로 자사 제품에 대한 고객충성도(customer loyalty)가 높아지면 새로운 경쟁기업의 신규진입이 억제되고, 기존 경쟁기업에도 효과적으로 대응할 수 있다.

그러나 차별화 전략은 다음 사항에 유의해야 한다.

① 차별화 요인이 원가 요인보다 더 중요하지만 원가를 전혀 무시해서는 안 된다. 차별화를 위해 원가가 너무 많이 들어가면 제품가격이 인상되어 차별화 효과가 상쇄된다. 즉, 자사 제품의 가격이 경쟁 제품보다 너무 비싸면 고객충성도가 약화되어 고객이 이탈하고 매출액도 감소한다.

② 경쟁기업이 차별화 전략을 모방할 수 있다. 이러한 현상은 산업이 성숙되는 과정에서 흔히 나타난다.

2) 원가우위 전략

원가우위 전략(cost leadership strategy)은 자사제품의 가격을 경쟁제품보다 현저하게 인하시키는 전략이다. 즉, 원가절감과 원가통제를 통해 가격을 획기적으로 인하시켜 경쟁상의 우위를 확보하는 전략이다. 물론, 품질이나 서비스, 그 밖의 분야에 대해서도 관심을 갖지만 일차적으로는 가격인하에 초점을 둔다. 원가우위 전략은 가격인하로 인해 매출액이 감소하긴 해도 원가상의 우위로서 이를 메워 나갈 수 있다.

세계적인 소매업체인 Wal-Mart는 초창기부터 줄곧 원가우위 전략을 고수하여 소비자들의 사랑을 받고 있다. 우리나라 기업도 해외수출시장에서 원가우위 전략을 고수해 왔다. 이 전략이 성공하기 위해서는 〈표 8-2〉에서와 같이 강력한 원가통제, 생산공정의 기술적 관리, 집중적인 노동관리, 생산성 향상을 위한 제품설계, 빈번하고 세부적인 보고체계, 유리한 조건의 원자재 확보, 공급업체와의 긴밀한 유대관계와 같이 경쟁업체가 흉내 내기 어려운 생산여건을 갖추어야 한다. 단순한 인건비 절감이나 원료에만 의존할 경우 그 효과는 오래가지 못한다.

원가우위 전략은 [그림 8-5]의 5가지 경쟁력 요인에 효과적으로 대응할 수 있다. 무엇보다 원가우위 기업은 가격전쟁(price war)에서 유리한 고지에 설 수 있다. 또한 고객이 어느 곳에서도 더 낮은 가격으로 구매할 수 없기 때문에 원가우위 기업은 고객의 협상력을 약화시킨다. 또 대체품이나 신규 참여가 발생하더라도 원가우위 기업은 원가열위 기업보다 유리한 고지에 설 수 있다. 뿐만 아니라, 제품의 저가격은 신규 참여나 대체품의 출현을 어렵게 만드는 진입장벽이 된다.

그러나 원가우위 전략은 다음 사항에 유의해야 한다.

① 새로운 기술혁신이 발생하여 신제품이 개발되거나 신규참여기업이나 추종기업이 더 저렴한 가격으로 모방제품을 생산하면, 기존 제품에 대한 원가우위 전략이 실패하게 된다.
② 원가우위에만 신경을 쓰다보면 마케팅상의 변화에 신속히 대응하지 못할 수 있다. 예를 들어, 포드 자동차는 1920년대에 검은 색 자동차만을 고집하다가 시장점유율을 많이 상실하였다.
③ 제품의 가격 차이가 충분하지 않으면 원가우위 전략이 실패하게 된다. 왜냐하면 값싼 물건을 찾는 고객은 상표 충성도가 약하기 때문이다.

3) 집중화 전략

집중화 전략(focus strategy)은 한정된 고객이나 시장을 상대로 집중적으로 공략하는 전략이다. 차별화 전략이나 원가우위 전략은 시장전체를 상대로 하는데 반해, 집중화 전략은 한정된 목표시장(target market)을 상대로 한다는 점에서 차이가 있다. 따라서 집중화 전략은 독특한 욕구를 가진 고객이나 고유한 특성을 지닌 세분시장(segmented market)이 존재해야 가능하다. 예를 들어,

Cray사는 슈퍼 컴퓨터 분야에서 IBM을 능가하고 있다. 또 포항공대는 공학 분야에 집중 투자하여 단기간에 명성을 얻고 있다.

집중화 전략은 차별화와 원가우위 중에서 어느 쪽에 치중하느냐에 따라 차별적 집중화 전략(differentiation focus strategy)과 원가우위 집중화 전략(cost focus strategy)으로 구분된다. 이 두 전략은 모두 차별화나 원가우위 전략의 장점을 그대로 가지고 있다.

지금까지 설명한 세 가지 경쟁전략 중에서 어느 하나도 제대로 취하지 않는 기업은 '진퇴양난(stuck in the middle)'에 몰리게 된다. 일단 진퇴양난에 몰리면 상당한 기간 동안 벗어나기가 어렵다. 즉, 원가우위를 추구하는 대규모 기업과 집중화나 차별화를 추구하는 소규모 기업은 수익성이 높은 반면에, 진퇴양난에 처해 있는 중간 규모 기업은 수익성이 낮다. 따라서 사업을 성공적으로 수행하기 위해서는 경쟁전략을 명확히 선택해야 한다. 자동차 산업을 예로 들면, 원가우위 전략을 구사하는 Toyota 자동차나 차별화 전략을 구사하는 BMW 자동차는 수익성이 높은 반면에, Fiat 자동차는 진퇴양난에 몰려 수익성이 낮다.

2.4 파트너십 전략의 수립

포터의 경쟁전략은 다른 기업과의 경쟁에 초점을 두지만, 파트너십 전략(partnership strategy)은 협력에 초점을 둔다. 오늘날 기업들은 경쟁과 협력을 동시에 추구해야 한다. 어떤 기업도 급속한 환경변화와 기술발전, 새로운 규제 속에서 홀로 살아남을 수는 없다. 이러한 새로운 환경 속에서, 기업들은 경쟁전략과 파트너십 전략을 동시에 추구함으로써 지속적인 우위를 차지할 수 있다.

인터넷의 발전은 협력적 사고를 더욱 촉진시키고 있다. 기업들은 사업 파트너와 공동 프로젝트를 수행할 때, 필요한 정보와 아이디어를 인터넷으로 교환할 수 있다.

오늘날 다른 기업과의 파트너십은 현실적인 문제가 되고 있지만, 협력의 정도는 파트너십 전략에 따라 달라진다. 메이나드(Roberta Maynard)는 [그림 8-7]과 같이 파트너십 전략을 협력의 정도에 따라, 전략적 제휴와 조직적 결합으로 구분하였다. 전략적 제휴(strategic alliance)는 협력의 정도가 낮은 전략으로, 우선공급자협약, 전략적 사업 파트너십, 조인트 벤처로 구분되고, 조직적 결합(organiza-

그림 8-7 파트너십전략의 연속선

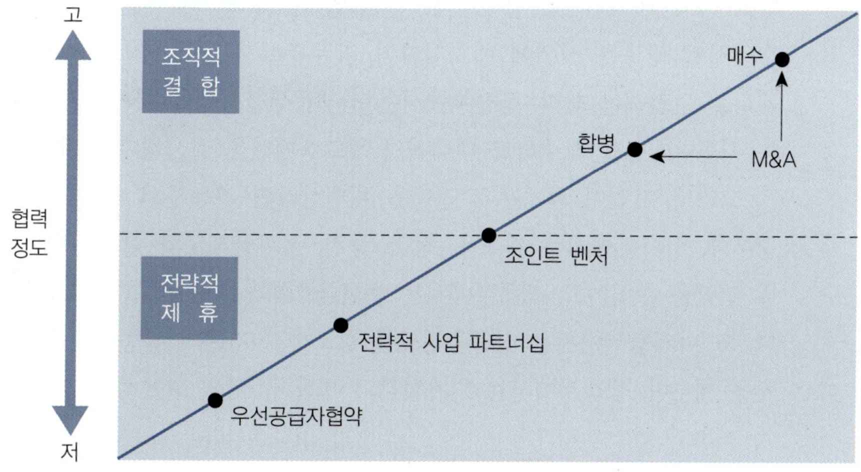

자료: Roberta Maynard, "Striking the Right Match," *Nation's Business*, May 1996, pp. 18-28.

tional combination)은 협력의 정도가 높은 전략으로, 합병과 매수로 구분된다.

전략적 제휴 전략 중에서 우선공급자협약(preferred supplier arrangements)은 양 당사자 간에 장기적인 공급의 안정을 보장해 주지만 협력의 정도는 가장 낮고, 전략적 사업 파트너십(strategic business partnership)은 더 많은 협력을 요한다. 조인트 벤처(joint venture)는 합작 파트너와 새로운 모험 사업에 관한 비용과 위험을 공유해야 하기 때문에 더욱 많은 협력을 요한다. 그리고 조직적 결합 전략으로서의 M&A는 파트너십 전략의 최종 목적지로서 협력의 단계를 지나 기업을 합병하는 것을 말하며, 협력의 강도에 따라 합병(mergers)과 매수(acquitions)로 구분할 수 있으나 통합적인 용어로 M&A라고 한다.

2.5 기능부서 전략의 수립

기능부서 전략은 사업부 전략의 집행을 지원할 목적에서 기능부서별로 채택하는 전략을 말한다. 주요 기능부서에는 인사, 재무, 마케팅, 생산, R&D 부서 등이 있다. 기능부서 경영자는 기업의 전략적 목표를 달성할 수 있도록 사업부 전략을 지원해야 한다.

예를 들어, 기업이 차별화 전략을 채택하여 성장성이 높은 신제품을 생산한다고 하자. 이 경우에, 인사부에서는 신입사원을 추가로 채용하고 중간경영자를 훈련시켜 새로운 직위에 배치시키며, 재무부에서는 추가적인 자금조달과 투자계획을 수립해야 한다. 생산부에서는 신제품생산시설을 계획하고, 마케팅부에서는 시험마케팅을 착수하고 대대적인 광고캠페인을 실시해야 한다.

그러나 기업이 원가우위 전략을 채택한다면 기능부서 전략도 달라진다. 이 경우에, 인사부에서는 재교육, 전직, 승진, 성과급제도와 같은 안정적인 인력개발 전략을 수립하고, 재무부에서는 순현금흐름과 양(+)의 현금잔고에 초점을 둔다. 또 마케팅부에서는 상표충성도를 강조하고 기존의 유통채널을 강화하는 전략을 세우며, 생산부에서는 원가절감과 생산시스템의 효율성을 강조해야 한다.

2.6 전략의 실천

전략 경영 과정에서 마지막 단계는 수립된 전략을 실천하는 단계이다. 전략의 실천은 전략 경영 과정에서 가장 어렵고도 중요하다. 전략이 아무리 창조적으로 수립되었더라도 효과적으로 실천되지 않으면 아무 소용이 없다. 전략을 효과적으로 실천하기 위해서는 [그림 8-8]에서와 같이, 리더십, 조직개편, 인적자원관리, 정보와 통제시스템과 같은 여러 가지 수단을 사용할 수 있다.

(1) 경영자의 리더십

경영자의 리더십(leadership)은 전략을 실천하기 위해 구성원들에게 영향력을 행사하는 것을 말한다. 경영자는 리더십을 발휘하기 위해 설득, 동기부여, 기업가치와 문화의 변화와 같은 수단을 사용한다. 경영자는 새로운 전략의 실천을 위해 종업원들에게 연설을 하고, 문제를 제기하고, 협조를 구하며, 설득시키려고 노력한다. 경영자와 종업원들이 전략 수립 과정에 공동으로 참여하면 자연히 상호 이해가 높아져 전략의 실천도 쉬워진다.

(2) 조직개편

조직개편은 조직도(organization chart)를 비롯하여 팀조직, 분권화와 집권화, 시설배치, 직무설계 등을 변화시키는 것을 말한다. 조직도는 경영자의 책임과

그림 8-8 경영자의 전략 실천 도구

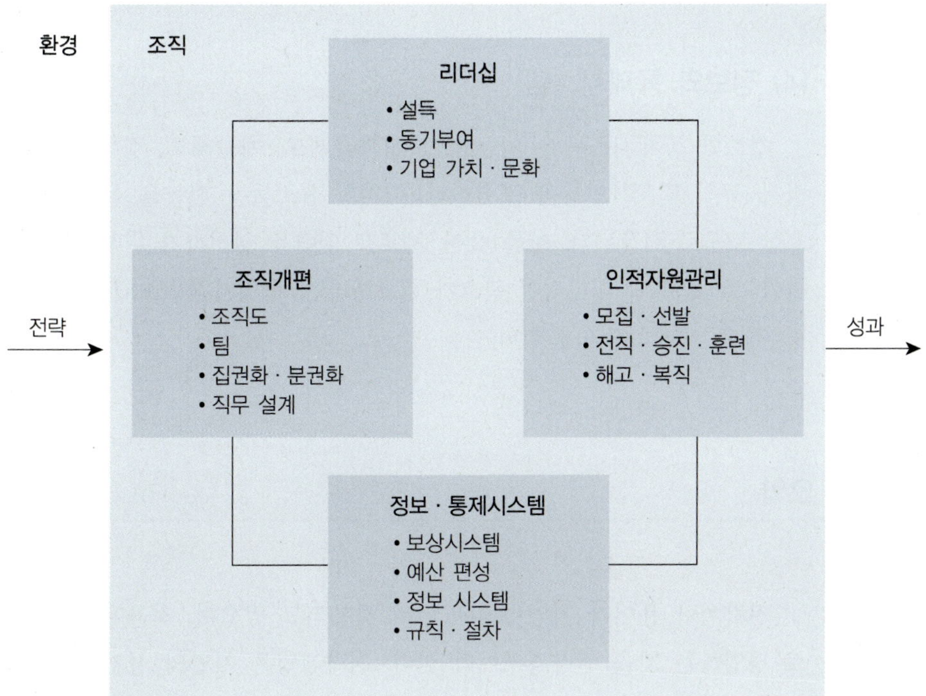

자료: Jay R. Galbraith and Robert K. Kazanjian, *Strategy Implementation: Structure, Systems and Process*, 2nd ed., Minn: St. Paul, 1986, p. 115.

권한, 시설, 부서 및 사업부의 통합적 관계를 나타내며, 조직구조는 분권화 정도, 직무설계, 생산기술 등을 반영한다. 따라서 경영자는 조직개편을 통해 전략을 효과적으로 실천할 수 있다.

(3) 인적자원관리

기업의 인적자원은 주로 종업원을 말한다. 인적자원관리는 기업의 전략적 목표를 실천하기 위해 종업원을 모집, 선발, 교육, 전직, 승진, 해고시키는 것을 말한다. 예를 들어, 교육을 통해 새로운 전략의 목표와 중요성을 이해시킬 수 있다. 때에 따라 기존의 종업원을 해고시키고 새로운 종업원으로 대체시킬 필요도 있다. 예를 들어, 신문사가 석간신문에서 조간신문으로 전략을 수정할 경우에 종업원들로부터 심한 반발과 저항이 일어난다. 이 경우에, 기존의 종업원을 일부 해고시키고 새로운 종업원으로 대체시킴으로써 새로운 전략을 강력하게 실천할 수 있다.

(4) 정보와 통제시스템

정보와 통제시스템은 임금제도, 성과급제도, 예산제도, 정보시스템, 기업의 정책, 규칙 및 절차 등을 포함한다. 이러한 요소들은 전략을 실천하기 위한 중요한 도구로 사용된다. 예를 들어, 새로운 전략을 실천하기 위해 신제품 개발은 불필요한 반면에 대대적인 광고가 필요하다면, 경영자원을 R&D 부서에서 마케팅부서로 재배치시켜야 한다.

>>> 요약 s·u·m·m·a·r·y

전략이란 용어가 기업경영에 널리 사용되고 있으며, 최근에는 전략적 사고로 경영하는 것을 전략경영이라 한다. 전략경영은 기업의 장기적 목표를 달성하기 위해 전략을 수립하고 실천하는 과정을 말한다. 전략경영은 특수한 계획수립의 형태에 속한다.

경영자는 전략을 통해 기업의 핵심역량을 강화하고 시너지 효과를 얻을 수 있으며 가치창조를 할 수 있다. 핵심역량은 경쟁기업에 비해 사업을 특별히 잘할 수 있는 능력을 말하고, 시너지 효과는 기업의 각 부서가 상호 협력함으로써 개별적으로 행동할 때보다 큰 결합효과를 얻는 것을 말하며, 전략경영을 통해 고객에 대한 가치창조가 이루어진다.

조직의 계층구조에 따라 기업 전략, 사업부 전략, 기능부서 전략으로 구분된다. 기업 전략은 기업의 전반적인 차원에 적용되는 전략을 말하며, 새로운 사업 진출, 사업부 추가, 공장 또는 생산라인 추가, 사업부 축소, 다른 기업과의 조인트 벤처와 같은 문제에 적용된다. 사업부 전략은 전략적 사업단위나 생산라인에 적용되는 전략을 말하며, 제품 · 서비스 믹스, 제조기술 도입, 시설 · 장비 도입, 제품 변경, 신제품 개발, 생산라인 확장과 축소, R&D 범위 확대, 광고확대 등에 적용된다. 그리고 기능부서 전략은 사업부 내의 주요 기능부서에 적용되는 전략을 말한다.

전략 경영 과정은 기업의 미션, 목표 및 전략에 관한 SWOT 분석에서 시작된다. SWOT 분석은 경영성과에 중대한 영향을 미치는 환경의 기회와 위협뿐만 아니라 기업의 강점과 약점을 동시에 분석하는 것을 말한다. 다시 말해, SWOT 분석을 통해 기업의 약점과 환경의 위협을 최소화하고 기업의 강점과 환경의 기회를 극대화하는 전략을 수립할 수 있다.

기업 차원에서 전략을 수립할 때 가장 유용한 접근법은 사업 포트폴리오 전략이다. 이 전략은 1970년대에 미국의 보스턴 컨설팅 그룹이 사업이나 제품의 다각화를 위해 개발한 기법으로 BCG 모형이라고도 한다. 사업 포트폴리오 전략은 경쟁적 이점과 시너지 효과를 얻기 위해 포트폴리오 투자와 같은 방법으로 기업의 전략적 사업단위(SBU)를 균형 있게 배합하는 전략을 말한다. SBU는 사업성장률과 시장점유율에 따라 4가지 범주로 구분하면, 별, 현금젖소, 물음표, 개 사업으로 분류된다. 이상적인 포트폴리오는 큼직한 현금젖소 사업 몇 개와 여러 개의 별 사업으로 구성된 경우이다. 반면에 개 사업이 많으면 어려움에 처하게 된다.

사업부 전략을 수립할 때 가장 유용한 접근법은 포터의 경쟁전략과 메이나드의 파트너십전략이다. 포터는 사업부의 경쟁력을 결정하는 5가지 요인을 설명하고, 사업부에서 선택할 수 있는 3가지 전략을 제시하였다. 5가지 경쟁력 요인은 경쟁자의 신규진입 위협, 고객의 협상력, 공급자의 협상력, 대체품의 위협, 기존 업체간의 경쟁 정도이다. 이 중에서 가장 중요한 요인은 기존 업체간의 경쟁 정도이다. 기존 업체간의 경쟁이 치열할수록 기업의 경쟁력은 약화되고 수익성도 감소한다.

포터는 5가지 경쟁력 요인에 대한 분석결과를 토대로, 차별화, 원가우위, 집중화 전략을 제시하였다. 차별화 전략은 자사 제품을 경쟁기업의 제품과 차별화시키는 전략을 말하고, 원가우위 전략은 자사제품의 가격을 경쟁제품보다 현저하게 인하시키는 전략을 말하며, 집중화 전략은 한정된 고객이나 시장을 상대로 집중적으로 공략하는 전략을 말한다. 그러나 어느 한 가지 전략도 제대로 취하지 않는 기업은 '진퇴양난'에 몰려 어려움을 겪게 된다.

포터의 경쟁전략은 다른 기업과의 경쟁에 초점을 두지만, 파트너십전략은 협력에 초점을 둔다. 오늘날 기업들은 경쟁과 협력을 동시에 추구해야 한다. 어떤 기업도 급속한 환경변화와 기술발전, 새로운 규제 속에서 홀로 살아남을 수는 없다. 이러한 새로운 환경 속에서, 기업들은 경쟁전략과 파트너십전략을 동시에 추구함으로써 지속적인 우위를 차지할 수 있다. 메이나드는 파트너십전략을 협력의 정도에 따라, 전략적 제휴와 조직적 결합으로 구분하였다. 전략적 제휴는 협력의 정도가 낮은 전략으로 우선공급자협약, 전략적 사업 파트너십, 조인트 벤처로 구분되고, 조직적 결합은 협력의 정도가 높은 전략으로 합병과 매수로 구분되지만 통합적인 용어로 M&A가 된다.

기능부서 전략은 사업부 전략의 집행을 지원할 목적에서 기능부서별로 채택하는 전략을 말한다. 주요 기능부서에는 인사, 재무, 마케팅, 생산, R&D 부서 등이 있다. 기능부서 경영자는 사업부 전략에 맞추어 기업의 전략적 목표를 달성할 수 있도록 기능부서 전략을 수립해야 한다.

전략의 실천은 전략 경영 과정에서 가장 어렵고도 중요하다. 전략을 효과적으로 실천하기 위해서는 리더십, 조직개편, 인적자원관리, 정보와 통제시스템과 같은 수단이 필요하다.

>>> 연습문제 e·x·e·r·c·i·s·e

01 전략과 전략경영이란 무엇이며, 전략적 사고는 왜 필요한가?

02 전략은 어떤 목적에서 수립되는가?

03 조직의 계층구조에 따라 기업 전략, 사업부 전략 및 기능부서 전략으로 구분하여 설명하라.

04 SWOT 분석이란 무엇이며, 환경의 기회와 위협 및 기업의 강점과 약점은 어떻게 추출할 수 있는가?

05 기업의 전략적 사업단위(SBU)를 별, 자금젖소, 물음표, 개 사업으로 구분하는 방법과 포트폴리오 전략을 수립하는 방법을 설명하라.

06 포터의 5가지 경쟁력 요인이란 무엇인가?

07 포터의 차별화, 원가우위, 집중화 전략을 설명하라.

08 파트너십전략이란 무엇이며, 왜 필요한가?

09 전략을 효과적으로 실천하기 위한 수단에는 어떤 것이 있는가?

MANAGEMENT

04 PART

조직화

Part 04 들어가며……

현대 산업사회는 수많은 조직으로 구성되어 있으며, 사람들은 다양한 조직의 구성원으로 활동하고 있다. 그들은 하루 일과의 대부분을 조직에서 보내고, 조직을 위해 일한 대가로 수입을 얻어 생활을 영위하며, 조직에서 보람을 찾고 성공을 기대한다. 나아가, 자기가 속해 있는 조직에서 이룩한 직위에 따라 사회적 지위가 결정된다. 이처럼 조직이 산업사회에서 차지하는 비중이 너무나 크다.

조직화 기능은 계획 기능 다음으로 수행되는 기능이다. 조직화는 계획 과정에서 설정된 목표를 성공적으로 달성하기 위한 조직구조를 설계하는 활동과 관계된다. 계획과 전략이 아무리 훌륭하더라도 상황에 적합한 조직구조를 갖추지 않으면 기업은 실패할 수 있다.

제9장에서는 조직화의 기초 개념을 설명한다. 조직화와 조직구조의 개념, 조직화의 기본 원리, 조직의 부서화와 조직 형태, 최근의 조직화 추세로 나누어 설명한다.

제10장에서는 조직설계를 설명한다. 조직설계의 개념, 기계적 조직과 유기적 조직의 설계, 조직설계의 상황요인으로 나누어 설명한다.

제11장에서는 조직변화에 대해 설명한다. 조직변화의 개요, 조직변화의 계획, 조직변화의 실천, 조직변화의 형태로 나누어 설명한다.

제12장에서는 인적자원관리에 대해 설명한다. 인적자원관리의 개요, 인적자원의 확보, 인적자원의 훈련과 개발, 인적자원의 유지로 나누어 설명한다.

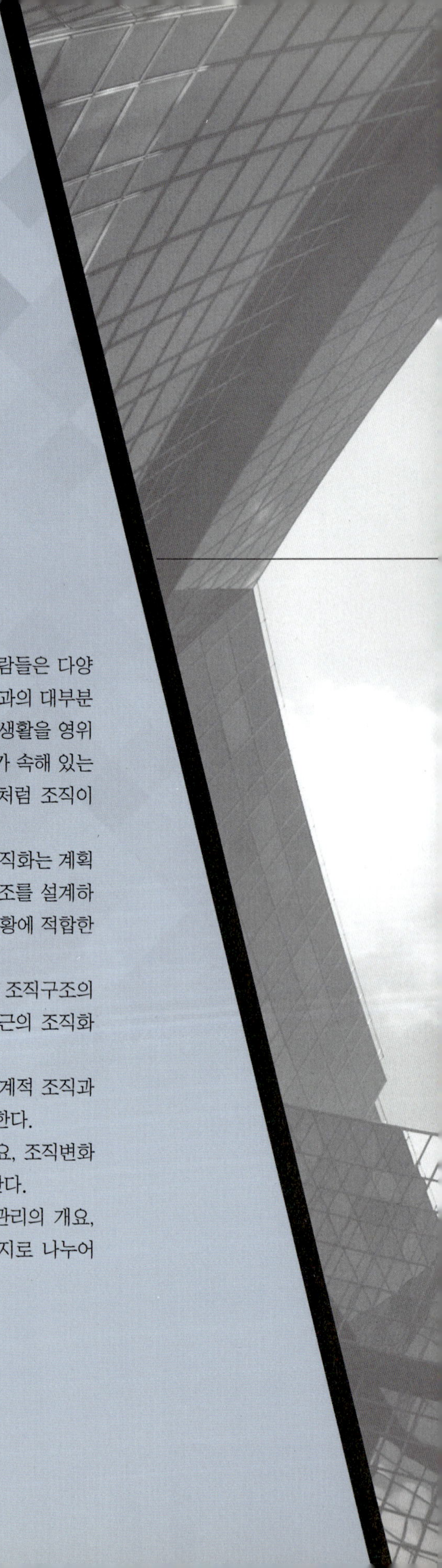

행동의 씨앗을 뿌리면 습관의 열매가 열리고
습관의 씨앗을 뿌리면 성격의 열매가 열리며
성격의 씨앗을 뿌리면 운명의 열매가 열린다.

- 나폴레옹 -

MANAGEMENT

chapter

09 조직화의 기초

- 9.1 조직화와 조직구조의 개념
- 9.2 조직화의 기본 원리
- 9.3 조직의 부서화와 조직형태
- 9.4 최근의 조직화 추세

이 장에서는 조직이란 무엇이며 조직화란 무엇인가? 조직을 수직적으로 계층화하는 데는 어떤 원리가 사용되는가? 조직의 부서화란 무엇이며, 조직구조는 어떤 형태로 짜여지는가? 그리고 최근에 조직화는 어떤 추세로 이루어지는가를 살펴본다.

01 조직화와 조직구조의 개념

1.1 조직과 조직화

조직(organization)은 특정한 목적을 달성하기 위해 협동적으로 노력하는 사람의 집합체를 말한다. 주위에서 흔히 볼 수 있는 기업, 은행, 시청, 학교, 병원, 교회 등은 모두 특정한 목적을 가진 조직이다. 조직이 존재하는 이유는 각 개인의 분산된 노력보다 여러 사람들의 협동적 노력을 통해 더 많은 일을 할 수 있기 때문이다. 다시 말해, 조직을 통해 시너지 효과(synergy effect)를 얻을 수 있기 때문이다.

조직화(organizing)는 조직의 목표를 달성하기 위해 조직의 자원을 배분하여 조직의 틀을 짜는 과정을 말한다. 조직화는 계획수립 다음에 오는 경영기능이다. 계획은 무엇을 할 것인가를 결정하는 것이고, 조직화는 계획을 어떻게 수행할 것인가를 결정하는 것이다. 따라서 계획이 수립되면, 이를 효과적으로 실천하기 위해 조직의 자원을 조직화하는 과정이 필요하다.

조직화가 성공적으로 이루어지면 다음과 같은 사실을 알 수 있다.

① 누가 무엇을 해야 하는가?
② 누가 누구에게 책임을 져야 하는가?
③ 커뮤니케이션은 어떤 통로로 연결되어 있는가?
④ 조직의 자원은 어떻게 배분되어 있는가?

1.2 조직구조와 조직도

조직구조의 개념은 조직화의 개념과 구별해야 한다. 조직구조(organization structure)는 조직화로 얻어진 산물로서, 조직의 목표를 달성하기 위해 세분화시킨 과업과 부서, 직위나 권한관계 등을 구조적으로 짜놓은 틀을 말한다. 우리가 사는 집에 비유하면, 조직화는 철근, 모래, 시멘트, 목재와 같은 건축자재를 사용하여 집을 짓는 과정에 해당하고, 조직구조는 집을 지은 결과로 나타나는 집의 형태에 해당한다.

조직구조는 조직도(organization chart)를 통해 파악할 수 있다. 조직도는 [그림 9-1]과 같이 조직구조를 시각적으로 나타내며, 다음과 같은 정보를 제공해 준다.

① 직위는 네모로 표시되어 있고 선으로 연결되어 있는데, 이는 과업의 분화 과정을 시각적으로 나타낸다.

② 직위의 명칭은 과업의 성질에 따라 부여되므로, 그 명칭을 보면 과업의 성질을 알 수 있다.

③ 직위의 연결 상태를 보면, 계층구조상 누가 누구에게 책임을 지는가를 알 수 있다.

④ 직위를 연결하는 선은 공식적인 커뮤니케이션의 통로를 나타낸다.

그림 9-1 조직도의 예시

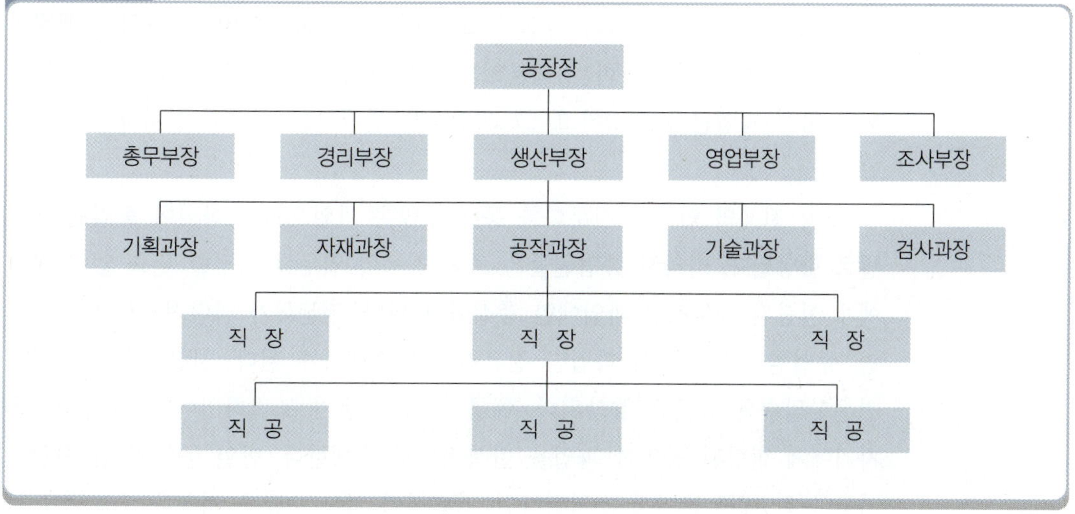

⑤ 계층구조가 전체적으로 몇 개이며, 상위 직위 밑에 몇 개의 하위 직위가 배치되어 있는가를 알 수 있다.

이와 같이 조직도는 조직의 다양한 구성요소, 기본적인 분업, 공식적인 권한, 커뮤니케이션 통로와 같은 조직의 공식구조를 나타내며, 이를 통해 조직의 공식적 기능을 알 수 있다.

그러나 조직도는 조직의 정태적인 단면만을 보여주는 정태적 모형(static model)에 불과하다는 한계점이 있다. 실제로 조직에서는 고도로 복잡하고 동태적인 상호작용이 일어나고 있으나 조직도는 이러한 동태적 과정을 설명하지 못한다.

02 조직화의 기본 원리

2.1 전문화

전문화(specialization)는 조직의 다양한 업무를 개별적인 과업으로 분화시키는 과정을 말하며, 분업(division of labor)이라고도 한다. 전문화는 조직의 다양한 업무를 효율적으로 수행하기 위해 반드시 필요하다.

전문화는 직무설계(job design)와 부서화(departmentalization)를 통해 이루어진다. 직무설계는 조직의 과업을 세분하여 종업원 개인에게 과업을 배정하는 과정을 말하고, 부서화는 세분화된 과업을 일정한 기준에 따라 유사한 것끼리 묶어 과업군을 형성하고, 그 과업군을 관리하는 부서를 설치하는 과정을 말한다.

조직 전체의 업무는 전문화를 통해 수많은 과업으로 분화되어 종업원 개인별로 할당된다. 따라서 종업원들은 조직 전체의 업무를 걱정할 필요 없이 자기에게 할당된 세부적인 과업에만 충실하면 된다. 전문화가 극단적으로 이루어지면, 종업원들은 하나의 과업만 전문적으로 수행하게 된다. 일반적으로 과업이 전문화될수록 능률은 향상된다. 예를 들어, 자동차 조립라인에서, 종업원들은 자기에게 할당된 동일한 과업을 반복적으로 수행한다. 만일 종업원 한 사람이 자동차 한 대를 혼자서 조립한다면, 관련성이 없는 수많은 과업을 수행해야 하기 때문에 효율성이 매우 떨어진다.

이와 같이 전문화의 이점은 명백하지만, 오늘날 많은 조직에서 전문화의 원칙을 도외시하는 경향이 있다. 왜냐하면 과업을 지나치게 전문화시키면 종업원들이 단순한 과업을 반복적으로 수행하는 과정에서 인간적으로 소외되기 쉽기 때문이다. 그래서 많은 기업에서는 종업원들에게 도전감을 심어주기 위해 직무확대(job enlargement)를 실시하고 있으며, 팀웍을 발휘하여 여러 가지 과업을 수행할 수 있도록 팀 접근법을 도입하고 있다.

2.2 명령체계

명령체계(chain of command)는 조직의 계층구조를 따라 명령이 전달되는 체계를 수직적으로 연결한 것으로, 이는 누가 누구에게 명령을 할 수 하는가를 나타낸다. 명령체계가 명확하게 수립되어 있어야, 상사의 명령이 부하에게 정확하게 전달된다.

명령체계는 고전적 관리원칙 중에서 명령통일의 원칙 및 계층연쇄의 원칙과 관계가 있다. 명령통일의 원칙(unity-of-command principle)은 부하는 한 명의 상사로부터 명령을 받아야 한다는 원칙이고, 계층연쇄의 원칙(scalar principle)은 조직의 각 계층이 단절 없이 연결되어야 한다는 원칙이다.

그러나 조직의 계층이 많아지면 명령체계가 길어지게 되고, 이로 인해 능률과 생산성이 감소하게 된다. 예를 들어, 일본의 Toyota 자동차는 계층이 5개인데 비해 미국의 Ford 자동차는 계층이 11개이다. 따라서 두 기업간에 능률과 생산성에 차이가 발생한다. 또 명령통일의 원칙에 위배되는 조직구조도 나타나고 있다. 예를 들어, 행렬조직에서는 2명의 상사 또는 이중권한체계(dual authority system)가 허용되기 때문에 명령통일의 원칙에 위배된다.

2.3 권한, 책임 및 권한위임

(1) 권 한

명령체계는 조직의 권한구조를 나타낸다. 권한(authority)이란 경영자가 조직의 목표를 달성하기 위해 명령을 내리고 자원을 배분할 수 있는 공식적이고 합법적인 권리를 말한다. 권한은 다음과 같은 특징을 가지고 있다.

① 권한은 조직상의 직위에 부여되며, 사람에 부여되는 것이 아니다. 경영자는 직위가 있기 때문에 권한을 갖게 된다. 따라서 두 사람의 직위가 동일하면 권한도 같게 된다.

② 권한은 부하직원이 수용한다. 경영자는 조직의 계층구조를 따라 명령을 내릴 수 있는 합법적인 권한이 있기 때문에 부하직원들이 경영자의 권한을 수용하게 된다. 권한수용설(acceptance theory of authority)에 따르면, 경영자가 내린 명령을 부하직원이 수용할 때 권한이 발생하게 된다. 만일 경영자가 내린 명령을 부하직원이 수용하지 않으면 권한이 발생하지 않게 된다.

③ 권한은 계층구조를 따라 위에서 아래로 내려간다. 계층구조상 상위 직위는 하위 직위보다 공식적으로 더 많은 권한을 갖게 된다.

(2) 책 임

권한과 책임은 동전의 양면과 같다. 책임(responsibility)은 구성원들이 제각기 할당받은 과업을 수행할 의무를 말한다. 일반적으로 경영자는 권한과 책임을 같은 크기로 할당한다. 만일 권한이 책임보다 적으면 과업을 수행하기가 어렵다. 이 때는 권한이 약하기 때문에 설득에 의존하거나 행운을 바랄 수밖에 없다. 이와 반대로, 권한이 책임보다 지나치게 많으면 폭군과 같이 권한을 남용하게 된다.

책임은 부하직원이 상사의 권한위양에 따라 어떤 과업을 책임지고 수행할 것을 마음속으로 수락할 때 생긴다. 다시 말해, 책임의 원천은 과업의 할당과 권한위양 그 자체가 아니라, 부하직원이 그 과업을 책임지고 수행하기로 동의할 때 마음 속에서 생겨나는 것이다. 만일 할당받은 과업에 대해 책임을 지고 싶지 않으면, 그 과업의 수행을 거절해야 한다. 그러나 부당하게 거절하면, 경영자로부터 징계를 받을 수도 있고 해고의 원인이 될 수도 있다.

(3) 권한위임

경영자는 자신의 직무 중에서 어디까지 자신이 직접 수행하고 어디까지 부하직원에게 위임할 것인가를 결정해야 한다. 권한위임(delegation)은 경영자가 계층구조상 부하 직원에게 직무수행에 관한 권한과 책임을 위임하는 과정을 말한다. 대부분의 기업에서는 고객의 욕구를 최대한으로 충족시키고 환경의 변화에 유연하게 대응하기 위해, 부하 직원에게 권한위임을 많이 할 것을 권장하고 있다.

(4) 라인과 스탭의 권한

경영자가 조직구조상 라인 부서에 근무하느냐 스탭 부서에 근무하느냐에 따라 권한이 다르다. 라인 부서(line departments)는 조직의 사명과 목표를 완수하기 위해 과업을 직접 수행한다. 제조업의 경우에, 라인 부서는 제품을 생산하고 판매하는 과업이 중심이 된다. 스탭 부서(staff departments)는 라인 부서에서 필요로 하는 특수한 기술을 지원하는 역할을 수행한다. 다시 말해, 스탭 부서는 전략적 계획 수립, 노사관계, R&D, 회계, 인사 등과 관련된 특수한 기술을 라인 부서에게 지원하는 역할을 수행한다.

[그림 9-2]는 제조업의 라인과 스탭 구조를 나타낸다. 라인 부서는 조직의 계층구조를 따라 최고경영자로부터 총무부, 생산부, 영업부로 분화되고, 스탭 부서는 기획관리실 내에 3개 부서로 설립되어 있다.

라인 권한(line authority)은 라인 경영자가 직속부하를 지휘하고 통제할 수 있는 공식적인 권한을 말하고, 스탭 권한(staff authority)은 스탭 전문가가 자신의 전문적인 영역에서 라인 경영자에게 조언하고 상담할 수 있는 권한을 말한다. 스탭 권한은 라인 권한과 커뮤니케이션 관계를 이루고 있다. 즉, 스탭 전문가는 기술적인 영역에서 커뮤니케이션 관계를 통해 라인 경영자를 지원한다. [그림 9-2]에서 기술부의 스탭 전문가는 제품의 생산과정에서 발생하는 기술

그림 9-2 제조업의 라인과 스탭 구조

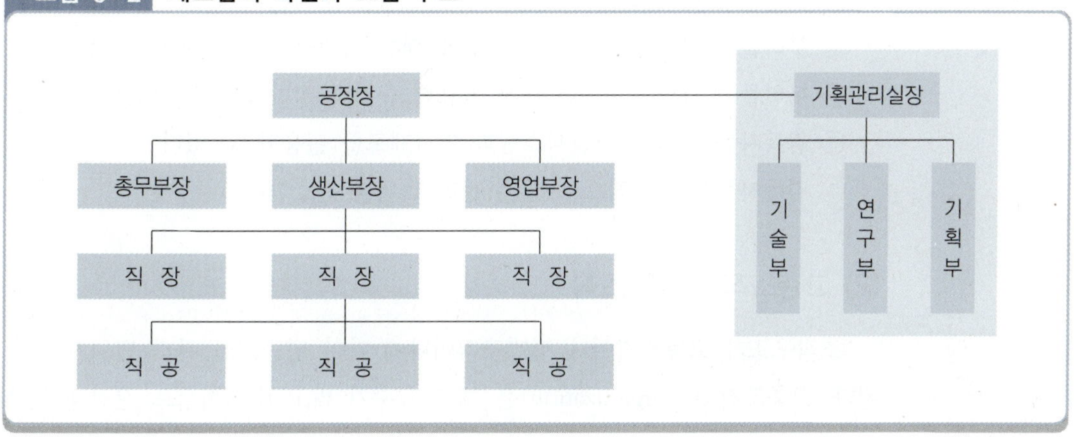

적인 문제에 관해 라인 경영자에게 조언할 권한이 있고, 연구부의 스탭 전문가는 신제품 개발에 관한 전문적인 사항을 라인 경영자에게 조언할 권한이 있다. 또한 기획부의 스탭 전문가는 설비구입과 임금지급에 관한 예산문제를 라인 경영자와 상담할 권한이 있다. 스탭 권한은 스탭 전문가의 전문적인 영역에 국한되므로, 각 분야의 스탭 전문가들은 라인 경영자와 커뮤니케이션을 통해 분야별로 여러 가지 조언을 할 수 있다.

2.4 관리 범위

(1) 관리 범위의 개념과 영향요인

관리 범위(span of management)는 한 사람의 감독자가 관리할 수 있는 부하의 수를 말하며, 통제 범위(span of control)라고도 한다. 관리 범위에 따라, 한 사람의 감독자가 몇 명의 부하를 관리할 수 있느냐가 결정된다. 고전적인 조직설계 이론에 따르면, 관리 범위는 4~7명이 적당하다고 한다. 그러나 관리 범위는 조직의 형태에 따라 넓을 수도 있고 좁을 수도 있다.

연구 결과에 의하면, 관리 범위는 여러 가지 요인에 의해 영향을 받는다. 일반적으로 감독자들이 부하들의 업무에 깊이 관여할 경우에는 관리 범위가 좁아지는 반면에, 그렇지 않을 경우에는 관리 범위가 넓어지는 경향이 있다. 다음과 같은 조건에서는 관리 범위가 넓어진다.

① 부하들이 수행하는 과업이 안정적이고 일상적이다.
② 부하들이 유사한 과업을 수행한다.
③ 부하들이 한 장소에서 집중적으로 과업을 수행한다.
④ 부하들이 고도로 훈련되어 과업에 대한 특별한 지시가 필요 없다.
⑤ 부하들이 과업을 수행하는데 필요한 규칙과 절차가 마련되어 있다.
⑥ 감독자들이 각종 지원시스템과 인사제도를 활용할 수 있다.
⑦ 감독자들이 개인적으로 넓은 관리 범위를 선호한다.

(2) 고층조직과 평면조직

조직구조가 고층조직이냐 평면조직이냐에 따라 평균적인 관리 범위가 결정된다. 고층조직(tall organization)은 계층의 수가 많고 수직적으로 길기 때문에 관리 범위는 좁아지는 반면에, 평면조직(flat organization)은 계층의 수가 적고 수평적으로 분산되기 때문에 관리 범위는 넓어진다.

최근에는 과감한 권한위양을 통해 관리 범위가 넓어지는 추세를 보이고 있다. [그림 9-3]은 고층조직과 평면조직을 나타낸다. 만일 조직구조가 (a)와 같은 고층조직에서 (b)와 같은 평면조직으로 개편되면, 사장은 4명의 부장을 거느리고, 각 부장은 4명의 사원을 거느리게 된다. 이 경우에, 사장과 부장의 관리 범위는 각각 4명이 된다. 이와 같은 구조개편은 사장이 넓은 관리 범위를 선호하고, 부하 경영자의 자질이 높아 감독이 불필요하거나, 사무실이 같은 건물의 같은 층에 위치할 경우에 효과적이다.

그림 9-3 고층조직과 평면조직

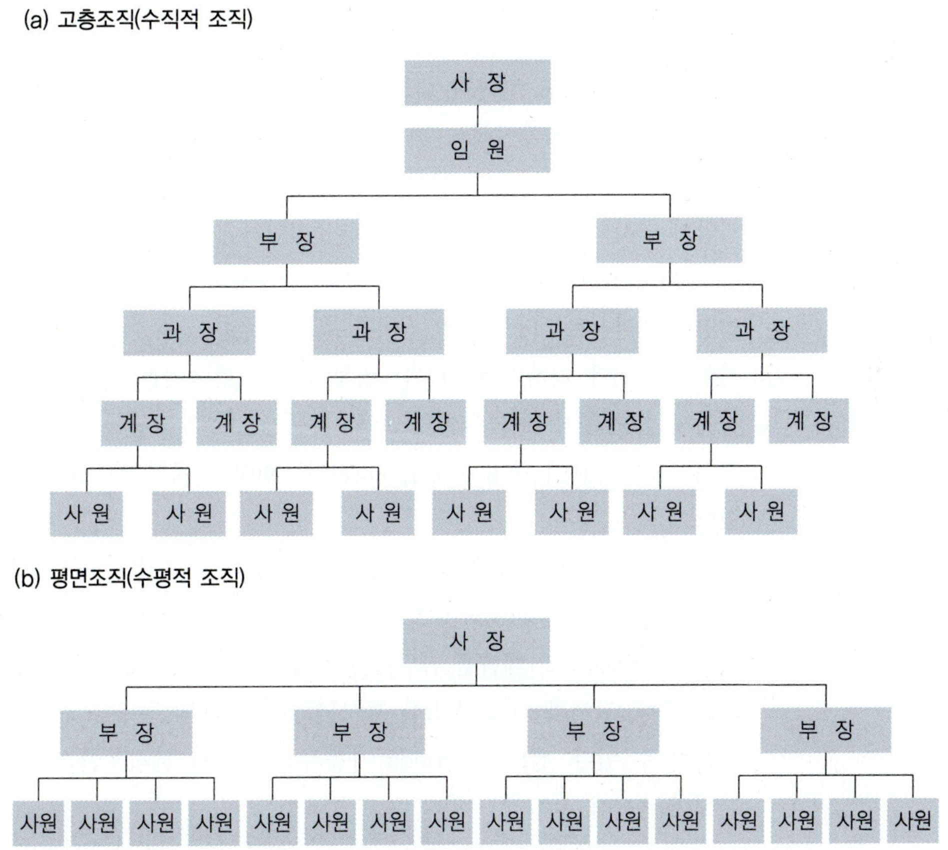

2.5 집권화와 분권화

집권화와 분권화는 의사결정 권한을 최고위층에 집중시킬 것인가, 아니면 하위계층에 분산시킬 것인가 하는 문제이다. 집권화(centralization)는 권한을 최고위층에 집중시키는 것을 말하고, 분권화(decentralization)는 권한을 하위계층으로 위임시키는 것을 말한다.

미국에서는 지난 30년 동안 분권화가 크게 진전되어 왔다. 분권화를 하게 되면, 인적자원을 더 효과적으로 활용할 수 있고, 최고경영자의 관리부담을 줄일 수 있으며, 외부 환경의 변화에 더 신속하게 대응할 수 있다.

그러나 모든 조직이 분권화해야 한다는 것은 아니다. 경영자는 조직의 상황을 면밀히 분석하여 가장 적합한 분권화 수준을 선택해야 한다. 집권화와 분권화에 영향을 미치는 요인은 다음과 같다.

① 환경이 불확실하고 변화가 심할수록 분권화의 필요성이 증가한다. 글로벌 환경에서는 불확실성이 점점 증가하고 있기 때문에 분권화가 많이 요구된다.

② 기업의 역사와 문화가 집권적인가 분권적인가에 따라 영향을 미친다. 예를 들어, 미국의 Alcoa는 분권화 문화가 정착되어 있기 때문에 사업부 경영자는 본사로부터 지나친 감독을 받지 않는다.

③ 기업이 위기에 처하거나 실패할 위험이 있을 경우에는 권한이 최고경영자에게 집중된다. 예를 들어, Honda 자동차는 신차모형에 대한 찬반 의견이 사업부 간에 불일치하자, 가와모토 회장이 독단적으로 결정을 내렸다.

④ 기업의 전략에 따라 집권화와 분권화의 정도가 달라진다. 예를 들어, 미국의 Johnson & Johnson은 180개 운영회사에 거의 전적으로 권한을 위양하여 자체적으로 제품을 개발하여 판매하도록 하고 있다. 이러한 분권화를 통해, 고객과 가장 밀접한 각 사업부가 고객의 욕구를 신속하게 충족시킬 수 있다. 반면에, Honda 자동차는 기업의 전체적인 의사결정에 한해 집권화를 추진하고 있다.

2.6 공식화

공식화(formalization)는 종업원을 지시하고 통제하기 위한 정책, 규칙, 절차, 직무기술서, 규율 등을 문서화하는 것을 말한다. 공식화는 관료조직에서 자주 사용된다. 베버(Max Weber)는 조직을 합리적으로 운영하기 위해, 정책, 규칙, 절차 등을 공식화할 것을 주장하였다.

공식화는 조직을 합리적으로 운영하는데 도움이 되지만, 경우에 따라서는 관료주의 병폐를 야기할 수도 있다. 조직이 모든 문제를 공식화하면, 규칙과 절차가 너무 많아져서 신속한 의사결정이 어렵게 된다. 그래서 최근에는 글로벌 환경의 변화에 신속하고 유연하게 대응하기 위해 공식화를 축소하는 경향이 있다.

03 조직의 부서화와 조직 형태

3.1 조직의 부서화

조직의 부서화(departmentalization)는 일정한 기준에 따라 조직을 몇 개의 부서로 구분하는 것을 말한다. 경영자는 명령체계 원리를 사용하여 조직을 어떻게 부서화할 것인가를 결정해야 한다.

부서화 방법은 5가지가 있다. 전통적인 부서화 방법으로 기능별, 사업부별 및 행렬식 부서화가 있고, 최근에 등장한 부서화 방법으로 팀별 및 네트워크 부서화가 있다. 전자는 계층구조에 따라 부서를 나누어 보고체계를 수립하고 명령체계 원리를 적용하는 방법이고, 후자는 경쟁적인 글로벌 환경에서 조직의 욕구를 충족시키는데 유리하다.

부서화 방법은 제각기 독특한 목적과 장단점을 가지고 있다. 기본적인 차이점은 종업원들의 직위를 어떻게 부서화하느냐와 누구에게 보고하느냐에 따라 달라진다.

3.2 기능별 부서화와 기능조직

기능별 부서화(functional departmentalization)는 유사한 기술, 전문성, 자원 사용 등을 기준으로 종업원들의 직위를 집단화하여 조직을 몇 개의 부서로 구분하는 것을 말한다. 그리고 기능조직(functional organization)은 기능별 부서화의 결과로 탄생한 조직형태를 말한다. 예를 들어, 총무부, 생산부, 영업부 등은 기능부서에 속한다. 기능조직은 많은 조직에서 가장 흔히 볼 수 있는 형태이다. [그림 9-4]는 기능조직의 단순한 형태를 나타낸다.

기능조직은 〈표 9-1〉과 같은 장단점을 가지고 있다. 먼저, 기능조직의 장점을 살펴보면 다음과 같다.

① 종업원들이 공동의 과업을 함께 수행할 수 있기 때문에 자원을 효율적으로 사용할 수 있고 규모의 경제 효과를 얻을 수 있다.

② 종업원들은 다양한 문제에 접할 수 있고 다른 전문가들과 많은 접촉을 가질 수 있기 때문에 심도 있는 기술훈련과 기술개발에 유리하다.

③ 기능별 전문성에 기초하여 종업원의 경력을 개발할 수 있다. 종업원은 경영자의 뒤를 이어 유사한 경력을 쌓아 갈 수 있기 때문에 유사한 전문성을 가지게 된다.

④ 명령체계가 조직의 최고경영층에 집중되고 의사결정이 집권화 되기 때문에 최고경영자의 지휘와 통제가 용이하게 된다.

⑤ 기능부서 내에서 커뮤니케이션과 조정이 원활하다.

⑥ 기술적 문제의 해결능력이 탁월하다. 즉, 기능별 조직에서는 뛰어난 기술을 가진 기능적 전문가가 많기 때문에 조직 내에서 기술적 문제가 발

그림 9-4 기능조직

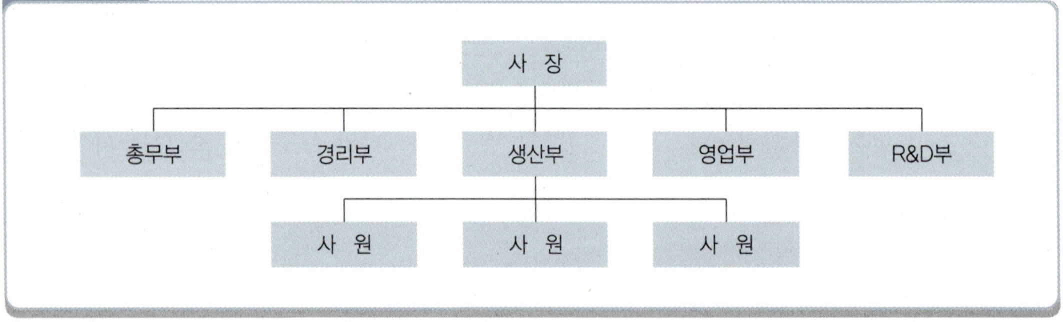

▶▶ 표 9-1 • 기능별 조직의 장단점

장 점	단 점
자원의 효율적 사용 및 규모의 경제 심도 있는 기술훈련과 기술개발 기능부서 내에서의 경력 개발 최고경영자의 지휘 및 통제 용이 기능부서 내에서의 커뮤니케이션과 조정 원활 고도의 기술적 문제 해결 능력	외부 환경변화에 대한 대응 및 혁신 지연 기능부서간의 커뮤니케이션 단절 및 조정 문제 의사결정권한의 최고경영층 집중 및 창의력 약화 조직 전체의 목표에 대한 관심 결여

생하면 언제든지 쉽게 해결할 수 있다.

이와 달리, 기능별 조직은 다음과 같은 단점을 가지고 있다.

① 외부 환경의 변화에 신속하게 대응하지 못하고, 경영혁신이 지연되는 사례가 많다.

② 종업원들이 기능부서별로 근무하기 때문에 기능부서 내에서는 커뮤니케이션이 원활하지만, 기능부서 간에는 커뮤니케이션이 단절되는 경우가 많다. 이에 따라 갈등과 조정문제가 자주 발생한다.

③ 의사결정권한이 최고경영층에 집중되기 때문에 종업원들의 창의력이 약화된다.

④ 종업원들의 직무가 기능부서를 중심으로 전문화되기 때문에 조직 전체의 목표에 대한 관심이 결여되기 쉽다.

3.3 사업부별 부서화와 사업부 조직

사업부별 부서화(divisional departmentalization)는 제품, 고객, 지역, 프로젝트 등을 기준으로 종업원들의 직위를 집단화하여 조직을 몇 개의 부서로 구분하는 것을 말한다. 그 결과로 탄생한 사업부 조직(divisional organization)은 동태적인 환경의 변화에 신속하게 대응할 수 있는 조직 형태이다. 예를 들어, 미국의 AT&T사는 컴퓨터 사업을 처음에는 기능조직으로 편성하였으나, 격심한 경쟁, 새로운 기술 등장, 소비자 욕구 다양화와 같은 동태적인 환경 변화에 신속히 대응하기 위해 사업부 조직으로 개편하였다.

대기업은 거의 필수적으로 사업부 조직을 편성하고 있다. 대기업은 다양한 사업부를 편성하여, 고객에게 다양한 서비스를 제공하고, 사업부마다 상이

한 기술을 사용하며, 상이한 시장에 제품을 판매할 수 있도록 독자적인 경영권을 부여하고 있다. 그러나 중소기업들은 제각기 강점과 약점이 다르기 때문에 기능조직과 사업부 조직 중에서 어느 것을 선택하기가 어려운 처지에 있다.

사업부 조직은 제품, 고객, 지역, 프로젝트와 같은 편성기준에 따라 여러 가지 형태로 구분된다. 먼저, 제품별 사업부(product division)는 기업이 생산 또는 판매하는 제품이나 서비스를 기준으로 편성한 사업부이다. 이는 전자, 자동차, 철강과 같은 대기업에서 흔히 볼 수 있다. 고객별 사업부(customer division)는 특정한 고객이나 소비자를 기준으로 편성한 사업부이다. 예를 들어, 의류업체는 고객을 아동, 청소년, 신사, 숙녀로 구분하여 사업부를 편성한다. 지역별 사업부(regional division)는 기업이 활동하는 특정 지역을 기준으로 편성한 사업부이다. 다국적기업들은 국내와 해외로 구분하고, 해외는 미주, 유럽, 아시아, 아프리카 등으로 구분하여 지역별 사업부를 편성한다. 기업이 기술혁신이나 환경변화에 신속히 대응하기 위해서는 태스크 포스(task force)나 태스크 팀(task team)과 같은 프로젝트 조직(project organization)이 필요한데, 프로젝트 조직도 사업부 조직과 유사하게 운영된다.

[그림 9-5]는 사업부 조직을 나타낸다. 기능조직과 사업부 조직을 비교할 때, 중요한 차이점은 명령체계가 계층구조를 따라 내려가는 형태가 다르다는 점이다. 즉, 기능조직에서는 명령체계가 사장으로부터 기능부서로 직접 연결되는데 반에, 사업부 조직에서는 사장으로부터 사업부를 거쳐 기능부서로 연결된다. 그 결과, 기능조직에서는 총무부, 생산부, 영업부간의 의견차이가 사장 수준에서 조정되는 반면에, 사업부 조직에서는 각 사업부 수준에서 대부분 조정된다. 따라서 사업부 조직은 분권화를 촉진시킨다.

그림 9-5 사업부 조직

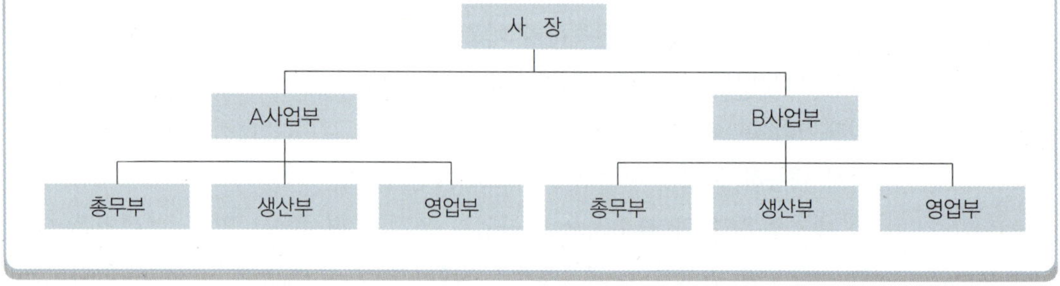

사업부 조직은 〈표 9-2〉와 같은 장단점을 가지고 있다. 먼저, 사업부 조직의 장점을 살펴보면 다음과 같다.

① 조직의 자원과 종업원이 사업부로 세분되어 외부 환경에 전진 배치되기 때문에 환경변화에 신속하고 유연하게 대응할 수 있다.
② 종업원들이 하나의 제품생산라인에 전속 배치되기 때문에 고객의 욕구에 관심을 기울일 수 있다.
③ 계층구조상 동일한 사업부에 속한 기능부서 간에는 조정이 쉽다.
④ 최고경영자가 사업부별 성과를 쉽게 파악할 수 있다. 사업부는 독자적인 경영권을 가지고 있기 때문에 성과가 부진할 경우에는 사업부 경영자가 문책을 받는다.
⑤ 종업원들은 사업부의 목표에 더 많은 관심을 기울인다.

이와 달리, 사업부 조직은 다음과 같은 단점을 가지고 있다.

① 조직의 자원이 각 사업부에 이중적으로 배분된다. 따라서 사업부를 운영하는데 많은 비용이 소요된다. 예를 들어, R&D 부서를 기업 전체적으로 운영하지 않고, 사업부별로 운영하면 자원이 이중적으로 배분되어 운영비용이 증가한다.
② 사업부내의 각 기능부서는 소규모이기 때문에 기술개발과 전문화가 어렵다.
③ 사업부내에서는 조정이 쉽지만 사업부 간에는 조정이 어렵다.
④ 사업부는 독자적인 경영권이 있기 때문에 최고경영자가 기업 전체적인 통제력을 발휘하기가 어렵다.
⑤ 사업부간에 자원 확보 경쟁이 벌어질 가능성이 많다.

그리고 프로젝트 조직은 특수한 프로젝트를 성공적으로 추진하기 위해 사

▶▶ **표 9-2 • 사업부 조직의 장단점**

장 점	단 점
환경변화에 신속하고 유연한 대응 고객의 욕구에 대한 관심 강화 사업부 내 기능부서간의 조정 용이 최고경영자의 사업부별 성과파악 용이 사업부 목표에 대한 관심 강화	사업부간의 이중적 자원 배분 사업부내의 기술 개발과 전문화 약화 사업부간의 조정 곤란 최고경영자의 통제력 약화 사업부간의 자원 확보 경쟁

그림 9-6 프로젝트 조직

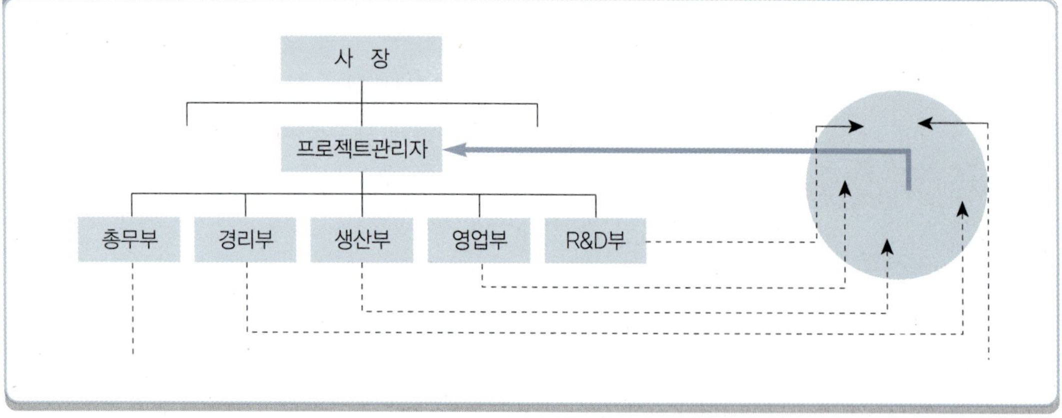

업부 조직을 응용한 형태라고 할 수 있다. [그림 9-6]은 프로젝트 조직을 나타낸다. 프로젝트 조직은 총무부, 경리부, 생산부, 영업부, R&D부와 같은 기능부서에서 차출된 인력으로 구성되며, 프로젝트가 완성되면 원래 소속 부서로 복귀시키고, 프로젝트 관리자는 전적으로 그 프로젝트의 성공 여부에 책임을 져야 한다.

3.4 행렬식 부서화와 행렬조직

행렬식 부서화(matrix departmentalization)는 기능별 및 부서별 명령체계를 이중적으로 사용하여 조직을 몇 개의 부서로 구분하는 것을 말한다. 그래서 행렬조직(matrix organization)은 기능조직과 사업부 조직을 서로 결합시킨 것과 같다.

[그림 9-7]은 행렬조직을 나타낸다. 이 그림에서 기능별 명령체계는 계층구조를 따라 종적으로 내려가고 사업부별 명령체계는 횡적으로 연결된다. 따라서 종적인 구조는 기능부서간의 전통적인 통제관계를 나타내고, 횡적인 구조는 제품 사업부간의 조정관계를 나타낸다. 다시 말해, 행렬조직은 기능부서간 관계와 사업부간 관계를 이중적으로 결합한 조직이다.

행렬조직의 성공여부는 구성원들이 각자의 역할을 성공적으로 수행할 수 있느냐에 달려 있다. 행렬조직에서는 각 구성원이 이중적 명령체계(dual chain of command)에 따라 두 사람의 상사(two boss)에게 이중적으로 보고해야 한

그림 9-7 행렬조직

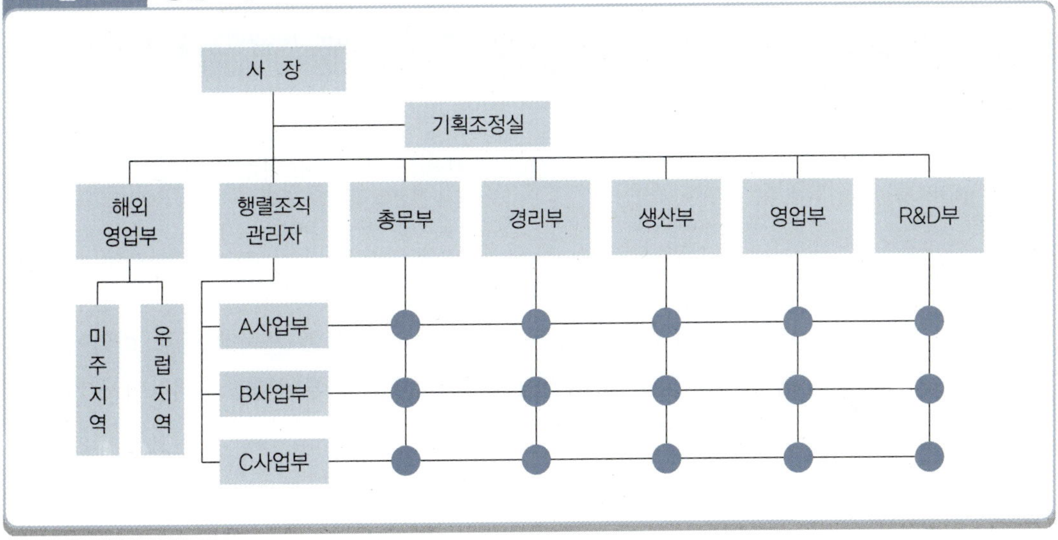

다. 이중적 보고체계는 명령통일의 원칙에 위배되지만, 권한의 기능적 라인과 사업부 라인을 동일하게 강조하기 위해 필요하다. 이중적 명령체계를 구분해 보면, 이중적 보고체계를 이해하는데 도움이 된다. 먼저, 기능부서의 상사는 품질기준 설정, 기술적 훈련 실시, 기술인력 배치와 같은 기술 및 인사 문제에 책임이 있는 반면에, 사업부의 상사는 제품 디자인 결정, 생산 스케줄 설정과 같은 사업부 문제에 책임이 있다. 그러나 행렬조직에서는 종업원들이 두 명의 상사에게 이중으로 보고해야 하고, 두 명의 상사로부터 상충된 지시를 받기도 한다.

행렬조직은 〈표 9-3〉과 같은 장단점을 가지고 있다. 먼저, 행렬조직의 장점을 살펴보면 다음과 같다.

① 단일 계층구조보다 조직의 자원을 더 효율적으로 사용할 수 있다. 특히, 전문가가 사업부간에 이동되기 때문에 인적자원을 더 효율적으로 사용할 수 있다.

② 환경변화에 유연하게 대응할 수 있다.

③ 일반적 경영기술과 전문적 기술을 개발할 기회가 많다. 특히, 글로벌 행렬조직에서는 심도 있는 훈련과 전문화가 가능하다.

④ 다른 프로그램이나 사업부와 폭넓은 협조가 요구되며, 그 과정에서 모든 사업부에 적합한 전문가를 양성할 수 있다.

▶▶ 표 9-3 • 행렬조직의 장단점

장 점	단 점
단일 계층구조보다 자원의 효율적 사용 환경변화에 대한 유연한 대응 일반적 경영기술과 전문적 기술의 개발 폭넓은 협조와 모든 사업부에 적합한 전문가 양성 종업원의 직무확대	이중적 명령체계에 따른 혼란 행렬조직의 종축과 횡축간의 심한 갈등 갈등 해결과 회의와 토의로 인한 시간손실 인간관계 훈련의 필요성 증대 행렬조직의 한 측면에 의한 권력 지배

⑤ 종업원들이 사업부의 목표를 달성하기 위한 프로젝트 팀 회의에 자주 참여하게 되고, 그 과정에서 동기유발이 이루어지고 도전감이 생기며 직무확대가 이루어진다.

이와 달리, 행렬조직은 다음과 같은 단점을 가지고 있다.

① 이중적 명령체계에 따라 혼란이 야기될 수 있다.
② 행렬조직의 종축과 횡축간에 심한 갈등이 발생할 수 있다. 특히, 기능부서와 사업부의 목표가 불일치할 경우에는 심한 갈등이 발생한다.
③ 갈등 해결과 수많은 회의와 토의로 인해 시간 손실이 많다. 즉, 행렬조직의 종축과 횡축간에 목표와 관점이 서로 다를 경우에는 실천에 앞서서 회의와 토의를 하는데 많은 시간이 소비된다.
④ 종업원들이 두 명의 상사에게 보고하고 행렬조직의 종축과 횡축간의 갈등을 헤쳐 나가기 위해서는 다양한 인간관계 훈련이 필요하다.
⑤ 행렬조직의 기능부서와 사업부간에 균형 있는 권력관계가 유지되지 못하면 한 쪽이 다른 쪽을 지배하게 된다.

3.5 팀별 부서화와 팀 조직

팀별 부서화(team departmentalization)는 팀의 개념을 도입하여 조직을 몇 개의 팀으로 구분하는 것을 말한다. 기능조직과 비교할 때, 팀 조직(team organization)은 환경의 변화에 신속하게 대응할 수 있다. 기능조직은 수직적 명령체계를 통해 강력한 통제력을 행사할 수 있는 장점이 있으나, 권한과 책임이 최고경영자에게 지나치게 집중되기 때문에 환경의 변화에 신속하게 대응하지 못하는 약점이 있다. 그래서 최근에는 권한과 책임을 하부로 위양할 수 있

그림 9-8 **팀 조직**

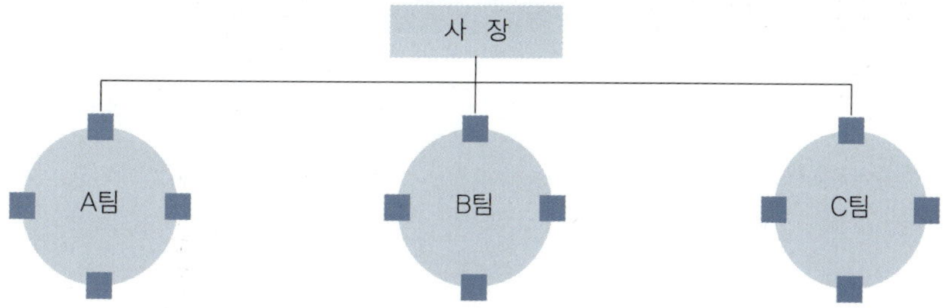

는 팀 조직을 많이 활용하고 있다. 또한 팀 조직은 경쟁적인 글로벌 환경에 보다 유연하게 대응할 수 있는 장점이 있다. [그림 9-8]은 팀 조직을 나타낸다.

팀 조직은 다양한 형태로 발전하고 있으나 여기서는 교차기능 팀과 영구 팀을 소개한다. 교차기능 팀(cross-functional teams)은 한 두 기능부서가 대응할 수 없는 폭넓은 지식과 경험이 요구되는 복잡한 과제를 해결하기 위해 다양한 기능부서에서 교차적으로 차출한 인력으로 구성한 팀을 말한다. 팀원들은 원래 소속된 기능부서에 보고책임이 있을 뿐만 아니라, 새로 구성된 교차기능 팀에도 보고책임이 있다. 예를 들어, 미국의 Compaq은 교차기능 팀을 구성하여 IBM의 슈퍼 PC에 대응한 Deskpro 286을 개발한 바 있다.

영구 팀(permanent teams)은 팀을 조직의 공식적인 부서로 영구적으로 운영하는 형태를 말한다. 팀원들은 동일한 장소에서 근무하며 동일한 상사에게 보고한다. Ford 자동차는 최고위층에 '사장실'이라는 이름의 영구 팀을 구성하여 2~3명의 최고경영자가 팀으로 업무를 수행하며, 우리나라 기업도 사장실 또는 회장실이라는 이름의 영구 팀을 운영하고 있다.

조직의 하위 수준에서도 다양한 형태로 영구 팀을 운영하고 있는데, 이는 팀의 규모가 아주 작다는 점을 제외하고는 사업부와 유사하다. 팀원은 20~30명이 되는데, 이들은 대부분 기능적 전문성을 가지고 있다.

팀 조직은 〈표 9-4〉와 같은 장단점을 가지고 있다. 먼저, 팀 조직의 장점을 살펴 보면 다음과 같다.

① 팀 조직은 기능별 조직의 단점을 보완할 수 있다. 특히, 교차기능 팀은 팀 조직의 장점은 물론 규모의 경제나 심도 있는 훈련과 같은 기능별 조직의 장점도 살릴 수 있다.

▶▶ 표 9-4 • 팀 조직의 장단점

장 점	단 점
기능별 조직의 단점 보완 부서간의 장벽 제거 및 협력 증대 환경변화에 신속한 대응 종업원의 팀 참여와 사기 진작 관리비용 절감	이중 보고에 따른 갈등 잦은 회의로 인한 시간과 자원의 낭비 지나친 분권화 초래

② 부서간의 장벽을 제거하고 팀원간의 협력을 증진시킬 수 있다. 팀원들은 각자의 문제점을 이해하고 공동의 목표를 달성하기 위해 서로 협력한다.

③ 대부분의 의사결정이 팀 내에서 이루어지기 때문에 환경의 변화나 고객의 요구에 즉각 대응할 수 있다.

④ 종업원들이 팀에 참여하여 새로운 프로젝트를 공동으로 수행함에 따라 과업에 대한 열정과 사기가 진작된다.

⑤ 관리비용이 크게 절감된다. 팀 조직에서는 권한과 책임이 하부로 대폭 위양되기 때문에 중간관리자의 수가 대폭 감소하여 관리비용이 크게 절감된다.

이와 달리, 팀 조직은 다음과 같은 단점을 가지고 있다.

① 종업원들이 팀 조직에 참여함으로써 새로운 과업에 대한 열정과 사기가 진작되는 반면에, 이중 보고에 따른 갈등을 겪게 된다. 특히, 교차기능 팀의 팀원들은 원래의 기능부서에도 보고를 해야 하기 때문에 이중 보고에 따른 갈등을 겪게 된다.

② 잦은 회의와 업무조정에 따른 시간과 자원의 낭비가 크다.

③ 팀 조직은 지나친 분권화를 초래할 수 있다. 특히, 팀원들은 팀 중심으로 생각하고 기업 전체를 보지 못하는 경향이 있기 때문에 최고경영자는 팀과 조직 간에 균형감각을 유지해야 한다.

3.6 네트워크 부서화와 네트워크 조직

네트워크 부서화(network departmentalization)는 조직의 핵심영역을 제외한 주요 기능을 분리시켜 독립 기업을 설립한 다음, 이들 독립기업과 핵심영역을 정보통신 네트워크로 연결시키는 것을 말한다. 따라서 네트워크 조직(network organization)은 정보통신 네트워크를 통해 여러 조직을 연결시킨 조직 형태가 된다. 즉, 네트워크 조직은 기업의 핵심영역과 외부의 R&D회사, 제조회사, 마케팅회사, 광고회사, 회계법인 등을 정보통신 네트워크로 연결한 조직 형태를 말한다. 이러한 네트워크 조직은 패션산업, 영화산업, 생명공학산업과 같이 기술진보가 빠르거나 소비자욕구가 급격히 변화하는 산업에 적합하다.

네트워크 조직은 매우 혁신적인 조직 형태이다. 왜냐하면 네트워크 조직에서는 전통적 관점에서 '조직이 어디에 있느냐?' 라는 질문에 답변하기가 매우 곤란하기 때문이다. 네트워크 조직은 핵심영역만 보유하고, R&D, 생산, 마케팅, 광고, 회계와 같은 나머지 관리기능은 외부의 전문회사와 계약을 체결하여 네트워크를 형성한다.

글로벌 네트워크 조직(global network organization)은 네트워크 조직의 개념을 범세계적으로 적용한 조직을 말한다. 즉, 글로벌 네트워크 조직은 조직의 국제화 정도가 최고로 발달한 조직 형태이며, 국적의 개념이 없는 세계화된 조직이다. 글로벌 네트워크 조직에서는 생산, R&D, 마케팅, 재무, 회계, 인적자원관리와 같은 관리기능을 국경을 초월하여 수행한다. 미국의 GE, 일본의 Honda, 한국의 삼성전자, 현대자동차, LG전자 등은 글로벌 네트워크 조직의 개념을 도

그림 9-9 글로벌 네트워크 조직

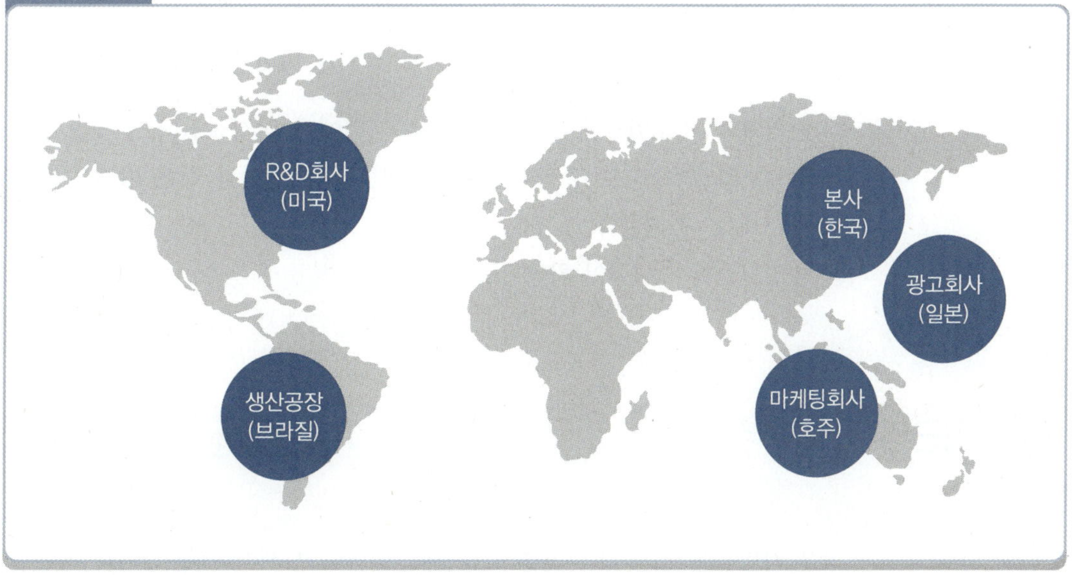

▶▶ 표 9-5 • 네트워크 조직의 장단점

장 점	단 점
글로벌 경쟁에 유리 적은 자산과 인원으로 기업 운영 가능 시간과 공간상의 제약 극복 관리비용 절감	외부기업에 대한 직접적인 통제 불가능 종업원의 충성심 약화

입하고 있다.

[그림 9-9]는 글로벌 네트워크 조직을 나타낸다. 이 그림은 핵심영역을 관리하는 본사를 한국에 둔 글로벌 기업이 미국의 R&D회사에 기술용역을 주고, 일본의 광고회사에 광고용역을 주며, 생산은 브라질에서 하여, 호주의 마케팅회사를 통해 제품을 소비자에게 판매하는 모습을 보여준다.

네트워크 조직은 〈표 9-5〉와 같은 장단점을 가지고 있다. 먼저, 네트워크 조직의 장점을 살펴보면 다음과 같다.

① 세계시장의 변화에 신속하게 대응할 수 있기 때문에 글로벌 경쟁에서 유리하다.
② 적은 자산과 인원으로 기업을 운영할 수 있다.
③ 정보통신 네트워크를 통해 시간과 공간의 제약을 극복할 수 있다.
④ 대규모의 경영자와 스탭 전문가를 보유할 필요가 없기 때문에 관리비용이 절감된다.

이와 달리, 네트워크 조직은 다음과 같은 단점을 가지고 있다.

① 경영자가 네트워크에 참여하는 외부 기업에게 직접적인 통제력을 행사할 수 없다. 그래서 경영자는 계약 갱신, 조정, 협상과 같은 방법으로 외부 기업을 통제한다.
② 종업원들의 충성심이 약하다.

04 최근의 조직화 추세

많은 사람들은 조직이 피라미드 모양을 닮았다고 생각한다. 그러나 최근에 조직의 형태가 바뀌고 있다. 급격한 환경변화에 유연하게 적응하고 구성원들의 적극적인 참여를 유도하기 위해 조직화 방식이 달라지고 있다.

4.1 명령체계 단축

조직의 규모가 커지면서 조직계층이 많아지고 조직의 명령체계는 점점 길어진다. 그러나 조직의 명령체계가 길어지면 상하 커뮤니케이션에 더 많은 시간이 걸리고 정확성도 떨어진다. 이와 달리, 조직계층을 축소시켜 명령체계를 단축시키면 급격한 환경변화에 민첩하게 대처할 수 있다. 따라서 최근에는 명령체계가 긴 고층조직을 명령체계가 짧은 평면조직으로 개편하는 사례가 늘어나고 있다.

4.2 관리 범위 확대

경영자가 몇 명의 부하를 가장 효과적으로 감독할 수 있느냐에 대한 정답은 없다. 그러나 최근에 관리 범위가 점점 확대되는 추세를 보이고 있다. 구성원들의 능력이 향상되고 자율성 욕구가 증가되고 있는 데다 명령체계가 단축되면서 조직구조가 평면화되는 추세에 따라 경영자가 감독하는 부하의 수는 늘어나고 있다.

4.3 명령통일의 원칙 완화

부하가 한 명의 상사로부터 명령을 받아야 한다는 명령통일의 원칙도 점점 완화되는 추세를 보이고 있다. 복잡하게 얽힌 과업을 효과적으로 수행하기 위해서는 행렬 조직이나 팀 조직이 필요하다. 또 조직의 국제화에 따라 글로벌 네트워크 조직이 폭넓게 활용되고 있다. 따라서 명령통일의 원칙이 완화되어, 부하가 두 명 이상의 상사로부터 명령을 받는 사례가 늘어나고 있다.

4.4 권한위임 확대

전통적으로 조직의 권한은 소수의 경영자에게 집중되어야 조직을 효과적으로 경영할 수 있다고 생각해 왔다. 그러나 급속한 환경변화에 따라 신속한 의사결정이 요구되고 있고, 문제가 발생한 현장에서 오히려 정확한 해결책을 찾아낼 수 있다는 생각을 갖게 되었다. 또한 종업원들이 성숙되어 스스로 의사결정을 할 수 있는 능력을 갖추게 되었다. 따라서 권한위임이 확대되고 있으며, 종업원들에게 힘을 실어주려는 노력이 강화되고 있다.

4.5 분권화와 집권화의 동시 추구

권한위임과 분권화가 이루어졌다고 해서 경영자가 모든 것을 부하들에게 맡기고 팔짱만 끼고 있어서는 안 된다. 경영자는 여전히 부하들이 업무를 어떻게 수행하고 있는가를 주의 깊게 살피고, 문제점이 발견되면 적절한 조치를 취해야 한다. 경영자는 상당한 권한을 부하에게 넘겨주더라도 경영정보시스템을 통해 업무진행 상황을 면밀히 파악하고, 문제가 발생하면 신속하게 개입하여 해결할 수 있어야 한다. 따라서 최근의 조직화 추세는 분권화와 집권화를 동시에 추구하는 방향으로 진행되고 있다.

4.6 스탭 역할 축소

조직의 구성원은 그 역할에 따라 라인과 스탭으로 구분된다. 라인은 생산이나 판매와 같이 조직의 목표를 달성하는 데 주축이 되는 역할을 담당하는 반면에, 스탭은 전문적 지식이나 기술을 통해 라인의 활동을 지원하는 역할을 담당한다. 기업의 규모가 증가하고 업무가 복잡해짐에 따라 스탭의 역할이 증가되어 왔으나 조직의 효율성이 떨어질 정도로 비대해진 경우도 있다. 최근에는 스탭의 역할이 축소되는 추세를 보이고 있다. 이는 구조조정을 통해 생산성을 향상시키고 현장 위주의 자율적 의사결정을 강화하기 위한 노력으로 이해할 수 있다.

>>> 요약 s·u·m·m·a·r·y

조직은 특정한 목적을 달성하기 위해 협동적으로 노력하는 사람의 집합체를 말하고, 조직화는 조직의 전략적 목표를 달성하기 위해 조직의 자원을 배분하여 조직의 틀을 짜는 과정을 말한다. 그리고 조직구조는 조직화로 얻어진 산물로서, 조직의 목표를 달성하기 위해 세분화시킨 과업과 부서, 직위나 권한관계 등을 구조적으로 짜놓은 틀을 말한다.

전문화는 조직의 다양한 업무를 개별적인 과업으로 분화시키는 과정을 말하며, 분업이라고도 한다. 전문화는 직무설계와 부서화를 통해 이루어진다. 직무설계는 조직의 과업을 세분하여 종업원 개인에게 과업을 배정하는 과정을 말하고, 부서화는 세분화된 과업을 일정한 기준에 따라 유사한 것끼리 묶어 과업군을 형성하고, 그 과업군을 관리하는 부서를 설치하는 과정을 말한다.

명령체계는 조직의 각 계층을 수직적으로 연결하는 권한의 연결선으로, 이는 누가 누구에게 책임이 있는가를 나타낸다. 명령체계는 명령통일의 원칙 및 계층연쇄의 원칙과 밀접한 관계가 있다. 전자는 부하가 한 명의 상사로부터 명령을 받아야 한다는 원칙이고, 후자는 조직의 각 계층이 단절 없이 연결되어야 한다는 원칙이다.

권한은 경영자가 조직의 목표 달성을 위해 명령을 내리고 자원을 배분할 수 있는 공식적인 권리를 말하고, 책임은 구성원들이 할당받은 과업을 책임지고 수행할 의무를 말한다. 권한과 책임은 동전의 양면과 같기 때문에 양자를 같은 크기로 할당해야 한다. 그리고 권한위임은 경영자가 부하 직원에게 직무수행에 따른 권한과 책임을 위임하는 것을 말한다.

조직구조에서 라인 부서와 스탭 부서의 역할은 서로 다르다. 라인 부서는 조직의 사명과 목표를 완수하기 위해 과업을 직접 수행하며, 스탭 부서는 라인 부서에서 필요로 하는 특수한 기술을 지원하는 역할을 수행한다.

관리 범위는 한 사람의 감독자가 관리할 수 있는 부하의 수를 말하며, 통제범위라고도 한다. 고층조직에서는 계층의 수가 많고 수직적으로 길기 때문에 관리 범위가 좁은 반면에, 평면조직에서는 계층의 수가 적고 수평적으로 분산되기 때문에 관리 범위가 넓다.

집권화와 분권화는 의사결정 권한을 최고위층에 집중시킬 것인가, 아니면 하위계층에 분산시킬 것인가 하는 문제이다. 집권화는 권한을 최고위층에 집중시키는 것을 말하고, 분권화는 권한을 하위계층으로 위임시키는 것을 말한다. 그리고 공식화는 종업원을 지시하고 통제하기 위한 정책, 규칙, 절차, 직무기술서, 규율 등을 문서화하는 것을 말한다.

조직의 부서화는 일정한 기준에 따라 조직을 몇 개의 부서로 구분하는 것을 말하며, 5가지 방법이 많이 사용된다. 전통적인 부서화 방법으로 기능별, 사업부별 및 행렬식 부서화가 있고, 최근에는 팀별 및 네트워크 부서화가 도입되고 있다.

기능별 부서화는 유사한 기술, 전문성, 자원 사용 등을 기준으로 조직을 몇 개의 부서로 구분하는 것을 말한다. 예를 들어, 인사부, 생산부, 마케팅부는 기능부서이다. 사업부별 부서화는 제품, 고객, 지역, 프로젝트 등을 기준으로 조직을 몇 개의 부서로 구분하는 것을 말하며, 사업부 조직은 동태적인 환경 변화에 신속하게 대응할 수 있는 장점이 있다.

행렬식 부서화는 기능별 및 부서별 명령체계를 이중적으로 사용하여 조직을 몇 개의 부서로 구분하는 것을 말하며, 행렬조직은 기능조직과 사업부 조직을 서로 결합한 형태이다.

팀별 부서화는 조직을 몇 개의 팀으로 구분하는 것을 말하며, 팀 조직은 환경의 변화에 신속하게 대응할 수 있는 장점이 있다. 네트워크 부서화는 조직의 핵심영역을 제외한 주요 기능을 분리시켜 독립 기업을 설립한 다음, 이들 독립기업과 핵심영역을 정보통신 네트워크로 연결시키는 것을 말한다. 특히, 글로벌 네트워크 조직은 네트워크 조직의 개념을 범세계적으로 적용한 조직이다.

조직은 일반적으로 피라미드 모양을 닮았다고 생각한다. 그러나 최근에 급격한 환경변화에 유연하게 적응하고 구성원들의 적극적인 참여를 유도하기 위해 조직화 방식이 달라지고 있다. 명령체계가 단축되고, 관리 범위가 확대되고 있으며, 명령통일의 원칙이 완화되고 있다. 또 권한위임이 확대되고, 분권화와 집권화가 동시에 추구되며, 스탭의 역할이 축소되는 경향이 있다.

>>> 연습문제 e·x·e·r·c·i·s·e

01 조직이란 무엇이며 조직화란 무엇인가?

02 조직도는 어떤 정보를 제공하는가?

03 전문화란 무엇이며 어떤 방법으로 하는가?

04 명령체계란 무엇이며 명령통일의 원칙 및 계층연쇄의 원칙과 어떤 관계가 있는가?

05 권한과 책임은 어떤 관계가 있으며 권한위임이란 무엇인가?

06 라인과 스탭의 역할은 어떻게 다른가?

07 관리 범위란 무엇이며 어떤 요인에 의해 영향을 받는가?

08 고층조직과 평면조직이란 무엇이며 관리 범위와 어떤 관계가 있는가?

09 집권화와 분권화란 무엇이면 어떤 요인에 의해 영향을 받는가?

10 부서화란 무엇이며 어떤 방법이 있는가?

11 기능별 부서화란 무엇이며 기능조직은 어떤 장단점이 있는가?

12 사업부별 부서화란 무엇이며 사업부 조직은 어떤 장단점이 있는가?

13 행렬식 부서화란 무엇이며 행렬 조직은 어떤 장단점이 있는가?

14 팀별 부서화란 무엇이며 팀 조직은 어떤 장단점이 있는가?

15 네트워크 부서화란 무엇이며 네트워크 조직은 어떤 장단점이 있는가?

16 최근에 조직화는 어떤 방향으로 이루어지고 있는가?

우리가 진정으로 좋은 날씨를 느끼려면
그것이 오랜 동안의 악천후 뒤에 와야만 한다.
마찬가지로 우리는 불경기를 겪고 나서야 비로소 호경기를 감사할 줄 안다.

– 폴 투르니에, 창조적 고통 –

MANAGEMENT

chapter

10 조직 설계

이 장에서는 조직의 전략적 목표를 달성하기 위해 조직설계는 어떻게 해야 하는가? 조직설계란 무엇이며 어떤 특징을 가지고 있는가? 기계적 조직과 유기적 조직이란 무엇이며 어떤 특징을 가지고 있는가? 그리고 어떤 상황요인이 조직설계에 영향을 미치는가를 설명한다.

01 조직설계의 개념

조직설계(organizational design)란 조직의 목표를 달성하는 데 가장 적합한 조직의 형태를 설계하는 과정을 말한다. 다시 말해, 조직설계는 개인의 직무를 어떻게 설계할 것인가, 부서를 어떻게 편성할 것인가, 어디에 얼마만큼의 권한을 부여할 것인가, 규칙과 절차는 어느 정도로 제정할 것인가, 조정은 어떤 방식으로 할 것인가, 커뮤니케이션은 어떤 방식으로 할 것인가 등을 종합적으로 고려하여 조직의 목표를 달성하는 데 가장 적합한 조직의 형태를 설계하는 과정을 말한다. 조직설계의 궁극적인 목적은 조직의 목표를 달성하는 데 있으므로, 조직설계는 조직의 목표를 달성하기 위한 문제해결 과정으로 이해해야 한다.

기업들은 조직 내의 팀웍과 창의력을 증진시키고, 제품개발주기를 단축시키며, 고객에 대한 서비스를 개선하고, 전반적인 생산성을 제고시키기 위해 조직의 형태를 끊임없이 변화시키고 있다. 대부분의 경영자들도 양질의 제품과 서비스를 시장에 공급하고, 내부적인 협력관계를 증진시키며, 지속적인 경영혁신을 통해 경영성과를 향상시키기 위해서는 조직의 형태를 기계적 조직에서 유기적 조직으로 변화시킬 필요성을 인식하고 있다.

연구결과에 의하면, 조직설계는 다음과 같은 특징이 있는 것으로 밝혀졌다.

① 조직설계는 조직의 효율성, 유연성과 같은 조직의 성과에 장기적으로 영향을 미친다.

② 조직설계는 조직과 환경간의 적합관계에 대한 관리적 시각을 제시해 준다. 즉, 조직이 끊임없이 변화하는 환경과 적합관계를 갖기 위해서는 조직의 형태를 계속 변화시킬 수밖에 없다.

③ 조직설계는 조직이 존속하는 한 반복적으로 이루어져야 하는 미래지향적인 활동이다. 즉, 조직설계는 무엇이 필요하고, 무엇이 가치 있으며, 무엇이 가능한가를 반복적으로 검토하는 미래지향적인 활동이다.

02 기계적 조직과 유기적 조직의 설계

조직설계를 위한 기본적인 관점은 기계적 조직으로 설계할 것인가 유기적 조직으로 설계할 것인가 하는 점이다. 여기서는 어떤 상황에서 기계적 조직 또는 유기적 조직이 유리한가를 설명한다.

2.1 기계적 조직과 유기적 조직의 특징

기계적 조직의 특성은 독일의 베버(Max Weber)가 제안한 관료조직에서 쉽게 찾아 볼 수 있다. 관료조직(bureaucratic organization)은 명확한 분업, 엄격한 계층구조, 공식적인 규칙과 절차, 능력에 기초한 승진과 같은 특징을 가지고 있다. 베버는 관료조직이 질서 있고 공정하고 효율적으로 운영될 수 있다면 가장 이상적인 조직 형태라고 주장하였다.

동사무소와 같은 관공서에 가보면, 규정된 절차에 따라 매일 거의 같은 일을 반복적으로 수행하는 것을 볼 수 있다. 주민등록등본이나 인감증명서를 떼어 달라고 하면, 누가 오든지 거의 같은 절차에 따라 처리할 뿐, 소관업무 이외의 업무에 대해서는 해당 관청에 가보라는 식으로, 돌발적으로 발생하는 업무에는 즉각적으로 대응하지 못하는 것을 볼 수 있다. 이와 같이 정형화된 규칙이나 절차에 따라 운영되는 조직을 관료조직이라 한다.

많은 사람들은 관료주의와 관료조직을 부정적으로 보고 있으며, 실제로 관료조직에는 여러 가지 한계가 있다. 규칙과 절차에 지나치게 의존하면, 조직이 경직되고 공식화되기 때문에 불확실한 환경의 변화에 신속하게 대응할 수 없다. 또한 관료조직이 거대화되면 다루기가 점점 힘들어진다. 또 상층부의 관리자가 하층부의 직원들과 접촉하기가 어려워진다. 직무가 지나치게 전문화되고 엄격한 규칙과 절차에 구속을 받게 되어 직원들의 의욕과 창의력은 떨어진다.

그러나 현대 경영학에서는 모든 조직을 관료조직의 관점보다는 상황이론의 관점에서 이해하려고 한다. 상황적 접근에 따르면, '관료조직은 어떤 상황에서 조직설계의 대안이 될 수 있는가? 만일 관료조직이 대안이 될 수 없다면 다른 대안이 있는가?' 와 같은 질문을 불러온다. 이러한 질문에 대한 대답은 1960년대 초에 영국의 번즈와 스톨커(Tom Burns and George Stalker)의 연구 결과

그림 10-1 기계적 조직과 유기적 조직의 개념도

에서 찾을 수 있다.[1)]

번즈와 스톨커는 기업의 외부환경이 어떠하냐에 따라 두 가지 서로 다른 조직이 모두 성공할 수 있다고 결론을 내렸다. 즉, 환경이 안정적일 때는 기계적 조직에 가까운 관료조직이 성공적이었으나, 환경이 불안정할 때는 유기적 조직에 가까운 비관료조직이 성공적이었다.

[그림 10-1]은 기계적 조직과 유기적 조직의 개념을 그림으로 나타낸 것이다. 이 그림에서와 같이, 기계적 조직(mechanistic organization)은 딱딱하고 엄격한 느낌을 주는 조직을 말하고, 유기적 조직(organic organization)은 유연하고 부드러우며 탄력적인 느낌을 주는 조직을 말한다. 다시 말해, 기계적 조직은 안정적인 환경에서 표준화된 규칙과 절차에 따라 기계적으로 운영되는 조직을 말하고, 유기적 조직은 불안정한 환경에서 유기적으로 운영되는 조직을 말한다. 특히, 오늘날과 같이 불확실한 환경에서는 구성원들이 유연하게 행동할 수 있는 유기적 조직이 성과가 높은 것으로 나타났다.

2.2 기계적 조직의 설계

기계적 조직의 설계는 관료조직과 닮은 모습으로 조직을 설계하는 것을 말한다. [그림 10-2]와 같이 기계적 조직은 집권적 권한과 의사결정, 많은 규칙과 절차, 상세한 분업, 좁은 관리 범위, 공식적인 조정, 수직적 커뮤니케이션과 같은 특징을 가지고 있다. 기계적 조직은 전통적인 피라미드형의 딱딱하고 엄격한 수직적 조직을 말하며, 안정적인 환경에서 성과가 높은 것으로 알려져 있다.

1) Tom Burns and George M. Stalker, *The Management of Innovation*, London: Tavistock Publication, 1961.

그림 10-2 기계적 조직과 유기적 조직의 특징

기계적 조직		유기적 조직
집권화	← 권한과 의사결정 →	분권화
많다	← 규칙과 절차 →	적다
좁다	← 관리 범위 →	넓다
전문화	← 과업 →	공유
적다	← 팀과 태스크 포스 →	많다
공식적 · 비개인적	← 조정 →	비공식적 · 개인적
수직적	← 커뮤니케이션 →	수평적

민쯔버그(Henry Mintzberg)는 기계적 조직을 [그림 10-3]과 같이 기계적 관료조직, 전문적 관료조직, 사업부적 관료조직의 세 가지로 분류하였다.[2] 이들 조직은 중간경영자수, 행정지원 스탭 수, 기술적 · 전문적 스탭 유무에 있어서 차이가 있다.

(1) 기계적 관료조직

기계적 관료조직(machine bureaucracy)은 정부기관이나 대량생산 조직에 적합하다. 구성원들은 프로그램화된 전략에 따라 전문화되고 표준화된 과업을 성공적으로 수행한다. 기계적 관료조직은 수직적 조직구조를 이루며, 계층의 수도 많고 중간경영자수도 많다. 또 조직의 부서는 기능적 부서화에 따라 편성되고 라인 경영자는 많은 스탭으로부터 지원을 받는다. 주요 의사결정 권한은 최고경영자에게 집중되어 있고 분권화는 매우 취약하다.

기계적 관료조직은 단순하고 안정된 환경에 가장 적합하다. 최근에는 컴퓨터와 정보기술의 발달로 중간경영자와 스탭의 수가 많이 감소하는 추세를 보이고 있다.

(2) 전문적 관료조직

전문적 관료조직(professional bureaucracy)은 대학이나 병원과 같이 고도로 훈련된 전문가들로 구성된 조직에 적합하다. 전문가들은 상당히 자율적으로 업

2) Henry Minzberg, *The Structure of Organization*, New Jersey: Prentice-Hall, Inc., 1970.

그림 10-3 기계적 조직의 유형

(a) 기계적 관료조직

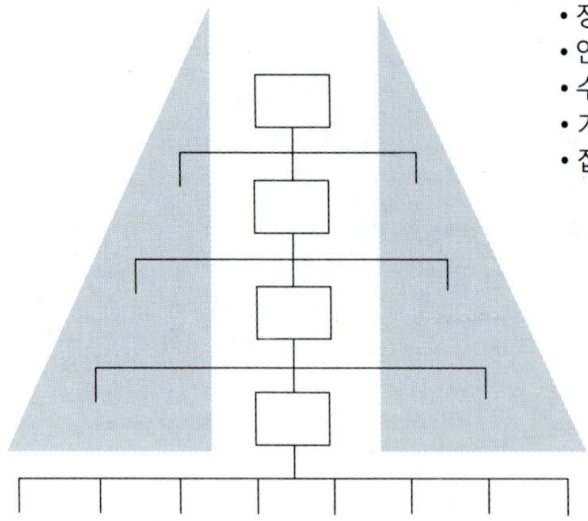

(b) 전문적 관료조직

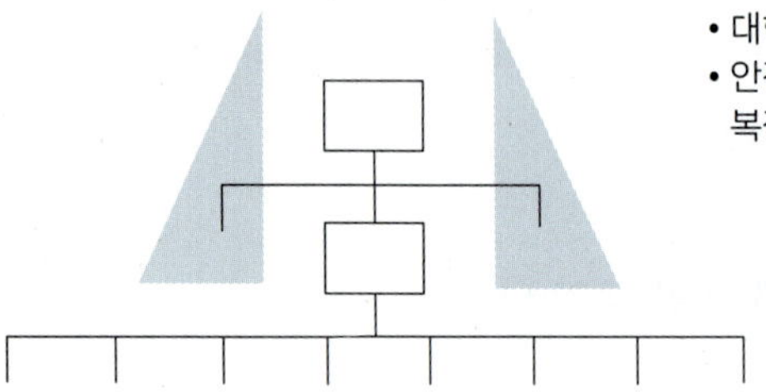

(b) 사업부적 관료조직

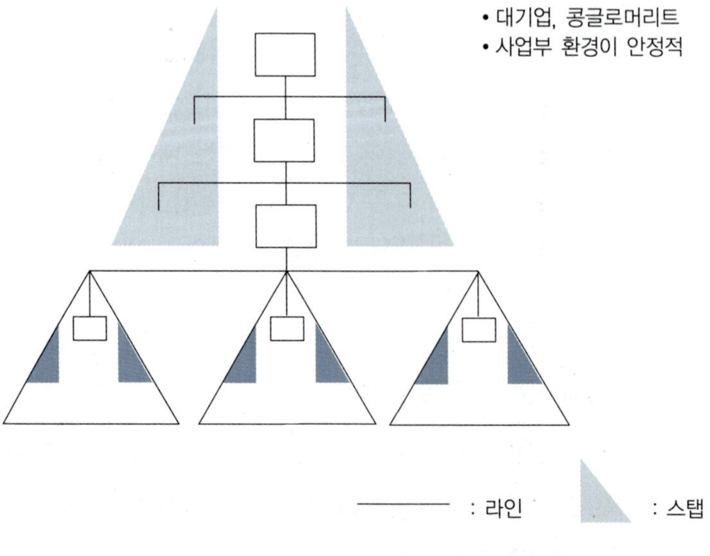

무를 수행하며, 자신의 전문적 영역에서 자율적으로 의사결정을 할 수 있다. 다양한 스탭이 전문가들의 업무를 지원하고 행정업무를 처리한다. 중간경영자는 비교적 소규모로 운영된다. 전문적 관료조직은 안정적이기는 하지만 복잡한 환경에 가장 적합하다.

(3) 사업부적 관료조직

사업부적 관료조직(divisionalized bureaucracy)은 전체 조직에서 상당히 자율적으로 운영되는 수많은 사업부로 부서화된 조직을 말한다. 제품, 고객, 지역에 따라 부서화된 각 사업부는 자체적으로 기계적 관료조직을 형성하고 있다. 이들 사업부는 기업 전체 차원의 다양한 스탭으로부터 지원을 받는 최고경영자에 의해 조정이 이루어진다.

사업부적 관료조직은 대기업, 특히 삼성전자, GE, Apple과 같은 콩글로머리트에 적용되며, 기업의 제품시장이 잘 분산되어 있고, 사업부 차원에서 환경이 안정적일 경우에 가장 적합하다. 최근에는 컴퓨터와 정보기술의 발달로 기업 전체는 물론 사업부 차원에서도 중간경영자와 스탭의 수가 감소하고 있다.

2.3 유기적 조직의 설계

유기적 조직의 설계는 관료조직의 특성을 최소화시켜 환경에 대한 적응력이 높은 조직 형태로 설계하는 것을 말한다. [그림 10-2]와 같이 유기적 조직은 분권적 권한과 의사결정, 최소한의 규칙과 절차, 느슨한 분업, 넓은 관리 범위, 비공식적인 조정, 수평적 커뮤니케이션과 같은 특성을 가지고 있다. 유기적 조직은 유연하고 부드러우며 탄력적인 수평적 조직을 말하며, 이러한 조직에서는 많은 업무가 비공식 조직과 개인적인 접촉 네트워크를 통해 수행된다.

유기적 조직은 고도의 유연성이 요구되는 동태적 환경에 가장 적합하다. 또한 내부적 팀웍과 고객에 대한 즉각적 반응이 요구되는 새로운 창업 분야에도 적합하다.

민쯔버그(Henry Mintzberg)는 유기적 조직을 [그림 10-4]와 같이 단순 조직과 특수 조직으로 분류하였다. 이들 두 가지 조직은 라인과 스탭 유무, 계층 구조 형태, 팀웍 정도에서 차이가 있다.

그림 10-4 유기적 조직의 유형

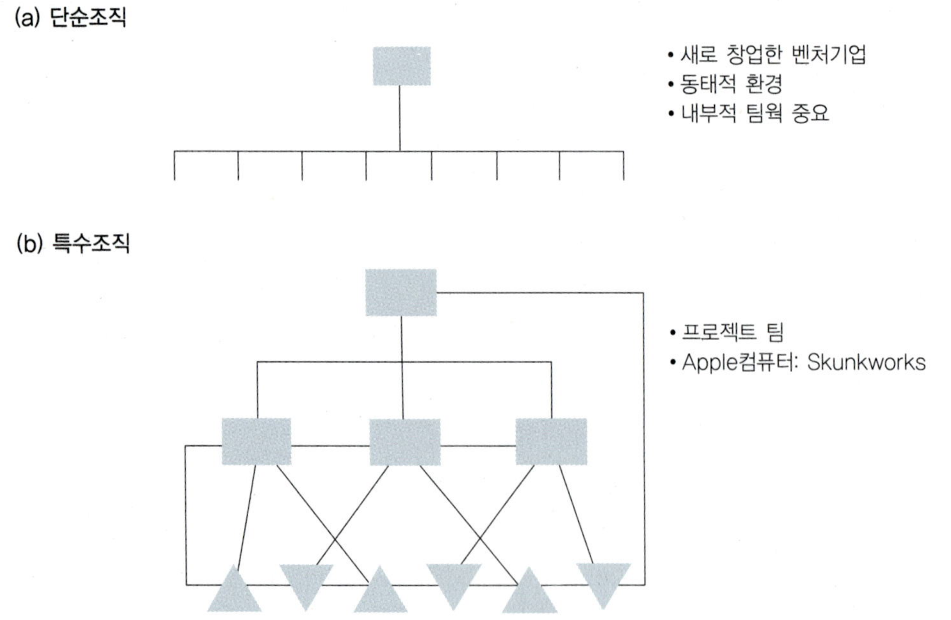

(1) 단순조직

단순조직(simple structure)은 한 두 명의 최고경영자, 없거나 한 두 명의 중간경영자, 다양한 과업을 수행하는 종업원들로 구성된 단순한 형태의 조직을 말한다. 단순조직은 새로 창업한 벤처기업에서 많이 찾아 볼 수 있다. 또 단순조직은 매우 단순하고 규모도 적기 때문에 최고경영자가 집권적인 통제력을 행사하면서도 종업원들에게 많은 재량권을 부여하고 내부적 팀웍을 강조한다. 스탭은 없거나 한 두 명 정도이며, 과업은 공식화나 표준화가 되지 않은 상태로 수행된다. 단순조직은 동태적으로 변동하는 환경에 잘 적응한다.

(2) 특수조직

특수조직(adhocracy structure)은 계층구조의 역할을 중요시하지 않는 대신에 횡적 관계를 중요시한다. 라인과 스탭이 제대로 구분되지 않으며, 구성원들은 권한보다 지식과 전문성에 기초하여 업무를 처리한다. 특수조직은 고도로 분권화 되어 있으며, 프로젝트 팀이나 수평적 조직을 편성하는 경우가 많다.

특수조직은 동태적이고 복잡한 환경에서 지속적인 혁신이 필요한 조직에 가장 적합하다. 예를 들어, 미국의 Apple 컴퓨터는 매킨토시 컴퓨터(macintosh computer)를 개발하기 위해 'skunkworks' 라는 특수조직을 운영한 바 있다.

03 조직설계의 상황요인

기계적 조직으로 설계할 것인가, 아니면 유기적 조직으로 설계할 것인가는 어떻게 판단할 수 있는가? 그 해답은 조직구조에 영향을 미치는 상황요인이 무엇인가에 따라 달라진다.

초기의 조직이론에서는 환경의 변화에 관계없이 효과적인 조직이 항상 존재한다고 생각하였다. 그러나 상황이론(contingency theory)에서는 조직이 환경으로부터 어떤 영향을 받느냐에 따라 조직의 성과가 달라진다고 주장한다. 달리 말하면, 조직이 상황에 얼마나 적합하냐에 따라 조직의 성과가 달라진다는 것이다. [그림 10-5]에서는 전략, 환경, 기술과 같은 상황요인이 조직설계에 미치는 영향을 보여준다.

그림 10-5 조직설계의 상황요인

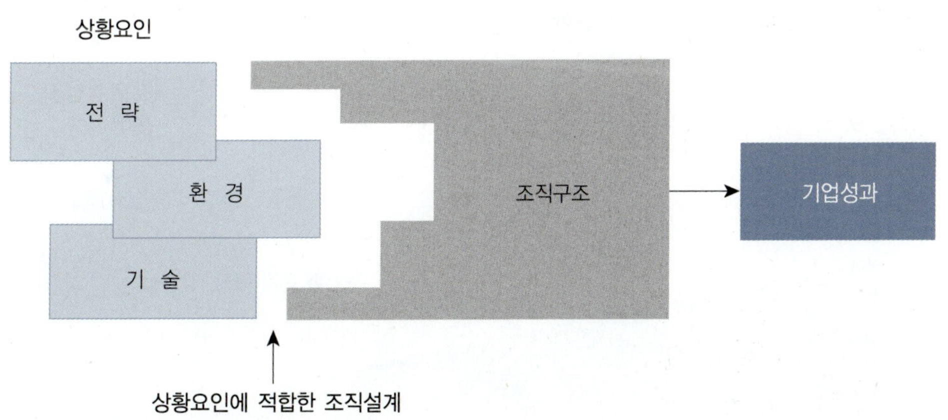

3.1 전 략

기업이 선택할 수 있는 전략은 여러 가지가 있다. 포터(Michael E. Porter)는 기업의 경쟁전략으로 차별화 전략, 원가우위 전략, 집중화 전략을 제안하였다. 기업이 차별화 전략을 선택할 경우에는 시장에서 다른 제품과 차별화될 수 있는 혁신적인 제품을 개발해야 하고, 원가우위 전략을 선택할 경우에는 내부적인 효율성을 제고시켜야 한다. 그리고 두 전략 중에서 어떤 전략을 선택하느냐에 따라 조직설계도 달라진다.

[그림 10-6]은 기업의 전략과 조직구조간의 관계를 나타낸다. 이 그림의 종축은 차별화 및 원가우위 전략과 각 전략의 목표를 나타낸다. 차별화 전략의 목표는 유연성과 혁신을 증대시키는 것이고, 원가우위 전략은 효율성과 안정성을 증대시키는 것이다. 그리고 횡축은 전략적 목표를 달성할 수 있는 조직구조의 형태를 나열하고 있다.

먼저, 원가우위 전략을 통해 조직의 효율성과 안정성 목표를 달성하기 위해서는 기능조직으로 설계해야 한다. 기능조직은 과업의 전문화와 명령체계를 통해 조직의 효율성과 안정성을 쉽게 달성할 수 있다. 이와 반대로, 차별화 전략을 통해 조직의 유연성이나 혁신 목표를 달성하기 위해서는 새로운 작업장에

그림 10-6 전략과 조직구조간의 관계

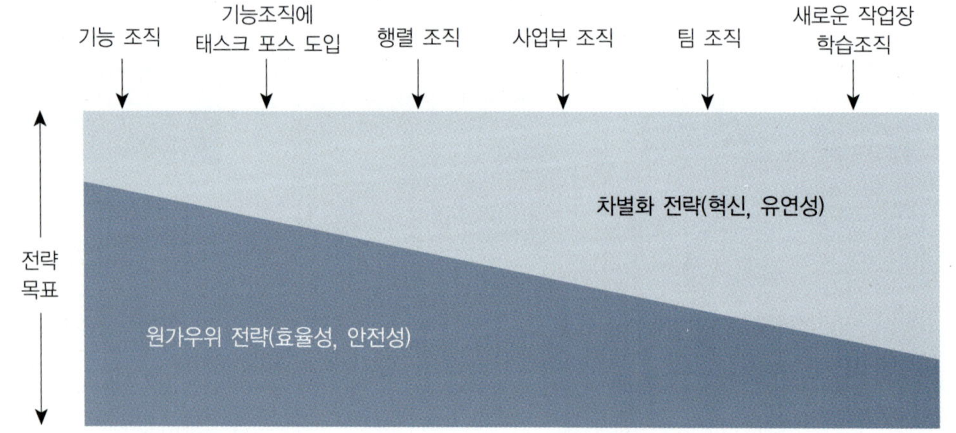

적합한 학습조직을 설계해야 한다. 다시 말해, 학습조직은 고도의 분권화를 통해 조직의 유연성과 혁신 목표를 쉽게 달성할 수 있다. 학습조직은 과업수행에 필요한 인력과 자원을 유연하게 운영하기 때문에 환경에 대한 반응속도가 가장 빠르다.

[그림 10-6]에서 기능조직과 학습조직 외에 중간에 위치한 조직도 보여준다. 먼저, 기능조직에 태스크 포스를 도입한 조직은 순수한 기능조직보다 유연성이 향상된다. 또 행렬 조직은 이중적 명령체계를 갖기 때문에 조직의 효율성과 유연성이 모두 증가된다. 그리고 사업부 조직은 팀 조직보다 유연성은 부족하지만, 특정한 제품, 고객, 지역 등에 초점을 두고 있기 때문에 차별화 전략을 실천하는 데 유리하다.

그러나 이 그림에서는 조직 형태를 모두 나타내지는 못하고 있다. 하지만, 조직구조가 어떻게 설계되어야 차별화 전략과 원가우위 전략을 성공적으로 실천할 수 있는가를 알 수 있다.

3.2 환 경

환경이 불확실하면 정확한 정보를 획득하거나 환경의 변화를 예측하기가 어렵다. 환경의 불확실성은 외부환경이 급격하게 변동하거나 복잡할 때 발생한다. 불확실한 환경은 조직에 다음과 같은 영향을 미친다.

① 부서간의 차이가 증가한다. 기업의 각 부서는 목표와 과업이 서로 다르고 환경의 영향도 다르지만, 불확실한 환경에서는 그 차이가 더 확대된다. 다시 말해, 불확실한 환경에서는 부서간의 장벽이 더 커진다.

② 부서간의 조정이 더 필요하다. 부서간의 목표와 과업의 차이를 극복하기 위해 부서를 수평적으로 연결시키기 위한 조정이 더욱 필요하게 된다.

③ 조직은 변화에 적응해야 한다. 조직은 환경에 유연하게 적응하는 자세를 취해야 한다. 제품과 기술의 변화가 심할수록 부서간의 협조가 더 필요하다. 따라서 학습조직, 팀, 태스크 포스, 수평적 정보처리 등을 조직설계에 도입하여 부서 간에 조정을 많이 해야 한다.

[그림 10-7]은 환경과 조직구조간의 관계를 나타낸다. 이 그림의 종축은 환

그림 10-7 환경과 조직구조긴의 관계

	조직구조: 기계적 조직	조직구조: 유기적 조직
불확실 (불안정)	**부적합** • 불확실한 환경에서의 기계적 조직 • 조직구조가 지나치게 경직적임	**적 합** • 불확실한 환경에서의 유기적 조직
확실 (안정)	**적 합** • 확실한 환경에서의 기계적 조직	**부적합** • 확실한 환경에서의 유기적 조직 • 조직구조가 지나치게 느슨함

경이 안정적인 경우와 불확실한 경우로 구분하고, 횡축은 조직구조가 기계적인가 유기적인가로 구분하였다. 먼저, 조직의 외부 환경이 안정적일 경우에는 변화의 필요성이나 집중적 조정의 필요성이 줄어들기 때문에 수직적 통제를 중요시하는 기계적 조직이 적합하다. 기계적 조직은 세밀한 전문화, 집권적 의사결정, 넓은 관리 범위, 저렴한 관리비용과 같은 특징을 가지고 있다. 이와 반대로, 조직의 외부 환경이 불확실할 경우에는 학습조직, 팀, 태스크 포스와 같은 수평적 관계를 중요시하는 유기적 조직이 적합하다. 유기적 조직에서는 전문화, 집권화, 공식화된 절차와 같은 수직적 조직의 특성이 약화된다. 그 대신, 부서간의 협력이 중요하고, 의사결정 권한은 학습조직, 팀, 태스크 포스에 많이 위임해 줘야 한다.

그러나 환경과 조직구조간의 관계가 잘못 설정되면 조직의 성과가 감소한다. 예를 들어, 불확실한 환경에서 기계적 조직을 설계하면 조직이 너무 경직되어 변화에 적응하기 어렵고, 안정적인 환경에서 유기적 조직을 설계하면 조직이 너무 유연하여 효율성이 떨어진다. 따라서 환경의 변화에 적합하게 조직구조를 변경해야 한다.

3.3 기 술

경영학에서 기술(technology)이라는 개념은 상당히 넓은 의미로 사용된다. 조직에서 투입물을 산출물로 전환하는 과정에서 사용하는 지식, 도구, 기법, 활동 등도 기술의 개념에 포함된다. 조직이 주로 사용하는 기술 형태에 따라 조직설계의 방향이 달라진다. 기술은 생산기술과 서비스기술로 구분되지만 최근에는 유연생산기술과 디지털 기술이 중요시되고 있다.

(1) 우드워드의 생산기술

영국의 우드워드(Joan Woodward)는 생산기술과 조직구조간의 관계에 대한 중요한 연구를 하였다. 그녀는 조직이 주로 사용하는 기술 형태에 얼마나 적합하게 설계되었는가에 따라 성과가 달라진다는 사실을 발견하였다. 그녀는 100개 영국기업에서 자료를 수집하여 연구한 결과, 제조기업의 기술 형태를 세 가지로 구분하였다.

1) 단위소량생산기술

단위소량생산기술(small batch and unit production technology)은 고객의 요구에 따라 개별 제품을 제작하는 조직에서 주로 사용된다. 예를 들어, 맞춤양복, 주문 기계, 우주 캡슐, 인공위성, 잠수함을 생산하는 기술을 들 수 있다. 이러한 기술은 또한 컴퓨터 통제 설비와 같은 대형의 단일 제품을 생산할 때도 사용된다. 인간은 생산공정에서 중요한 부분을 차지하기 때문에 단위소량생산기술은 전통적인 숙련작업(skilled-craft work)과 밀접한 관계가 있다.

2) 대량생산기술

대량생산기술(large batch and mass production technology)은 기계화된 설비를 통해 동종 제품을 대량으로 생산하는 기술을 말한다. 표준화된 동종 제품이 대량으로 생산되며, 모든 고객들이 동일한 제품을 사용한다. 고객들이 제품을 구매할 때까지 생산된 제품은 재고품으로 관리한다. 대량생산에서는 단위소량생산보다 기계를 더 많이 사용한다. 기계는 대부분의 물리적 작업을 수행할 수 있도록 설계하며, 종업원들의 작업은 기계의 작업을 보완하게 된다. 예를 들어, TV, 냉장고, 반도체, LCD, 컴퓨터, 담배, 자동차 등 대부분의 공산품을 생산하는 데 사용되는 기술을 들 수 있다.

3) 연속공정생산기술

연속공정생산기술(continuous process production technology)은 자동화된 연속공정을 통해 투입물의 특성이 바뀌면서 산출물로 생산하는 기술을 말한다. 이 기술은 매우 복잡한 생산기술에 속한다. 작업공정이 연속적으로 가동되기 때문에 새로운 시동과 중지가 없다. 기계가 모든 작업을 수행하기 때문에 사람은 실제적 생산에서 거의 역할을 하지 않는다. 사람은 기계의 스위치나 다이얼을 맞추고 작업공정을 관리하는 일만 수행한다. 예를 들어, 석유화학 플랜트, 석유정제, 핵발전소, 제철소에서 사용하는 기술을 들 수 있다.

이상과 같은 세 가지 생산기술의 차이는 기술의 복잡성에서 기인한다. 기술의 복잡성(technical complexity)은 기계가 사람을 대신하여 작업공정에서 차지하는 정도를 말한다. 복잡한 기술의 경우에는 기계를 모니터하는 것을 제외하고는 종업원이 거의 필요 없다.

〈표 10-1〉은 생산기술의 유형과 조직구조간의 관계를 나타낸다. 조직구조 변수 중에서 공식화와 집권화의 정도는 대량생산에서 높고, 단위소량생산과 연속공정생산에서 낮다. 이와 달리, 표준화된 대량생산에서는 집권적인 의사결정과 잘 정비된 규칙과 절차가 필요하다. 감독자의 비율과 간접노동 ÷ 직접노동 비율은 기술의 복잡성이 증가할수록 증가한다. 기술의 복잡성이 증가할수록 일상적인 생산 공정이 줄어들기 때문에 더 밀착된 감독이 필요하다. 또한 기술의

표 10-1 • 생산기술의 유형과 조직구조간의 관계

구 분		단위소량생산기술	대량생산기술	연속공정생산기술
생산기술의 복잡성		저	중	고
조직 구조 변수	공식화	저	고	저
	집권화	저	고	저
	감독자 비율	저	중	고
	간접노동 ÷ 직접노동 비율	1/9	1/4	1/1
	감독자의 관리 범위	23	48	15
	커뮤니케이션 :			
	문서(수직적)	저	고	저
	구두(수평적)	고	저	고
	전반적 조직구조	유기적 조직	기계적 조직	유기적 조직

자료: Joan Woodward, *Industrial Organizations: Theory and Practice*, London: Oxford University Press, 1965.

복잡성이 증가할수록 생산공정을 유지관리하기 위한 간접노동이 더 많이 들기 때문에 간접노동 ÷ 직접노동 비율은 증가한다.

일선감독자의 관리 범위는 대량생산의 경우에 가장 넓다. 조립라인에서는 과업이 반복적으로 처리되기 때문에 한 명의 감독자가 평균 48명의 종업원을 통제할 수 있다. 단위소량생산과 연속공정생산의 경우에는 대량생산의 경우보다 더 밀착된 감독이 필요하기 때문에 관리 범위가 좁아진다. 전반적으로 볼 때, 단위소량생산과 연속공정생산 기업은 유기적 조직구조를 가지고 있는 반면에 대량생산 기업은 기계적 조직구조를 가지고 있다.

우드워드는 생산기술에 대해, '기술이 다르면 개인과 조직에 대한 요구가 달라지고, 이러한 요구는 적절한 조직구조의 변화를 통해 달성된다' 고 결론을 내렸다. 또한 그녀는 기술과 조직구조간의 관계는 직접적으로 기업의 성과에 영향을 미친다고 주장하였다. 저성과 기업은 조직구조를 잘못 채택하고 있으며, 심지어 다른 기술 유형에 적합한 조직구조를 채택하고 있었다. 반면에, 고성과 기업은 제각기 〈표 10-1〉과 유사한 조직구조를 채택하고 있었다.

(2) 유연생산기술

유연생산기술(flexible manufacturing technology)은 최근에 발전된 생산기술로서, 단일 공장에서 단위소량생산과 대량생산을 유연하게 병행할 수 있는 기술을 말한다. GM, Intel, Toshiba와 같은 기업은 유연생산시스템(flexible manufacturing system: FMS)을 채택하고 있기 때문에 단일 공장에서 동시에 단위소량생산과 대량생산을 병행할 수 있다.

유연생산기술은 우드워드가 연구한 세 가지 생산기술보다 기술의 복잡성이 한 단계 더 높은 기술에 속한다. 이러한 새로운 기술에 적합한 조직구조는 규칙과 절차 감소, 분권화, 감독자 비율 감소, 수평적 커뮤니케이션, 팀워크과 같은 유기적 조직의 특성을 가지고 있다.

(3) 서비스 기술

서비스 기업은 선진국을 중심으로 그 중요성이 증가하고 있다. 미국에서는 1982년 이후에 서비스 기업의 종사자가 제조업 종사자보다 수적으로 더 많아졌다. 그래서 서비스 기업의 조직구조 특성에 관한 연구가 활발해지고 있다.

서비스 기술(service technology)은 서비스라는 무형적 산출물(intangible

output)을 생산하는 기술을 말한다. 서비스는 고객과의 직접적인 접촉을 통해 제공되는 특징이 있다. 또한 서비스는 무형적 산출물이라는 점에서 유형적 제품과 구별된다. 제품은 한 시점에 생산하여 재고자산으로 보관하였다가 다른 시점에 판매할 수 있다. 그러나 서비스는 재고자산으로 보관할 수 없으며, 즉시 소비하지 않으면 영원히 소멸된다. 다시 말해, 서비스는 생산과 소비가 동시에 일어난다. 제조기업의 경우에는 종업원과 고객이 분리되어 직접적인 접촉이 일어나지 않으나, 서비스 기업의 종업원은 고객과 직접적인 접촉을 통해 서비스를 제공한다.

서비스 기업은 무형적 산출물인 서비스를 생산하는 반면에 제조기업은 유형적 산출물인 제품을 생산한다. 서비스 기업의 사례로는 컨설팅 회사, 법률회사, 병원, 브로커 회사, 항공회사, 호텔, 광고회사, 공연단체, 교육기관 등을 들 수 있다. 또한 서비스 기술은 제조업을 포함한 대기업의 서비스 부서에서도 많이 사용된다. Ford 자동차와 같은 제조기업에서도 법률, 인사, 재무, 마케팅 부서들은 제각기 서비스를 제공한다. 따라서 서비스 부서를 설계할 때는 제조공장의 기술보다 서비스 기술을 더 많이 반영해야 한다. 다시 말해, 서비스 기술의 개념은 서비스 기업은 물론 제조기업의 서비스 부서를 설계할 때도 반영되고 있다.

서비스 기술은 일상적이냐 비일상적이냐에 따라 구분할 수 있다. 일상적 서비스 기술(routine service technology)은 명시적인 서비스 절차에 따라 고객에게 서비스를 반복적으로 제공하고 그 과정에서 발생하는 문제를 해결하는 기술을 말한다. 예를 들어, 호텔, 은행, 항공회사, 슈퍼마켓은 일상적 서비스를 반복적으로 제공한다. 슈퍼마켓 판매원은 매일 동일한 서비스를 반복적으로 제공하기 때문에 과업의 변화가 거의 없고, 서비스 제공 과정에서 문제도 거의 발생하지 않는다. 서비스 기업은 서비스를 표준화하기 때문에 일상적 서비스 기술이 많이 사용된다.

이와 달리, 비일상적 서비스 기술(non-routine service technology)은 명시적인 서비스 절차가 없기 때문에 종업원들이 상황에 맞추어 고객에게 서비스를 제공하고, 그 과정에서 발생하는 문제도 개인적으로 해결하는 기술을 말한다. 종업원들은 매일 새로운 문제에 부딪히고 과업도 매일 달라진다. 더욱이, 명시적인 서비스 절차가 없기 때문에 많은 문제가 발생하며, 문제해결은 종업원의 지식, 경험, 시행착오, 개인적인 판단에 의존한다. 특히, 비일상적 서비스는 노동집약적이고 개별적으로 서비스가 제공된다. 예를 들어, 의사, 변호사, 건축사,

▶▶ **표 10-2 • 서비스 기술의 유형과 조직구조간의 관계**

구 분		일상적 서비스 기술	비일상적 서비스 기술
서비스 기술의 복잡성과 노동 집약도		저	고
조직 구조 변수	분업	고	저
	공식화	고	저
	집권화	고	저
	감독자 비율	저	중
	감독자의 관리 범위	고	중
	종업원의 기술과 훈련 정도	저	고
	지리적 분산 정도	고	중
	전반적 조직구조	기계적 조직	유기적 조직

회계사, 세무사 등은 비일상적 서비스를 제공한다. 변호사는 소송과정에서 자신의 지식, 경험, 판단으로 문제를 해결하며, 세무사는 고객별로 세금 서비스를 다르게 제공한다.

〈표 10-2〉는 서비스 기술의 유형과 조직구조간의 관계를 나타낸다. 일상적 서비스 기업은 기계적 조직으로 설계해야 하고 종업원 수도 줄여야 한다. 공식화와 분업의 정도는 더 크고, 의사결정은 집권적으로 이루어진다. 이와 달리, 비일상적이고 노동집약적인 서비스를 제공하는 기업은 유기적 조직으로 설계해야 한다. 비일상적 서비스 기업은 비공식적이고 분권적이다. 또한 비일상적 서비스는 지리적으로 분산된 고객에게 밀착 제공된다. 그래서 비일상적 서비스 기업은 개인 병원이나 비디오 가게와 같이 소규모로 운영된다.

(4) 디지털 기술

디지털 기술(digital technology)은 인터넷과 다른 디지털 과정을 통해 비즈니스 활동을 하는 기술을 말한다. 예를 들어, Amazon.com과 같은 e-커머스 기업, eBay와 같은 온라인 경매 사이트, Google이나 Naver.com과 같은 인터넷 포털 기업은 모두 디지털 기술을 사용한다. 또한 GE, Dell Computer, Ford 자동차와 같은 대기업들도 디지털 기술을 사용하여 공급업자나 사업 파트너와 B2B 거래를 한다.

디지털 기술을 사용하는 기업은 유기적인 조직으로 설계해야 한다. 조직이 서비스 기업과 같이 유연하고 분권화되어야 하고, 수평적 커뮤니케이션과 협력이 중요하다. 또한 기업은 고객, 공급자, 사업 파트너와 수평적 네트워크로 연결되어야 한다. 종업원들은 조직 내 · 외의 사람들과 e-메일로 연락을 하고, 문제가 발생하면 즉시 가상 팀을 구성하여 해결해야 한다. 다시 말해, 디지털 기술이 발전할수록 공식화와 집권화는 약화되고, 수평적 커뮤니케이션과 협력이 강조된다.

>>> 요약 s·u·m·m·a·r·y

조직설계란 조직의 목표를 달성하는 데 가장 적합한 조직의 형태를 설계하는 과정을 말한다. 조직설계를 위한 기본적인 관점은 기계적 조직으로 설계할 것인가 유기적 조직으로 설계할 것인가 하는 점이다. 번즈와 스톨커의 연구에 의하면, 환경이 안정적일 때는 기계적 조직이 성공적이었으나, 환경이 불안정할 때는 유기적 조직이 성공적이었다.

기계적 조직의 설계는 관료조직과 닮은 모습으로 조직을 설계하는 것을 말한다. 기계적 조직은 집권적 권한과 의사결정, 많은 규칙과 절차, 상세한 분업, 좁은 관리 범위, 공식적인 조정, 수직적 커뮤니케이션, 비적응적 문화와 같은 특성을 가지고 있다. 기계적 조직은 전통적인 피라미드형의 딱딱하고 엄격한 수직적 조직을 말하며, 안정적인 환경에서 성과가 높은 것으로 알려져 있다. 민쯔버그는 기계적 조직의 형태를 기계적 관료조직, 전문적 관료조직, 사업부적 관료조직으로 분류하였다. 이들 조직은 중간경영자수, 행정지원 스탭 수, 기술적 · 전문적 스탭 유무에 있어서 차이가 있다.

유기적 조직의 설계는 관료조직의 특성을 최소화시켜 환경에 대한 적응력이 높은 조직 형태로 설계하는 것을 말한다. 유기적 조직은 분권적 권한과 의사결정, 최소한의 규칙과 절차, 느슨한 분업, 넓은 관리 범위, 비공식적인 조정, 수평적 커뮤니케이션, 적응적 문화와 같은 특성을 가지고 있다. 유기적 조직은 유연하고 부드러우며 탄력적인 수평적 조직을 말하며, 고도의 유연성이 요구되는 동태적 환경에 가장 적합하다. 또한 내부적 팀웍과 고객에 대한 즉각적 반응이 요구되는 새로운 창업 분야에도 적합하다. 민쯔버그는 유기적 조직을 단순 조직과 특수 조직으로 분류하였다. 이들 두 가지 조직은 라인과 스탭 유무, 계층구조 형태, 팀웍 정도에서 차이가 있다.

상황이론에서는 조직이 상황에 얼마나 적합하냐에 따라 조직의 성과가 달라진다고 주장한다. 조직설계에 영향을 미치는 상황요인에는 전략, 환경, 기술 등이 있다.

기업의 전략은 조직설계에 영향을 미친다. 조직의 효율성과 안정성을 높이기 위해 원가우위 전략을 선택하면 기능조직으로 설계해야 하고, 조직의 유연성을 높이기 위해 차별화 전략을 선택하면 팀 조직으로 설계해야 한다. 그리고 환경이 안정되어 있을 경우에는 기계적 조직으로 설계해야 하고, 불확실한 경우에는 유기적 조직으로 설계해야 한다.

경영학에서 기술은 넓은 개념으로 사용되며, 기능, 지식, 정보까지 포함한다. 조직이 사용하는 기술의 형태에 따라 조직설계의 방향이 달라진다. 기술은 생산기술과 서비스기술로 구분되지만, 최근에는 유연생산기술과 디지털 기술이 중요시되고 있다. 우드워드는 기술의 복잡성 정도에 따라 생산기술을 단위소량생산기술, 대량생산기술, 연속공정생산기술로 구분하였다. 유연생산기술은 최근에 발전된 생산기술로서, 단일 공장에서 단위소량생산과 대량생산을 유연하게 병행할 수 있는 기술을 말한다. 유연생산기술은 우드워드가 연구한 세 가지 생산기술보다 기술의 복잡성이 한 단계 더 높은 기술이다. 유연생산기술에 적합한 조직구조는 규칙과 절차 감소, 분권화, 감독자 비율 감소, 수평적 커뮤니케이션, 팀워크과 같은 유기적 조직의 특성을 가지고 있다.

서비스 기업은 선진국을 중심으로 그 중요성이 증가하고 있다. 미국에서는 1982년 이후에 서비스 기업의 종사자가 제조업 종사자보다 수적으로 더 많아졌다. 서비스 기술은 서비스라는 무형적 산출물을 생산하는 기술을 말한다. 서비스 기술은 일상적 서비스 기술과 비일상적 서비스 기술로 구분된다. 일상적 서비스 기업은 기계적 조직으로 설계해야 하고, 비일상적 서비스 기업은 유기적인 조직에 가깝게 설계해야 한다. 디지털 기술은 인터넷과 다른 디지털 과정을 통해 비즈니스 활동을 하는 기술을 말한다.

>>> 연습문제 e·x·e·r·c·i·s·e

01 조직설계란 무엇이며 어떤 특징을 가지고 있는가?

02 기계적 조직과 유기적 조직이란 무엇이며 어떤 특징을 가지고 있는가?

03 민쯔버그는 기계적 조직과 유기적 조직의 유형을 어떻게 분류하였는가?

04 조직설계에 영향을 미치는 상황요인은 어떤 것이 있는가?

05 차별화 및 원가우위 전략을 성공적으로 실천하기 위해서는 조직구조를 어떻게 설계해야 하는가?

06 환경이 안정적이냐 불확실하냐에 따라 조직설계는 어떻게 달라지는가?

07 기술의 형태는 조직설계에 어떤 영향을 미치는가?

08 우드워드는 생산기술의 형태를 어떻게 분류하였는가?

09 유연생산기술은 우드워드가 제시한 생산기술과 어떻게 다른가?

인내하시오!
영감을 기대하지 마시오. 그런 것은 존재하지 않습니다.
예술가의 자격은 오직 지혜와 주의와 성실과 의지뿐입니다.
성실한 노동자처럼, 그대들의 일을 하시오.

– 로댕 –

MANAGEMENT

chapter

11 조직 변화

이 장에서는 조직변화란 무엇이며 왜 필요한가? 조직변화 계획은 어떻게 수립되는가? 조직변화 과정에서 어떤 저항이 나타나며 어떻게 극복할 수 있는가? 조직변화는 어떤 형태로 일어나는가를 설명한다.

01 조직변화의 개요

1.1 조직변화의 개념

조직변화(organizational change)란 조직이 새로운 아이디어나 행동방침을 채택하여 조직의 구성요소를 변화시키는 것을 말한다. 예를 들어, 과업, 작업일정, 부서화 기준, 생산기술 등이 변화하면 조직변화가 일어난다. 또한 조직의 한 부분에서 변화가 일어나면 다른 부분에도 영향을 미친다. 만약 조직이 변화하지 않으면 환경의 변화에 적응하지 못하여 도태되는 운명을 맞는다. 따라서 경영자는 조직변화를 적극적으로 관리하여 바람직한 방향으로 유도해야 한다.

[그림 11-1]은 조직변화모형을 나타낸다. 조직변화는 ① 조직변화의 요인 발생, ② 조직변화의 필요성 인식, ③ 조직변화 계획, ④ 조직변화 실천의 4단계로 이루어진다. 이 절에서는 조직변화의 요인과 조직변화의 필요성에 대하여

그림 11-1 조직변화모형

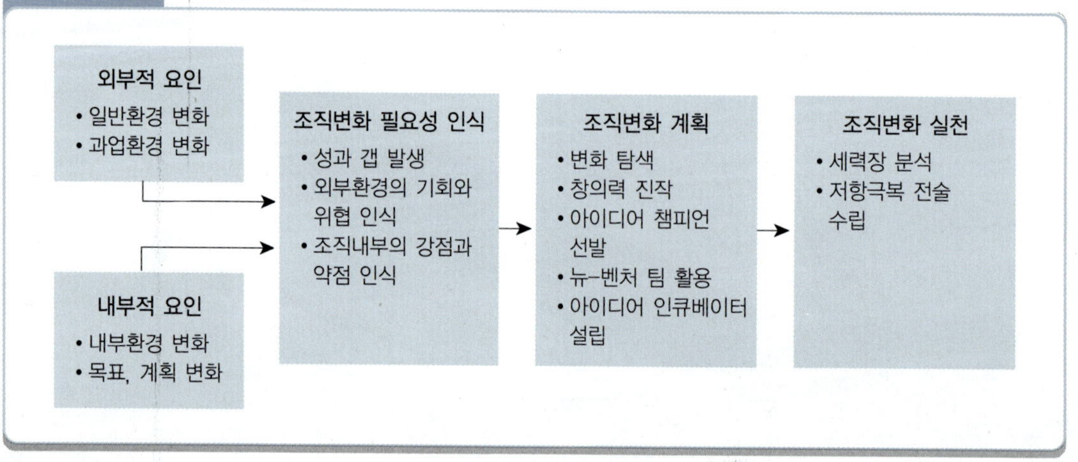

설명하고, 조직변화의 계획과 실천에 대해서는 2절과 3절에서 자세히 설명한다.

1.2 조직변화의 요인

조직변화의 요인은 다음과 같이 외부적 요인과 내부적 요인으로 나누어진다.

(1) 외부적 요인

외부적 요인은 조직의 외부환경에서 발생하는 요인을 말한다. 외부환경은 조직이 필요로 하는 자원을 제공할 뿐만 아니라 조직이 산출한 제품과 서비스를 소비하기 때문에 조직변화에 중요한 영향을 미친다.

조직의 외부환경은 일반환경과 과업환경으로 구분된다. 일반환경은 조직의 외부에서 경영성과에 간접적으로 영향을 미치는 경제적 환경, 법적 · 정치적 환경, 사회 · 문화적 환경, 기술적 환경, 국제적 환경을 말하고, 과업환경은 경영성과에 직접적으로 영향을 미치는 고객, 경쟁기업, 공급업자, 노동조합 등을 말한다.

조직의 외부환경이 변화하면, 조직의 목표, 전략, 구조, 운영방식 등이 변화된다. 예를 들어, 우리나라 기업과 금융기관은 IMF 금융위기 이후 조직개편과 인원감축을 포함하여 대대적인 구조조정을 경험하였다. 또 물가나 환율과 같은 경제적 환경이 변화하거나 소비자 기호가 변화하면 조직변화에도 영향을 미친다.

(2) 내부적 요인

내부적 요인은 조직의 내부환경에서 발생하는 요인과 조직의 목표와 계획의 변화를 말한다. 내부환경은 조직의 경계 내에 있는 환경요인으로 경영자, 종업원, 기업문화 등이 포함된다. 예를 들어, 최고경영자가 급속한 성장목표를 수립한다면 이를 달성하기 위해 새로운 부서를 설립하거나 신기술을 도입해야 한다. 그 외에 종업원들의 가치나 태도의 변화, 기업문화의 변화도 조직변화에 영향을 미친다.

1.3 조직변화의 필요성

조직변화의 요인이 발생하면 조직변화의 필요성을 인식하게 된다. 일반적으로 성과 갭이 클수록 변화의 필요성은 커진다. 성과 갭(performance gap)은 현재의 성과수준과 바람직한 성과수준간의 차이를 말한다. 이러한 성과 갭은 현재의 절차가 표준에 미달하거나 새로운 아이디어나 기술의 도입으로 현재의 성과를 개선시킬 수 있을 경우에 발생한다.

경영자는 항상 외부환경의 위협과 기회뿐만 아니라 조직내부의 강점과 약점도 모니터해야 한다. 즉, 경영자는 외부환경에서 어떠한 기회가 발생하고 있고, 조직 내에서 어떠한 문제가 발생하고 있는가에 관심을 가져야 한다. 왜냐하면 경영자가 조직변화의 필요성을 인식하지 못하면 새로운 제품생산이나 기술도입을 위한 후속 조치를 취할 수 없기 때문이다. 그러나 환경이 매우 느리게 변화하거나 조직이 잘 운영되고 있다고 착각할 때는 위험에 빠질 수 있다. 이러한 위험을 피하기 위해서는 환경의 점진적인 변화도 감지할 수 있는 민감한 정보시스템을 갖추어야 한다.

02 조직변화의 계획

조직변화의 필요성이 인식되면 조직변화 계획을 수립해야 한다. 이 단계는 조직변화의 필요성을 인식한 후에 조직변화를 탐색하고 새로운 아이디어를 창조하는 단계로서 조직변화 과정에서 가장 중요하다.

2.1 변화 탐색

변화 탐색(search for change)은 조직의 내외 여건에 비추어 조직변화가 가능한가를 파악하는 것을 말한다. 변화 탐색은 기존의 지식만으로는 부족하고, 친구나 동료와의 대화, 전문적인 보고서, 컨설턴트 고용, 컨설팅 팀 활용 등이 필요하다.

조직은 새로운 아이디어를 개발하기 위한 다양한 방법을 모색해야 한다. 경영자는 종업원과 부서가 창의력을 발휘할 수 있도록 조직을 설계해야 하고, 사람들의 아이디어 창출을 적극 권장해야 하며, 뉴-벤처 부서를 설립해야 한다. 예를 들어, GE나 Apple은 뉴-벤처 부서를 설립하여 대성공을 거두었다.

2.2 창의력 진작

변화를 위한 새로운 아이디어를 개발하기 위해서는 창의적인 사람이 많아야 한다. 창의력(creativity)은 조직의 문제를 새로운 방법으로 해결하는 힘을 말한다. 창의적인 사람이 조직의 문제를 해결할 수 있는 새로운 아이디어를 제시하면 조직에서 이를 채택한다. 예를 들어, 랜드(Edwin Land)는 폴라로이드 카메라를 처음 개발하였으며, 스미스(Frederick Smith)는 예일 대학 재학 시절에 Federal Express의 오버나이트 배달 서비스(overnight delivery service)에

▶▶ 표 11-1 • 창의적인 사람과 조직의 특징

창의적인 사람	창의적인 조직
1. 개념적 유연성 개방적 사고	1. 공개적 커뮤니케이션 채널 외부 소스와의 계약 영역의 중복 제안제도, 브레인 스토밍
2. 독창성	2. 비전문가에게 문제해결 위촉 별난 행동 허용 팀 활용
3. 독립성	3. 분권화, 느슨한 직위 부여, 느슨한 통제 실수 허용 위험 감수
4. 활달성 훈련받지 않은 탐구심 호기심	4. 문제를 선택하여 해결할 자유 부여 엄격하지 않고 활달한 조직문화 아이디어에 관한 자유 토론, 장기적 전망
5. 고집 역량 집중적 접근	5. 창의적 개인에게 자원 배분 혁신을 촉진할 수 있는 보상 시스템 주변적 책임의 면제

자료: James Brian Quinn, "Managing Innovation: Controlled Chaos," *Harvard Business Review* 63, May-June 1985, pp. 73-84.

관한 아이디어를 처음 개발하였다.

사람은 누구나 창의력을 가지고 있다. 〈표 11-1〉은 창의적인 사람과 조직의 특징을 나타낸다. 창의적인 사람은 개방적 사고, 독창성, 높은 호기심, 문제해결을 위한 집중적 접근, 고집, 느긋하고 활달한 태도, 새로운 아이디어 수용성과 같은 특성을 가지고 있다.

창의력은 조직에도 적용되며 조직의 설계 방법에 따라 달라진다. 각 부서가 창의적인 조직으로 설계되어야 조직변화를 초기화하는데 유리하다. 〈표 11-1〉에서는 창의적인 사람과 조직의 특징을 서로 대비시켜 놓고 있다. 창의적인 조직은 느슨한 조직구조를 가지고 있다. 조직의 구성원들은 애매모호한 상태로 업무를 수행하고, 업무할당도 모호하고, 업무영역도 중복되어 있고, 과업도 느슨하게 부여되며, 대부분의 과업이 팀을 통해 수행된다. 창의적 조직은 활달성, 자유, 도전, 참여와 같은 내부 문화를 가지고 있다. 또한 창의적 조직은 내부의 모든 소스로부터 새로운 아이디어를 발굴하며, 다양한 경영참가 프로그램을 사용한다. 그리고 창의적 조직에서는 종업원들의 실수를 너그럽게 수용한다.

그 외에 창의적 조직은 공개적 커뮤니케이션 채널, 과업의 중복, 분권화와 같은 특성을 가지고 있다. 또한 창의적 종업원에게 임의로 자원을 배분하고, 문제를 선택하여 해결할 자유를 부여하며, 종업원의 실수가 기업에게 예상하지 못한 이익을 가져올 수 있다고 믿는다.

2.3 아이디어 챔피언 선발

조직이 창의적인 여건을 갖추어야 새로운 아이디어가 개발된다. 만약 아이디어 챔피언 제도를 도입하면 조직변화에 매우 유용하다. 아이디어 챔피언(idea champion)은 조직 내에서 변화의 필요성을 인식하고 가장 생산적인 변화를 일으키는 사람을 말한다.

조직변화는 저절로 일어나는 것이 아니며, 새로운 아이디어를 개발해야 한다. 또 새로운 아이디어가 경영자에 의해 기각되기도 한다. 아이디어 챔피언은 자신의 아이디어가 기각될 것을 두려워하지 않고 정열적으로 새로운 아이디어나 제품을 개발하는 사람을 말한다.

〈표 11-2〉는 조직변화의 역할을 나타낸다. 조직변화 과정에서 구성원들이 여러 가지 역할을 하기도 하지만, 대부분은 한 가지 역할을 하며, 이러한 역할

▶▶ **표 11-2 • 조직변화의 역할**

역할 명칭	역할 내용
창안자	아이디어 개발과 그 아이디어의 기술적 가치 이해 아이디어에 대해 지지를 얻거나 사업화하는 데는 무관심
챔피언	아이디어 신뢰 아이디어의 현실화에 따른 비용과 혜택 설명 아이디어의 현실화에 필요한 재무적 · 정치적 지지 획득
스폰서	아이디어의 승인과 방어 아이디어 수용에 따른 조직내의 장애물 제거
비판자	아이디어의 실제적인 테스트를 통해 단점 제시 아이디어 채택에 필요한 엄격한 기준 설정 나쁜 아이디어 채택 예방

자료: Jay R. Galbraith, "Designing the Innovating Organization," *Organizational Dynamics*, Winter 1982, pp. 5-25.

의 상호 작용으로 조직변화가 이루어진다. 먼저, 창안자(inventor)는 새로운 아이디어를 처음으로 개발하는 사람을 말하는데, 그는 아이디어의 기술적 가치를 잘 알고 있지만, 조직 내에서 자신의 아이디어에 대한 지지를 얻거나 이를 사업화하는 역할은 하지 않는다. 챔피언은 새로 개발된 아이디어를 신뢰하고, 그것을 현실화하는 데 따른 비용과 혜택을 잘 설명하여, 조직 내에서 재무적 · 정치적 지지를 얻어내는 역할을 한다. 스폰서(sponsor)는 보통 최고경영자가 담당하는데, 그는 새로운 아이디어를 승인하고 보호하며, 조직 내에서 아이디어를 수용하는 데 따른 각종 장애물을 제거시키는 역할을 한다. 그리고 비판자(critic)는 아이디어의 실제적인 테스트를 통해 단점을 제시하고, 아이디어의 채택에 필요한 엄격한 기준을 제시하며, 나쁜 아이디어의 채택을 예방하는 역할을 한다.

그리고 경영자는 아이디어 챔피언의 역할에 직접적으로 영향을 미친다. 예를 들어, Texas Instruments는 신제품으로 개발된 50건의 아이디어를 연구한 결과, 챔피언의 열정적인 역할이 없었던 신제품은 예외 없이 실패하였으나, 열정적인 역할이 있었던 신제품은 대부분 성공한 것으로 밝혀졌다. 그래서 이 회사의 경영자는 '새로운 아이디어에 대한 챔피언이 없는 신제품 개발은 결코 승인하지 않는다'는 의사결정 기준을 실천하고 있다.

2.4 뉴-벤처 팀 활용

뉴-벤처 팀(new-venture team)은 최근에 아이디어 개발 수단으로 많이 활용되고 있다. 뉴-벤처 팀은 정규 조직과 독립적으로 운영되기 때문에 새로운 아이디어를 개발하여 혁신을 일으키는 데 매우 유리하다. 정규 조직의 규칙이나 절차에 구애되지 않고 자유롭게 운영되기 때문에 팀원들이 창의력을 충분히 발휘할 수 있다. 또한 팀의 규모가 적고 규율이 느슨하고 유기적이며 창조적인 조직의 특성을 가지고 있다.

뉴-벤처 팀은 행렬 조직과는 전혀 다르다. 뉴-벤처 팀은 정규 조직과 독립된 부서로 운영되기 때문에 팀원들은 정규 조직과 독립적으로 업무를 수행하고 팀장에게만 결과를 보고하면 되고, 정규 조직에는 보고할 필요가 없다. 또한 뉴-벤처 팀은 소규모로 운영되기 때문에 관료주의가 개입할 여지가 없다. IBM과 같은 대기업의 뉴-벤처 팀에서도 팀원들은 정규 조직의 제약을 받지 않고 독립적으로 업무를 수행한다. IBM의 뉴-벤처 팀은 PC와 'Power Visualization System'을 개발하였다.

2.5 아이디어 인큐베이터 설립

아이디어 인큐베이터(idea incubator)는 기업의 관료주의나 정책의 간섭을 받지 않고 새로운 아이디어를 초기부터 안전하게 개발할 수 있는 인큐베이터와 같은 사내 프로그램을 말한다. 아이디어 인큐베이터는 최근에 새로운 아이디어를 개발하기 위한 방법으로 인기가 많다. 종업원들은 누구나 아이디어 인큐베이터를 통해 자신의 새로운 아이디어를 개발할 수 있다. 예를 들어, Boeing은 아이디어 인큐베이터를 통해 핵심사업과 관련된 제품과 서비스를 개발하고 있다.

03 조직변화의 실천

변화계획이 수립되면 경영자는 이를 실천에 옮겨야 한다. 아무리 새롭고 창의적인 계획이라도 그것을 실천하지 않으면 소용이 없다. 그러나 종업원들이 계획을 실천하는 단계에서 저항을 일으키는 경우가 많다. 따라서 경영자는 종업원의 저항 이유를 잘 파악하여 극복전술을 수립해야 한다.

3.1 조직변화의 저항

아이디어 챔피언이 변화를 위한 새로운 아이디어를 열성적으로 전파하더라도 일반 종업원들은 냉담한 경우가 많다. 또 뉴-벤처 팀이 새로운 아이디어나 신제품을 개발하더라도 정규 조직의 경영자가 지원해 주지 않는 경우도 많다. 혁신에 참여하지 않은 경영자나 종업원들은 새로운 변화를 받아들이기를 싫어한다. 특히, 종업원들은 여러 가지 이유로 변화에 저항한다. 따라서 경영자는 변화를 효과적으로 실천하기 위해 종업원들이 변화에 저항하는 다음과 같은 이유를 알아야 한다.

(1) 이기주의

종업원들이 변화를 받아들일 경우에 현재의 기득권을 잃는다고 생각하면 변화에 저항하게 된다. 종업원들은 직무설계 변화, 조직구조 변화, 새로운 기술 도입과 같은 변화는 기존의 권력, 위신, 임금, 복지 수준에 나쁜 영향을 미칠 수 있다고 생각한다. 종업원들이 기득권을 잃고 손해를 볼 것이라는 우려가 조직변화에 가장 큰 장애가 된다.

(2) 이해와 신뢰 부족

종업원들이 변화의 목적을 오해하거나 변화의 이면적인 의도를 불신하는 경우가 많다. 또한 아이디어 챔피언과의 인간관계가 좋지 않을 경우에도 저항이 일어날 수 있다. 종업원들이 변화의 의도를 불신하면 조직변화가 성공할 수 없다.

(3) 불확실성

종업원들이 조직변화를 거부하고 저항하는 이유 중의 하나는 변화로 인한 불확실성이다. 불확실성은 미래에 발생할 사건에 관한 정보의 부족을 의미하며, 미래를 모른다는 사실에 대한 두려움을 나타낸다. 특히, 변화에 대한 인내력이 약한 종업원들은 불확실성으로 인한 두려움을 더 크게 느낀다. 새로운 변화가 어떤 영향을 미칠 것인가를 모르면 변화를 꺼리게 된다.

(4) 평가와 목표의 차이

조직변화로 영향을 받는 종업원들은 아이디어 챔피언이나 뉴-벤처 팀과는 상황을 다르게 평가한다. 또한 비판자도 조직변화의 혜택을 다르게 평가할 수 있다. 나아가, 각 부서의 경영자들도 조직변화로 인해 각 부서의 목표달성과 성과에 나쁜 영향을 미칠 것을 우려한다. 예를 들어, 마케팅부가 고객들이 원하는 신제품 개발을 제안한다면, 생산부는 제조원가 상승을 이유로 신제품 개발을 반대할 수 있다.

3.2 조직변화의 저항극복

종업원들은 어느 정도 정당한 주장을 내세우면서 변화에 저항한다. 따라서 종업원들의 저항을 완전히 무시할 수는 없으며, 그 이유를 정확하게 파악하여 저항을 극복하기 위한 전술을 수립해야 한다. 여기서는 세력장 이론(force field theory)에 입각하여 조직변화에 대한 추진력과 저항력을 분석한 다음, 저항을 극복하기 위한 전술을 제시하고자 한다.

(1) 조직변화의 추진력과 저항력 분석

레윈(Kurt Lewin)은 조직변화를 세력장 이론(force field theory)으로 설명하였다.[1)] 그는 조직변화를 추진력(driving force)과 저항력(restraining force)으로 설명하였다. 조직에 새로운 변화가 도입되면 그에 대한 추진력이 생기는 반면에 저항력도 생긴다. 변화를 효과적으로 실천하기 위해서는 변화에 대한 추진

---

1) Kurt Lewin, *Field Theory in Social Science: Selected Theoretical Papers*, New York: Harper & Brothers, 1951.

그림 11-2 조직변화의 추진력과 저항력

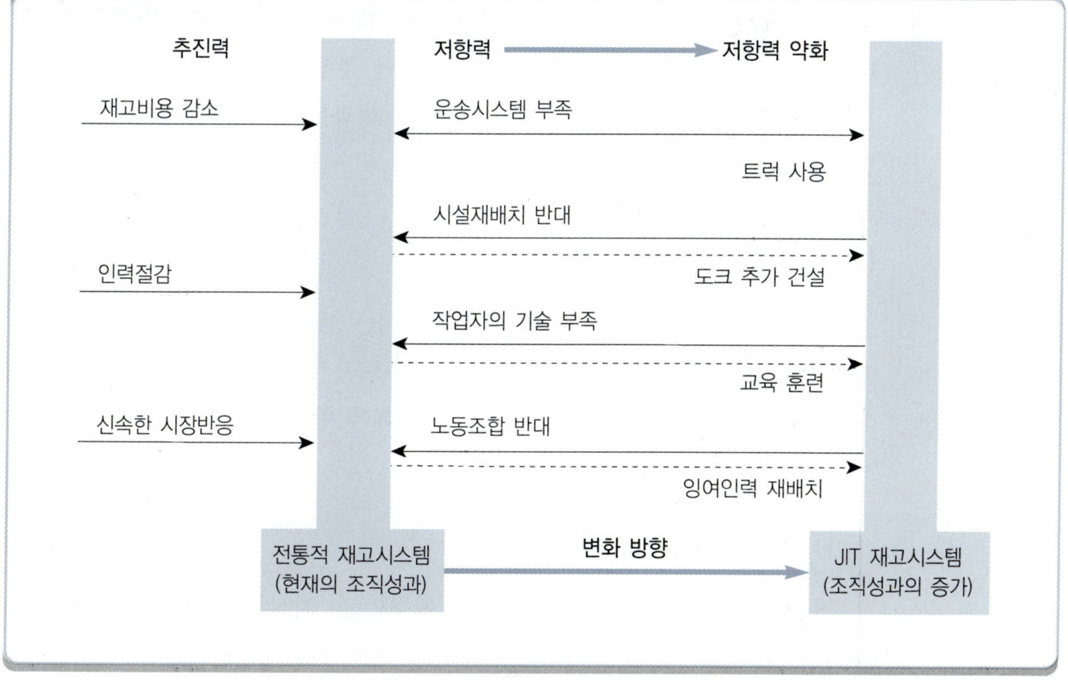

력과 저항력을 분석한 다음, 추진력은 강화시키고 저항력은 약화시키는 전술을 수립해야 한다. 그러나 추진력을 강화시키는 전술은 저항력을 자극할 우려가 있기 때문에 오히려 저항력을 약화시키는 전술이 많이 사용된다.

[그림 11-2]는 전통적 재고시스템을 JIT 재고시스템으로 교체할 경우에 나타나는 추진력과 저항력을 분석한 것이다. JIT 재고시스템(just-in-time inventory system)은 재료가 생산라인에 적시에 도착할 수 있도록 스케줄을 짜는 새로운 재고시스템이다. 전통적 재고시스템을 JIT 재고시스템으로 교체하기 위한 추진력은 ① 재고비용 감소, ② 인력 절감, ③ 신속한 시장 반응을 들 수 있고, 이와 상반된 저항력은 ① 운송시스템 부족, ② 시설 재배치 반대, ③ 작업자의 기술 부족, ④ 노동조합 반대를 들 수 있다.

이 사례에서, JIT 재고시스템의 추진력이 저항력보다 약한 것으로 분석되었다고 하자. 이 경우에, 경영자가 일방적으로 추진력을 강화하면 저항력의 반발로 실패할 우려가 있다. 따라서 추진력을 강화하기보다 저항력을 약화시키는 전술이 더 효과적이다. 저항력을 약화시키기 위한 전술로, ① 운송시스템 부족은 트럭 사용으로 보강하고, ② 시설 재배치 반대는 도크 추가 건설로 해결하며, ③ 작업자의 기술 부족은 JIT 재고시스템에 관한 교육훈련으로 극복하고, ④ 노동조합의 반대는 잉여 인력 재배치 계획으로 무마시킬 수 있다. 이와 같은 전술로 저항력을 약화시키면 추진력의 작용으로 새로운 JIT 재고시스템을 성공적으로 도입하여 조직의 성과를 지금보다 더 증가시킬 수 있다.

(2) 조직변화의 저항극복 전술

조직변화에 대한 저항을 극복하기 위해서는 특수한 전술이 필요하다. 조직변화에 저항력이 작용한다면, 경영자는 서두르지 말고 저항력이 생기게 된 원인을 정확히 분석하여 적절한 전술을 마련해야 한다. 연구결과에 의하면, 〈표 11-3〉과 같은 5가지 저항극복 전술이 있다.

1) 커뮤니케이션과 교육

커뮤니케이션과 교육은 변화의 과정에 새로운 지식이나 정보를 전달하거나 변화의 필요성을 인식시키는 데 사용된다. 경영자가 변화의 과정에 필요한 지식이나 정보를 종업원들에게 정확하게 전달하거나 변화의 필요성을 교육시킴으로써 변화에 대한 자신감과 긍정적인 태도를 유발할 수 있다.

2) 참 여

참여(participation)는 변화에 대한 저항을 극복하기 위한 가장 효과적인 방법이다. 경영자가 변화를 계획하고 실천하는 과정에서 종업원의 참여가 필요하다고 느낄 때는 이들을 적극 참여시킴으로써 변화의 필요성을 인식시키고, 나아가 변화노력에 대한 자신감과 적극적인 태도를 유도할 수 있다. 또한 경영자가 변화를 설계하는 단계에서 종업원을 참여시킴으로써 필요한 정보를 획득할 수 있다. 그리고 경영자가 종업원의 저항을 통제할 수 있는 강력한 추진력을 가지고 있을 때도 종업원들을 참여시킴으로써 변화를 바람직한 방향으로 유도할 수 있다.

3) 협 상

협상(negotiation)은 종업원들로부터 변화에 대한 협조와 승인을 얻어내기 위한 공식적 절차로 사용된다. 특히, 협상은 노동조합이나 종업원들이 변화의 실천에 강한 저항력을 가지고 있거나 변화의 실패를 우려하고 있을 경우에 주로 사용된다. 예를 들어, 조직구조가 개편될 경우에 마케팅 부서에서 권력이 약화될 것을 우려한다면, 최고경영자는 마케팅 부서와 협상하여 문제를 해결할 수 있다. 노동조합이 강한 GM, GE와 같은 대기업들은 노동조합과 조직변화에 관한 협상을 자주 벌이며, 협상결과를 고용계약에 반영시킨다.

4) 강 제

강제(coercion)는 경영자가 종업원들에게 변화에 따르도록 강제력을 행사하는 것을 말한다. 경영자는 변화에 저항하는 종업원에게 변화를 받아들이든지, 아니면 직장을 떠나라고 강요할 수 있다. 강제는 신속한 대응이 요구되는 위기 상황에서 필요하다. 또한 경영자가 변화에 대한 주도권을 행사할 수 있는 상황이거나, 다른 방법으로는 저항을 극복할 수 없다고 판단될 때, 최후 수단으로 사용해야 한다.

5) 최고경영자의 지원

최고경영자의 지원은 변화에 대한 저항을 극복하는 데 도움이 된다. 특히, 변화의 과정에 여러 부서가 관계되거나 부서 간에 자원의 재배치가 필요할 때

표 11-3 • 조직변화에 대한 저항극복 전술

접근 방법	사용 시기
커뮤니케이션과 교육	변화의 과정에 새로운 지식이나 정보가 필요할 때 변화의 필요성을 인식시키기 위해 교육이 필요할 때
참 여	종업원의 참여가 필요하다고 느낄 때 변화를 설계하는 단계에서 종업원의 정보가 필요할 때 종업원의 저항을 통제할 수 있는 강력한 추진력을 가졌을 때
협 상	노동조합이나 종업원이 변화의 실천에 강한 저항력을 가지고 있을 때 노동조합이나 종업원이 변화의 실패를 우려하고 있을 때
강 제	위기가 존재할 때 경영자가 변화에 대한 주도권을 행사할 수 있는 상황일 때 다른 방법으로는 저항을 극복할 수 없다고 판단될 때
최고경영자 지원	변화 과정에 여러 부서가 관계되거나 자원의 재배치가 필요할 때 변화의 정당성에 대해 의심이 갈 때

자료: J. P. Kotter and L. A. Schlesinger, "Choosing Strategies for Change," *Harvard Business Review* 57, March-April 1979, pp. 106-114.

는 최고경영자의 지원이 필요하다. 최고경영자의 지원이 없으면, 부서간의 다툼으로 변화가 어렵게 된다. 또한 변화의 정당성에 의심이 갈 경우에도 최고경영자의 지원이 필요하다.

04 조직변화의 형태

조직변화의 형태는 변화의 초점을 어떤 영역에 맞추느냐에 따라 기술변화, 제품변화, 구조적 변화, 문화·사람 변화의 네 가지로 구분된다. 조직변화의 요인에 따라 조직의 여러 영역에서 변화가 일어날 수 있다. 예를 들어, 급변하는 장난감 산업에서는 신제품을 자주 도입해야 한다. 반면에, 성숙단계에 있는 경쟁적 산업에서는 생산기술의 변화를 통해 효율성을 증대시켜야 한다.

[그림 11-3]은 네 가지 조직변화의 형태를 화살표로 연결하고 있다. 즉, 조직의 한 분야의 변화는 다른 분야에 영향을 미친다. 예를 들어, 신제품의 도입은 기술의 변화를 요구하고, 신기술은 새로운 사람 또는 새로운 조직구조를 필요로 한다.

4.1 기술변화

기술변화(technology change)는 제품이나 서비스를 더 효율적으로 생산하기 위한 기술의 변화를 말한다. 기술변화의 주요 내용으로는 기계설비 교체, 작업공정 변화, 정보처리시스템 교체, 자동화시스템 도입 등을 들 수 있다.

경영자는 기술변화를 어떻게 촉진할 수 있는가? 일반적으로 기술변화는 하의상달식(bottom-up approach)으로 추진되어야 성공할 수 있다. 이 방식은 조직의 하위층에서 새로운 아이디어가 개발되어 계층구조를 따라 상위층으로 전달되는 방식이다. 즉, 하위층의 일선 기술자가 새로운 아이디어를 개발하여 아이디어 챔피언에게 기술변화를 파급시킨다. 이러한 방식을 사용할 경우에, 경영자는 창의적인 조직구조를 설계함으로써 기술변화를 더 촉진시킬 수 있다. 연구결과에 의하면, 느슨하고 유연한 유기적 조직일수록 새로운 아이디어를 개발

그림 11-3 조직변화의 형태

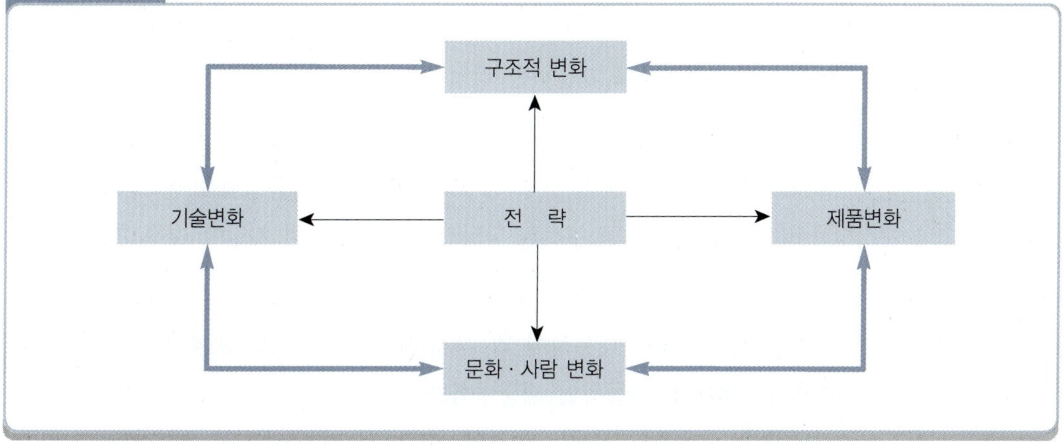

자료: Harold J. Leavitt, "Applied Organizational Change in Industry: Structural, Technical, and Human Approaches," in *New Perspectives in Organization Research*, eds., W. W. Coopers, H. J. Leavitt, and M. W. Shelly II, New York: Wiley, 1964, pp. 55-74.

할 수 있는 자유와 기회가 많고, 딱딱하고 집권적이고 표준화된 기계적 조직에서는 기술혁신이 일어나기 어렵다.

상의하달식(top-down approach)은 기술변화에서 성공하기 어렵다. 왜냐하면 최고경영자는 생산현장과 떨어져 있기 때문에 기술혁신에 관한 전문성이 부족하다. 최고경영자가 제안하는 기술변화가 전체 기술혁신에서 차지하는 비율은 매우 적다. 새로운 창의적 아이디어는 어디까지나 기술과 가까이 있는 일선 기술자로부터 나온다. 따라서 많은 기업들이 일선 기술자로부터 새로운 기술적 아이디어를 얻어 내기 위해 창의적인 조직을 설계하고 있다. 대표적인 사례로, Motorola의 'participative management program', Data General의 'pride teams', Honeywell의 'positive action teams'을 들 수 있다.

4.2 제품변화

제품변화(product change)는 제품이나 서비스의 변화를 말한다. 제품변화는 새로운 전략을 추진하거나 새로운 시장을 개척하는 데 매우 중요하다. 신제품은 새로운 기술의 도입을 필요로 할 뿐만 아니라 고객의 욕구를 충족시킬 수 있어야 하기 때문에 신제품 아이디어의 성공률은 매우 낮다. 연구결과에 따르면, 8가지 신제품 아이디어 중에서 1가지 정도의 비율로 성공하는 것으로 나타났다.

신제품을 성공적으로 개발하는 기업은 다음과 같은 특징을 가지고 있다.

① 마케팅 종사자들은 고객의 욕구를 잘 파악하고 있다.
② 기술자들은 신기술의 발전 동향과 효과적인 사용방법을 잘 알고 있다.
③ R&D, 생산, 마케팅 부서의 담당자들이 신제품의 개발에 매우 협조적이다.

이를 요약하면, 신제품을 성공적으로 개발하는 기업에서는 신제품 아이디어가 조직의 하위층에서 태동하여 각 부서간에 수평적으로 흐르면서 기술변화가 확산된다는 것이다. 성공적인 제품변화를 위해서는 여러 부서 전문가들의 협조가 필요하다. 신제품의 실패는 협조의 실패에서 기인되는 경우가 많다.

[그림 11-4]는 신제품개발을 위한 수평적 연결모형(horizontal linkage model)을 나타낸다. 이 모형에서 R&D부, 생산부, 마케팅부가 신제품을 개발하기 위해 긴밀하게 협조하는 모습을 보여준다. 이들 부서가 긴밀하게 협조해야 신기술의 도입을 통해 고객의 욕구를 충족시키고, 시장상황에 적합한 신제품을 개발할 수 있다. 각 부서에서 차출된 전문가들은 팀이나 태스크 포스에서 자주 만나 아이디어를 교환하고 문제를 해결한다. R&D부는 고객의 욕구를 충족시키는 데 필요한 새로운 기술정보를 마케팅부에 제공하고, 마케팅부는 신제품을 디자인하는 데 참고가 되는 고객의 불평불만정보를 R&D부에 제공한다. 또 생산부는 원가절감을 위해 신제품이 어떻게 디자인되어야 하는가를 다른 부서와 협의한다. 이와 같이 수평적 연결모형을 사용하면, 신제품개발에 관한 의사결정이 통합될 수 있다.

그림 11-4 신제품개발을 위한 수평적 연결모형

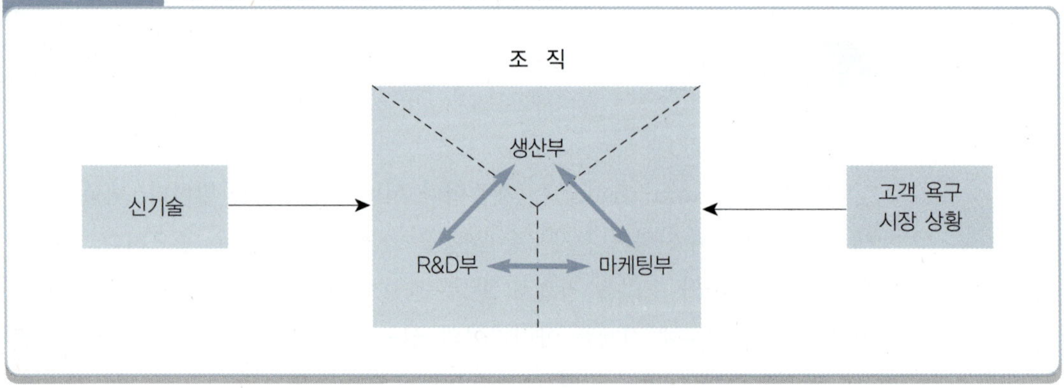

4.3 구조적 변화

구조적 변화(structural change)는 조직설계와 조직관리의 구조적 변화를 말한다. 여기에는 권한의 계층구조, 조직목표, 구조적 특성, 관리원칙, 관리절차, 관리시스템과 관련된 변화가 모두 포함된다. 따라서 조직관리와 관련된 변화는 대부분 구조적 변화의 범주에 속한다. 예를 들어, 미국의 AT&T는 조직구조 개편, 성과급제도 도입, 업적평가제도 개편을 통해 구조적 변화를 시도하였고, IBM은 조직구조를 기능조직에서 제품조직으로 개편하는 구조적 변화를 단행하였다. 심지어, 기업이 금연정책을 도입하면 구조적 변화에도 영향을 미치게 된다.

구조적 변화는 상의하달식으로 추진되어야 성공할 수 있다. 이와 달리, 기술변화는 하의상달식으로 그리고 제품변화는 수평적 연결방식으로 추진되어야 성공할 수 있다고 하였다. 구조적 변화는 조직의 중 · 상위층에서 시작되어 계층구조를 따라 상의하달식으로 파급되어야 한다. 즉, 최고경영자와 중간경영자가 구조적 변화의 챔피언 역할을 해야 한다.

그러나 상의하달식의 구조적 변화 과정에서 강제 전술이 가장 좋다는 의미는 아니다. 교육, 참여, 협상과 같은 전술이 사용될 수도 있다. 긴급한 상황이 아니면 구조적 변화를 강제해서는 안 된다. 강제적으로 구조적 변화를 추진하면 종업원들의 강력한 저항에 부딪혀 실패하기 쉽다.

상의하달식의 변화는 아이디어가 조직의 상층부에서 제기되어 계층구조를 따라 하층부로 내려오면서 실천되어야 성공할 수 있다. 물론, 하위층의 종업원들은 교육도 받고 의견제시와 참여도 허용되어야 한다.

4.4 문화 · 사람 변화

문화 · 사람 변화(culture/people change)는 종업원들의 가치관, 규범, 태도, 신념, 행동과 관련된 변화를 말한다. 이는 종업원들이 어떻게 생각하느냐와 관계가 있다. 다시 말해, 문화 · 사람 변화는 전술한 기술변화, 제품변화, 구조적 변화와는 달리 사고방식의 변화를 말한다.

문화 · 사람 변화는 사람 변화(people change)와 문화 변화(culture change)

로 나누어 볼 수 있다. 사람 변화는 극소수의 종업원과 관계된다. 예를 들어, 일부 중간경영자를 리더십 훈련과정에 파견하여 리더십 기술을 훈련시키는 것은 사람 변화에 해당한다.

이와 달리, 문화 변화는 조직 전체와 관련된다. 예를 들어, 조직 내의 관료제도를 축소하고 팀웍과 종업원참여제도를 확대하여 고객 서비스를 강화하는 것은 조직 전체의 문화 변화에 해당한다. 교육훈련은 조직의 사고방식을 바꾸기 위한 수단으로 자주 사용된다. 교육훈련 프로그램에서는 팀웍, 듣기 기술, 품질관리, 참여관리 등을 주제로 선정하는 경우가 많다.

>>> 요약 s·u·m·m·a·r·y

조직변화란 조직이 새로운 아이디어나 행동방침을 채택하여 조직의 구성요소를 변화시키는 것을 말한다. 조직변화는 조직변화의 요인 발생, 조직변화의 필요성 인식, 조직변화 계획, 조직변화 실천의 과정으로 이루어진다.

조직변화의 요인은 외부적 요인과 내부적 요인으로 구분된다. 외부적 요인은 조직의 외부환경에서 발생하는 요인을 말하며, 외부환경은 일반환경과 과업환경으로 구분된다. 일반환경은 조직의 외부에서 경영성과에 간접적으로 영향을 미치는 경제적 환경, 법적 · 정치적 환경, 사회 · 문화적 환경, 기술적 환경, 국제적 환경을 말하고, 과업환경은 경영성과에 직접적으로 영향을 미치는 고객, 경쟁기업, 공급업자, 노동조합 등을 말한다. 그리고 내부적 요인은 조직의 내부환경에서 발생하는 요인으로, 경영자, 종업원, 기업문화 등을 말한다.

조직변화의 요인이 발생하면 변화의 필요성을 인식하게 된다. 일반적으로 성과 갭이 클수록 변화의 필요성을 크게 인식한다. 성과 갭은 현재의 성과수준과 바람직한 성과수준간의 차이를 말하며, 현재의 절차가 표준에 미달하거나 새로운 아이디어나 기술의 도입으로 현재의 성과를 개선시킬 수 있을 경우에 발생한다.

조직변화의 필요성이 인식되면 조직변화 계획을 수립해야 한다. 이 단계는 조직변화를 탐색하거나 새로운 아이디어를 창조하는 단계로서 조직변화 과정에서 가장 중요하다. 변화 탐색은 조직의 내외 여건에 비추어 조직변화의 가능성을 탐색하는 것을 말한다.

조직변화를 위해서는 창의적인 사람이 필요하다. 창의적인 사람은 개방적 사고, 독창성, 높은 호기심, 문제해결을 위한 집중적 접근, 고집, 느긋하고 활달한 태도, 새로운 아이디어 수용성과 같은 특성을 가지고 있다. 창의력은 조직에도 적용되며 조직의 설계 방법에 따라 달라진다. 창의적인 조직은 느슨한 조직 구조를 가지고 있으며, 구성원들은 애매모호한 상태로 업무를 수행하고, 업무할당도 모호하고, 업무영역도 중복되고, 과업도 느슨하게 부여되며, 대부분의 과업이 팀을 통해 수행된다. 창의적 조직은 활달성, 자유, 도전, 참여와 같은 내부 문화를 가지고 있고, 내부의 모든 소스로부터 새로운 아이디어를 발굴하며, 창의력을 진작시키기 위해 다양한 경영참가 프로그램을 사용한다. 그리고 창의적 조직에서는 종업원들의 실수를 너그럽게 수용한다.

조직이 창의적인 여건을 갖추기 위해 아이디어 챔피언 제도를 도입할 필요가 있다. 아이디어 챔피언은 조직 내에서 변화의 필요성을 인식하고 가장 생산적인 변화를 일으키는 사람을 말한다.

조직변화는 저절로 일어나는 것이 아니라, 새로운 아이디어를 개발해야 한다. 구성원들은 조직변화 과정에서 여러 가지 역할을 하기도 하지만, 대부분은 한 가지 역할을 하며, 이러한 역할의 상호 작용으로 조직변화가 이루어진다. 창안자는 새로운 아이디어를 처음으로 개발하는 사람을 말하고, 챔피언은 새로 개발된 아이디어를 신뢰하고 그것을 현실화하기 위해 재무적 · 정치적 지지를 얻어내는 역할을 하며, 스폰서는 보통 최고경영자가 담당하는데, 새로운 아이디어를 승인하고 보호하며, 조직 내에서 아이디어를 수용하는 데 따른 각종 장애물을 제거시키는 역할을 한다. 그리고 비판자는 아이디어의 실제적인 테스트를 통해 단점을 제시하고 아이디어의 채택 기준을 엄격히 제시하며 나쁜 아이디어의 채택을 예방하는 역할을 한다.

뉴-벤처 팀은 최근에 아이디어 개발 수단으로 많이 활용되고 있다. 뉴-벤처 팀은 정규 조직의 규칙이나 절차에 구애되지 않고 자유롭게 운영되기 때문에 팀원들이 창의력을 발휘하는 데 유리하다. 또한 뉴-벤처 팀은 규모가 적고 규율이 느슨하고 유기적이며 창조적인 특성을 가지고 있다. 그리고 아이디어 인큐베이터는 기업의 관료주의나 정책의 간섭을 받지 않고 새로운 아이디어를 초기부터 안전하게 개발할 수 있는 인큐베이터와 같은 사내 프로그램을 말한다.

조직변화 계획이 수립되면 경영자는 이를 실천에 옮겨야 한다. 그러나 변화계획을 실천하는 단계에서 저항이 일어나는 경우가 많다. 따라서 경영자는 종업원의 저항 이유를 잘 파악하여 극복전술을 수립해야 한다. 먼저, 변화에 대한 저항은 일반적으로 기득권을 고수하려는 이기주의, 변화의 목적에 대한 이해와 신뢰 부족, 변화로 인한 불확실성, 상황에 대한 평가와 목표의 차이에서 비롯된다. 레윈은 조직변화의 추진력과 저항력을 세력장 이론으로 설명하였다. 조직변화가 성공하기 위해서는 추진력을 강화시키고 저항력을 약화시키는 전술이 필요하다. 저항력을 약화시키기 위한 전술로는 커뮤니케이션과 교육, 참여, 협상, 강제, 최고경영자 지원의 5가지가 많이 사용된다.

조직변화의 형태는 변화의 초점을 어떤 영역에 맞추느냐에 따라, 기술변화, 제품변화, 구조적 변화, 문화 · 사람 변화의 네 가지로 구분된다. 기술변화는 제품이나 서비스를 더 효율적으로 생산하기 위한 기술의 변화를 말하고, 제품변화는 제품이나 서비스의 변화를 말한다. 구조적 변화는 조직설계와 조직관리의 구조적 변화를 말하며, 권한의 계층구조, 조직목표, 구조적 특성, 관리원칙, 관리절차, 관리시스템과 관련된 변화가 모두 포함된다. 문화 · 사람 변화는 종업원들의 가치관, 규범, 태도, 신념, 행동과 관련된 변화를 말한다.

>>> 연습문제 e·x·e·r·c·i·s·e

01 조직변화란 무엇이며 어떤 과정으로 이루어지는가?

02 조직변화의 외부적 요인과 내부적 요인은 무엇인가?

03 창의적인 사람과 조직의 특징을 설명하라.

04 조직변화 과정에서 창안자, 챔피언, 스폰서, 비판자는 각각 어떤 역할을 수행하는가?

05 뉴벤처 팀은 조직변화의 측면에서 정규 조직과 어떤 차이점이 있는가?

06 구성원들이 조직변화에 저항하는 이유는 무엇인가?

07 레윈은 조직변화의 추진력과 저항력을 세력장 이론으로 설명하였는데, 연공서열제를 성과급제로 교체할 경우에 예상되는 추진력과 저항력을 설명하고, 저항극복 전술을 제시하라.

08 조직변화에 대한 저항극복 전술로 사용되는 방법에는 어떤 것이 있는가?

09 기술변화란 무엇이며 어떤 방법으로 촉진하는 것이 바람직한가?

10 제품변화란 무엇이며 신제품개발을 위한 수평적 연결모형은 어떻게 활용되는가?

11 구조적 변화란 무엇이며 어떤 방법으로 추진하는 것이 바람직한가?

12 문화 · 사람 변화란 무엇이며 어떤 방법이 사용되는가?

미래에 만날 모든 사람은 20대에 만나는 법이다.
20대의 문을 나서 생의 광활한 들판을 나서면 이제 더 이상 새로운 만남은 없다.
20대에 누구를 만나느냐에 따라 당신의 인생이 결정된다.
만남은 곧 가치관의 확대이다. 재미있는 사람을 만나자.
이상한 사람을 만나자. 위험한 사람을 만나자.
20대에 만난 사람들 중에 미래의 당신이 있다.

– 나카타니 아키히로, 20대에 꼭 만나야 할 50인 –

MANAGEMENT

chapter

12 인적자원관리

이 장에서는 인적자원관리란 무엇이며 어떤 방향으로 나아가고 있는가? 인적자원관리의 전략적 목표는 무엇인가? 인적자원관리에 영향을 미치는 환경요인은 무엇인가? 인적자원의 확보란 어떤 활동을 말하는가? 인적자원의 훈련과 개발은 어떻게 해야 하는가? 그리고 인적자원은 어떤 방법으로 유지해야 하는가를 설명한다.

01 인적자원관리의 개요

1.1 인적자원관리의 개념

지식기반 사회에서는 인적자원이 물적자원보다 더 중요하며, 기업의 경쟁력에 더 큰 영향을 미친다. 기업이 아무리 훌륭한 목표와 계획을 가지고 있고 조직구조가 잘 설계되어 있다하더라도 유능한 인적자원이 없으면 목표 달성이 불가능하다.

인적자원관리(human resource management)는 조직의 목표를 달성하기 위해, 유능한 인적자원을 확보하고, 그들의 능력을 충분히 발휘할 수 있도록 개발하고, 유지하는 활동을 말한다. 따라서 경영자는 종업원의 개인적 의사를 존중하고 그들의 능력개발과 동기유발을 통하여 개인적인 만족감과 기업의 생산성을 동시에 달성할 수 있어야 한다.

최근에 인적자원관리는 다음과 같은 방향으로 나아가고 있다.

① 인적자원관리가 인간중심적이고 미래지향적으로 전개되고 있다. 인적자원은 물적자원과 다르다. 인적자원을 단순한 생산성 향상의 수단으로만 생각하는 것은 옳지 않다. 오늘날의 종업원들은 교육과 의식수준이 높기 때문에 그들의 능력개발과 욕구충족에도 많은 관심을 기울여야 한다. 또한 경영자는 전통적인 사고방식에서 벗어나 미래지향적으로 인적자원을 관리해야 한다.

② 인적자원관리는 조직의 목표와 종업원의 욕구를 통합시키는 과정으로 전개되고 있다. 달리 말해, 인적자원관리는 개인의 목표와 조직의 목표를

동시에 달성할 수 있는 방향으로 나아가고 있다.

③ 인적자원관리는 전통적인 인사관리의 차원이 아니라 전략적인 차원에서 접근하고 있다. 즉, 인적자원은 전략적 자원으로 간주되고 있다. 인간의 잠재 능력은 무한하기 때문에 인적자원은 물적자원보다 기업의 경쟁력을 더 크게 좌우할 수 있다.

1.2 인적자원관리의 전략적 목표

인적자원관리는 [그림 12-1]에서와 같이 인적자원의 확보, 개발 및 유지라는 세 가지 전략적 목표를 가지고 있다. 인적자원의 확보는 유능한 인적자원을 확보하는 것을 말하고, 인적자원의 개발은 인적자원의 능력을 개발하는 것을 말하며, 인적자원의 유지는 유능한 인적자원이 조직에 장기간 머물도록 유지하는 것을 말한다.

이 세 가지 전략적 목표는 다음과 같은 세부적인 활동으로 구성된다. 먼저, 인적자원의 확보에는 인적자원 계획, 직무분석, 인적자원 예측, 모집, 선발에 관한 활동이 필요하다. 인적자원의 개발에는 훈련, 개발, 업적평가에 관한 활동이

그림 12-1 인적자원관리의 전략적 목표

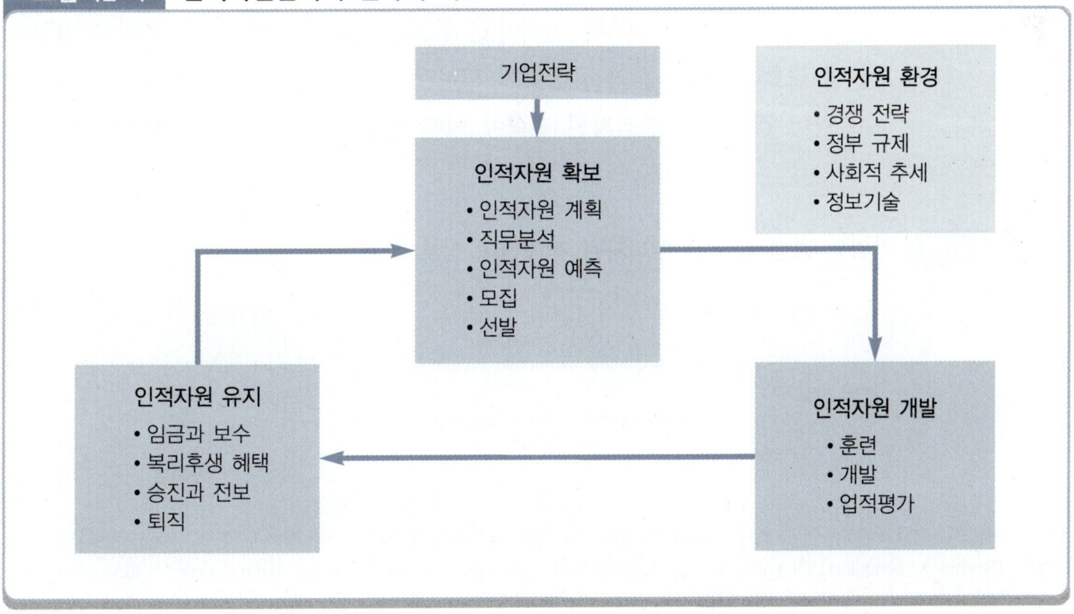

필요하며, 인적자원의 유지에는 임금과 보수, 복리후생 혜택, 승진과 전보, 퇴직과 관련된 활동이 필요하다.

1.3 인적자원관리의 환경 요인

인적자원관리의 세 가지 전략적 목표는 경쟁 전략, 정부 규제, 사회적 추세, 정보기술과 같은 조직 환경으로부터 많은 영향을 받는다.

(1) 경쟁 전략

인적자원관리의 기능은 지난 수십년 동안 크게 변화하였다. 미국의 경우, 1920년대에는 하급 관리자가 종업원의 고용, 해고 및 보상 계획의 실천과 관련된 인사관리를 담당하였으나, 1950년대에는 노동조합의 힘이 강화되면서 최고경영자가 인사관리를 담당하였다. 1980년대에는 노동조합의 힘이 약화되긴 하였으나 전통적인 인사관리가 인적자원관리로 격상되면서, 인적자원관리자는 기업의 전략 경영에 직접 참여하였다.

[그림 12-2]는 기업의 경쟁 전략과 인적자원 전략간의 상호 관계를 나타낸다. 기업의 경쟁 전략에는 M&A, 효율성 증대를 위한 다운사이징, 국제적 영업망 구축, 자동생산기술 획득 등이 포함되는데, 이러한 전략에 따라 인적자원의 수요량이 결정된다. 반면에, 인적자원 전략을 통해 기업의 경쟁 전략을 실천하는 데 필요한 인적자원의 공급량이 결정된다. 즉, 경쟁 전략에 의해 인적자원의 수요량이 결정되고, 인적자원 전략에 의해 인적자원의 공급량이 결정된다.

그림 12-2 기업의 경쟁 전략과 인적자원 전략간의 상호 관계

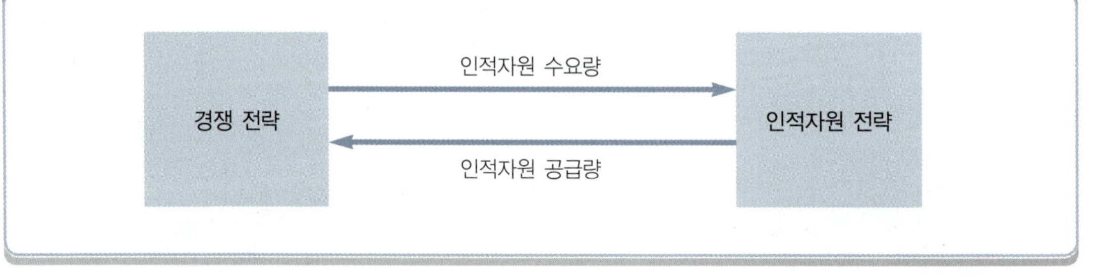

자료: Cynthia A. Lengnick-Hall and Mark L. Lengnick-Hall, "Strategic Human Resources Management: A Review of the Literature and a Proposed Typology," *Academy of Management Review* 13, 1988, pp. 454-470.

1990년대에는 전략적 결정을 할 때 인적자원을 충분히 고려하는 경향이 나타났다. 예를 들어, 다운사이징(downsizing)은 비용 절감과 경쟁력 증대를 위해 종업원과 경영자를 체계적으로 줄이는 것을 말하기 때문에 다운사이징을 실시할 때는 인적자원 문제를 우선적으로 고려한다. 다른 예로, 유연생산시스템(flexible manufacturing system: FMS)의 도입은 종업원들의 기술에 많은 변화를 가져온다. FMS가 도입되어 새로운 기계가 설치되면, 고도의 전문적 기술뿐만 아니라 인간적 기술을 갖춘 종업원이 필요하게 된다.

(2) 정부 규제

각국 정부에서는 평등한 고용기회를 조성하기 위해 많은 노동관계법을 제정하였다. 입법 취지는 특정한 집단에 대해 공정하지 못한 차별적인 관행을 시정하는 데 있다. 남녀간에 임금 격차를 줄이고, 종교, 학력, 성별에 관계없이 고용기회를 제공하며, 장애인에 대해서도 고용기회를 확대하고 차별적인 대우를 금지하는 조항들이 포함되어 있다.

이와 같이 인적자원에 관한 규제 법률에서는 평등한 고용기회를 조성하는 데 역점을 두고 있다. 특히, 여성, 소수민족, 노령 근로자, 장애인의 노동권과 노동조건에 관한 법률 제정이 증가하고 있다. 또한 과거에는 주로 하위직에 관심이 집중되었으나 앞으로는 상위직에 대해서도 평등한 고용기회를 부여할 수 있어야 한다.

(3) 사회적 추세

인적자원관리자는 다음과 같은 사회적 추세를 고려하여 기업이 필요로 하는 유능한 인적자원을 확보, 개발 및 유지하는 활동을 수행해야 한다.

1) 세계화

대기업뿐만 아니라 중소기업들도 글로벌 시장에 진출함에 따라 해외 영업에 필요한 인적자원을 확보해야 한다. 예컨대, 인적자원관리자는 본사 경영자를 해외에 파견할 것인가, 현지에서 경영자를 고용할 것인가를 결정해야 한다.

2) 노동력의 다양화

기업의 구성원은 앞으로 매우 다양화될 것으로 예상된다. 성별, 연령, 민족,

물리적 능력, 종교적 신념, 군대 경력, 교육 정도, 출신 지역, 노동 배경, 소득 수준 등에 있어서 다양한 사람들이 한 직장에서 일하게 될 것이다.

3) 노동공급의 변동

인구통계와 경제적 상황의 변화는 노동공급에 영향을 미친다. 특히, IMF 금융위기 이후 금융기관과 기업의 구조조정 과정에서 수많은 블루칼라와 화이트칼라들이 실직을 당하였으며, 대졸 실업자가 속출하였다. 한국 경제가 선진국 경제로 변화하는 과정에서 고실업과 과잉 노동공급 상태가 계속 이어질 전망이다.

4) 노동시장의 유연성

기업이 글로벌 시장에서 경쟁력을 갖추기 위해서는 우수한 노동력을 확보해야 할 뿐만 아니라 과도한 인건비를 축소해야 한다. 앞으로는 파트 타임으로 일하는 종업원의 수가 점점 많아지고, 작업 스케줄이 하루 단위가 아니라 시간 단위로 설정되며, 특수한 직무를 위한 계약직 직원을 채용하며, 이들에게는 전용 사무실을 제공할 필요도 없다.

5) 노동조합 운동

노동조합 운동의 강도와 유형은 각국의 경제 여건에 따라 다르다. 미국의 경우에는 노동조합 운동이 약화되고 있으나, 우리나라는 IMF 금융위기 이후 구조조정 과정에서 더 강화되고 있다. 노동조합에 가입하면, 임금, 근로시간, 기타 고용 조건에 관한 협상에서 유리한 위치에 설 수 있다.

노동조합이 경영자와의 협상에서 유리한 위치에 서기 위해서는 조합원 욕구, 임금 구성 요소, 기업의 재무 상태를 정확하게 파악해야 한다. 최근에는 종업원의 경영참가 프로그램과 관련하여 경영자와 협력 관계를 유지하는 것이 중요한 문제로 떠오르고 있다.

(4) 정보기술

정보기술의 발전으로 인적자원정보시스템도 발전하고 있다. 인적자원정보시스템(human resource information system)은 인적자원의 계획과 의사결정에 필요한 데이터와 정보를 제공하기 위해 설계된 컴퓨터 시스템을 말한다. 이 시스템을 통해 임금지급, 복리후생관리 등을 자동화 함으로써 많은 시간과 비용을 절약할 수 있다. 그리고 www.mancom.com과 같은 인적자원 서비스를 제공하는 웹 사이트에서는 모집, 채용, 오리엔테이션, 훈련, 임금지급, 복리후생관리 등 전반적인 인적자원기능을 자동적으로 처리해 주고 있다.

02 인적자원의 확보

인적자원관리의 첫 번째 목표는 생산적이고 유능한 인적자원을 확보하는 것이다. 인적자원의 확보 과정은 [그림 12-3]에서와 같이, ① 인적자원계획 수립, ② 모집, ③ 선발, ④ 신입사원 환영식의 단계를 거친다.

그리고 인적자원의 확보 과정은 기업과 종업원간의 매칭 모델(matching

그림 12-3 인적자원의 확보

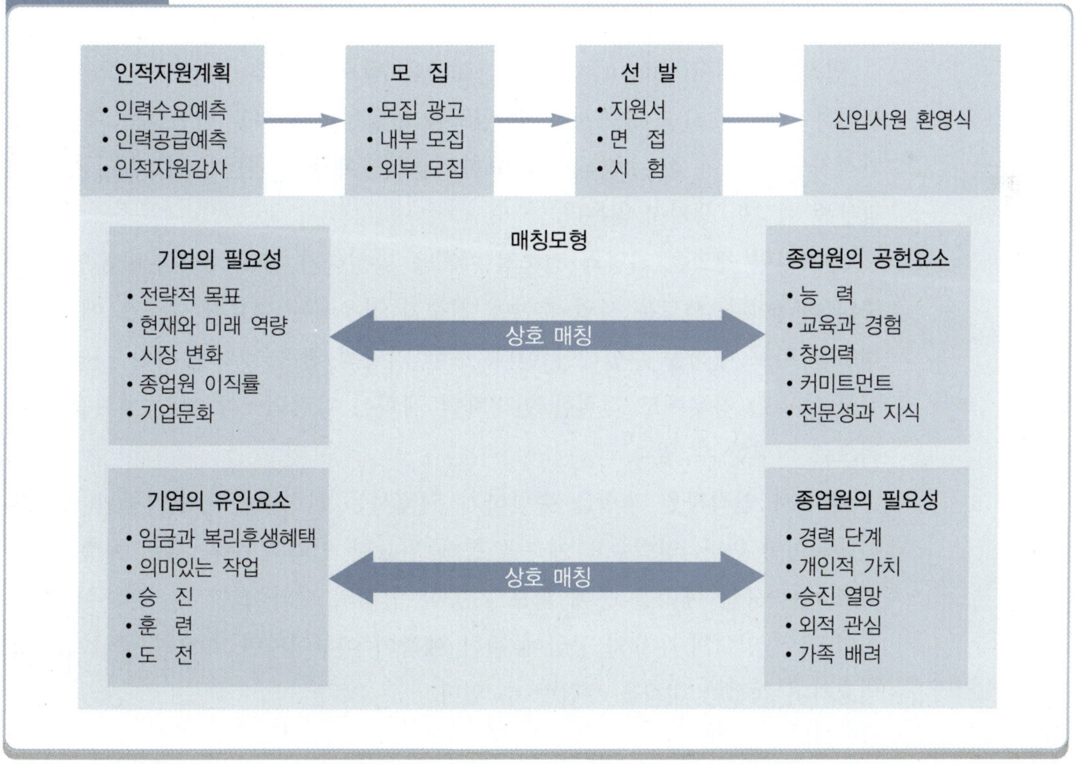

model)로 이해할 수 있다. [그림 12-3]에서와 같이, 기업의 필요성과 종업원의 공헌요소가 서로 매치되거나, 기업의 유인요소와 종업원의 필요성이 서로 매치되어야, 종업원이 4단계의 인적자원 확보 과정을 거쳐 최종적으로 채용될 수 있다. 따라서 인적자원관리자는 기업의 필요성과 종업원의 공헌요소는 무엇이고, 기업의 유인요소와 종업원의 필요성은 무엇인가를 정확하게 파악하여야 한다.

인적자원에 대한 기업의 필요성은 전략적 목표, 현재와 미래 역량, 시장 변화, 종업원 이직률, 기업문화 등에 따라 달라지며, 기업에 대한 종업원의 공헌요소는 능력, 교육과 경험, 창의력, 커미트먼트(commitment), 전문성과 지식 등을 들 수 있다. 그리고 인적자원에 대한 기업의 유인요소는 임금과 복리후생 혜택, 의미 있는 작업, 승진, 훈련, 도전 등을 들 수 있고, 취업에 대한 종업원의 필요성은 경력 단계, 개인적 가치, 승진 열망, 외적 관심, 가족 배려 등에 따라 달라진다.

2.1 인적자원 계획

인적자원 계획(human resource plan)은 필요한 인력 수와 자격 요건 등을 분석하여 인력수요를 충족시킬 수 있도록 다양한 대응책을 마련하는 과정이다. 인적자원 계획이 잘 수립되면 필요한 인력을 제때 공급받을 수 있어 인력의 과부족 현상이 생기지 않는다.

인적자원 계획은 기업의 전략적 계획을 달성하기 위해 수립하는 운영 계획 중의 하나이다. 새로운 사업 분야에 진출할 경우에는 필요한 인력을 예측하여 적절한 확보 대책을 수립해야 한다. 또한 기업의 전략 계획에 따라 사업의 일부를 축소할 경우에도 적절한 인적자원 계획이 마련되어야 전략 계획을 효과적으로 실천할 수 있다.

따라서 인적자원 계획을 수립하기 위해서는 인력수요와 인력공급 예측이 선행되어야 한다. 인력수요 예측을 통해 필요한 인력의 수와 질이 예측되어야 하고, 인력공급 예측을 통해 확보 가능한 인력의 수와 질이 분석되어야 한다. 이와 같이 인력의 수요와 공급에 관한 예측이 이루어지면, 수요와 공급 능력을 비교하여 적절한 대책을 수립할 수 있다.

(1) 인력수요 예측

인적자원 계획은 필요한 인력의 수와 질을 예측하는 데서 출발한다. 인력수요가 잘 예측되면 인력의 과부족 현상을 사전에 막을 수 있다. 기업이 필요한 인력은 두 가지 측면에서 분석할 수 있다. 첫째는 필요한 인력의 수에 관한 예측이고, 둘째는 필요한 인력의 자격 요건, 즉 인력의 질에 관한 예측이다. 한마디로 말해, 인력수요 예측은 어떤 자격 요건을 갖춘 인력이 얼마나 필요한가를 예측하는 것을 말한다.

먼저 필요한 인력의 수는 어떠한 방법으로 예측할 수 있는가? 기업이 필요한 전체 인력의 수를 예측하는 총 인력수요 예측과 각 부서 및 직급별로 필요한 인력의 수를 예측하여 이를 누계하는 누적 인력수요 예측이 있다. 총 인력수요 예측에서는 기업의 전체 인력의 수와 밀접한 관계가 있는 생산량이나 판매량 등을 참고자료로 사용한다. 누적 인력수요 예측에서는 기업의 하위 부서별로 필요한 인력의 수를 계산하여 누계하는데, 조직 구조에 따라 수직적으로 또는 수평적으로 세분하여 필요한 인력을 예측한다.

다음으로 필요한 인력의 질은 어떠한 방법으로 예측할 수 있는가? 기업이 필요한 인력의 질을 예측하기 위해서는 먼저 직무분석(job analysis)을 체계적으로 수행해야 한다. 직부분석에서는 직무 목적을 비롯해서 직무 자체의 특성, 작업 환경, 직무 담당자가 갖추어야 할 인적 특성 등에 관한 정보가 필요하다. 따라서 직무분석은 어떤 일이 왜, 어떻게, 어디서 그리고 누구에 의해 수행되어야 하는가를 분석하는 과정이라 할 수 있다. 직무를 구성하는 여러 가지 일과 그 일이 필요한 이유를 밝히고, 직무를 수행하는 데 필요한 기능, 지식, 정신적 또는 육체적 자격 요건을 밝혀야 한다.

직무분석을 통해 수집된 정보는 직무기술서(job description)와 직무명세서(job specification)라는 문서로 작성된다. 직무기술서는 주로 직무와 관련된 책임과 의무를 중심으로 작성되고, 직무명세서는 직무 담당자가 갖추어야 할 자격 요건을 중심으로 작성된다. 직무기술서와 직무명세서는 필요한 인력이 어떤 일을 맡을 것이며, 그에 따른 자격 요건은 무엇인가에 관한 정보를 제공해 주기 때문에 인력수요 예측에 매우 중요한 기초 자료가 된다.

(2) 인력공급 예측

인력수요 예측이 이루어진 다음에는 인력의 내부 공급능력에 대한 분석이 이루어져야 한다. 현재 확보하고 있는 인력의 수는 쉽게 파악할 수 있지만, 미래의 내부 공급능력은 불확실하므로 체계적으로 분석해야 한다. 우선, 이용 가능한 인력의 수를 파악하기 위해 [그림 12-4]와 같은 인력의 내부 공급능력 분석이 필요하다.

각 부서별로 일정 기간 동안 예상되는 결원, 내부 이동, 충원을 고려하여 이용 가능한 인력 규모를 조사하면, 기업 전체의 내부 공급능력을 파악할 수 있다. 이와 같은 방법으로 기업 내부에서 공급받을 수 있는 인력 규모가 파악되면, 인력수요와 비교하여 수요가 크면 추가로 인력을 증원해야 하고, 공급이 크면 인력을 감원해야 한다.

인력공급 능력을 분석할 때, 인력의 수와 함께 자질도 고려해야 한다. 기업이 확보하고 있는 인력의 자질을 평가하는 것을 인적자원감사(human resource audit)라 한다. 즉, 종업원들이 자신의 직무를 수행하는 데 필요한 자질을 충분히 갖추고 있는가를 감사하는 것을 말한다. 인적자원감사가 체계적으로 이루어지면, 종업원들의 강점과 약점이 밝혀지므로 경영자는 이를 인적자원 계획에 반영시킬 수 있다. 즉, 현재의 직무 수행에 적합한 자질을 갖춘 사람은 계속 그 직무에 배치시키고, 그렇지 못한 사람은 인사이동이나 교육 훈련 프로그램에 반영시켜야 한다.

그림 12-4 인력의 내부 공급능력 분석

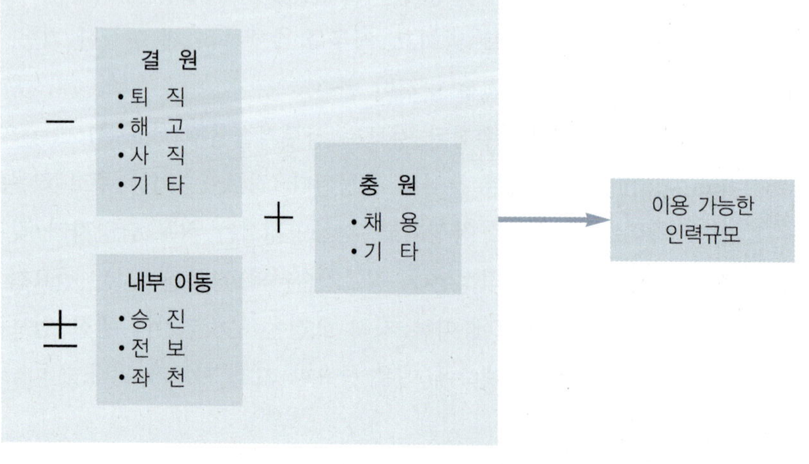

2.2 모 집

인적자원 계획에 따라 첫 번째로 시행되는 인적자원관리 활동이 모집이다. 모집(recruiting)은 기업의 특정한 직무를 수행할 자격을 갖춘 지원자를 모으는 활동을 말한다. 즉, 모집은 필요한 인재를 찾아 모으는 활동을 말한다.

모집은 일반적으로 조직 안에서 이루어질 수도 있고 조직 밖에서 이루어질 수도 있다. 조직 안에서 특정한 직무를 수행할 적격자를 찾아내는 것을 내부모집(internal recruiting)이라 한다. 전형적인 모집 방법으로 캠퍼스 모집(campus recruiting)을 많이 생각하지만, 상위 직급에 적합한 인력을 내부 승진이나 전보와 같은 내부모집을 통해 충원하는 경우도 많다. 일반적으로는 조직 밖에서 적격자를 찾기보다는 조직 내부에서 찾는 것이 효과적이다. 왜냐 하면 모집 비용이 절감되고 종업원들의 사기 진작에도 도움이 되기 때문이다. 최근에 우리나라 기업들도 사내 공모 제도를 도입하여 필요한 인력을 내부모집으로 충원하는 사례가 늘고 있다.

그러나 퇴직, 사고, 이직과 같은 자연적인 인력 변동과 함께 조직의 성장이나 기술 변화 등으로 인해 내부모집만으로는 불충분한 경우가 있다. 이 때는 조직 밖에서 필요한 인력을 모집해야 하는데, 이를 외부모집(external recruiting)이라 한다. 외부모집이 갖는 장점은 기존 인력이 갖지 못한 전문적 능력을 확보할 수 있고, 새로운 종업원을 통해 조직에 새 바람을 불어 넣을 수 있다는 점이다.

외부모집은 공개모집, 직업훈련소나 학교를 통해 이루어지는 것이 통례이지만, 최근에는 인터넷을 통한 e-크루팅(e-cruiting)이 급속히 확산되고 있다. e-크루팅은 수많은 지원자와 동시에 접속할 수 있고 많은 시간과 비용을 절감할 수 있다. 최근에는 대부분의 기업들이 e-크루팅을 활용하고 있다. 미국에서는 Monster.com과 같은 상업적인 e-크루팅 웹 사이트가 폭발적인 인기를 얻고 있다.

모집 활동을 할 때, 기업이나 직무에 관해 과대 선전을 일삼는 경우가 많다. 그러나 신규 인력이 과대 선전에 현혹되어 높은 기대를 갖고 입사하면 초기에 현실과 기대 간에 큰 차이를 발견하고 심리적인 동요를 일으키게 되는데, 이를 현실충격(reality shock)이라 한다. 현실충격이 클수록 신입 사원은 기업에 대한 불만이 커지고 이직 현상을 부추기는 결과를 가져온다. 많은 비용을 들여서 채용한 신입 사원이 입사한지 얼마 안 되어 이직을 하게 되면, 기업으로서는 큰 손실이 아닐 수 없다. 따라서 기업의 장단점을 동시에 공개하여 지원자가 보다 현실적인 정보를 가지고 지원할 수 있도록 해야 한다.

2.3 선 발

선발(selecting)은 여러 지원자들 중에서 충원해야 할 직무의 자격 요건을 갖춘 적격자를 가려내는 과정이다. 선발 과정은 여러 단계로 이루어지지만, 기업의 특성에 따라 제각기 다르게 운용된다.

선발 과정에서 지원자를 어떤 방법으로 심사하며 심사기준은 무엇인가? 선발의 궁극적인 목적은 기업의 목표 달성을 위해 맡겨진 직무를 가장 잘 수행할 수 있는 적격자를 가려내는 것이다. 따라서 지원자들이 기업의 목표 달성에 기여할 수 있는 정도를 사전에 심사할 수 있다면, 적격자를 선발하기가 어렵지 않을 것이다. 그러나 지원자 모두에게 실제로 일을 시켜보지 않고는 누가 기업의 목표 달성에 가장 기여할 수 있는가를 심사하기가 어렵다. 다시 말해, 지원자들을 모두 조건부로 채용하여 실제로 일을 시켜 본 다음에 적격자를 채용할 수 있으나 이런 방법은 현실적으로 적용하기가 어렵다. 최근에 대기업을 중심으로 인턴 사원제를 도입하고 있는데, 이는 그러한 시도라고 볼 수 있다.

기업에서는 지원자의 자격 요건과 직무 수행 능력을 심사하기 위해 다양한 선발 도구를 사용한다. 달리 말해, 선발 도구는 지원자의 자격 요건과 직무 수행 능력을 정확하게 평가할 수 있어야 한다. 그러기 위해서는 선발 도구가 타당도(validity)와 신뢰도(reliability)가 있어야 한다. 타당도는 측정하고자 하는 특성을 실제로 타당성 있게 측정할 수 있는 정도를 말한다. 만일 측정하고자 하는 직무 수행 능력과 무관한 내용이 선발 도구에 포함되면, 그에 따른 선발 결과는 타당도가 낮아진다. 그리고 신뢰도는 선발 도구를 사용하여 측정한 결과가 시간과 장소, 그리고 평가자에 관계없이 일관되게 나타나는 정도를 말한다.

선발 도구의 타당도와 신뢰도를 높이기 위해서는 한 가지 도구에만 의존하지 말고 다양한 도구를 종합적으로 사용해야 한다. 또한 평가자도 한 사람보다는 여러 사람으로 구성하여 평가 결과를 종합함으로써 보다 객관적인 평가를 할 수 있다.

선발 방법은 매우 다양하지만, 대체로 지원서를 통해 서류 전형을 실시한

다음에 면접이나 시험을 보는 과정을 거친다. 또한 추천을 통한 선발 방법도 사용되고 있다.

(1) 지원서

지원서(application form)는 거의 모든 선발 과정에서 공통적으로 사용된다. 지원서에 기재되는 주요 내용은 성장 배경, 학력, 경력, 희망 직무, 가족 사항 등이 포함된다. 최근에는 TOEIC 점수, 자격증 취득 여부, 인턴 및 봉사활동, 어학연수 등에 관한 내용도 포함되고 있다. 이러한 자료들은 지원자들 중에서 채용 가능성이 있는 집단을 1차적으로 추려내는 데 주로 사용된다. 따라서 지원서의 기재 사항들은 선발 과정에 참고할 수 있는 자료라야 하고, 성공적인 직무 수행과 관련성이 있어야 하며, 채용 후에 종업원 관리에 참고가 될 수 있는 정보를 담고 있어야 한다.

(2) 면 접

면접(interview)은 선발 과정에서 매우 중요한 역할을 한다. 면접을 통해 지원서에 없는 다양한 정보를 찾아낼 수 있고, 지원자의 잠재적인 직무 수행 능력을 평가할 수 있다. 이러한 장점 때문에 면접은 선발 과정에서 자주 사용되며, 오늘날 가장 중요한 선발 방법의 하나로 인정되고 있다.

면접의 기본적인 목적은 다른 선발 방법으로 측정할 수 없는 질적 요소를 측정하는데 있다. 지원자의 예절, 개괄적인 인상과 외모, 의사표현 능력과 같은 지원자의 질적 특성을 효과적으로 평가할 수 있다.

면접의 효과를 높이기 위해서는 면접자와 지원자 간에 필요한 정보가 원활하게 교환될 수 있도록 우호적인 분위기를 조성해야 한다. 또한 질문 내용과 평가 기준을 정형화함으로써 면접 결과를 보다 객관화시켜야 한다.

(3) 시 험

필기시험(paper-and-pencil test)도 보편적인 선발 도구로 사용된다. 기업에 따라 전공 능력, 외국어 능력, 상식 등을 필기시험을 통해 평가하고 있다. 이밖에도 개인의 지적 능력을 평가하기 위한 지능검사(intelligence test), 기능이나 잠재 능력을 평가하기 위한 적성검사(aptitude test), 개인이 담당하게 될 작업과 유사한 특성을 가진 검사 도구를 사용하여 개인의 작업 능력을 측정하는 작업검사(performance test), 개인의 동기, 욕구, 자신감, 활동성, 사교성 등을 측정하기 위한 인성검사(personality test), 개인의 특정 분야에 대한 흥미나 관심을 알아내기 위한 흥미검사(interest test) 등이 사용되고 있다.

(4) 추 천

지원자에 대해 잘 알고 있는 사람의 추천도 중요한 선발 도구가 된다. 지도교수나 학과장은 평소에 지원자를 자세히 관찰할 수 있는 기회가 많기 때문에, 이들의 추천서는 지원자의 자질이나 능력에 대한 중요한 정보가 된다.

03 인적자원의 훈련과 개발

3.1 훈련과 개발의 개념과 과정

기업 내에 새로운 직위와 직무가 생겼을 때 적절한 인력을 배치하는 방법은 두 가지가 있다. 그 하나는 기업 외부에서 선발된 인력을 그 곳에 배치하는 방법이고, 다른 하나는 기업 내부의 인재를 훈련시켜 그 곳에 배치하는 방법이다. 그래서 훈련과 개발 활동은 매우 중요하다. 특히, 오늘날과 같은 동태적인 기업 환경 하에서는 기술 진보와 정보 유통 속도가 매우 빠르기 때문에 종업원의 능력을 지속적으로 향상시키기 위한 훈련과 개발이 부단하게 이루어져야 한다.

훈련(training)과 개발(development)은 종업원들에게 직무 능력을 향상시키기 위해 학습 기회를 제공하는 일련의 활동을 말한다. 학자에 따라서는 훈련과 개발을 구분하여, 훈련은 하위직 또는 기능직에 속하는 종업원을 대상으로 현재의 직무 능력을 교육시키는 개념으로 사용하고, 개발은 경영자나 전문가를 대상으로 현재와 미래의 직무 능력을 교육시키는 개념으로 사용한다. 그러나 여기서는 개발을 훈련과 같은 개념으로 사용하기로 한다.

훈련은 신입 사원을 대상으로 하느냐 기존의 종업원을 대상으로 하느냐에 따라 두 가지로 구분된다. 신입 사원은 누구나 입사와 더불어 회사와 직무에 관한 훈련을 받으며, 기존의 종업원들은 직무상 새로운 지식과 기술이 필요할 때 추가로 훈련을 받는다.

3.2 훈련 방법

훈련 방법은 크게 직장내 훈련과 직장외 훈련으로 구분된다. 이 중에서 어떤 방법을 선택하든 간에 훈련의 효과를 거두기 위해서는 훈련 내용이 실제로 직무수행에 도움이 되어야 한다. 따라서 실제 직무 상황을 가장 잘 반영할 수 있는 훈련 방법을 선택해야 한다.

(1) 직장내 훈련

훈련 방법 중에서 가장 보편적으로 사용되는 방법이 직장내 훈련(on-the-job training: OJT)이다. OJT는 종업원을 작업 현장에 배치시켜 감독자나 선임자가 훈련을 담당하는 방법으로 작업 현장 훈련이라고도 한다. OJT는 훈련이 작업 현장에서 이루어지기 때문에 종업원이 쉽게 직무에 적응할 수 있고, 감독자와 종업원 간에 친밀한 관계가 형성될 수 있으며, 종업원의 학습 진도를 적절히 조절할 수 있다는 장점이 있다. 그러나 계획적인 훈련을 실시하기가 어렵고, 감독자의 훈련 능력이 부족할 경우에는 훈련 효과가 감소하고, 훈련 과정에서 원재료를 낭비할 수 있다는 단점이 있다.

OJT에 속하는 세부 훈련 방법에는 직무순환, 코칭, 도제 제도 등이 있다. 직무순환(job rotation)은 일정 기간을 주기로 다른 직무를 맡게 함으로써 다양한 기능을 습득시키는 훈련 방법이고, 코칭(coaching)은 숙련된 상사나 동료가 기술적 조언을 해줌으로써 종업원들의 기능 수준을 향상시키는 훈련 방법이다. 도제 제도(apprenticeship)는 종업원이 미숙련된 다른 종업원들을 돕게 함으로써 필요한 기능을 배우도록 하는 방법으로 흔히 '어깨 너머로 배운다' 라고 표현되는 훈련 방법이다. 도제 제도는 이발소나 중국식당에서 자주 사용되며, 전문의가 되기 위한 인턴, 레지던트 제도는 도제 제도와 닮은 점이 많다.

(2) 직장외 훈련

직장외 훈련(off-the-job training)은 OJT와는 달리 작업 현장과 다른 장소에서 이루어지는 훈련을 말한다. 훈련은 작업 현장이 아닌 교실이나 다른 훈련 시설에서 이루어지며, 때로는 기업에서 멀리 떨어진 연수원이나 대학교, 상공회의소, 그 밖의 전문 기관에서 이루어지기도 한다.

직장외 훈련은 강의, 시청각 교육, 사례연구, 역할 연기와 같은 방법이 사용된다. 강의(lecture)는 가장 오래 전부터 사용되어 왔으며, 아직도 가장 많이 사용되고 있다. 시청각 교육(audiovisual learning)은 TV, 영화, 비디오 등을 사용하는 훈련이며, 사례연구(case study)는 실제 문제와 유사한 사례를 통해 문제해결 능력을 향상시키는 훈련이다. 역할 연기(role playing)는 주어진 상황에서 어떤 인물의 역할을 실제로 연기해 보도록 함으로써 인간적 기술의 향상이나 행동의 변화를 유도하는 훈련이다. 예컨대, 1일 사장제는 여기에 속한다.

최근에 인기 있는 훈련 방법으로 기업대학이 설립되고 있다. 기업대학(corporate university)은 종업원들에게 광범위한 학습기회를 제공하기 위한 사내 교육훈련 시설을 말한다. 기업대학은 종업원을 주된 대상으로 학습기회를 제공하지만, 고객, 공급업자, 전략적 파트너에게 학습기회를 개방할 때도 있다.

그림 12-5 훈련 방법과 미디어

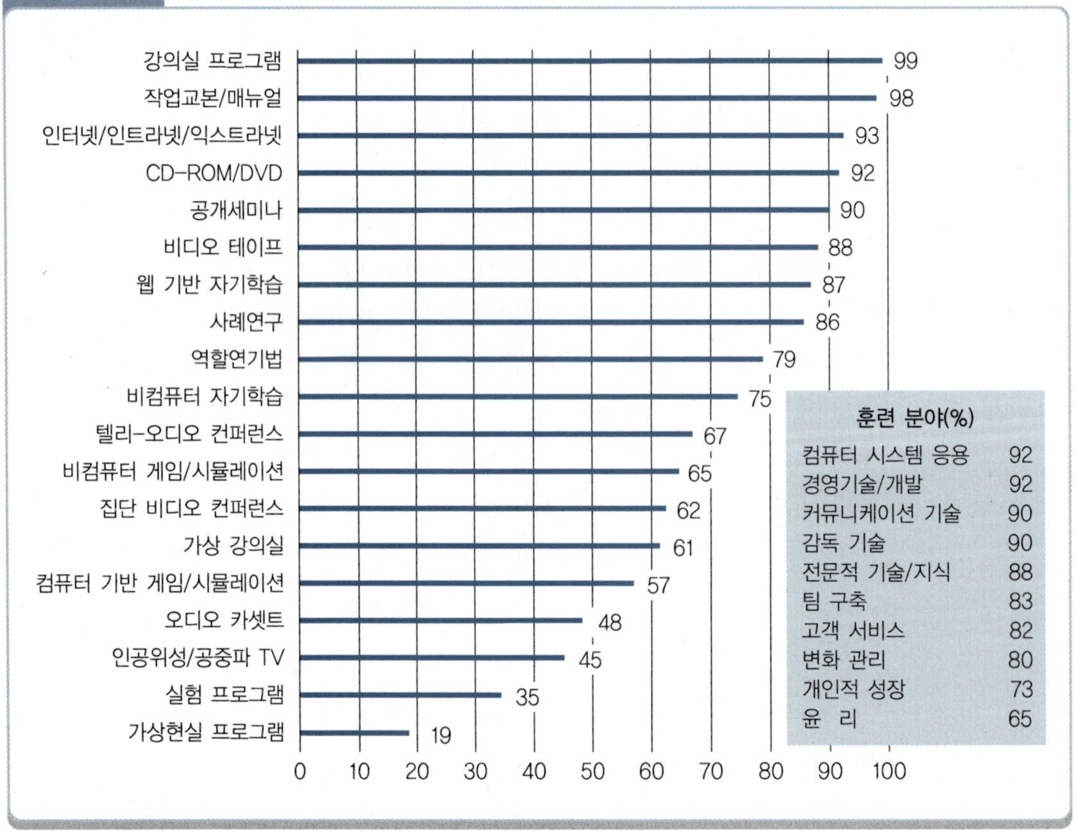

자료: Training Magazine, "2005 Industry Report," *Training*, Minneapolis, Minn.: Bill Communications, December 2005, pp. 14-28.

또한 새로운 정보기술의 발전으로, 비디오 컨퍼런스와 같은 원격학습이나 온라인 학습기회를 제공하기도 한다. 최근에는 모든 종업원들에게 광범위한 학습기회를 제공할 수 있는 가상 기업대학(virtual corporate university)으로 발전하고 있다.

[그림 12-5]에서는 오늘날 기업에서 가장 자주 사용하는 훈련 방법과 미디어를 나타낸다. 미국의 「Training Magazine」에 따르면, 조사대상기업의 90%이상이 강의실 프로그램, 작업교본/매뉴얼, 인터넷/인트라넷/익스트라넷, CD-ROM/DVD, 공개세미나와 같은 훈련방법을 각각 사용하였으며, 그 외에 비디오테이프, 웹 기반 자기학습, 사례연구, 역할 연기법 등 다양한 훈련방법을 사용하는 것으로 나타났다. 그리고 조사대상기업의 90%이상이 컴퓨터 시스템/응용, 경영기술/개발, 커뮤니케이션 기술, 감독 기술, 팀 구축, 고객 서비스 등을 훈련분야로 채택하였다.

3.3 경영자 개발

경영자 개발(management development)은 경영자가 갖추어야 할 현재와 미래의 자질과 직무 능력을 향상시키기 위한 교육을 말한다. 많이 사용되는 방법으로는 모의 비즈니스 게임(simulated business game)이 있는데, 이는 경영자들이 일상적으로 부딪히는 여러 상황을 임의로 만들어 놓고 그런 상황에 대처할 수 있는 능력을 키워나가는 방법이다. 신임 경영자가 일정 기간 동안 모의 비즈니스 상황에서 서류 결제, 회의 진행, 신제품 개발 결정 등을 직접 수행해 봄으로써 경영자로서의 자질과 능력을 습득하는 방법이다.

다른 방법으로 멘토링(mentoring)이 있는데, 이는 경험이 많은 선배 경영자가 신임 경영자에게 자신의 여러 가지 경영 기법을 직접 전수해 주는 방법이다. 즉, 신임 경영자가 도제 제도와 유사한 방법으로 선배 경영자로부터 여러 가지 경영 기법을 직접 전수받는 방법이다.

04 인적자원의 유지

유능한 인적자원을 확보하여 훈련과 개발을 시킨 다음에는 이들이 조직 내에 머무를 수 있도록 유지하는 것이 매우 중요하다. 인적자원을 효과적으로 유지하기 위해서는 적절한 보상이 지급되어야 하고, 복리후생 혜택이 제공되어야 하며, 승진과 전보, 퇴직에 관한 연구가 필요하다.

4.1 보 상

보상(compensation)은 종업원들에게 보상하기 위해 지급하는 금전이나 금전 대신에 지급하는 모든 재화나 상품을 말한다. 기업의 보상 구조에는 임금과 급여 외에 건강 보험, 유급 휴가, 종업원 복지 센터 이용과 같은 비금전적 혜택이 포함된다. 보상구조는 보상 전략에 적합하고 공평한 보상이 제공되도록 설계되어야 한다.

(1) 보상 전략

경영 전략은 보상 시스템의 특징과 운영 방법에 중요한 영향을 미친다. 예를 들어, 종업원의 성과를 개선시켜 기업의 수익성과 시장점유율을 향상시키기 위해서는 어떤 보상 전략이 필요한가? 이 경우에 경영자는 연공서열제보다는 성과급제를 선택하는 것이 유리하다. 다른 예로, 우수한 종업원을 확보하기 위해서는 어떤 보상 전략이 필요한가? 이 경우에는 경쟁 기업의 임금 구조를 조사하여 자사의 임금 수준을 적정한 수준으로 조정해야 한다.

(2) 공정한 보상구조

보상구조를 설계할 때 공정성과 균형성을 유지해야 종업원의 사기를 진작시킬 수 있다. 보상구조를 공정하게 설계하기 위해서는 정확한 직무평가가 필요하다. 직무평가(job evaluation)는 직무 내용을 면밀히 분석하여 직무의 가치를 평가하는 과정을 말한다. 직무평가를 통해 다양한 직무를 서로 비교할 수 있고, 보상구조를 공정하게 설계할 수 있다.

4.2 복리후생 혜택

임금과 급여는 기업의 보상 패키지에서 차지하는 비중이 가장 크지만, 복리후생 혜택도 유능한 인력을 유지하는 데 매우 중요하다. 복리후생 혜택은 2차적인 혜택에 속하지만, 최근에는 그 중요성이 점점 증가되고 있다. 기업에서 종업원에게 제공하는 복리후생 혜택의 종류는 제각기 다르다. 예를 들어, 기숙사 및 사원주택 제공, 주택구입 및 대출 지원, 자녀 및 본인 학자금 지원, 출퇴근 버스 제공, 휴가비 및 콘도미니엄 이용 등을 들 수 있다.

4.3 승진과 전보

기업에서 인력 교체는 승진과 전보를 통해 이루어진다. 승진(promotion)은 보다 많은 책임과 권한을 갖는 직급으로 이동하는 것을 말하고, 전보(transfer)는 동일한 수준의 책임과 권한을 갖는 직급으로 이동하는 것을 말한다.

승진은 공정하고 합리적인 기준에 따라 이루어져야 하는데, 많이 사용되는 기준은 연공서열과 능력이다. 연공서열주의는 근속년수를 기준으로 승진의 서열을 정하는 방법이므로, 누구에게나 동등한 승진 기회가 주어지기 때문에 노동조합이 지지하는 제도이다. 연공서열에 따라 승진을 결정하기 위해서는 근속년수와 직무성과가 비례한다는 가정이 전제되어야 한다. 이에 반해, 능력주의는 직무성과가 개인의 능력에 따라 좌우된다고 보고 능력에 따라 승진을 결정하는 방법으로, 조직의 효율성이나 공정성의 관점에서 합리적인 방법이라 할 수 있다. 일본이나 우리나라에서는 동양문화의 영향으로 연공서열이 강조되는 반면에, 미국이나 유럽 쪽에서는 개인의 능력이 더 강조되고 있다. 그러나 IMF 금융위기 이후 대기업을 중심으로 연봉제도가 급속히 도입되고 있고, 정부기관에서 조차 연봉제가 도입되고 있으며, 인사파괴라는 이름으로 몇 직급을 뛰어넘는 승진도 이루어지고 있다.

전보는 수평적인 인력이동으로 직무 영역 또는 부서별로 인력수급을 조절하고 종업원과 직무간의 적합성을 높일 목적으로 사용된다. 체계적인 전보관리가 이루어지면, 종업원들은 폭넓은 직무능력을 갖출 수 있고 부서간의 업무협조에도 도움이 된다.

4.4 퇴 직

경영자가 유능한 인력을 유지하기 위해 최선의 노력을 다하는 데도 불구하고 종업원들은 여러 가지 이유로 기업을 퇴직하는 경우가 있다. 직장에서 정년퇴직하거나, 정년을 앞두고 명예퇴직을 하는 경우도 있지만, 다른 직장을 찾아서 자발적으로 퇴직하는 경우도 있고, 합병이나 다운사이징의 여파로 강제로 퇴출되는 경우도 있다. 그러나 효과적인 인력관리의 차원에서 보면, 성과가 나쁜 종업원은 해고하고 새로운 인력을 확보해야 할 때가 많다.

>>> 요약 s·u·m·m·a·r·y

인적자원관리는 조직의 목표를 달성하기 위해 유능한 인적자원을 확보하고, 그들의 능력을 충분히 발휘할 수 있도록 개발하고, 유지하는 활동을 말한다. 최근에 인적자원관리는 인간 중심적이고 미래지향적으로 전개되고 있으며, 조직의 목표와 종업원의 욕구를 통합시키는 과정으로 인식되고 있다. 또한 전통적인 인사관리의 차원이 아니라 전략적인 차원에서 접근하고 있다.

인적자원관리는 인적자원의 확보, 개발 및 유지라는 세 가지 전략적 목표를 가지고 있다. 인적자원의 확보는 유능한 인적자원을 확보하는 것을 말하고, 인적자원의 개발은 인적자원의 능력을 개발하는 것을 말하며, 인적자원의 유지는 유능한 인적자원이 조직 내에 장기간 머물도록 유지하는 것을 말한다.

인적자원관리는 경쟁 전략, 정부 규제, 사회적 추세, 정보기술과 같은 조직 환경으로부터 많은 영향을 받는다. 경쟁 전략에 따라 인적자원의 수요량이 결정되고 인적자원 전략에 따라 인적자원의 공급량이 결정된다. 인적자원에 관한 정부의 규제법도 인적자원관리에 영향을 미친다. 인적자원관리자는 세계화, 노동력의 다양화, 노동공급 변동, 노동시장 유연성, 노동조합 운동과 같은 사회적 추세를 고려해야 한다. 최근에는 정보기술의 발전이 인적자원정보시스템에 영향을 미치고 있다.

인적자원관리의 목표는 생산적이고 유능한 인적자원을 확보하는 데 있다. 이를 위해서는 인적자원 계획을 수립하고, 지원자를 모집하고, 그 중에서 적격자를 선발하며, 신입 사원을 입사시키는 단계를 밟아야 한다.

인적자원 계획은 필요한 인력의 수와 자격 요건 등을 분석하여 인력수요를 충족할 수 있도록 다양한 대응책을 수립하는 과정이다. 인적자원 계획에 따라 첫 번째로 시행되는 인적자원관리 활동이 모집이다. 모집은 내부모집과 외부모집으로 구분된다.

선발은 지원자들 중에서 자격 요건을 갖춘 적격자를 가려내는 과정이다. 선발 과정은 여러 단계로 이루어지지만, 기업의 특성에 따라 다르다. 가장 많이 사용되는 선발 도구는 지원서, 면접, 필기시험, 추천 등이다.

기업 내에서 인력을 배치하는 방법은 두 가지가 있는데, 그 하나는 기업 외부에서 선발된 인력을 배치하는 방법이고, 다른 하나는 기업 내부의 인재를 훈련시켜 배치하는 방법이다. 훈련과 개발은 종업원들에게 직무 능력을 향상시키기 위해 교육을 시키는 활동을 말한다. 신입 사원은 입사와 더불어 회사와 직무에 관한 훈련을 받는 반면에, 기존의 종업원들은 직무상 새로운 지식과 기술이 필요할 때 추가로 훈련을 받는다.

훈련 방법은 직장내 훈련과 직장외 훈련으로 구분된다. 직장내 훈련(OJT)은 훈련 방법 중에서 가장 보편적으로 사용하는 방법이다. OJT에 속하는 세부 훈련 방법에는 직무순환, 코칭, 도제 제도 등이 있다. 그리고 직장외 훈련은 OJT와는 달리 작업 현장과 다른 장소에서 이루어지는 훈련을 말한다. 직장외 훈련은 강의, 시청각 교육, 사례연구, 역할 연기와 같은 방법이 사용되며, 최근에는 기업대학이 인기를 끌고 있다.

경영자 개발은 경영자가 갖추어야 할 자질과 직무 능력을 향상시키기 위한 교육을 말한다. 많이 사용되는 방법으로는 모의 비즈니스 게임과 멘토링이 있다.

유능한 인적자원을 확보하여 훈련과 개발을 시킨 다음에는 이들이 조직 내에 오랫동안 머무를 수 있도록 유지해야 한다. 인적자원을 효과적으로 유지하기 위해서는 적절한 보상을 지급해야 하고, 복리후생 혜택을 제공해야 하고, 승진과 전보, 퇴직에 관한 연구가 필요하다.

>>> 연습문제 e·x·e·r·c·i·s·e

01 인적자원관리란 무엇이며 최근에는 어떤 방향으로 나아가고 있는가?

02 인적자원관리의 전략적 목표는 무엇인가?

03 인적자원관리에 영향을 미치는 환경 요인은 무엇인가?

04 인력수요와 공급은 어떤 방법으로 예측할 수 있는가?

05 내부모집과 외부모집이란 무엇이며 어떤 장점이 있는가?

06 선발이란 무엇이며 선발 도구는 어떤 것이 있는가?

07 직장내 훈련과 직장외 훈련은 무엇이며 어떤 장단점이 있는가?

08 경영자 개발이란 무엇이며 어떤 개발 방법이 있는가?

09 인적자원을 효과적으로 유지하기 위해서는 어떻게 해야 하는가?

MANAGEMENT

05 PART

지휘

Part 05 들어가며……

지휘는 경영자가 수행하는 중요한 기능의 하나이다. 경영자는 전략적 계획과 조직화뿐만 아니라 뛰어난 지휘 능력을 갖추어야 한다. 기업이 아무리 훌륭한 목표를 가지고 있고 전략적 계획과 적절한 조직구조를 가지고 있다고 하더라도, 경영자가 종업원들을 훌륭하게 지휘하지 못하면 기업은 높은 성과를 낼 수 없다.

경영자가 지휘 기능을 수행하는 방법은 여러 가지가 있다. 가장 보편적인 지휘 방법은 리더십을 이용하는 방법이다. 경영자는 리더십을 통해 종업원들의 태도나 행동에 영향을 미칠 수 있다. 다음으로 동기부여를 통해 종업원들이 열심히 일하게 하는 방법이다. 또한 조직 내에서 커뮤니케이션을 활성화하는 방법으로 지휘하기도 한다.

제13장에서는 지휘와 리더십을 개괄적으로 설명한다. 리더십의 개념과 원천, 특성이론, 행동이론, 상황이론, 현대적 리더십 접근법으로 나누어 설명한다.

제14장에서는 동기부여에 관해 설명한다. 동기부여의 개념과 접근법, 내용이론, 과정이론, 강화이론, 동기부여를 위한 직무설계로 구분하여 설명한다.

제15장에서는 커뮤니케이션에 관해 설명한다. 커뮤니케이션과 경영자의 기능, 대인적 커뮤니케이션, 조직 커뮤니케이션, 팀 커뮤니케이션, 조직 커뮤니케이션의 관리로 나누어 설명한다.

최상의 지도자, 가장 이상적인 지도자는 아래에서 그를 알아준다.
그의 존재마저 부하들에게 인식되지 않는다.
그 한 단계 아래 지도자는 부하들로부터 경애받는 지도자이다.
그보다 못한 것은 부하들이 두려워하는 지도자이고,
맨 아래는 부하들로부터 경멸당하는 지도자이다.

– 니와 순페이, 제왕학 –

MANAGEMENT

chapter

13 지휘와 리더십

이 장에서는 경영자의 지휘 기능 중에서 가장 중요시되는 리더십에 대해 설명한다. 리더십이란 무엇인가? 리더가 갖는 권력의 원천은 무엇인가? 리더는 어떤 특성을 가지고 있는가? 민주적 리더와 전제적 리더는 어떻게 다른가? 과업 중심적 리더와 종업원 중심적 리더는 어떻게 다르며, 리더십 그리드란 무엇인가? 피들러의 상황이론과 허시와 블랜차드의 상황이론은 어떻게 다른가? 그리고 최근의 리더십 연구에서 제시되고 있는 거래적 리더, 카리스마적 리더, 변혁적 리더, 봉사적 리더란 무엇인가를 설명한다.

01 리더십의 개념과 원천

1.1 리더십의 개념

오늘날과 같은 무한경쟁 시대에는 리더십보다 더 중요한 토픽은 없다. 리더십의 개념은 조직의 욕구가 변화함에 따라 계속 달라진다. 그러나 리더십의 개념 속에는 사람, 영향력 및 목표라는 세 가지 측면이 내재되어 있다. 즉, 리더십은 사람들 가운데서 일어나고, 영향력의 행사가 포함되며, 목표 달성을 위해 사용된다는 점이다.

따라서 리더십(leadership)은 조직의 목표를 달성하기 위해 사람들에게 영향력을 행사하는 능력이라고 정의할 수 있다. 이 개념에는 리더가 목표 달성을 위해 다른 사람과 어울려야 한다는 의미가 포함되어 있다. 리더십은 사람들 속에서 상호작용을 통해 발생하는 것이다. 리더십은 사람과 관련된 활동이란 점에서 관리적인 서류 처리나 문제해결 활동과는 차이가 있다. 또한 리더십은 동태적이며 권력의 사용이 전제된다.

권력(power)은 다른 사람의 행동에 영향을 미칠 수 있는 잠재적인 능력을 말한다. 즉, 권력은 리더가 종업원들의 행동에 변화를 일으킬 수 있는 능력을 말한다. 달리 말해, 리더십은 조직 내에서 권력을 사용하여 종업원들의 행동에 영향을 미치는 과정을 말한다. 결과적으로 리더십의 근원은 권력임을 알 수 있다.

일반적으로 권력이라는 말은 부정적인 이미지를 불러일으키기 쉽다. 그러나 권력을 사용하는 것이 다른 사람을 억압하고 그 사람의 의사를 의도적으로 조종하는 것만은 아니다. 오히려 권력을 잘 사용하면 리더십을 효과적으로 발휘할 수 있다.

1.2 리더십의 원천

리더십의 원천이 되는 권력은 크게 지위권력과 개인적 권력으로 구분된다. 지위권력(position power)은 조직 내에서 그 사람이 차지하는 지위에서 나오는 권력을 말하고, 개인적 권력(personal power)은 그 사람의 개인적인 특성에서 나오는 권력을 말한다.

(1) 지위권력

전통적으로 경영자의 권력은 조직에서 나온다고 본다. 경영자는 공식적인 지위를 통해 종업원들의 행동에 영향을 미치기 위해 보상을 주거나 처벌을 할 수 있는 권력을 행사할 수 있다. 지위권력은 합법적 권력, 보상권력, 강압적 권력의 세 가지로 구분된다.

1) 합법적 권력

합법적 권력(legitimate power)은 경영자가 조직 내에서 차지하는 공식적인 지위에 따라 합법적으로 부여된 권력을 말한다. 예를 들어, 현장 감독자들은 작업자들에게 감독권을 행사하며, 작업자들은 감독자의 지시를 따라야 한다. 즉, 작업자들은 감독자의 권력을 합법적으로 수용하고 복종해야 한다.

2) 보상권력

보상권력(reward power)은 종업원들이 원하는 여러 가지 보상을 줄 수 있는 권력을 말한다. 경영자는 종업원들에게 임금 인상, 상여금 지급, 승진과 같은 외적 보상(external rewards)을 줄 수 있으며, 또한 칭찬, 관심, 인정과 같은 내적 보상(internal rewards)을 줄 수 있다. 이러한 보상은 종업원들의 행동에 영향을 미치고 복종을 유도한다.

그림 13-1 리더의 권력 행사

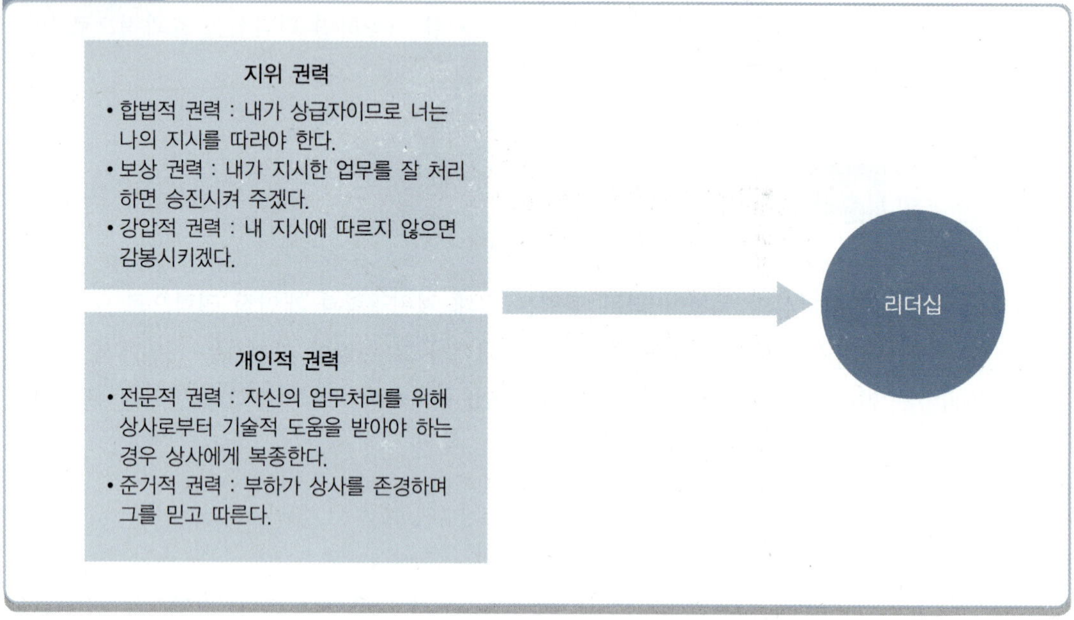

3) 강압적 권력

강압적 권력(coercive power)은 보상권력과는 달리 종업원들이 원하지 않는 것을 강요할 수 있는 권력을 말한다. 이는 흔히 처벌을 줄 수 있는 권력을 말한다. 예를 들어, 경영자는 종업원들을 해고하거나 좌천시킬 수 있으며, 감봉하거나 심하게 꾸지람을 할 수 있다.

이 세 가지 형태의 권력에 대한 종업원들의 반응은 제각기 다르다. 종업원들은 경영자의 합법적 권력과 보상권력에 대해 가장 복종을 잘한다. 복종(compliance)이란 종업원들이 경영자의 명령이나 지시에 기꺼이 동의하지는 않더라도 명령에 복종하고 지시에 따른다는 것을 의미한다. 그러나 강압적 권력은 종종 종업원들의 저항을 불러일으킨다. 저항(resistance)이란 종업원들이 경영자의 명령에 불복하려고 시도하거나 지시를 교묘하게 회피하는 것을 말한다.

(2) 개인적 권력

지위권력은 조직상의 공식적 지위라는 외부적 원천에서 발생하는 데 반해, 개인적 권력은 개인의 특수한 지식이나 인격적 특성과 같은 내부적 원천에서 발생한다. 개인적 권력은 리더가 갖추어야 할 도구에 해당한다. 부하들은 리더를 존경하거나 개인적인 호감을 갖거나 자신에게 특별한 배려를 베푼다고 느끼거나 리더와 자신을 동일시하는 심리에서 리더를 따르게 된다. 개인적 권력은 다시 전문적 권력과 준거적 권력으로 구분된다.

1) 전문적 권력

전문적 권력(expert power)은 부하들이 수행하는 직무에 관해 리더가 가지고 있는 특수한 지식이나 기술 때문에 발생하는 권력을 말한다. 리더가 진정한 전문가일 때 부하들은 그의 우월한 지식 때문에 리더의 지시에 따르게 된다. 예를 들어, 현장 감독자들은 생산과정에 관한 풍부한 경험을 바탕으로 종업원들에게 전문적 권력을 행사한다. 다시 말해, 종업원들은 자신의 업무를 처리할 때 감독자의 전문적 기술이나 정보에 의존해야 하기 때문에 그의 지시나 명령에 복종한다.

2) 준거적 권력

준거적 권력(referent power)은 부하들이 리더의 개인적 특성 때문에 리더를 존경하거나 개인적인 호감을 갖거나 자신에게 특별한 배려를 베푼다고 느끼거나 리더와 자신을 동일시하는 심리에서 생겨나는 권력을 말한다. 종업원들은 경영자에 대한 개인적인 존경심, 호감 또는 카리스마적 기질 때문에 복종한다. 예를 들어, 현장 작업자들이 감독자에게 호감을 갖는다면 감독자의 영향력은 준거적 권력에 해당한다. 이와 같이 준거적 권력은 공식적인 타이틀이나 지위보다 리더의 개인적 특성에서 생겨나며, 다음에 설명할 카리스마적 리더십에서 가장 두드러지게 나타난다.

리더가 행사하는 권력은 [그림 13-1]과 같이 지위권력과 개인적 권력의 합이라고 할 수 있다. 그러나 리더에 따라 권력의 종류와 정도는 다르다. 지위권력은 공식적인 지위 때문에 생긴 것이므로, 효과적인 사용에 중점을 둬야 한다. 그러나 개인적 권력은 공식적으로 주어지는 것이 아니라 개인의 노력에 따라 만들어지는 것이므로, 리더는 부단히 전문적인 능력을 향상시키고 인간적인 존경을 받도록 노력해야 한다.

02 특성이론

20세기 이후 경영학이 체계화되면서 리더십에 관한 연구도 활발하게 이루어졌다. 리더십 이론은 [그림 13-2]와 같이 역사적으로 발전해 왔다. 1950년대 이후 리더십에 관한 특성이론이 나타난 이후, 행동이론, 상황이론을 거쳐 최근에는 새로운 리더십 이론이 시도되고 있다.

2.1 리더의 특성

초기의 리더십 연구에서는 지능, 가치관, 외모와 같은 리더의 개인적 특성에 초점을 두었다. 특히, 역사적으로 위대한 업적을 남긴 리더에 초점이 있었기 때문에 위인(great man)의 특성에 관한 연구가 많았다. 기본 아이디어는 매우 간단하다. 즉, 위인과 같은 특성을 가진 사람은 훌륭한 리더가 될 것이라는 기대가 깔려 있다.

경영학자들도 훌륭한 경영자가 갖는 남다른 특성을 찾아내려고 노력해 왔는데, 그 결과는 〈표 13-1〉과 같다. 즉, 훌륭한 리더는 성격적 특성 외에 신체적 특성, 사회적 배경, 지적 능력, 과업 지향적 특성, 사회적 특성을 갖는 것으로 밝혀졌다. 이를 종합하면, 훌륭한 리더는 투철한 책임감과 목표의식을 가져야 하고, 남다른 자신감을 가져야한다. 나아가 다른 사람과 원만한 인간관계를 이루어야 하고, 좌절이나 절망감을 이겨낼 수 있는 의지력이 있어야 한다.

그림 13-2 리더십 이론의 발전

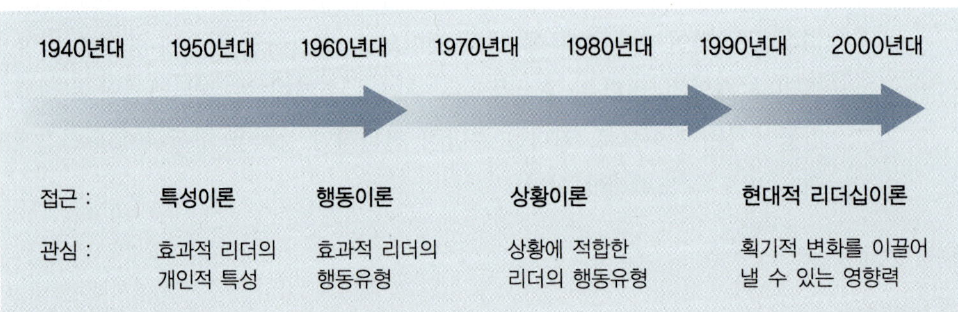

▶▶ 표 13-1 • 리더의 특성

신체적 특성	사회적 배경	지적 능력	성 격	과업지향성	사회적 특성
활동성 에너지	교육 정도 사회적 신분	지능 판단력 결단력 지식 언어 유창성	지배성 독창성 공격성 자신감 통합성 윤리적 행동	성취욕구 책임감 솔선수범 과업지향	관리능력 협조성 사회성 대중성 인간적 기술 외교력

자료: Bernard M. Bass, *Stogdill's Handbook of Leadership*, rev. ed., New York: Free Press, 1981.

그러나 리더십에 관한 특성이론은 몇 가지 한계점을 가지고 있다.

① 리더의 특성과 리더십의 효과 간에 밀접한 상관관계가 없는 것으로 나타났다. 예를 들어, 언어의 유창성이나 자신감과 같은 특성으로 인해 훌륭한 리더가 될 수도 있으나, 리더가 된 후에 그러한 특성이 개발되는 사례도 많다.

② 리더의 특성은 리더십 상황에 따라 달라진다. 따라서 리더의 특성이 모든 조직에 적용되지 않고, 조직이 처한 상황에 따라 달라진다. 실제로 경영자의 자질은 계층구조에 따라 각기 다르다. 일선 감독자는 업무를 효율적으로 처리할 수 있는 전문적 기술이나 자질이 요구되고, 상위 경영자로 올라갈수록 사고력이나 인간적 기술이 많이 요구된다.

2.2 전제적 리더와 민주적 리더

리더의 특성에 관한 한 가지 접근방법은 전제적 리더와 민주적 리더로 구분하는 방법이다. 전제적 리더(autocratic leader)는 권력을 집중시키고 합법적 권력, 보상 권력 및 강압적 권력에 의존하는 리더를 말하고, 민주적 리더(democratic leader)는 권력을 다른 사람에게 위임하고 참여를 촉진시키며 전문적 권력과 준거적 권력에 의존하는 리더를 말한다.

레윈(K. Lewin)은 전제적 리더와 민주적 리더를 비교하여 몇 가지 흥미로운 결과를 제시하였다.[1] 전제적 리더가 이끄는 집단은 리더가 직접 감독하는

1) K. Lewin and R. Lippitt, "An Experimental Approach to the Study of Autocracy and Democracy: A Preliminary Note," *Sociometry* 1, 1938, pp. 292-300; K. Lewin, R. Lippitt, and R. R. White, "Patterns of Aggressive Behavior in Experimentally Created Social Climates," *Journal of Social Psychology* 10, 1939, pp. 271-301.

시간 동안에 높은 성과를 나타냈으나, 구성원들은 전제적 리더십 스타일에 많은 불만과 적대적 감정을 나타냈다. 민주적 리더가 이끄는 집단은 감독에 관계없이 높은 성과를 나타냈고, 적대적 감정보다는 긍정적인 감정을 나타냈다. 민주적 리더는 참여 기법과 다수결 원리에 따라 의사결정을 하고, 구성원들이 감독을 받지 않고도 성과를 낼 수 있도록 훈련을 받는다.

이러한 초기 연구는 리더의 스타일이 전제적 리더와 민주적 리더로 양분된다고 생각하였다. 그러나 탄넨바움과 쉬미트(R. Tannenbaum and W. H. Schmidt)는 리더의 스타일을 전제적 리더와 민주적 리더로 양분할 수 있는 것이 아니라, 구성원들의 참여 정도에 따라 하나의 연속선으로 이해해야 한다고 하였다. [그림 13-3]에서와 같이, 하나의 연속선 상에서 왼쪽은 구성원의 참여가 배제되는 전제적 리더가 차지하고, 오른쪽은 구성원이 참여하는 민주적 리더가 차지하며, 그 중간에는 여러 가지 혼합된 형태의 리더가 존재한다.

리더는 상황의 변화에 따라 리더십 스타일을 조정할 수 있다. 탄넨바움과 쉬미트는 리더십의 스타일이 전제적이냐 민주적이냐 하는 것은 조직의 상황에 따라 달라진다고 하였다. 예를 들어, 리더가 의사결정에 시간적 여유가 없거나

그림 13-3 리더십의 연속선

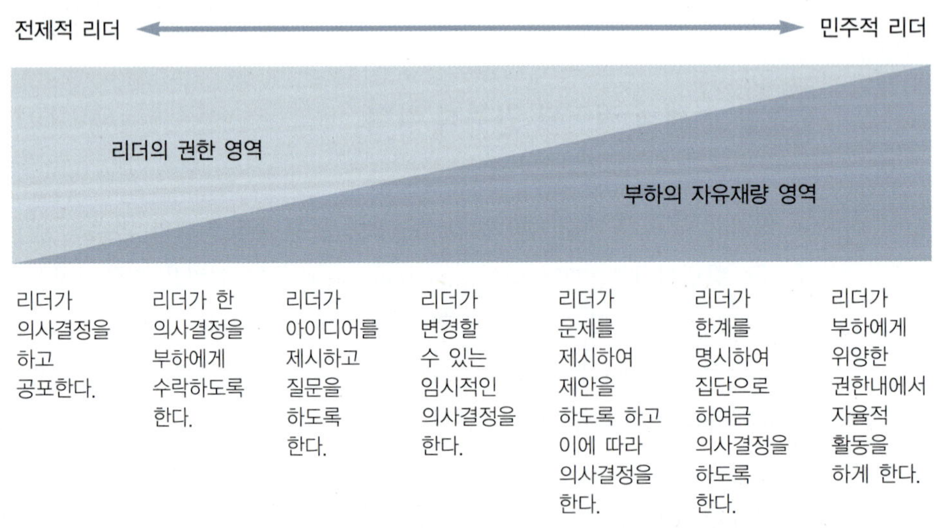

자료: Robert Tannenbaum and W. H. Schmidt, "How to Choose a Leadership Pattern," *Harvard Business Review*, May-June 1973, p. 167.

부하들에게 의사결정 방법을 가르칠 시간적 여유가 없을 경우에는 전제적 리더십을 사용하고, 부하들이 의사결정 방법을 충분히 학습할 여유가 있을 경우에는 민주적 리더십을 사용한다. 또 다른 상황적 요인으로 리더와 부하간의 기술 수준의 차이를 들 수 있다. 기술 수준의 차이가 클수록 부하들이 리더의 전문적 수준에 따라오기가 어렵기 때문에 전제적 리더십으로 흐르게 된다.

03 행동이론

1960년대 이후 리더십에 관한 연구 초점은 리더의 인격적 특성에서 성공적인 리더가 보여주는 행동으로 바뀌었다. 리더십의 효과는 리더의 타고난 인격적 특성에 의해 결정되는 것이 아니라 리더가 부하들에게 보여주는 행동에 의해 결정된다는 것이다. 리더의 행동에 관한 연구는 미시간 대학, 텍사스 대학 등에서 행해졌다.

3.1 미시간 대학의 연구

미시간 대학의 리커트(R. Likert)는 감독자의 리더십 행동에 관한 광범위한 연구를 실시한 결과, 리더가 부하를 대하는 행동 유형에 따라 두 가지 리더십 스타일을 확인하였다. 첫 번째는 조직이나 집단에 부여된 과업에 더 많은 관심을 갖는 과업 중심적 리더(job-centered leader)이고, 두 번째는 조직이나 집단에서 일하는 종업원들에게 더 많은 관심을 갖는 종업원 중심적 리더(employee-centered leader)이다.

과업 중심적 리더의 행동 특성을 보면, 목표 달성을 위한 과업이 무엇인가를 분명히 하고 계획을 세우며 과업을 나누어 종업원들에게 분담시키고 책임영역을 분명히 한다. 그리고 과업 수행 절차를 명확히 하고 맡은 임무를 종업원들이 달성할 수 있도록 지시하고 결과를 주의 깊게 관찰한다. 반면에 종업원 중심적 리더는 목표 달성보다 종업원들과 친밀하고 원만한 관계를 유지하는 데 더 관심이 많다. 또한 종업원들이 원하는 것이 무엇인가, 무엇을 불만족스럽게 생각하는가에 대해 관심을 가지며 상호간에 신뢰관계를 높이기 위해 노력한다.

미시간 대학의 연구에서는 두 가지 리더의 행동 특성 중에서 어느 쪽이 지속적으로 높은 성과를 내는가를 밝혀내지는 못했다. 그러나 그 이후의 연구 결과에 의하면, 종업원 중심적 리더가 과업 중심적 리더보다 효과적인 것으로 나타났다. 그 이유는 종업원 중심적 리더가 장기적인 성과를 지향하는 반면에, 과업 중심적 리더는 주로 단기적인 성과를 지향하고 있기 때문이다.

3.2 리더십 그리드

앞서의 연구들은 조직의 유효성을 높이는데 리더십이 얼마나 중요한가를 시사해 주지만, 어떤 방향으로 리더의 행동을 개발하는 것이 가장 효과적인가에 대해서는 명확한 결론을 내리지 못하고 있다. 이 점에 착안하여 텍사스 대학의 블레이크와 모우튼(Robert R. Blake and Jane S. Mouton)은 리더십을 2차원으로 생각한 리더십 그리드(leadership grid)를 개발하였다.[2] 이들은 미시간 대학의 리더십 연구에 자극받아, 오늘날 경영자 개발 프로그램으로 널리 적용되는 리더십 그리드 이론을 주창하였다.

블레이크와 모우튼은 [그림 13-4]와 같은 리더십 그리드를 만들어 리더가 지향하는 방향을 2차원으로 구분하였다. 횡축에는 생산에 대한 관심(concern for production)의 정도를 9등급으로 나누고, 종축에는 인간에 대한 관심(concern for people)의 정도를 역시 9등급으로 나누었다. 따라서 이론적으로는 81가지의 리더십 스타일로 나타난다. 이 중에서 기본적인 형태는 (1,1)형, (9,1)형, (1,9)형, (5,5)형, (9,9)형의 5가지를 들 수 있다.

(1,1)형은 무관심형으로, 과업 달성과 인간관계에 모두 관심을 보이지 않는 경영철학의 부재 상태를 나타낸다. (9,1)형은 과업형으로, 생산에 가장 많은 관심을 보이고 인간관계에 가장 적은 관심을 보이는 반면에, (1,9)형은 컨트리 클럽형으로, 생산에는 관심이 낮으나 인간관계에는 관심이 가장 높다. (5,5)형은 중간형으로, 생산과 인간관계에 모두 적당한 관심을 갖는다. 그리고 (9,9)형은 이상형 또는 팀형으로, 생산과 인간관계에 모두 높은 관심을 보이면서 종업원의 자아실현 욕구를 충족시켜 주고 신뢰와 지원의 분위기를 조성하는 한편 과업달성에도 많은 관심을 기울인다.

---

2) Robert R. Blake and Jane S. Mouton, *Corporate Excellence through Grid Organizational Development*, Houston: Gulf, 1968.

그림 13-4 리더십 그리드

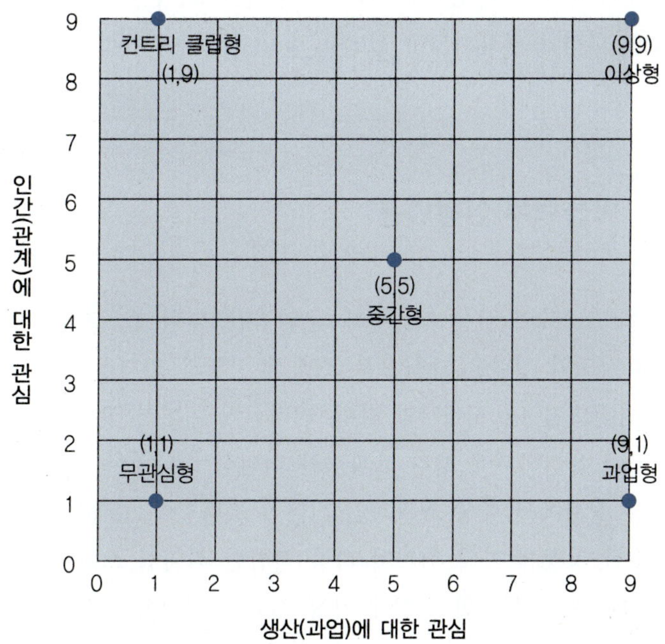

예를 들어, 어떤 사람의 리더십 스타일이 (2,8)로 나타났다면, 그는 생산에 대한 관심이 부족한 것으로 지적할 수 있다. 이런 리더에게는 생산에 대한 관심을 증대시킬 수 있는 훈련기법을 적용하여 이상적인 (9,9)형에 접근시킬 필요가 있다. 실제로 블레이크와 모우튼은 리더십 그리드 훈련을 통해, 보다 협동적인 작업관계를 가질 수 있도록 종업원의 행동을 변화시키고 생산성을 증가시킬 수 있다고 주장하였으며, 리더십 그리드 훈련은 그 후 매우 효과적인 경영자 개발 프로그램으로 발전하였다.

04 상황이론

리더십 상황이론(contingency theory)은 리더십 상황과 리더십 스타일간의 관계를 설명하는 이론이다. 즉, 행동이론에서는 상황에 관계없이 효과적인 리더십 스타일이 존재한다고 보는 반면에, 상황이론에서는 조직의 특수한 상황에 따라 효과적인 리더십 스타일이 달라진다고 본다. 상황이론은 피들러(F. Fiedler), 허시와 블랜차드(P. Hersey and K. H. Blanchard) 등에 의해 발전되었다.

4.1 피들러의 상황이론

피들러(F. Fiedler)는 탱크부대 군인집단, 대학 스포츠팀, 공장 작업집단 등 1,200개 정도의 집단을 대상으로 조직적 상황과 리더십 스타일간의 관계를 연구하였다. [그림 13-5]에서와 같이, 리더십이 이루어지는 조직적 상황이 리더에게 얼마나 유리하냐에 따라 효과적인 리더십 스타일이 달라진다고 주장하였다. 즉, 모든 상황에서 항상 효과적인 리더십 스타일이 존재하는 것이 아니라, 조직의 특수한 상황에 따라 거기에 가장 적합한 리더십 스타일이 존재한다는 것이다. 조직이 처한 특수한 상황에 가장 적합한 리더십 스타일을 찾아내기 위해서는 리더십 스타일과 조직적 상황을 먼저 분석해야 한다.

(1) 리더십 스타일

피들러는 리더의 스타일을 관계 지향적 리더와 과업 지향적 리더로 구분하였다.[3] 관계 지향적 리더(relationship-oriented leader)는 구성원과의 인간관계에 더 많은 관심을 갖는 리더를 말하고, 과업 지향적 리더(task-oriented leader)는 구성원들의 과업 달성에 더 많은 관심을 갖는 리더를 말한다.

그리고 피들러는 리더가 어떤 리더십 스타일을 갖고 있는가를 알아내기 위해, '가장 싫어하는 동료작업자' (least preferred coworker: LPC)라는 개념을 사용하였다. LPC는 과거에 함께 일해 본 경험이 있는 동료작업자 중에서 함께 일하기가 가장 싫었던 동료를 말한다. LPC 점수는 '가장 싫어하는 동료작업자(LPC)' 를 생각하게 하여 그의 특성에 관해 18개 항목별로 8점 척도로 점수를 매기게 한 다음 항목별 점수를 합계한 것이다. 이 때, '가장 싫어하는 동료작업자(LPC)' 는 감정적으로 싫어하는 사람일 필요는 없고, 단지 일을 함께 하기에 가장 애로를 느끼는 사람을 말한다.

3) Fred. E. Fiedler, "The Effects of Leadership Training and Experience: A Contingency Model Interpretation," *Administrative Science Quarterly* 17, 1972.

그림 13-5 피들러의 상황이론 모형

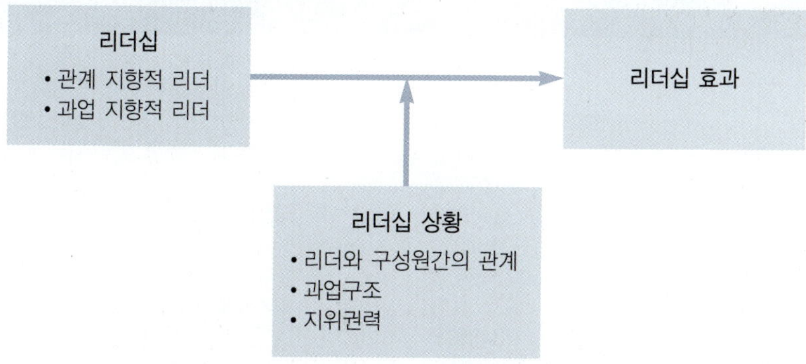

설문조사 결과, LPC 점수가 낮으면, 리더가 '가장 싫어하는 동료작업자(LPC)'를 비호의적으로 평가함을 의미하며, 그렇게 평가하는 리더라면 과업 지향적 리더일 가능성이 많다. 이와 달리, LPC 점수가 높으면, 리더가 '가장 싫어하는 동료작업자(LPC)'를 호의적으로 평가함을 의미하며, 그렇게 평가하는 리더라면 관계 지향적 리더일 가능성이 많다.

LPC 총점이 64점 이상이면, 그 동료가 비록 함께 일하기는 가장 싫지만 그 사람을 긍정적으로 평가하고 있기 때문에 평가자는 관계 지향적 리더로 분류한다. 다시 말해, 함께 일하기가 가장 싫은 동료에게 64점 이상을 주는 사람이라면, 과업보다는 사람을 더 중요시하는 관계 지향적 리더로 볼 수 있다는 것이다. 그리고 총점이 57점 이하이면, 함께 일하기 싫은 동료를 부정적으로 평가하고 있기 때문에 리더는 과업 지향적 리더로 분류한다. 다시 말해, 함께 일하기가 가장 싫은 동료에게 57점 이하를 주는 사람이라면, 사람보다는 과업 달성에 더 큰 가치를 부여하는 과업 지향적 리더로 볼 수 있다는 것이다.

(2) 리더십 상황

상황이론에서는 리더십 상황이 리더에게 얼마나 유리한가에 따라 효과적인 리더십 스타일이 달라진다고 본다. 리더십 상황을 결정하는 요인은 〈표 13-3〉과 같은 세 가지 요인이 있다.

▶▶ 표 13-2 • 피들러의 LPC 척도

평가 항목과 점수 척도			점 수
쾌활한 사람	87654321	쾌활하지 못한 사람	
친절한 사람	87654321	불친절한 사람	
거부적인 사람	12345678	수용적인 사람	
긴장하고 있는 사람	12345678	긴장을 풀고 여유 있는 사람	
거리를 두는 사람	12345678	친근한 사람	
냉정한 사람	12345678	다정한 사람	
지원적인 사람	87654321	적대적인 사람	
따분해 하는 사람	12345678	흥미 있어 하는 사람	
싸우기 좋아하는 사람	12345678	화목하게 잘 조화하는 사람	
우울한 사람	12345678	늘 즐거워하는 사람	
서슴치 않고 개방적인 사람	87654321	주저하고 패쇄적인 사람	
험담을 잘 하는 사람	12345678	너그럽고 관대한 사람	
신뢰할 수 없는 사람	12345678	신뢰할 만한 사람	
사려 깊은 사람	87654321	사려 깊지 못한 사람	
심술 궂고 비열한 사람	12345678	점잖고 신사적인 사람	
마음에 맞는 사람	87654321	마음에 맞지 않는 사람	
성실하지 않는 사람	12345678	성실한 사람	
우호적인 사람	87654321	비우호적인 사람	
총 점			

1) 리더와 구성원간의 관계

리더와 구성원간의 관계(leader-member relations)는 리더에 대한 집단의 분위기나 구성원의 태도, 구성원이 리더를 수용하고 지원하는 정도를 나타낸다. 구성원들이 리더를 신뢰하고 존경하며 지원할 경우에는 리더와 구성원간의 관계가 좋다고 할 수 있고, 이와 반대로 구성원들이 리더를 불신하고 존경하지 않으며 지원하지 않을 경우에는 리더와 구성원간의 관계가 나쁘다고 할 수 있다.

2) 과업구조

과업구조(task structure)는 구성원들에게 맡겨진 과업이 구조화되어 있는 정도를 나타내는데, 과업의 목표나 업무처리절차가 명확하고 구체적일수록 과업이 구조화되어 있다고 말한다. 예를 들어, 조립 라인이 루틴하고 명확하면 과업은 구조화 정도가 높은 반면에, R&D나 전략적 계획과 같이 창조적이고 불명확한 과업은 구조화 정도가 낮다. 과업구조가 구조화되어 있으면 리더에게 유리한 상황이 되고, 비구조화되어 있으면 불리한 상황이 된다.

3) 지위권력

지위권력(position power)은 리더가 구성원에게 공식적인 권력을 행사할 수 있는 정도를 말한다. 리더가 구성원들에게 작업을 지시하고 작업의 결과를 평가하여 보상을 주거나 처벌을 할 수 있다면 지위권력이 높은 것이고, 그렇지 못하면 지위권력이 낮은 것이다. 지위권력이 높으면 리더에게 유리한 상황이 되고, 낮으면 불리한 상황이 된다.

이상의 세 가지 요인을 결합하면 [그림 13-6]과 같이 8가지 상황이 만들어진다. 상황 I은 리더와 구성원간의 관계도 좋고 과업도 구조화되어 있으며 리더의 지위권력도 강하기 때문에 리더에게 가장 유리한 상황인 반면에, 상황 VIII은 리더와 구성원간의 관계도 나쁘고 과업도 비구조화되어 있으며 리더의 지위권력도 약하기 때문에 리더에게 가장 불리한 상황이다. 나머지 상황은 리더에게 중간 정도로 유리한 상황을 나타낸다.

그림 13-6 **피들러의 상황요인과 리더십 스타일**

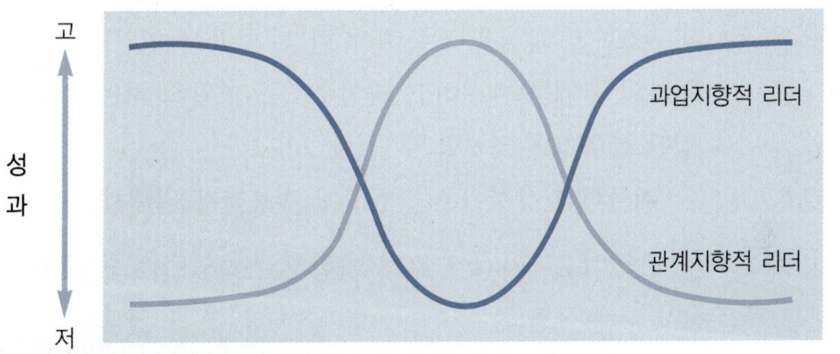

리더와 구성원간의 관계	좋음	좋음	좋음	좋음	나쁨	나쁨	나쁨	나쁨
과업구조	구조화		비구조화		구조화		비구조화	
지위권력	강	약	강	약	강	약	강	약
상 황	I	II	III	IV	V	VI	VII	VIII
상황의 유리 정도	유리 ←—→ 불리							

자료: Fred E. Fiedler, "The Effects of Leadership Training and Experience: A Contingency Model Interpretation," *Administrative Science Quarterly* 17, 1972, p. 455.

(3) 효과적 리더십 스타일

피들러가 상황요인, 상황의 유리성, 효과적인 리더십 스타일에 관해 연구한 결과는 [그림 13-6]과 같다. 즉, 과업 지향적 리더는 상황이 리더에게 극단적으로 유리하거나 불리할 경우에 효과적이고, 관계 지향적 리더는 상황이 중간 정도로 유리할 경우에 효과적인 것으로 나타났다.

과업 지향적 리더는 모든 구성원들이 잘 따르고 과업이 구조화되어 있으며 리더가 지위권력을 가지고 있을 때 효과적이다. 이 경우에는 상황이 리더에게 유리하기 때문에 구성원들에게 책임을 부여하고 지시를 하면 구성원들이 과업성과를 성공적으로 달성하게 된다. 또한 상황이 리더에게 매우 불리할 경우에는 상세한 과업의 구조화가 필요하고 구성원에 대한 과업 지시도 많이 필요하다. 리더와 구성원간의 관계가 이미 나쁜 상태에 있을 경우에는 강력한 과업 지향적 리더십을 발휘하더라도 리더의 인기에는 별다른 영향을 미치지 않는다.

상황이 리더에게 중간 정도로 유리할 경우에는 인간적 기술이 집단의 성과를 높이는 데 중요하기 때문에 관계 지향적 리더가 효과적이다. 이러한 상황에서 리더는 구성원들로부터 약간의 호감을 얻고 약간의 지위권력을 행사하며 비구조화된 과업을 감독해야 한다. 따라서 인간적 기술이 뛰어난 리더가 구성원과의 관계를 개선하고 과업구조를 명확히 하며 지위권력을 바로 세워나가는 집단 분위기를 조성할 수 있다.

피들러의 상황이론을 현실에 적용하기 위해서는 두 단계로 접근해야 한다.

① 리더는 자신이 관계 지향적 스타일인가 과업 지향적 스타일인가를 파악해야 한다.

② 리더는 상황을 분석하여 리더와 구성원간의 관계, 과업구조, 지위권력이 자신에게 유리한가 불리한가를 파악해야 한다.

피들러의 상황이론은 실제로 많은 기업에 적용되어 좋은 성과를 내고 있다. 즉, 리더십 스타일을 조직의 특수한 상황에 적합시키면 조직의 유효성이 증가하는 것으로 나타났다. 그러나 LPC 점수를 기준으로 관계 지향적 스타일과 과업 지향적 스타일을 구분하는 것이 너무 단순하고, 시간이 경과하면 상황이 바뀔 수도 있다는 점에서 비판을 받고 있다.

4.2 허시와 블랜차드의 상황이론

허시와 블랜차드(P. Hersey and K. H. Blanchard)는 리더십 스타일과 부하들의 준비도를 서로 연결시킨 리더십 이론을 개발하였다. 그들은 부하들의 준비도(readiness)에 따라 효과적인 리더십 스타일이 달라져야 한다고 주장하였다. 즉, 부하들이 어느 정도로 과업을 수행할 준비가 되어 있느냐에 따라 부하들이 받아들일 수 있는 리더십 스타일이 달라지므로, 그러한 상황에 맞추어서 리더십 스타일을 결정해야 한다는 것이다. [그림 13-7]과 같이 리더십 스타일은 과업 및 관계 지향적 행동의 2차원을 축으로 하여 4가지로 구분된다. 또한 부하들의 준비도는 과업을 성공적으로 수행하기 위한 능력(ability)과 의욕(willingness)에 따라 4단계로 구분되며, 각 단계마다 리더십 스타일이 달라져야 한다.

(1) 리더십 스타일

허시와 블랜차드는 과업 수행과 인간관계 형성을 위해 얼마나 노력하는가에 따라 4가지 리더십 스타일을 구분하였다. [그림 13-7]과 같이 횡축에 과업 지향적 행동(task oriented behavior)의 정도를 놓고, 종축에 관계 지향적 행동(relationship oriented behavior)의 정도를 놓으면, 리더십 스타일은 4가지로 구분된다.

1) 지시형 리더

지시형 리더(telling style leader)는 리더의 노력이 과업 수행에 치중된 스타일이다. 즉, 부하에게 과업과 관련하여 구체적으로 지시하며 높은 성과를 낼 수 있도록 세심하게 감독한다.

2) 지도형 리더

지도형 리더(selling style leader)는 과업 수행뿐만 아니라 부하와의 원만한 인간관계 형성을 위해서도 많은 노력을 기울이는 스타일이다. 즉, 부하에게 일방적으로 지시하거나 명령하기보다는 과업 수행 방법을 자세히 설명하고 설득한다.

그림 13-7 **허시와 블랜차드의 상황이론 모형**

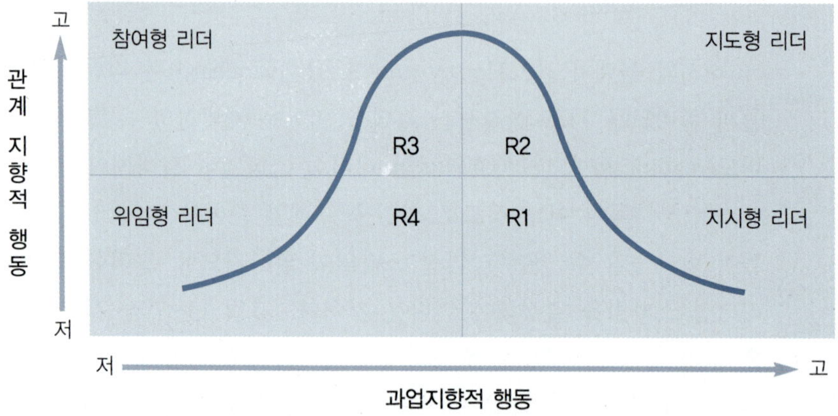

	R4(높음)	R3(약간 높음)	R2(약간 낮음)	R1(낮음)
부하의 준비도	능력과 의욕을 모두 갖고 있음	능력은 있지만 의욕이 없음	능력은 부족하지만 의욕은 있음	능력도 부족하고 의욕도 없음

3) 참여형 리더

참여형 리더(participating style leader)는 과업 수행 아이디어를 서로 나눠 갖고 부하들의 참여를 통해 의견이 반영될 수 있도록 하는 스타일이다. 즉, 부하들이 높은 성과를 낼 수 있도록 분위기를 조성하고 과업 수행 중에 겪는 여러 가지 어려움을 줄여주는 역할을 한다.

4) 위임형 리더

위임형 리더(delegating style leader)는 과업과 관련된 의사결정을 대부분 부하들에게 위임하고, 인간관계 형성에도 별다른 관심을 갖지 않는 스타일이다. 즉, 부하들의 능력과 의욕을 믿고 그들 스스로 맡은 과업을 수행할 수 있도록 맡겨 둔다.

(2) 리더십 상황

허시와 블랜차드의 상황이론에서는 부하들의 준비도에 따라 리더십을 발휘할 수 있는 상황을 구분하고 있다. 준비도는 과업을 성공적으로 수행하기 위한 능력과 의욕에 따라 달라진다. 능력은 직무수행에 필요한 지식과 경험을 포함하고, 의욕은 과업을 성공적으로 수행하고자 하는 강한 의지 또는 욕구를 말한다.

[그림 13-7]에서 보면, 부하들의 준비도는 능력과 의욕의 배합에 따라 4단계로 구분된다. 1단계(R1)는 능력과 의욕이 모두 낮은 상황이고, 2단계(R2)는 능력은 부족하지만 의욕은 높은 상황이다. 3단계(R3)는 능력은 있지만 의욕은 낮은 상황이고, 4단계(R4)는 능력과 의욕이 모두 높은 상황이다.

(3) 효과적 리더십 스타일

부하들의 준비도는 시간이 경과함에 따라 낮은 단계에서 높은 단계로 향상된다. 준비도가 1단계에서 2, 3, 4단계로 향상되면 효과적인 리더십 스타일도 변화되어야 한다. 능력과 의욕이 모두 부족한 1단계에서는 과업과 관련하여 명확하고 구체적인 지시를 해주는 지시형 리더가 효과적이다. 능력은 부족하지만 의욕은 높은 2단계에서는 과업 수행뿐만 아니라 인간관계 형성에도 노력하는 지도형 리더가 효과적이며, 능력은 높지만 의욕은 부족한 3단계에서는 동기부여를 통해 의욕을 북돋울 수 있는 참여형 리더가 효과적이다. 그리고 능력과 의욕이 모두 높은 4단계에서는 특별히 과업 지향적이거나 관계 지향적이지 않는 위임형 리더가 효과적이다.

이와 같이 허쉬와 블랜차드의 상황이론에서는 부하의 준비도를 중요한 상황 요인으로 간주하고 있다. 따라서 리더는 과업 수행과 관련하여 부하들이 어느 정도로 능력과 의욕을 갖추고 있는가를 파악하여 거기에 적합한 리더십을 발휘해야 한다. 또한 부하의 준비도는 처음에는 낮더라도 리더십을 훌륭하게 발휘하면 능력도 향상되고 의욕도 높아지는 경향이 있다. 따라서 리더는 부하의 준비도가 변화되는 상태를 면밀히 분석하여 자신의 리더십 스타일을 변화시킬 수 있는 유연성을 가져야 한다. 리더가 자신의 리더십 스타일을 변화시키기 위해서는 다양한 리더십 훈련 프로그램이 필요하다.

05 현대적 리더십 접근법

지금까지 리더십에 관한 특성이론, 행동이론, 상황이론을 설명하였다. 이들 이론은 서로 다른 관점에서 리더십을 설명하고 있다. 그러나 리더십에 관한 최근의 연구에서는 급변하는 환경변화에 적극 대응하고 경영성과를 향상시키기 위해 기존의 리더십 이론과는 다른 관점에서 접근하고 있다. 여기에서는 최근의 리더십 연구에서 제시되고 있는 거래적 리더, 카리스마적 리더, 변혁적 리더, 봉사적 리더의 개념을 설명한다.

5.1 거래적 리더

리더십에 관한 특성이론, 행동이론, 상황이론은 서로 다른 가정에서 출발하고 있지만, 리더십을 거래의 관점에서 파악한다는 공통점을 가지고 있다. 따라서 특성이론, 행동이론, 상황이론은 거래적 리더십 이론(transactional leadership theory)이라는 이름으로 한데 묶을 수 있다.

거래적 리더십 이론에서는 일상적인 과업수행 과정에서 리더에 대한 복종의 대가로 부하들에게 보상을 지급하는 일종의 거래관계로 리더십을 설명한다. 즉, 리더와 부하 간에 일어나는 일련의 교환과 거래관계에 근거하여 리더십을 설명한다. 따라서 거래적 리더(transactional leader)는 부하들에게 과업목표가 무엇인가를 알려주고, 그 과업목표를 달성했을 경우에 어떠한 보상을 지급받게 되는가를 명확히 해주며, 부하들이 과업을 수행하는 과정에는 특별히 예외적인 경우를 제외하고는 개입하지 않는다. 쉽게 말하면, 리더가 원하는 과업목표와 부하들이 원하는 보상이 교환되는 과정에서 리더십이 발휘된다. 하지만, 리더는 부하들에게 공정한 시각으로 인간관계적 관심을 표시하고, 그들의 사회적인 욕구를 충족시키기 위해 노력한다.

5.2 카리스마적 리더

최근 들어, 리더는 거래적 리더 이상의 역할을 수행해야 한다는 주장이 제기되고 있다. 카리스마적 리더(charismatic leader)는 거래적 리더 이상의 역할을 수행한다. 일반적으로 부하들이 자신의 리더가 다른 사람들과 다른 천부적인 능력을 가지고 있다고 인정하면, 그 리더는 카리스마적 리더십을 발휘할 수 있다. 카리스마적 리더는 자신의 특성에서 나오는 힘과 부하들이 리더와 동일시하는 심리적 과정을 통해 부하들에게 심오한 영향력을 행사한다. 또한 부하들에게 미래에 대한 비전을 제시하거나 다같이 공감할 수 있는 가치체계를 구축하거나 확고한 신뢰관계를 구축하는 방법으로 카리스마적 리더십을 발휘한다.

카리스마적 리더는 거래적 리더보다 예측이 어렵다. 그는 변화를 위한 분위기 조성에 능숙하고, 흥미롭고 자극적인 아이디어를 제시하거나 기존 질서를 재편하기 위한 비전을 제시하며, 자신감 넘치는 커뮤니케이션과 위험부담을 통해 부하들이 더 열심히 일하도록 자극하며, 부하들에게 감정적인 영향력을 행사하기도 한다. 그러나 카리스마적 리더는 전통적인 조직에는 잘 맞지 않으며 오히려 사회적 운동에 적합한 경우가 많다.

5.3 변혁적 리더

전통적 리더십 이론은 주로 거래적 리더십 이론에 근거하고 있다. 그러나 거래적 리더십 이론은 급변하는 환경에서 지속적이고 만족할 만한 영향력을 행사할 수 없다는 비판이 제기되고 있다. 환경이 급변하면 기업도 변화해야 하며, 경영자도 종업원들의 의식과 행동을 완전히 변화시킬 수 있는 능력을 갖추어야 한다. 이러한 시대적 요청에 가장 잘 부합하는 리더가 변혁적 리더이다. 변혁적 리더(transformational leader)는 혁신과 변화를 주도할 수 있는 특별한 능력을 갖춘 리더를 말한다.

변혁적 리더는 전략적 변화를 통해 조직에 새바람을 불어넣는다. 그들은 조직의 미션, 조직구조, 인적자원관리 등에 혁신적인 변화를 불러올 수 있는 능력을 가지고 있다. 그들은 단순한 규칙이나 지시 또는 금전적 보상에 의존하지 않는다. 오히려 비전 제시, 가치 공유, 아이디어 제시, 관계 설정과 같은 무형적 방법을 통해 부하들을 혁신적으로 변화시킨다.

이러한 관점에서 보면, 카리스마적 리더와 변혁적 리더는 구별이 어렵다. 하지만, 변혁적 리더가 카리스마적 특성을 동시에 갖추고 있으면 리더십을 더 효과적으로 발휘할 수 있다.

5.4 봉사적 리더

봉사적 리더(servant leader)는 섬기는 자세를 가진 봉사자로서의 역할을 강조하는 리더를 말한다. 리더는 다른 사람을 지도하는 위치에 있다고 보는 개념과는 대조적이다. 봉사적 리더는 부하들의 욕구를 충족시키기 위해 섬기는 자세로 봉사한다. 부하들의 욕구는 무엇이며 어떤 방법으로 충족시킬 것인가에 관심을 갖는다.

일반적으로 리더는 부하들을 지도하기 위해 자신에게 부여된 권력과 수단을 동원하여 영향력을 행사한다. 그러나 봉사적 리더는 부하들의 과업목표와 욕구를 충족시키고 그것을 바탕으로 조직의 미션이나 목적을 달성하기 위해 최선의 노력을 한다. 봉사적 리더는 부하들의 창조성을 최대한 개발하고 완전한 헌신과 학습을 자연적으로 유도하기 때문에 학습조직에 유용하다.

>>> 요약 s·u·m·m·a·r·y

리더십은 조직의 목표를 달성하기 위해 사람들에게 영향력을 행사하는 능력을 말한다. 달리 말해, 리더십은 조직 내에서 권력을 사용하여 종업원들의 행동에 영향력을 행사하는 과정을 말한다. 리더십의 근원은 권력이다. 권력은 지위권력과 개인적 권력으로 구분된다. 지위권력은 합법적 권력, 보상권력, 강압적 권력으로 구분되고, 개인적 권력은 전문적 권력과 준거적 권력으로 구분된다.

초기의 리더십 연구에서는 리더의 개인적 특성에 초점을 두었다. 훌륭한 리더는 투철한 책임감과 목표의식을 가져야 하고, 남다른 자신감을 가져야 하며, 다른 사람과 원만한 인간관계를 가져야 하고, 좌절이나 절망을 이겨낼 수 있는 의지력이 있어야 한다. 리더의 특성에 근거한 리더십의 기본 유형은 전제적 리더와 민주적 리더로 구분된다. 전제적 리더는 권한을 집중시키고 합법적 권력, 보상권력 및 강압적 권력에 의존하는 리더를 말하고, 민주적 리더는 부하에게 권력을 위임하고 참여를 촉진시키며 전문적 권력과 준거적 권력에 의존하는 리더를 말한다. 탄넨바움과 쉬미트는 리더의 스타일을 전제적 리더와 민주적 리더로 양분할 것이 아니라, 구성원들의 참여 정도에 따라 하나의 연속선으로 이해해야 한다고 주장하였다.

1960년대 이후 연구 초점은 리더의 인격적 특성에서 성공적인 리더가 보여주는 행동으로 바뀌었다. 미시간 대학의 리커트는 리더가 부하를 대하는 행동유형에 따라 과업 중심적 리더와 종업원 중심적 리더로 구분하였다. 종업원 중심적 리더는 장기적인 성과를 지향하는 반면에 과업 중심적 리더는 단기적인 성과를 지향하는 특징이 있다. 텍사스 대학의 블레이크와 모우튼은 리더십 그리드를 개발하였다. 그리드의 횡축에는 생산에 대한 관심 정도를 9등급으로 나누고, 종축에는 인간에 대한 관심 정도를 9등급으로 나누어 총 81가지의 리더십 스타일을 나타냈다. 이 중에서 (1,1)형은 무관심형 리더, (9,1)형은 과업형 리더, (1,9)형은 컨트리 클럽형 리더, (5,5)형은 중간형 리더, 그리고 (9,9)형은 이상형 또는 팀형 리더를 나타낸다.

리더십 상황이론은 리더십 상황과 리더십 스타일간의 관계를 설명하는 이론이다. 행동이론에서는 상황에 관계없이 효과적인 리더십 스타일이 존재한다고 보는 반면에, 상황이론에서는 상황에 따라 효과적인 리더십 스타일이 달라진다고 본다.

피들러는 리더십 상황이 리더에게 얼마나 유리하냐에 따라 효과적인 리더십 스타일이 달라진다고 주장하였다. 피들러는 리더 스타일을 관계 지향적 리더와 과업 지향적 리더로 구분하였다. 리더 스타일은 LPC 점수에 따라 구분하였는데, LPC 점수가 높으면 관계 지향적 리더에 가깝고 LPC 점수가 낮으면 과업 지향적 리더에 가깝다. 상황 요인은 리더와 구성원간의 관계, 과업구조, 지위권력으로 구분하였다. 결론적으로 과업 지향적 리더는 상황이 리더에게 극단적으로 유리하거나 불리할 경우에 효과적이고, 관계 지향적 리더는 상황이 중간 정도로 유리할 경우에 효과적인 것으로 나타났다.

허시와 블랜차드는 리더십 스타일과 부하들의 준비도를 서로 연결시킨 리더십 이론을 개발하였다. 그들은 부하들의 준비도에 따라 리더십 스타일이 달라져야 한다고 주장하였다. 그들은 리더십 스타일을 지시형 리더, 지도형 리더, 참여형 리더, 위임형 리더로 구분하였고, 부하들의 준비도에 따라 4단계로 구분하였다. 결론적으로, 부하들의 준비도가 1단계에서 4단계로 향상되면 효과적인 리더십 스타일도 지시형 리더에서 위임형 리더로 변화해야 한다.

그러나 최근의 리더십 연구에서는 급변하는 환경변화에 적극 대응하고 경영성과를 향상시키기 위해 기존의 리더십 이론과는 다른 관점에서 접근하고 있다. 대표적으로 거래적 리더, 카리스마적 리더, 변혁적 리더, 봉사적 리더의 개념이 등장하였다. 거래적 리더십 이론에서는 일상적인 과업수행 과정에서 리더에 대한 복종의 대가로 부하들에게 보상을 지급하는 일종의 거래관계로 리더십을 설명한다. 카리스마적 리더는 부하들에게 미래에 대한 비전을 제시하거나 공감할 수 있는 가치체계를 구축하거나 확고한 신뢰관계를 구축하는 방법으로 카리스마적 리더십을 발휘한다. 변혁적 리더는 급변하는 환경 속에서 혁신과 변화를 주도할 수 있는 특별한 능력을 갖춘 리더를 말한다. 그리고 봉사적 리더는 섬기는 자세를 가진 봉사자로서의 역할을 강조하는 리더를 말한다.

>>> 연습문제 e·x·e·r·c·i·s·e

01 지위권력과 개인적 권력이란 무엇이며 어떤 종류가 있는가?

02 리더는 일반적으로 어떤 특성을 가지고 있으며, 특성이론은 어떤 한계점이 있는가?

03 민주적 리더와 전제적 리더는 어떻게 다른가?

04 리커트가 연구한 과업 중심적 리더와 종업원 중심적 리더는 어떻게 다른가?

05 블레이크와 모우튼이 개발한 리더십 그리드를 그린 다음, 대표적인 5가지 리더십 스타일을 설명하라.

06 피들러는 리더십 스타일과 상황요인을 어떻게 분류하였으며, 효과적인 리더십 스타일은 어떻게 결정된다고 하였는가?

07 피들러가 리더십 스타일을 구분하는데 사용한 LPC란 무엇이며 LPC 점수는 어떻게 측정하는가?

08 허쉬와 블랜차드는 리더십 스타일과 부하들의 준비도를 어떻게 분류하였으며, 효과적인 리더십 스타일은 어떻게 결정된다고 하였는가?

09 최근의 리더십 연구에서 제시되고 있는 거래적 리더, 카리스마적 리더, 변혁적 리더, 봉사적 리더의 개념을 간략히 설명하라.

10 카리스마적 리더와 변혁적 리더란 무엇이며 서로 어떻게 다른가?

> 사람의 마음을 움직이는 비결은 이 세상에 단 한 가지 방법밖에는 없다.
> 이 방법은 그 사람 스스로 움직이고 싶다는 기분을 불러일으키는 것이다.
> 거듭 말하건대 이 방법밖에 다른 도리가 없다.
>
> – 김용운 · 김용국, 성공하는 사람들의 수학적 사고법 –

MANAGEMENT

chapter

14 동기부여

이 장에서는 경영자의 지휘 기능 중에서 리더십에 이어 두 번째로 중요한 동기부여에 대해 설명한다. 동기부여란 무엇인가? 경영학에서 동기부여는 어떤 위치를 차지하는가? 동기부여 이론은 어떻게 발전해 왔는가? 강화는 동기부여와 어떤 관계가 있는가? 그리고 동기부여를 증진시키기 위해 직무설계는 어떻게 해야 하는가 하는 문제를 다루고자 한다.

01 동기부여의 개념과 접근법

1.1 동기부여의 개념

종업원이 얼마나 일을 열심히 하는가는 여러 가지 요인에 의해 영향을 받는다. 우선 일을 할 수 있는 능력이 있어야 하고, 일을 하기 위한 도구나 장비도 있어야 한다. 그러나 아무리 능력이 있고 최신 장비를 갖추었다고 하더라도 일을 열심히 하겠다는 의욕이 없으면 좋은 성과를 낼 수 없다. 이와 같이 종업원이 열심히 일하도록 의욕을 북돋우는 것을 동기부여라 한다.

동기부여(motivation)란 개인의 행동이 열정적이고 지속적으로 작동되도록 유도하는 힘을 말한다. 경영학에서는 종업원들이 조직목표를 달성하기 위해 열심히 노력하도록 유도하는 과정을 말한다. 동기부여는 종업원의 생산성을 향상

그림 14-1 단순한 동기부여 모형

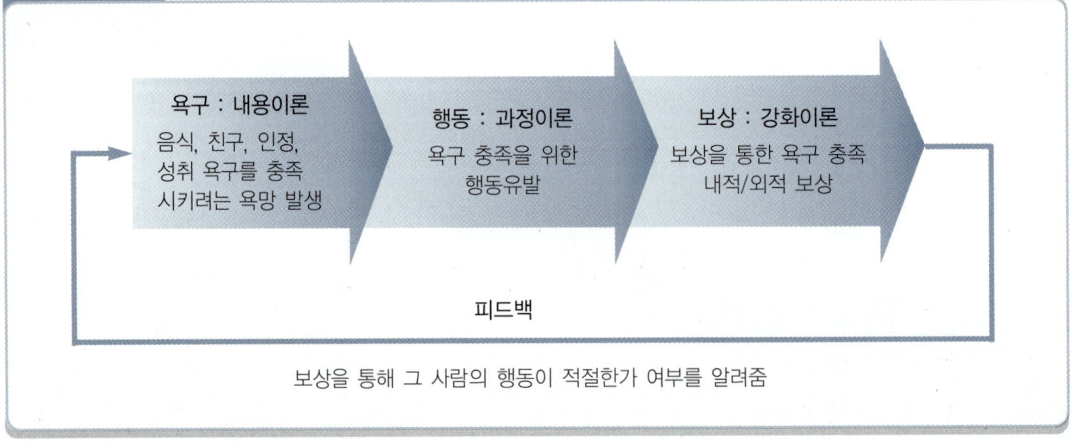

시키기 때문에 경영자는 종업원의 동기부여에 많은 관심을 가져야 한다.

동기부여 이론에서는 무엇이 종업원의 행동에 영향을 미치며 왜 종업원의 행동이 지속되는가를 설명해 준다. [그림 14-1]은 동기부여 모형을 단순하게 나타낸 것이다. 인간은 누구나 음식, 친구, 인정, 성취에 관한 욕구(needs)를 가지고 있다. 인간은 자신의 욕구를 충족시키기 위한 욕망을 가지고 있으며, 욕구가 충족되지 않을 경우에는 그 욕구를 충족하기 위해 열심히 노력한다. 즉, 어떤 욕구가 충족되지 않으면 그 욕구를 충족하기 위해 행동을 취한다. 그 행동이 성공하면 보상을 받게 되고, 그에 따라 개인은 욕구를 충족하게 된다. 그리고 보상의 크기는 그 행동이 적절하였는가, 그리고 미래에도 같은 행동을 취할 것인가에 관한 피드백 정보로 사용된다.

보상(rewards)은 내적 보상과 외적 보상의 두 가지 형태가 있다. 내적 보상(internal rewards)은 개인이 특별한 행동을 수행하는 과정에서 얻는 내적인 만족을 말한다. 예를 들어, 복잡한 과업을 완수한 다음에 얻게 되는 성취감, 남으로부터 받는 칭찬이나 인정, 과업에 대한 책임감과 도전감, 과업을 통한 개인적 성장을 들 수 있다. 외적 보상(external rewards)은 개인이 특별한 행동을 수행한 결과로 승진이나 임금 인상과 같은 경제적 성격을 갖는 보상을 말한다.

1.2 동기부여의 접근법

경영자가 동기부여에 대해 어떤 관점을 갖느냐에 따라 동기부여에 대한 기본 가정도 달라지고 보상의 종류도 달라진다. 동기부여에 대한 관점은 전통적 접근법, 인간관계적 접근법, 인적자원적 접근법, 현대적 접근법으로 구분된다.

(1) 전통적 접근법

종업원의 동기부여에 관한 연구는 테일러의 과학적 관리론에서 시작되었다고 할 수 있다. 과학적 관리론은 능률을 향상시킬 목적으로 종업원들의 과업을 체계적으로 분석하는 데서 출발하였다. 과학적 관리론에서는 작업자를 합리적 경제인(economic man)으로 인식하기 때문에 경제적 보상에 속하는 임금 지급을 강조한다. 즉, 경제인은 높은 임금을 받기 위해 열심히 일한다고 가정한다.

이러한 접근법은 작업 성과의 양과 질에 따라 임금이 지급되는 성과급제도를 발전시키는 데 크게 기여하였다.

(2) 인간관계적 접근법

인간관계적 접근법에서는 작업자를 비합리적 사회인(social man)으로 인식한다. 호손 실험 과정에서 작업자는 처음으로 인간적인 대우를 받았으며, 그 결과 사회인의 개념이 탄생하였다. 나아가 작업자들은 인간적인 대우를 받는 것만으로도 그들의 행동이 더 개선되었는데, 이러한 효과를 호손 효과(Hawthorne effects)라 한다. 호손 실험 이후에는 종업원의 사회 · 심리적 욕구를 충족시킬 수 있는 비공식집단이 강조되고 비경제적 보상이 경제적 보상보다 더 중요한 동기부여 요인으로 간주되었다.

(3) 인적자원적 접근법

인적자원적 접근법에서는 경제인과 사회인의 개념에서 한 걸음 더 나아가 전인적 인간(whole person)의 개념을 도입하였다. 인적자원관리론에서는 종업원들이 매우 복합적인 인간이기 때문에 다양한 요인에 의해 동기부여가 된다고 본다. 예를 들어, 맥그리거의 X이론과 Y이론에서는 사람들이 좋은 직업을 갖기를 원하며, 일하는 것이 노는 것과 마찬가지로 자연스럽고 건전한 것으로 보고 있다. 그리고 기존의 접근법에서는 경제적 또는 사회적 보상을 이용하여 종업원들을 비인간적으로 조종한다고 비판하였다. 인적자원적 접근법에서는 종업원들이 상당한 역량을 가지고 있고 조직의 발전에 훌륭한 공헌을 할 수 있다고 가정한다. 따라서 인적자원적 접근법은 종업원의 동기부여에 대한 현대적 관점을 구축하기 위한 초석을 놓았다고 할 수 있다.

(4) 현대적 접근법

종업원의 동기부여에 대한 현대적 접근법은 다음 절에서 설명할 내용이론, 과정이론, 강화이론으로 구성된다. 내용이론(content theory)은 인간의 기본적인 욕구를 분석하는 데 중점을 둔다. 즉, 내용이론은 종업원들의 기본적 욕구를 이해하는 데 통찰력을 제공하며, 종업원들의 욕구를 어떻게 충족시킬 수 있는가를 가르쳐준다. 과정이론(process theory)은 종업원들의 행동에 영향을 미치는 동기부여의 과정을 설명해준다. 즉, 과정이론에서는 종업원들이 작업 환경에서 보상을 얻는 과정에 초점을 둔다. 그리고 강화이론(reinforcement theory)은 종업원들에게 바람직한 작업 행동을 학습시키는 방법에 초점을 둔다. [그림 14-1]에서 내용이론은 첫째 박스, 과정이론은 둘째 박스, 그리고 강화이론은 셋째 박스의 개념에 해당한다.

02 내용이론

내용이론(content theory)은 인간에게 동기를 유발시키는 기본적인 욕구를 탐구하는데 초점을 둔다. 인간은 누구나 음식, 돈, 친구, 성취를 얻기 위한 기본적 욕구를 가지고 있다. 또한 인간은 욕구를 충족시키는 과정에서 특수한 행동을 유발시킨다. 예를 들어, 노동조합은 임금 인상, 근로시간 단축, 작업환경 개선을 통해 종업원의 욕구를 충족시킬 수 있다고 주장하는 반면에, 경영자들은 더 많은 자율권을 부여하거나 권한위양을 통해 종업원의 욕구를 충족시킬 수 있다고 주장한다. 이와 같이 개인의 욕구는 각자가 충족시키기 위해 노력하는 어떤 사물의 숨겨진 카탈로그와 같은 것이다. 중요한 것은 경영자들이 작업자의 욕구를 어떻게 이해하느냐에 따라 조직의 보상 시스템이 달라지고, 조직의 목표를 달성하도록 하기 위한 강화 노력도 달라진다는 것이다.

2.1 욕구단계이론

아마도 가장 유명한 내용이론은 매슬로우(A. H. Maslow)가 개발한 욕구단계이론(hierarchy of needs theory)이다.[1]

(1) 인간의 욕구 단계

매슬로우는 [그림 14-2]와 같이 인간의 욕구는 5단계로 계층구조를 이루고 있으며, 이 5가지 욕구를 충족시키는 과정에서 동기부여가 이루어진다고 주장하였다.

1) Abraham H. Maslow, "A Theory of Human Motivation," *Psychological Review* 50, 1943, pp. 370-396.

그림 14-2 매슬로우의 욕구단계이론

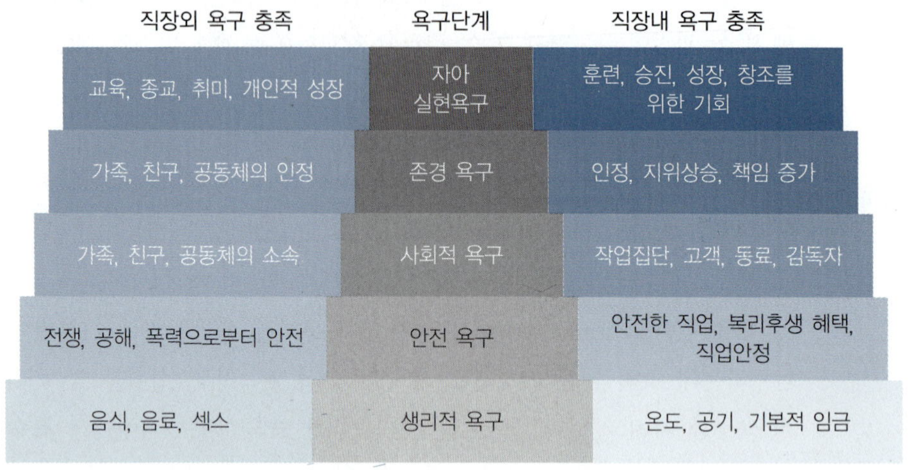

1) 생리적 욕구

생리적 욕구(physiological needs)는 가장 낮은 단계의 욕구로서, 음식, 물, 공기, 섹스와 같은 기본적 욕구를 말한다. 이러한 욕구는 사람이 생존하기 위해 꼭 충족되어야 할 생물학적 욕구이다. 조직 내에서는 기본적 임금, 적절한 온도, 공기, 기타 작업환경에 관한 욕구로 나타난다.

2) 안전욕구

안전욕구(safety needs)는 물리적 위험이나 심리적 위험에서 벗어나 안전하게 살고자 하는 욕구를 말한다. 다시 말하면, 전쟁, 공해, 폭력으로부터 안전을 구가하고 싶은 욕구를 말한다. 조직 내에서는 안정적 고용보장, 비금전적 복지, 경력보장, 의료보험, 퇴직연금, 직업의 안정성에 관한 욕구로 나타난다.

3) 사회적 욕구

사회적 욕구(social needs)는 사람들과의 사회적 관계에서 충족될 수 있는 욕구로 누군가를 사랑하거나 사랑받으며 다른 사람들과 친해지고 싶은 욕구를 말한다. 다시 말해, 가정을 갖거나 친구를 사귀거나 지역 공동체에 소속되기를 원하는 욕구를 말한다. 조직 내에서는 동료작업자와 우호적인 관계를 갖거나 작업집단에 참여하거나 감독자와 좋은 관계를 갖고 싶은 욕구로 나타난다.

4) 존경욕구

존경욕구(esteem needs)는 자신에 대해 긍정적인 이미지를 보여줌으로써 가족이나 친구나 공동체로부터 인정을 받고 존경을 받고 싶은 욕구를 말한다. 조직 내에서는 동료나 상사로부터 인정을 받고, 책임이 증가하고, 신분이 올라가고, 자신의 공헌에 대한 신뢰성이 증가하기를 바라는 욕구로 나타난다.

5) 자아실현욕구

자아실현욕구(self-actualization needs)는 욕구계층에서 가장 높은 단계에 위치해 있는 욕구로서, 교육, 종교, 취미 등을 통해 자신의 잠재능력을 최대한으로 발휘하여 훌륭한 사람으로 성장하기를 바라는 욕구를 말한다. 조직 내에서는 종업원의 잠재능력을 최대한으로 개발할 수 있는 교육훈련 프로그램이 필요하고, 잠재능력을 발휘하여 과업을 성취한 종업원에게 승진 기회를 제공하며, 창의력을 발휘할 수 있는 조직분위기를 조성해야 한다.

(2) 인간의 욕구충족 과정

매슬로우는 인간의 욕구충족 과정을 다음 두 가지 원리로 설명하였다.

① 인간의 욕구는 가장 낮은 단계의 욕구부터 충족되기 시작하여 점차 높은 단계로 순차적으로 충족된다. 가장 낮은 단계의 욕구가 가장 강하기 때문에 가장 우선적으로 충족된다. 다시 말해, 가장 낮은 단계의 욕구가 충족되고 나서 그 윗 단계의 욕구가 순차적으로 충족된다. 따라서 생리적 욕구가 충족된 다음에 안전욕구가 충족되고, 안전욕구가 충족된 다음에 사회적 욕구가 충족된다. 이러한 욕구충족 과정은 가장 높은 단계의 욕구인 자아실현욕구가 충족될 때까지 계속된다.

② 인간의 욕구 중에서 충족되지 않은 욕구가 행동에 영향을 미치며, 충족된 욕구는 행동에 영향을 미치지 않는다. 다시 말해, 종업원들의 충족되지 않은 욕구를 충족시켜야 생산성이 향상된다는 뜻이다. 예를 들어, 불경기에는 실업이나 소득감소가 우려되기 때문에 고용안정이나 임금보장과 같은 기본적 욕구를 충족시키는 전략이 필요하고, 호경기에는 그러한 우려가 없기 때문에 사회적 욕구나 자아실현욕구를 충족시키는 전략이 필요하다.

(3) 비판점

매슬로우의 욕구단계이론은 인간의 욕구와 동기부여를 이해하는 데 큰 공헌을 하였지만 다음과 같은 비판을 받고 있다.

① 실제 연구 결과, 매슬로우가 주장하는 욕구계층이 존재하지 않는다는 주장이 있다. 특히, 생리적 욕구 이상은 반드시 매슬로우와 같이 분류해야 할 근거가 없다는 것이다. 또한 사람들이 각 계층의 욕구를 완전히 충족하는 것이 아니라, 부분적으로 만족하거나 불만족하면서 살아가고 있다. 그리고 사람들은 존경욕구나 자아실현욕구와 같은 고차원적 욕구보다 생리적 욕구나 안전욕구와 같은 기본적 욕구에서 더 큰 만족을 얻는다.

② 인간의 욕구는 5단계로 고정적으로 분류할 수 없다는 주장이 있다. 두 개 또는 세 개의 욕구가 동시에 작용할 수도 있다는 것이다. 예를 들어, 아프리카와 같은 후진사회에서는 대부분의 사람들이 2~3개의 기본적 욕구를 충족하는 선에서 살아가지만, 어느 정도는 존경욕구나 자아실현욕구도 충족하고 있다.

③ 인간의 욕구는 정태적으로 고정되어 있는 것이 아니라 상황에 따라 동태적으로 변한다는 주장이 있다. 즉, 개인의 욕구는 그가 접촉하는 상황에 따라 끊임없이 변한다는 것이다. 예를 들어, 인도의 지도자 간디가 영국으로부터 독립운동을 하고 있을 때, 국가의 자주독립이라는 이상을 실현하기 위해, 인간의 기본적 욕구를 자주 희생하였다. 간디는 영국 정부를 상대로 수주일 동안 단식투쟁을 감행하였는데, 단식기간 동안에는 기본적 욕구 단계를 뛰어넘어 자아실현욕구 단계에서 만족하지 않을 수 없었다.

④ 매슬로우의 이론에서 매우 중요한 자아실현의 개념은 과학적인 개념이 아니라 철학적 내지 종교적 개념이 아니냐는 비판이 있다. 즉, 매슬로우의 이론은 과학의 영역에 속하느냐 철학의 영역에 속하느냐 하는 문제이다.

2.2 두 요인 이론

허쯔버그(F. Herzberg)는 매슬로우의 연구를 확대하여 두 요인 이론(two-factor theory)을 주장하였다.[2] 그는 수백 명의 작업자를 대상으로, 그들이 과거에 자신의 일에 만족하여 일할 의욕을 느꼈던 때는 언제였고, 자신의 일에 불만족하여 일할 의욕을 잃었던 때는 언제였던가를 인터뷰하였다. 그 결과, 일에 만족감을 가져다주는 요인과 불만족을 가져다주는 요인을 밝혀냈으며, 이 두 요인은 작업자의 동기부여에 서로 다른 영향을 미친다는 사실을 밝혀냈다.

두 요인 이론은 [그림 14-3]과 같이 나타낼 수 있다. 중앙선은 중립선으로 작업자들이 만족도 불만족도 느끼지 않는 상태를 나타내고, 중앙선을 기준으로 위쪽은 만족 영역을 나타내며, 아래쪽은 불만족 영역을 나타낸다. 만족 영역에서는 동기요인(motivation factors)이 작업자들의 직무만족에 영향을 미친다. 동기요인은 고차원적 욕구와 관련되며, 일을 통해 얻을 수 있는 성취감, 남으로부터 받는 칭찬이나 인정, 책임감, 일 자체에 대한 도전감, 승진이나 개인적 성장에 관한 욕구를 포함한다. 동기요인은 작업자들을 열심히 일하게 하는 동기를 유발하고 만족감을 증대시키는 것으로 나타났다.

불만족 영역에서는 위생요인(hygiene factors)이 작업자들의 직무불만에 영향을 미친다. 위생요인은 주로 작업조건, 임금, 회사정책, 감독자, 인간관계와 관련된 요인을 포함한다. 위생요인은 만족의 정도를 높여주기보다는 불만족을 줄이는 역할을 한다. 다시 말해, 위생요인이 충족되지 않으면 작업자들이 불만을 느끼게 되며, 설사 충족되더라도 불만을 줄여줄 따름이지 열심히 일하게 하는 동기를 유발하거나 만족감을 증대시키지는 못하는 것으로 나타났다. 이는 위생적인 보건환경이 질병에 걸리지 않도록 예방해주는 역할은 하지만 건강상태를 적극적으로 향상시켜 주지는 못하는 것과 같다.

동기요인과 위생요인을 비교해 보면, 동기요인은 주로 일 그 자체와 관련된 요인인데 반해, 위생요인은 작업환경과 관련된 요인임을 알 수 있다. 동기요인이 작용하지 않으면 작업자들이 일을 열심히 하지 않지만, 동기요인이 작용하면 일을 열심히 하려는 동기가 유발되어 만족감을 느끼게 된다. 그래서 동기요인과 위생요인은 동기부여에 미치는 영향이 전혀 다르다. 위생요인은 불만족

2) Frederick Herzberg, "One More Time: How Do You Motivate Employees?" *Harvard Business Review*, January-February 1968, pp. 53-62.

그림 14-3 허쯔버그의 두 요인 이론

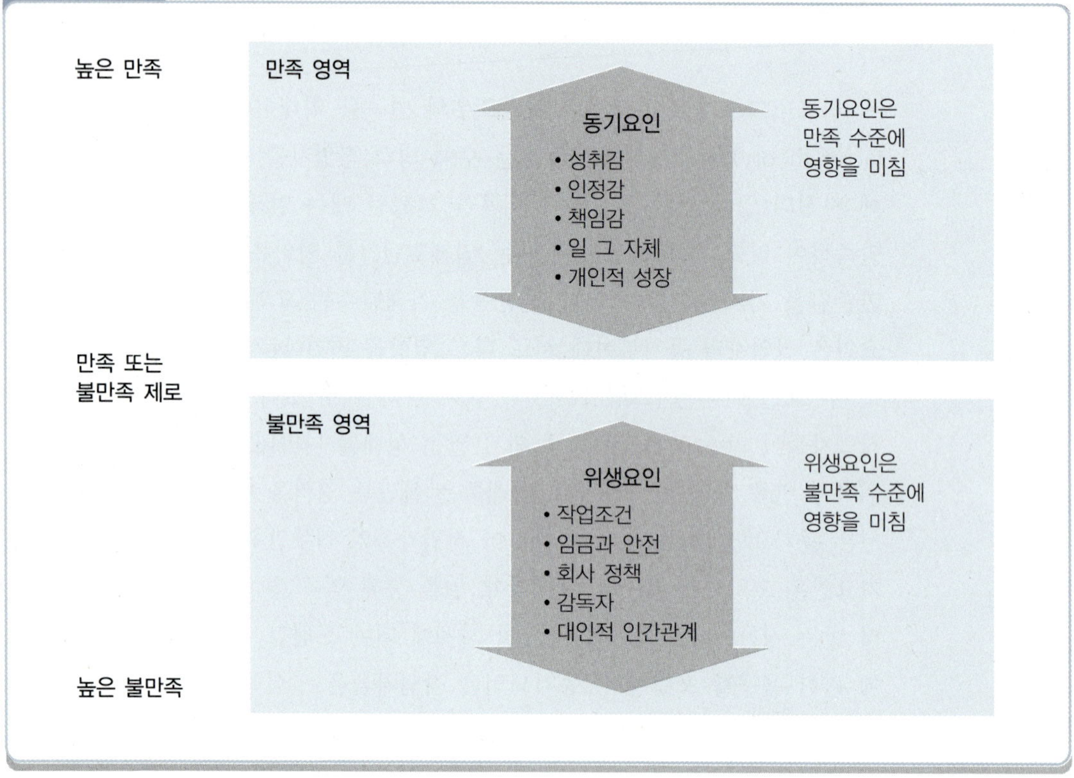

영역에서만 작용한다. 예컨대, 불안전한 작업조건이나 시끄러운 작업환경은 작업자들의 불만을 야기 시킬 수 있다. 그러나 이러한 위생요인을 시정하더라도 작업자의 불만을 줄일 수는 있어도 적극적으로 동기를 유발하거나 만족감을 증대시키지는 못한다. 이와 달리, 도전감, 책임감, 인정감과 같은 동기요인은 적극적으로 동기를 유발하고 만족감을 증대시킨다.

허쯔버그의 두 요인 이론에 따르면, 경영자들은 두 단계로 종업원들에게 동기를 부여할 수 있다. 첫째 단계로, 위생요인을 적절한 수준으로 통제하여 종업원들이 불만을 갖지 않도록 해야 한다. 적절한 수준으로 임금을 지급하고 부당한 해고가 없도록 보장하고 안전하고 쾌적한 작업환경을 조성하며 적절한 감독이 이루어지도록 해야 한다. 또한 회사정책이나 경영방침이 종업원들에게 받아들여지도록 하고 종업원들 간에 원만한 인간관계가 형성되도록 분위기를 조성해야 한다. 이러한 노력이 잘 이루어지더라도 종업원들의 불만만 줄어들 따름이고, 맡은 일을 적극적으로 성취하도록 동기를 유발하거나 만족감을 증대시키지는 못한다.

둘째 단계로, 동기요인을 개선하여 종업원들에게 적극적으로 동기를 유발하거나 만족감을 증대시키도록 해야 한다. 경영자는 종업원들이 일을 통해 성취감을 느끼고, 다른 사람들로부터 인정을 받고, 직무 내용을 충실하게 하여 일 그 자체에서 보람을 느끼고 책임감을 가질 수 있도록 해야 한다. 종업원들이 동기가 유발되면, 맡은 일을 성공적으로 달성하고, 그 결과 높은 만족감을 느끼며, 조직 전체의 성과도 향상된다.

허쯔버그는 동기요인과 위생요인을 구분하는 데 큰 공헌을 하였지만 다음과 같은 비판을 받고 있다.

① 방법론상으로 제한된 표본으로부터 나온 연구 결과를 다른 작업집단에까지 일반화시킬 수 있겠느냐는 의문이다. 허쯔버그가 표본으로 사용한 회계사와 엔지니어 집단의 작업환경은 다른 직종과 크게 다르다는 것이다.

② 동기부여와 만족의 의미를 검증하는 데 별 관심을 기울이고 있지 않다는 사실이다. 동기부여와 만족은 다른 개념이므로 별도의 검증 절차가 필요하다. 동기부여는 목표지향적인 행동과 관련되지만 만족은 행동의 결과라 할 수 있다.

③ 두 요인 이론에서는 동기부여의 개인차를 전혀 무시하고 있다는 점이다. 개인에 따라서는 동기요인뿐만 아니라 위생요인에 의해서도 동기가 유발되는 사람도 있다. 임금수준이 낮거나 고용이 불안정할 경우에는 현실적으로 임금인상이나 고용안정과 같은 위생요인에 의해 동기가 유발되는 사람도 분명히 존재한다.

03 과정이론

경영학자들은 동기를 유발시키는 요인뿐만 아니라 동기가 유발되는 과정에 대해서도 많은 관심을 갖게 되었다. 사람들은 왜 서로 다른 요인에 의해 동기가 유발되며, 비록 동일한 요인이라도 사람에 따라 동기가 유발되는 정도가 다른가를 알아내려고 하였다. 이러한 노력의 결과로 동기부여에 관한 과정이론(process theory)이 발전하였다.

3.1 기대이론

브룸(V. H. Vroom)은 동기부여의 과정을 설명하는 기대이론을 발전시키는 데 큰 공헌을 하였다.[3] 기대이론(expectancy theory)에서는 개인이 노력하면 과업을 성공적으로 달성할 수 있다는 기대와 그 과업을 성공적으로 달성하면 절절한 보상을 받는다는 기대에 의해 동기부여가 이루어진다고 본다. 달리 말해, 기대이론은 개인의 욕구 형태를 규명하기보다는 개인이 노력한 결과로 보상을 받기까지의 동기부여 과정에 초점을 둔 이론이라고 할 수 있다.

(1) 기대이론의 주요 요소

기대이론은 [그림 14-4]와 같이 개인의 노력(effor), 개인의 성과(performance), 성과의 결과로 받는 보상(rewards)간의 관계로 설명된다. 기대이론의 주요 요소는 ① 노력→성과 기대(노력하면 높은 성과를 달성할 수 있다는 기대), ② 성과→보상 기대(성과의 결과로 보상을 받는다는 기대), ③ 보상의 가치(valence: 성과의 결과로 받는 보상이 가치 있다고 생각하는 정도)로 구분된다. 예를 들어, 종업원들이 매일 열심히 일하면 기업의 이익이 증가하고, 그 결과로 자신의 임금도 인상될 것으로 기대하고, 자신의 임금인상이 가치 있는 것으로 생각한다면, 그 종업원은 열심히 일하게 된다는 것이다.

1) 노력→성과 기대

노력→성과 기대는 과업을 달성하기 위해 열심히 노력하면 높은 성과를 달성할 수 있다는 기대를 말한다. 이 기대가 높아지기 위해서는 능력과 경험이 있어야 하고, 과업을 달성하기 위한 도구와 장비가 있어야 하며, 과업을 수행할 기회가 주어져야 한다. 예를 들어, K군이 열심히 공부하면 학기말 시험을 잘 칠 수 있다고 믿는다면 노력→성과 기대가 높다고 할 수 있다. 그러나 K군의 능력이 부족하거나 시험을 칠 기회가 주어지지 않는다면, 노력→성과 기대도 낮고 K군의 동기부여도 낮아질 것이다.

2) 성과→보상 기대

성과→보상 기대는 성과의 결과로 적절한 보상을 받는다는 기대를 말한다.

---

3) Victor H. Vroom, *Work and Motivation*, New York: Wiley, 1964.

따라서 성과→보상 기대가 높을수록 동기부여가 커진다. 과업의 성과가 높은데도 불구하고 적절한 보상이 주어지지 않을 것으로 기대한다면 동기부여는 낮아질 것이다. 예를 들어, K군이 학기말 시험을 잘 치면 A학점을 받을 수 있다고 믿는다면 성과→보상 기대가 높다고 할 수 있다. 그러나 K군이 학기말 시험을 잘 쳤는데도 불구하고 다른 요인에 의해 A학점을 못 받을 것으로 기대한다면, 성과→보상 기대도 낮고 K군의 동기부여도 낮아질 것이다.

3) 보상의 가치

보상의 가치(valence)는 성과의 결과로 받는 보상이 가치 있다고 생각하는 정도를 말한다. 성과의 결과로 받는 보상이 가치 있다고 생각하면 동기부여가 높아지고, 그렇지 않다고 생각하면 동기부여가 낮아진다. 예를 들어, 어떤 종업원은 권한과 책임이 많은 상위 직책으로 승진하는 것을 가치 있다고 생각하는 반면에, 다른 종업원은 다른 동료와 원만한 인간관계를 유지하는 것을 더 가치 있게 생각할 수도 있다. 전자의 경우에는 승진을 위해 열심히 일하겠지만, 후자의 경우에는 동료집단 내에서 현재의 위치를 유지하는 데 더 많은 관심을 가질 것이다.

그림 14-4 기대이론의 주요 요소

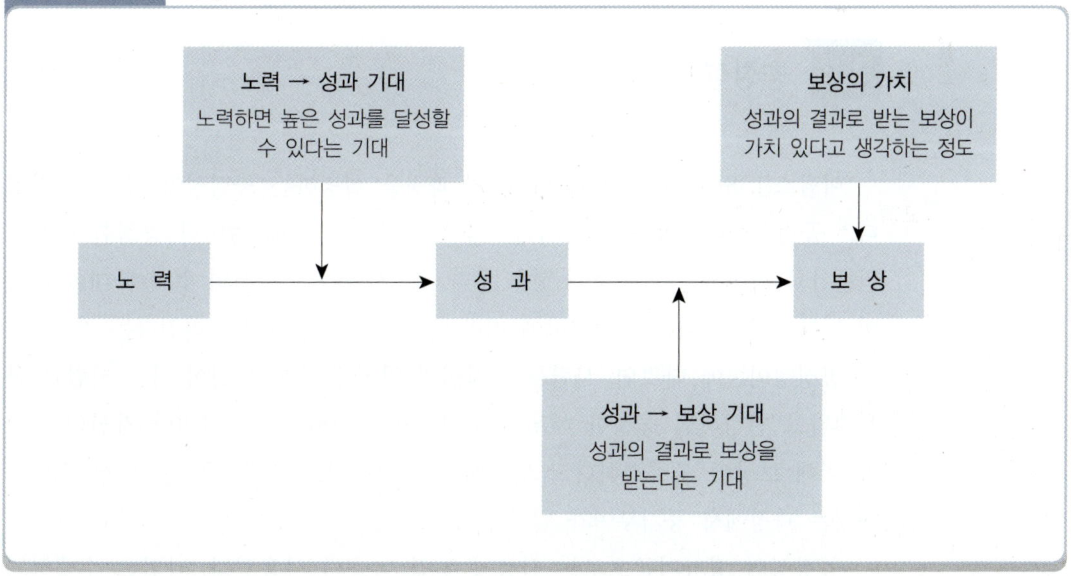

(2) 기대이론의 적용

기대이론에 따르면 종업원들의 욕구를 충족시킴과 동시에 조직의 목표를 달성할 수 있도록 동기부여 전략을 수립해야 한다. 먼저, 종업원들이 원하는 욕구가 무엇인가를 파악해야 한다. 종업원들은 각자의 가치관에 따라 욕구가 다르기 때문에 제공되는 보상도 달라져야 한다. 따라서 동기부여 효과를 높이기 위해서는 종업원들이 가장 가치 있다고 생각하는 보상을 제공해야 한다.

다음으로 종업원들이 노력한 결과로 성과가 향상되면 그 성과가 보상으로 연결되도록 해야 한다. 즉, 성과가 향상되면 보상이 증가한다는 강한 믿음을 심어 줘야 한다. 만일 뇌물이나 연줄에 의해 승진이 이루어지거나, 열심히 일한 사람이나 적당히 시간만 보낸 사람이 같은 임금을 받는다면 누가 열심히 일하겠는가? 열심히 노력한 사람이 높은 보상을 받는 풍토가 조성되어야 동기부여가 일어나는 법이다.

끝으로 종업원들이 열심히 노력하면 자신의 과업을 성공적으로 달성할 수 있다는 확신을 가져야 한다. 무엇보다 종업원 각자가 업무에 자신감을 가져야 하고, 업무 능력을 향상시키기 위한 교육훈련이 필요하다. 또한 생산설비와 작업절차가 마련되어야 하고 업적평가 기준이 명확해야 하며 애로사항은 원만히 해결되어야 한다.

3.2 공정성이론

아담스(J. S. Adams)는 동기부여의 과정을 설명하는 공정성이론을 개발하였다.[4] 공정성이론(equity theory)은 다른 사람들에 비해 얼마나 공정한 대우를 받는가를 인식하는 과정에 초점을 둔다. 즉, 사람들은 자신의 업적에 대한 보상이 다른 사람에 비해 공정하냐에 따라 동기부여의 방향이 달라진다는 것이다.

공정성이론에 따르면, 사람들은 자신의 업적에 대한 보상이 다른 사람과 균등하다고 인식하면 공정한 대우를 받고 있다고 생각한다. 그러나 자신의 업적에 비해 보상이 불공정하다고 인식하면 그러한 불공정을 줄이는 방향으로 노력하는 과정에서 동기부여가 일어난다.

공정성의 평가기준으로는 산출 ÷ 투입 비율이 사용된다. 과업을 수행하기

---

4) J. Stacy Adams, "Towards on Understanding of Inequity," *Journal of Abnormal and Social Psychology* 67, 1963, pp. 422-436.

위한 투입에는 교육, 경험, 시간, 노력, 능력, 충성 등이 있고, 과업을 수행한 결과로 발생하는 산출로는 임금, 승진, 인정, 성취감 등이 있다. 사람들은 자신의 산출 ÷ 투입 비율을 다른 동료의 산출 ÷ 투입 비율과 비교하여 자신이 공정한 대우를 받고 있는가를 판단한다. 즉, 자신의 산출 ÷ 투입 비율과 타인의 산출 ÷ 투입 비율을 비교하여 공정성을 판단한다. 그러나 이러한 비교는 수학적으로 계량화하기도 어렵고 주관적이기 때문에 반드시 정확한 것은 아니다.

비교 결과, 자신의 비율과 다른 사람의 비율이 불일치하면 불공정한 대우를 받고 있다고 생각한다. 이 경우에, 다른 사람보다 나쁜 대우를 받을 수도 있고 좋은 대우를 받을 수도 있다. 즉, 다른 사람에 비해 불공정하게 적은 보상을 받을 수도 있고, 불공정하게 많은 보상을 받을 수도 있다. 예를 들어, 교육수준이 높고 경험도 많은 종업원이 그렇지 못한 신입 사원과 같은 임금을 받는다면 자신이 나쁜 대우를 받고 있다고 느낄 것이고, 그 반대의 경우에는 자신이 좋은 대우를 받고 있다고 느낄 것이다. 이러한 불공정한 상황이 발생하면 개인들 간에 긴장이 조성되어 공정한 상황으로 시정하는 과정에서 동기부여가 일어난다. 예를 들어, 어떤 종업원이 자신과 투입량이 같은 다른 사람보다 임금을 적게 받는다면, 노력을 줄이거나 더 많은 임금을 요구하는 방법으로 불공정한 보상을 시정한다.

다른 사람보다 적은 보상을 받는다고 인식할 경우에 이를 시정하는 방법은 다음과 같다.

① 투입량을 감소시킨다. 즉, 조직에 대한 투입량을 감소시키는 방법이다. 예를 들어, 임금이 적다고 생각하는 사람은 노력을 줄인다.
② 산출량을 증가시킨다. 즉, 조직에 대한 산출량을 증가시키는 방법이다. 예를 들어, 임금이 적다고 생각하는 사람은 임금 인상이나 작업조건의 개선을 요구한다.
③ 공정성에 대한 인식을 변화시킨다. 투입량을 감소시키거나 산출량을 증가시키기 어려울 경우에는 공정성에 대한 인식을 변화시킨다. 예를 들어, 비교대상을 바꾸거나 상대방의 보상이나 자신의 보상을 재평가하여 공정성에 대한 인식을 변화시킨다.
④ 조직을 떠난다. 투입량이나 산출량을 변화시키거나 공정성에 대한 인식을 변화시키더라도 불공정이 개선되지 않을 경우에는 기존의 조직을 떠나서 새로운 일자리를 구한다.

그림 14-5 포터와 롤러의 동기부여 모형

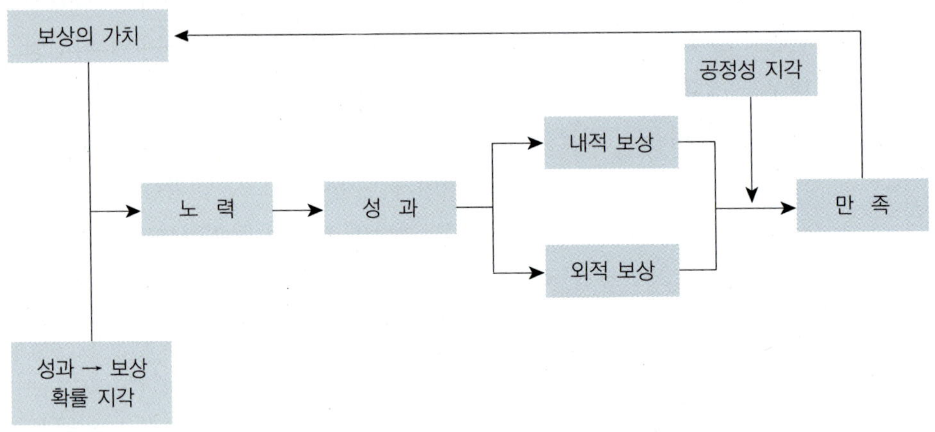

자료: C. W. Porter and E. F. Lawler, *Managerial Attitude and Performance*, Homewood, Ill.: Richard D. Irwin, 1968.

다른 사람보다 많은 보상을 받는다고 인식할 경우에는 적은 보상을 받는 경우보다 일반적으로 불만의 정도가 약하다. 그러나 이러한 경우에도 불공정한 상태를 시정하는 과정에서 동기부여가 발생한다. 구체적인 방법으로는 자신의 투입량을 늘리거나 자신과 다른 사람의 산출 ÷ 투입 비율을 의도적으로 변화시켜 공정성에 대한 인식을 변화시킨다. 예를 들어, 자신의 투입량을 처음 생각했던 것보다 더 증가시키는 방법을 들 수 있다.

공정성이론을 실제로 적용할 때 가장 중요한 것은 종업원에 대한 보상이 공정성의 원칙에 어긋나서는 안 된다는 것이다. 비록 많은 보상을 지급한다고 해도 그것이 공정하지 않으면 동기부여가 일어나기 어렵다. 따라서 경영자들은 종업원들의 노력이나 성과에 따라 공정한 보상을 지급하도록 노력해야 한다.

3.3 기대이론과 공정성이론의 결합

지금까지 동기가 유발되는 과정에 관한 기대이론과 공정성이론을 살펴보았다. 기대이론은 노력→성과→보상으로 연결되는 동기유발 과정과 보상의 가치에 초점을 두고 있는데 비해, 공정성이론에서는 보상의 공정성에 초점을 두고 있다. 그래서 포터와 롤러(C. W. Porter and E. F. Lawler)는 동기부여 과정을 보다 체계적으로 설명하기 위해, 이 두 가지 이론을 결합시킨 동기부여 모형을 [그림 14-5]와 같이 제시하였다.

포터와 롤러의 동기부여 모형에 따르면, ① 보상의 가치와 성과→보상의 확률 지각에 따라 투입되는 노력의 크기가 결정되고, ② 노력의 결과는 성과로 나타나며, ③ 성과의 결과로 보상이 제공된다. 보상은 임금인상이나 승진과 같이 경제적 성격을 갖는 외적 보상(external rewards)과 성취감이나 인정감과 같이 직무수행 자체에서 생기는 내적 보상(internal rewards)으로 구분된다. 그리고 ④ 성과의 결과로 제공되는 보상의 크기와 더불어 그러한 보상이 투입한 노력에 비해 공정한 정도에 따라 보상에 대한 만족의 크기가 결정되며, ⑤ 만족의 크기에 따라 보상의 가치가 결정된다고 본다. 그리고 이러한 동기부여 과정은 순환과정을 거친다고 본다.

04 강화이론

강화이론은 내용이론이나 과정이론에서 설명하기 어려운 동기부여 문제를 이해하는데 도움이 된다. 강화이론(reinforcement theory)은 행동과 결과간의 결합관계를 다루며, 보상과 처벌을 적절히 사용하여 종업원의 행동을 변화시키는 데 초점을 둔다. 강화(reinforcement)란 종업원의 행동이 반복적으로 일어나도록 작용하는 힘을 말한다. 따라서 경영자는 강화가 종업원의 행동에 미치는 영향과 강화를 통해 종업원의 행동을 바람직한 방향으로 유도할 수 있는 방법을 잘 알고 있어야 한다.

경영자가 이용할 수 있는 행동과 결과의 결합방식, 즉 강화의 수단은 대체로 네 가지가 있다. 즉, 적극적 강화, 부정적 강화, 소거, 벌이 그것이다. 이 중에서 적극적 강화와 부정적 강화는 바람직한 행동(예컨대, 작업능률 증가)을 강화시키는 수단이고, 소거와 벌은 바람직하지 못한 행동(예컨대, 작업능률 감소)을 약화시키는 수단이다. [그림 14-6]에서는 네 가지 강화 수단을 보여준다.

(1) 적극적 강화

적극적 강화(positive reinforcement)는 반응을 강화하는 자극을 말한다. 적극적 강화가 반응을 강화시켜 주는 이유는 효과의 법칙으로 설명된다. 효과의 법칙(law of effect)이란 긍정적 결과나 유쾌한 결과를 가져올 것 같은 행동은 반복되고 부정적 결과나 불쾌한 결과를 가져올 것 같은 행동은 반복되지 않는다는 것이다. 적극적 강화는 일반적으로 보상을 통해 이루어진다. 그러나 모든 보상이 적극적 강화 수단이 되는 것은 아니다.

(2) 부정적 강화

부정적 강화(negative reinforcement)는 적극적 강화와 마찬가지로 바람직한 행동을 강화시키는 도구로서, 보상을 주는 것이 아니라 불쾌한 자극을 제거시킴으로써 행동을 강화시키는 것을 말한다. 부정적 강화를 위해 회피학습이 많이 사용된다. 회피학습(avoidance learning)은 불쾌한 자극을 사전에 회피하기 위해 바람직한 행동을 하는 것을 말한다. 예를 들어, 종업원들이 출근시간에 늦었다는 잔소리를 회피하기 위해 제시간에 출근하는 것은 회피학습에 속한다.

그림 14-6 강화 수단의 종류

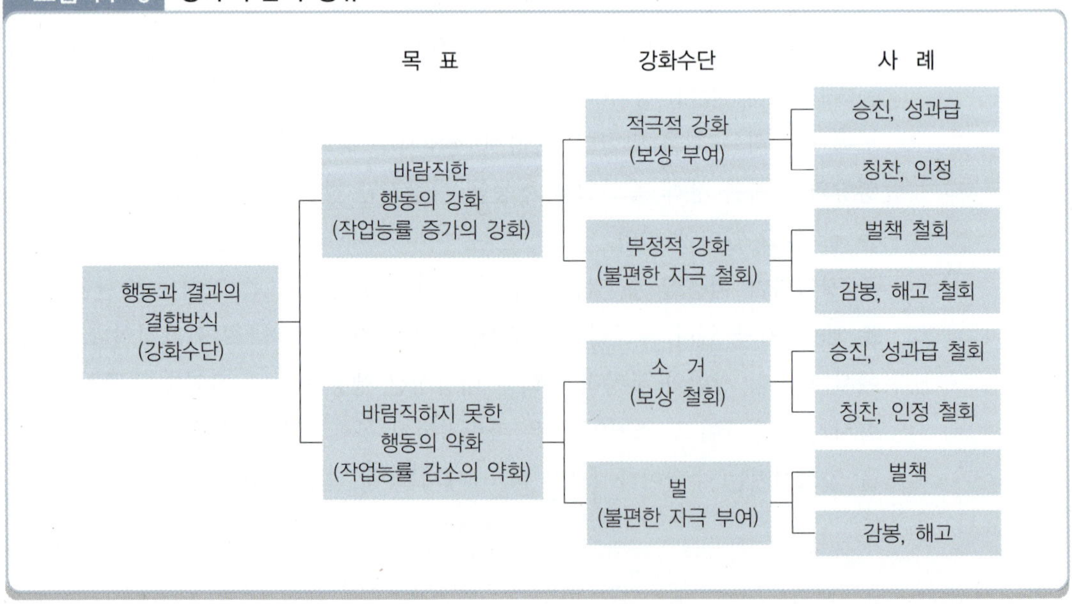

(3) 소 거

소거(extinction)는 행동이 더 이상 강화되지 않거나 미래에도 반복될 가능성이 없어지는 것을 말하며, 이는 적극적 보상의 철회와 관계있다. 예를 들어, 어떤 종업원이 점심시간도 잊은 채 남다르게 열심히 일하였으나 인정을 받지도 못하고 월급이 더 올라가지도 않는다면 결국에는 평상시에 하던 만큼도 일을 하지 않게 될 것이다. 이와 같이 적극적 강화가 계속 뒷받침되지 않으면 그 행동은 결국 사라지고 만다.

일반적으로 소거와 벌은 바람직하지 못한 행동을 약화시키는 수단으로 사용되지만, 소거는 벌보다 덜 고통스러운 것으로 여겨진다. 그러나 바람직한 행동이 소거로 인해 보상이 철회되면 사기가 꺾이는 부작용이 발생한다.

(4) 벌

벌(punishment)은 바람직하지 못한 행동을 한 종업원에게 불쾌한 자극을 줌으로써 그러한 행동을 약화시키는 것을 말한다. 일반적으로 바람직한 행동을 촉진할 때는 보상을 사용하고 바람직하지 못한 행동을 약화시킬 때는 벌을 사용한다. 보상과 벌은 이미 오래 전부터 당근과 채찍(carrot and stick)이라는 이름으로 사용되어 온 동기부여 기법이다. 그러나 벌은 단기적으로 바람직하지 못한 행동을 중지시키는 효과는 있지만 바람직한 행동을 유발하는 효과는 없고 심리적 상처만 남기기 때문에 벌은 신중하게 사용해야 한다.

05 동기부여를 위한 직무설계

5.1 직무설계의 의의

직무(job)란 한 명의 종업원이 맡아서 수행하는 일들의 묶음을 말한다. 예를 들어, 기차표 판매원이 기차표를 판매하는 일이나 방송국 PD가 방송계획을 수립하는 일은 각각 하나의 직무가 된다. 또한 자동차공장의 조립라인 작업자가 볼트를 반복적으로 끼우는 일이나 병원 응급실 외과의사가 상처부위를 특수한 처방으로 치료하는 일도 모두 하나의 직무가 된다.

직무설계(job design)란 종업원들이 맡아서 수행해야 할 일들을 구체적으로 할당하는 과정을 말한다. 조직구조가 짜여지면 종업원들이 맡아서 해야 할 일이 무엇인가를 명확히 해야 한다. 또 기술이 변화하거나 직무 내용이 변화하면 기존의 직무설계도 재검토해야 한다.

직무설계는 종업원의 동기부여에 중요한 영향을 미친다. 아무리 능력이 뛰어난 종업원이라도 직무설계가 잘못되면 높은 성과를 올릴 수 없고 맡은 직무에 불만을 갖게 된다. 따라서 경영자는 종업원의 만족을 증대시키고 조직 전체의 성과를 향상시킬 수 있는 방향으로 직무설계를 해야 한다.

종업원들은 무엇보다도 임금이나 복리후생과 같은 경제적 보상을 얻기 위해 열심히 일한다. 매슬로우는 생리적 욕구나 안정 욕구가 경제적 보상을 통해 충족된다고 하였고, 브룸은 성과의 결과로 주어지는 경제적 보상은 동기를 유발시킨다고 하였다. 따라서 종업원의 성과에 따라 경제적 보상이 제공될 수 있도록 직무설계가 이루어져야 한다.

그러나 사람은 돈만으로 살 수 있는 것은 아니다. 임금이 많은 일자리를 마다하고 임금이 적은 일자리에 만족하는 사람도 많다. 그 이유는 맡은 일이 자신의 적성에 맞아서 흥미와 보람을 느끼거나 만족감을 느끼기 때문이다. 이러한 현상은 매슬로우의 고차원적 욕구나 허쯔버그의 동기요인 또는 브룸의 내적 보상과 관계있다. 따라서 종업원들이 직무 수행을 통해 경제적 보상뿐만 아니라 고차원적 욕구를 충족시킬 수 있도록 직무설계를 해야 한다. 나아가, 직무 그 자체와 관련된 동기요인이 작용하거나 내적 보상이 주어지도록 직무설계를 해야 한다.

5.2 직무설계의 방법

직무설계(job design)는 종업원의 만족 증대와 조직의 성과 향상을 위해 동기부여 이론을 작업 구조 설계에 응용하는 과정이다. 직무설계 방법에는 일반적으로 직무단순화, 직무순환, 직무확대, 직무충실화의 4가지 방법이 있다.

(1) 직무단순화

직무단순화(job simplification)는 한 사람이 담당할 과업의 수를 줄여 직무

그림 14-7 직무설계의 방법

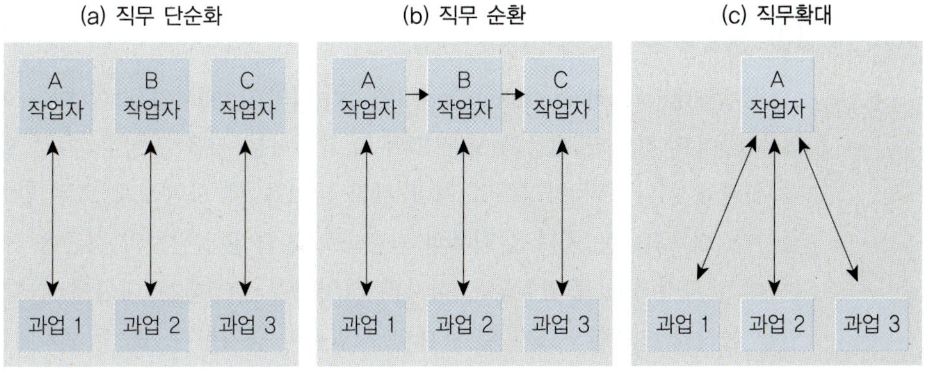

를 단순화시키는 것을 말한다. 직무단순화는 과학적 관리의 원리와 산업공학에 근거를 두고 있다. 과업은 단순하고 반복적이고 표준적으로 설계한다. [그림 14-7]의 (a)에서와 같이, 각 작업자는 일상적이고 반복적인 직무를 수행한다. 직무에서 복잡성을 제거시킴으로써 작업자는 동일한 일상적인 과업을 능률적으로 수행할 수 있다. 기술수준이 낮은 작업자도 단순화된 직무를 수행할 수 있으며, 조직 전체적으로는 능률이 크게 향상된다. 그리고 작업자들은 약간의 훈련만으로 기술을 습득할 수 있고 약간의 판단력만 있으면 충분히 과업을 수행할 수 있기 때문에 작업자간에 호환성이 높다.

그러나 동기부여 이론의 측면에서 보면 직무단순화는 실패작이라 할 수 있다. 사람들은 누구나 일상적이고 반복적인 직무를 싫어하기 때문에 사보타지, 결근, 노동조합 운동과 같은 수많은 부작용이 발생한다.

(2) 직무순환

직무순환(job rotation)은 [그림 14-7]의 (b)에서와 같이 종업원들을 한 직무에서 다른 직무로 체계적으로 순환시킴으로써 다양한 과업을 수행할 수 있도록 하는 것을 말한다. 예를 들어, 자동차 조립공이 1주일은 헤드 라이터를 조립하고 다음 1주일은 앞쪽 타이어를 조립하는 식으로 직무를 순환시키는 방법이다.

직무순환은 작업능률을 향상시키면서 종업원들에게 다양한 경험과 자극을 줄 수 있는 이점이 있다. 그러나 종업원들이 새로운 직무에서 처음에는 흥미를 느끼지만, 그 작업을 마스터하고 나면 곧 싫증을 느끼게 된다.

(3) 직무확대

직무확대(job enlargement)는 [그림 14-7]의 (c)에서와 같이 여러 개의 과업을 묶어서 하나의 새롭고 넓은 직무로 결합하는 것을 말한다. 다시 말해, 여러 사람에게 나누어 처리하던 여러 가지 과업을 한 사람에게 모두 맡기는 방법이다. 직무확대는 지나친 직무의 단순화로 인한 종업원들의 싫증을 해소시키는 데 효과적이다. 종업원들은 하나의 과업만을 수행하는 대신에 3~4개의 과업을 동시에 수행함으로써 일에 대한 책임감이 증가한다. 즉, 직무확대는 직무의 다양화를 통해 종업원의 도전감을 증가시킬 수 있다.

(4) 직무충실화

직무충실화(job enrichment)는 작업자들이 수행하는 과업의 수와 빈도를 변화시킴으로써 작업 과정에서 성취감, 인정감, 기타 고차원적 동기요인이 발휘될 수 있도록 직무를 설계하는 것을 말한다. 고차원적 동기요인은 매슬로우의 욕구단계이론이나 허쯔버그의 두 요인 이론에서 잘 설명되고 있다. 직무충실화가 이루어지면, 종업원들은 자기의 직무를 수행하는 데 필요한 자원을 스스로 통제하고 작업장을 스스로 설치하며 작업방법도 스스로 결정한다. 그리고 작업의 결과 성취감이나 인정감을 느끼고 개인적인 성장을 경험하게 된다. 현재 AT&T나 IBM과 같은 많은 기업들이 종업원들의 동기부여와 직무만족을 증가시키기 위해 직무충실화 프로그램을 시행하고 있다.

>>> 요약 s·u·m·m·a·r·y

동기부여란 개인의 행동이 열정적이고 지속적으로 작동되도록 유도하는 힘을 말한다. 경영학에서는 종업원들이 조직목표를 달성하기 위해 열심히 노력하도록 유도하는 과정을 말한다.

동기부여에 대한 관점은 매우 다양하다. 전통적 접근법은 과학적 관리론에 근거를 두고 작업자를 합리적 경제인으로 인식하며 경제적 보상을 중요시한다.

인간관계적 접근법은 호손 실험 이후에 나타났으며 작업자를 비합리적 사회인으로 인식하고 사회 · 심리적 욕구를 중요시한다. 인적자원적 접근법에서는 작업자를 전인적 인간으로 인식하고 다양한 동기요인의 파악에 중점을 두며, 현대적 접근법은 내용이론, 과정이론, 강화이론으로 구성된다.

동기부여에 관한 내용이론은 동기를 유발시키는 기본적인 욕구를 탐구하는 데 초점을 둔다. 가장 유명한 내용이론은 매슬로우의 욕구단계이론이다. 그는 인간의 욕구가 생리적 욕구, 안전욕구, 사회적 욕구, 존경욕구, 자아실현욕구의 5단계로 계층구조를 이루고 있으며, 이러한 욕구를 충족시키는 과정에서 동기부여가 이루어진다고 주장하였다. 가장 낮은 단계의 욕구가 제일 먼저 충족되며, 순차적으로 윗 단계의 욕구가 충족된다고 하였다.

허쯔버그는 매슬로우의 연구를 확대하여 두 요인 이론을 주장하였다. 그는 동기요인과 위생요인을 구분하였다. 동기요인은 성취감, 인정감, 책임감, 도전감과 같은 고차원적 욕구와 관련된 요인을 말하며, 위생요인은 주로 작업조건, 임금, 회사정책, 감독자, 인간관계와 관련된 요인을 말한다. 동기요인은 적극적으로 동기를 유발하고 만족감을 증대시키는 작용을 하는데 반해, 위생요인은 작업자의 불만을 줄여주는 작용은 하지만 적극적으로 동기를 유발하거나 만족감을 증대시키는 작용은 못한다.

동기부여에 관한 과정이론은 인간의 내부에서 동기가 유발되는 과정을 탐구하는 데 중점을 둔다. 브룸은 동기부여의 과정을 기대이론으로 설명하였다. 기대이론은 개인의 노력, 개인의 성과, 그 결과로 받는 보상간의 관계로 설명한다. 따라서 기대이론은 ① 노력→성과 기대, ② 성과→보상 기대, ③ 보상의 가치로 구분된다.

아담스는 동기부여의 과정을 공정성이론으로 설명하였다. 공정성이론은 다른 사람들에 비해 얼마나 공정한 대우를 받는가를 인식하는 과정에 초점을 둔다. 공정성의 평가기준으로 산출 ÷ 투입 비율이 사용되며, 투입은 교육, 경험, 시간, 노력, 능력, 충성 등이고, 산출은 임금, 승진, 인정, 성취감 등이다. 사람들은 자신의 산출 ÷ 투입 비율을 다른 동료의 산출 ÷ 투입 비율과 비교하여 자신이 공정한 대우를 받고 있는가를 판단한다. 그 결과, 자신이 불공정한 대우를 받고 있다고 생각하면, 이를 시정하는 과정에서 동기부여가 일어난다. 그리고 포터와 롤러는 기대이론과 공정성이론을 결합하여 동기부여 과정을 보다 체계적으로 설명하였다.

강화이론은 내용이론이나 과정이론에서 설명하기 어려운 동기부여 문제를 이해하는데 도움이 된다. 강화이론은 행동과 결과간의 결합관계를 다루며, 보상과 처벌을 적절히 사용하여 종업원의 행동을 변화시키는 데 초점을 둔다. 경영자가 사용할 수 있는 강화의 수단은 적극적 강화, 부정적 강화, 소거, 벌의 네 가지가 있다. 이 중에서 적극적 강화와 부정적 강화는 바람직한 행동을 강화시키는 수단이고, 소거와 벌은 바람직하지 못한 행동을 약화시키는 수단이다.

직무설계는 종업원의 동기부여에 중요한 영향을 미친다. 경영자는 종업원의 만족을 증대시키고 조직 전체의 성과를 향상시킬 수 있는 방향으로 직무설계를 해야 한다. 직무설계 방법은 직무단순화, 직무순환, 직무확대, 직무충실화의 4가지 방법이 있다.

>>> 연습문제 e·x·e·r·c·i·s·e

01 동기부여의 개념과 단순한 동기부여 모형을 설명하라.

02 동기부여에 관한 기본적 접근방법은 어떻게 전개되어 왔는가?

03 매슬로우의 욕구단계이론이란 무엇이고, 어떤 방법으로 적용할 수 있으며, 그 한계점은 무엇인가?

04 허쯔버그의 두 요인 이론이란 무엇이고, 어떤 방법으로 적용할 수 있으며, 그 한계점은 무엇인가?

05 브룸의 기대이론이란 무엇이고, 어떤 방법으로 적용할 수 있는가?

06 아담스의 공정성이론이란 무엇이고, 어떤 방법으로 적용할 수 있는가?

07 포터와 롤러의 동기부여모형을 설명하라.

08 강화는 동기부여와 어떤 관계가 있으며, 어떤 강화 수단이 있는가?

09 직무설계란 무엇이며, 동기부여를 위해서는 직무설계를 어떻게 해야 하는가?

> 자기 자신을 알기 위해서는 두 가지 일이 필요하다.
> 하나는 스스로 자기를 돌이켜보는 것이요
> 다른 하나는 남이 평한 것을 듣는 일이다.
> 자기를 잘 아는 것은 자신이다.
> 그러나 돌이켜 자기를 비판의 대상으로 할 줄 아는 것이 또한 사람이다.
>
> – 함석헌, 뜻으로 본 한국역사 –

MANAGEMENT

chapter

15 커뮤니케이션

이 장에서는 경영자는 왜 효과적인 커뮤니케이션 능력을 갖추어야 하는가? 커뮤니케이션이란 무엇이며 어떤 과정을 거치는가? 대인적 커뮤니케이션은 어떻게 이루어지는가? 조직 내에서 상향적 커뮤니케이션과 하향적 커뮤니케이션은 어떻게 다른가? 비공식적 커뮤니케이션은 어떤 역할을 하는가? 그리고 커뮤니케이션의 장애요인은 무엇이며 어떻게 극복할 수 있는가를 설명한다.

01 커뮤니케이션과 경영자의 기능

1.1 커뮤니케이션의 개념

커뮤니케이션(communication)은 한 사람이 다른 사람에게 정보를 전달하여 그 의미를 서로 공유하는 과정을 말한다. 이러한 개념에 따르면, 커뮤니케이션은 다음과 같은 조건이 필요하다.

① 두 사람 이상이 커뮤니케이션에 참여해야 한다. 참여자간의 관계는 물리적 거리, 친분 정도, 시간적 차이에 따라 달라진다. 예를 들어, 강의실에서 교수와 학생 간에는 주어진 공간과 가까운 거리에서 커뮤니케이션이 이루어지는 반면에, 한국인과 미국인 간에 인터넷을 통해 커뮤니케이션이 이루어질 수도 있다. 또한 옛날 역사책을 읽고 있는 독자는 저자와 시간적 차이를 두고 커뮤니케이션을 하고 있다고 할 수 있다.

② 서로 간에 전달하고자 하는 정보가 있어야 한다. 즉, 전달하고자 하는 정보가 없으면 커뮤니케이션이 일어나지 않는다.

③ 서로 간에 실제로 정보를 전달해야 한다. 즉, 어느 한 쪽이 정보를 가지고 있는 것만으로는 커뮤니케이션이 이루어지지 않고, 실제로 그 정보를 전달해야 한다.

④ 정보를 전달받은 사람이 그 정보의 의미를 이해하고 서로 간에 정보를 공유해야 한다. 즉, 일방적으로 정보를 보내는 것만으로 커뮤니케이션이 이루어지는 것은 아니다. 일방적으로 정보를 보내는 것은 선언(proclaiming)이라고 하며, 이는 쌍방간에 전달되는 정보를 공유(sharing)하는 커뮤니케이션과 다르다. 따라서 경영자는 일방적인 선언과 쌍방적인 커

뮤니케이션이 어떻게 다른가를 분명히 인식해야 한다.

1.2 커뮤니케이션과 경영자의 기능

조직 내에서 이루어지는 대부분의 경영 활동은 커뮤니케이션과 밀접한 관계가 있다. 경영자는 하루 일과 중 80% 이상을 다른 사람과 커뮤니케이션을 하는 데 소비한다. 달리 말해, 매 시간 중 48분을 회의 참석, 전화 통화, 이동 중 비공식적 대화 등에 소비한다. 나머지 20%의 시간도 서류를 읽고 결제를 하거나 업무와 관련된 편지를 주고 받는 데 소비한다.

[그림 15-1]에서는 경영자가 커뮤니케이션 챔피언으로서 중요한 역할을 수행함을 보여준다. 경영자는 조직 내외로부터 중요한 정보를 수집하여 가공 처리한 후, 이를 필요로 하는 조직 내 구성원들이나 조직 외부자에게 배분하는 역할을 수행한다. 이 과정에서, 경영자는 목표 지향적 커뮤니케이션을 통해, 조직의 비전과 목표를 달성할 수 있도록 영향력을 행사하고, 전략적 대화를 통해, 공개적 커뮤니케이션, 경청, 피드백을 실시해야 한다. 그리고 채널 충실성이 높은 다양한 커뮤니케이션 방법을 사용하여, 상향적, 하향적, 수평적 커뮤니케이션이나 비언어적 커뮤니케이션을 다양하게 사용하고, 비공식적 커뮤니케이션

그림 15-1 커뮤니케이션 챔피언으로서의 경영자 역할

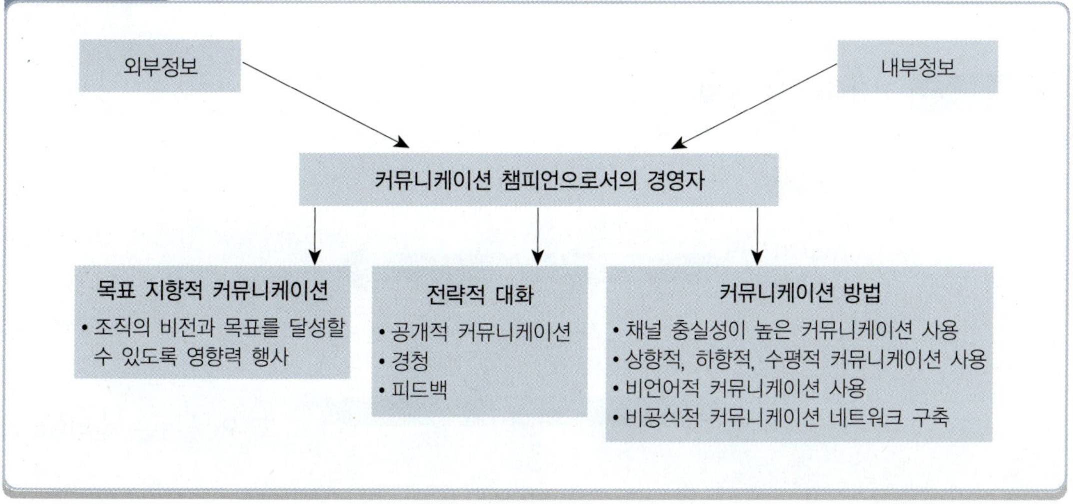

자료: Henry Mintzberg, *The Nature of Managerial Work*, New York: Harper & Row, 1973, p. 72.

네트워크를 구축해야 한다.

커뮤니케이션은 경영자가 계획, 조직화, 지휘, 통제와 같은 경영기능을 수행하는 데 필수적인 요소가 되고 있다. 예를 들어, 경영자가 계획을 수립하기 위해, 문서, 메모, 리포트 등을 통해 많은 정보를 수집해야 하고, 계획을 실천하기 위해 다른 사람과 자주 회의를 가져야 한다. 또한 부하들을 효과적으로 지휘하기 위해서는 그들과 많은 커뮤니케이션을 해야 하며, 새로운 조직구조를 설계할 경우에도 조직의 현황에 관한 정보를 수집해야 하고, 새로운 조직구조에 관해 다른 사람과 커뮤니케이션을 해야 한다. 따라서 커뮤니케이션 기술은 모든 경영활동에서 기본적인 요소가 되고 있다.

21세기 정보화 시대에는 과거와는 다른 커뮤니케이션 능력이 요구된다. 컴퓨터를 비롯한 정보기술이 급속하게 발전하여 많은 정보를 신속하게 처리할 수 있고, 시간과 공간을 초월하여 커뮤니케이션할 수 있는 수단을 갖게 되었다. 따라서 경영자는 컴퓨터와 인터넷을 충분히 활용할 줄 알아야 한다. 그리고 e-메일이나 FAX가 폭넓게 활용됨에 따라 상당한 수준의 문장력이 요구되기도 한다.

1.3 커뮤니케이션 과정

사람들은 특별한 생각이나 노력을 들이지 않고 커뮤니케이션을 할 때가 많다. 그러나 커뮤니케이션은 생각보다 복잡하고, 메시지를 잘못 전달하거나 잘

그림 15-2 커뮤니케이션 모형

못 받을 때가 허다하다. 사람들이 대화 중에, '뭘 말하는지 못 알아 듣겠어요?', '그 말은 내가 말하자는 내용과 달라요.' 라고 소리치는 경우를 자주 듣는다. 그리고 상사의 지시를 잘못 이해하여 많은 시간을 낭비하는 경우도 자주 본다.

커뮤니케이션은 커뮤니케이션 과정을 통해 이해할 수 있다. [그림 15-2]에서는 커뮤니케이션 과정과 주요 요소를 보여준다. 커뮤니케이션 과정에서 가장 중요한 요소는 전달자와 수신자이다. 전달자(sender)는 다른 사람에게 정보를 전하거나 생각이나 감정을 표현하기 위해 메시지를 보내는 사람을 말하고, 수신자(receiver)는 메시지를 받는 사람을 말한다.

전달자는 자신의 아이디어나 개념을 체계적인 부호(symbol)로 부호화(encoding)한 다음에 메시지를 전한다. 부호화의 기본적 기능은 전달자의 아이디어나 개념을 수신자가 받아보고 잘 이해할 수 있도록 메시지 형태로 바꾸는 것이다. 예를 들어, 우리는 일상생활에서 마음속에 있는 생각을 한글이라는 언어적 기호로 바꾸어 상대방에게 전달한다. 그러나 상대방이 말귀를 잘 알아듣지 못하고 엉뚱한 대답을 할 때는 가슴이 답답하게 느껴진다. 이와 같이 자신의 생각을 말이나 글 또는 표정으로 완전하게 바꾸는 것은 쉬운 일이 아니다. 경영자도 자신의 생각이나 정보를 부호화하여 부하들에게 전달한다.

메시지(message)는 수신자에게 전달할 아이디어나 개념을 유형적인 형태로 바꾼 매체를 말한다. 메시지는 커뮤니케이션이 이루어지는 경로, 즉 채널을 통해 전달된다. 채널(channel)은 메시지를 운반하는 수단이라고 할 수 있다. 채널에는 대면적 대화, 전화, 카카오톡, 문자 메시지, e-메일, 메모, 편지, 보고서, 정기간행물과 같은 다양한 형태가 있다.

수신자는 부호해석(decoding)을 통해 메시지의 의미를 파악한다. 수신자는 자신의 경험과 현재의 상황 등을 고려하여 전달된 메시지의 의미를 해석하는데, 해석된 의미가 전달자의 애당초 아이디어나 개념과 일치할 때 커뮤니케이션이 효과적으로 이루어진다. 전달자의 부호화와 수신자의 부호해석은 커뮤니케이션 과정에서 오류를 유발하는 중요한 요인이 된다. 왜냐하면 전달자와 수신자 간에 지식, 태도, 사회적 배경 등이 서로 다를 경우에 부호를 의미로 해석하는 과정에서 소음(noise)이 작용하기 때문이다.

끝으로 피드백(feedback)은 전달자의 커뮤니케이션에 대한 수신자의 반응이 전달자에게 되돌아오는 과정을 말한다. 전달자는 수신자로부터의 피드백을 통해 자신이 의도한 대로 커뮤니케이션이 이루어졌는가를 파악할 수 있다. 피드백이 없으면 일방적 커뮤니케이션(one-way communication)이 되고, 피드백이 있으면 쌍방적 커뮤니케이션(two-way communication)이 된다. 피드백은 커뮤니케이션의 효과를 높이는 데 매우 중요하다. 왜냐하면 전달자는 피드백을 통해 수신자가 메시지의 의미를 정확하게 해석하고 있는가를 파악할 수 있기 때문이다.

02 대인적 커뮤니케이션

커뮤니케이션은 상대방이 누구냐에 따라 여러 가지 종류가 있다. 대인적 커뮤니케이션(interpersonal communication)은 대인간의 커뮤니케이션을 말한다. 경영자가 대인적 커뮤니케이션을 효과적으로 하기 위해서는 커뮤니케이션 채널, 설득과 영향력, 비언어적 커뮤니케이션, 청취 기술과 같은 대인적 요소를 잘 이해해야 한다.

2.1 커뮤니케이션 채널

경영자는 다양한 커뮤니케이션 채널을 사용한다. 메시지의 성질에 따라 얼굴을 서로 마주보며 대화할 수도 있고, 전화로 통화할 수도 있다. 또 카카오톡이나 문자 메시지를 보낼 수 있고, e-메일을 보내거나, 메모나 편지를 쓰거나, 신문에 기고하기도 한다. 최근의 연구에 의하면, 경영자가 커뮤니케이션 채널을 어떻게 선택하느냐에 따라 커뮤니케이션 효과가 달라지는 것으로 나타났다. 왜냐하면 채널마다 정보를 전달할 수 있는 용량이 다르기 때문이다. 예를 들어, 석유 파이프라인의 경우 파이프라인의 굵기나 곡선과 같은 물리적 특성에 따라 송유량이나 종류가 달라진다. 커뮤니케이션 채널도 그 물리적 특성에 따라 전달할 수 있는 정보의 양과 종류가 달라진다.

경영자들이 이용할 수 있는 채널은 정보를 얼마나 충실하게 전달할 수 있느냐에 따라 계층구조로 분류할 수 있다. 채널 충실성(channel richness)은 커뮤니케이션을 하는 동안에 정보를 전달할 수 있는 용량의 크기를 말한다. 채널 충실성은 ① 여러 개의 정보 단서(information cue)를 동시에 전달할 수 있는

그림 15-3 채널 충실성의 계층구조

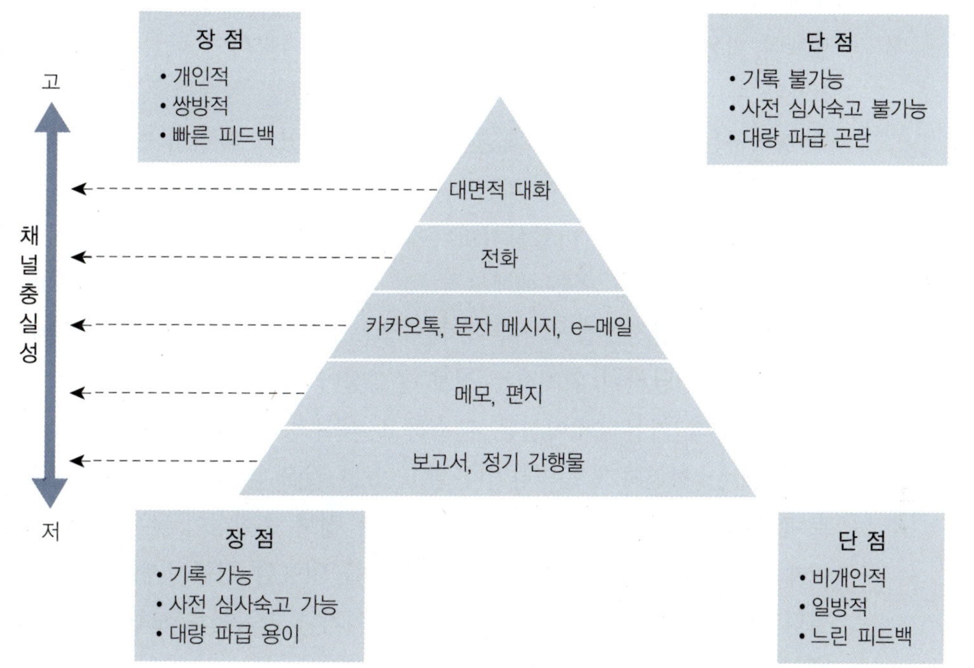

능력, ② 쌍방적 피드백을 신속히 할 수 있는 능력, ③ 커뮤니케이션에 집중할 수 있는 능력에 의해 결정된다.

[그림 15-3]에서는 채널 충실성의 계층구조를 보여준다. 여러 가지 채널 중에서 대면적 대화(face-to-face conversation)가 채널 충실성이 가장 높다. 대면적 대화에서는 서로 마주 보면서 개인적이고 쌍방적으로 대화할 수 있고 피드백도 즉시 이루어진다. 또한 대화 중에는 여러 개의 정보 단서를 동시에 주고받을 수 있다. 그 대신에 대화의 내용을 사전에 심사숙고하거나 대화 중에 기록으로 남기거나 대화 후에 그 내용을 대량으로 전파하기가 어려운 점이 있다. 전화, 카카오톡, 문자 메시지, e-메일은 커뮤니케이션의 속도가 빠른 반면에 대면적 대화와 같은 현장감은 부족하다. 왜냐하면 전화, 카카오톡, 문자 메시지, e-메일은 서로 눈을 마주 보거나 제스쳐를 사용하거나 신체 언어(body language)를 사용하는 것이 불가능하기 때문이다. 메모, 편지와 같은 채널은 수신자 개인에게 집중되지만 종이 위에 쓰여진 정보만을 전달할 수 있기 때문에 피드백은 매우 늦다. 보고서나 정기간행물은 비개인적이고 일방적이며 피드백

이 잘 이루어지지 않아 채널 충실성이 가장 낮다. 이러한 채널은 수신자 개인에게 집중되지도 않고 사용하는 정보 단서의 수도 제한되어 있다. 그 대신에 정보의 내용을 기록으로 남기거나 사전에 심사숙고하여 작성하거나 대량으로 전파할 수 있는 장점이 있다.

경영자는 커뮤니케이션 채널마다 장단점이 있고 환경의 변화에 따라 효과적인 커뮤니케이션 수단이 바뀔 수 있다는 점을 이해해야 한다. 채널 선택은 메시지가 일상적이냐 비일상적이냐에 따라 달라진다. 비일상적 메시지(non-routine message)는 보통 애매모호하고 오해를 불러올 가능성이 많으며, 시간적 압박 속에 갑작스럽게 이루어지는 경우가 많다. 따라서 비일상적 메시지를 효과적으로 전달하기 위해서는 정보 충실성이 높은 채널을 선택해야 한다. 반면에, 일상적 커뮤니케이션은 단순하고 직설적이다. 일상적 메시지(routine message)는 경영자가 동의하거나 알고 있는 것을 데이터, 통계자료 또는 글자로 전달하는 것을 말한다. 일상적 메시지는 정보 충실성이 낮은 채널로도 커뮤니케이션이 효과적으로 이루어진다. 문서를 이용한 커뮤니케이션은 청중들이 널리 퍼져 있거나 커뮤니케이션이 공식적이거나 기록물로 보관할 필요가 있을 때 주로 사용된다.

2.2 설득과 영향력

대인적 커뮤니케이션은 정보를 전달하기 위해서 뿐만 아니라 다른 사람을 설득하거나 영향력을 행사하기 위해서도 사용한다. 특히, 경영자의 설득과 영향력은 대인적 커뮤니케이션에서 매우 중요하다. 과거와 같이 경영자가 부하들에게 일방적으로 명령하고 통제하는 시대는 지났다.

경영자는 설득(persuasion)을 통해 자신의 견해를 부하들이 호의적으로 받아들이게 한다. 효과적인 설득 방법은 호의적인 것과 비호의적인 것의 양극단을 과장되게 표현하여 호의적인 쪽을 받아들이도록 설득하고, 중간적인 입장은 취하지 않는 방법이다. 그러나 부하들에게 보상을 제시하거나 벌을 사용하게 되면 설득은 강제적인 성격을 띠게 된다.

경영자는 영향력(influence)을 행사하여 부하들의 태도나 행동을 변화시킬 수 있다. 부하들의 의존성이 클수록 경영자의 영향력은 커진다. 또한 부하들이 자신의 행동방향에 대해 확신이 없을 경우에도 경영자의 영향력은 크게 작용한다. 그리고 부하들의 지적 수준에 따라 경영자의 영향력이 달라질 수 있다. 지적 수준이 높은 사람은 다른 사람의 말에 귀를 기울여 주기도 하지만, 자신이 가진 지식도 많으므로 남의 영향을 적게 받는 경향이 있다.

2.3 비언어적 커뮤니케이션

비언어적 커뮤니케이션(nonverbal communication)은 뉘앙스, 눈짓, 손짓, 몸짓, 얼굴 표정, 자세와 같은 비언어적 수단을 통해 메시지를 전달하는 것을 말한다. 이는 말이나 글을 통한 언어적 커뮤니케이션(verbal communication)보다 메지시 전달 효과가 더 클 때가 많다.

뉘앙스는 전달된 말이나 글이 풍기는 이미지를 말하는데, 단어 선택이나 문장 표현에 따라 뉘앙스가 달라지고 메시지의 의미도 달라질 수 있다. 눈짓, 손짓, 몸짓은 언어적 커뮤니케이션의 내용 중에서 특별한 부분을 강조하기 위해 의도적으로 사용된다.

따라서 경영자는 상대방이 모르는 사이에 그가 취하는 얼굴 표정이나 자세를 관찰할 줄 알아야 한다. 특히, 회의 중에 참석자들이 취하는 자세를 잘 관찰해 보면 회의에 대한 관심도를 알 수 있다. 회의 내용에 관심이 적은 사람은 의자 뒤로 기대거나 비스듬히 앉아 있는 반면에, 관심이 많은 사람은 앞으로 몸을 내밀고 앉거나 미소를 짓거나 고개를 끄덕인다. 이러한 비언어적 동작은 거의 무의식적으로 이루어진다.

비언어적 수단은 대면적 대화에서 가장 많이 사용된다. 연구결과에 의하면, 대면적 대화에서는 언어(verbal) 외에, 음성(vocal)이나 얼굴 표정(facial expression)과 같은 비언어적 수단도 많이 사용된다. 음성은 목청(pitch), 억양(tone), 음색(timbre)에 따라 달라지며, 대화 중에 얼굴 표정이 바뀌기도 한다. 언어, 음성, 얼굴 표정이 메시지에 미치는 영향력은 각각 7%, 38%, 55%로 나타났다. 다시 말해, 대면적 대화에서는 언어 그 자체보다 음성이나 얼굴 표정과 같은 비언어적 수단이 훨씬 더 중요하다.

비언어적 메시지는 언어적 메시지와 상충될 때가 있다. 이러한 경우에는 혼돈 메시지(mixed message)가 전달되어 수신자가 혼란에 빠지게 된다. 예를 들어, 말로 전달하는 메시지와 제스처나 신체 언어 혹은 외모로 전달하는 메시지가 불일치하는 경우가 있다. 이런 경우에 수신자는 언어적 메시지보다 비언어적 메시지에 더 큰 비중을 두는 경향이 있다.

2.4 청취 기술

청취 기술은 대인적 커뮤니케이션에서 매우 중요하다. 왜냐하면 하향적 커뮤니케이션보다 상향적 커뮤니케이션이 더 중요하기 때문이다. 따라서 위에서 밑으로 내려가는 정보보다 밑에서 위로 올라오는 정보가 더 중요하고, 말하기 기술보다 듣기 기술이 더 중요하다. [그림 15-2]의 커뮤니케이션 모형에서 수신자는 메시지를 잘 청취할 책임이 있다. 청취 기술은 커뮤니케이션 과정에서 전달자와 수신자를 실질적으로 연결시키는 기능을 한다. 청취 기술(listening skill)은 수신자가 메시지를 통해 전달자가 말하고자 하는 원래의 의미와 감정을 정확하게 파악하는 기술을 말한다. 수신자가 청취를 잘 해야만 전달자에게 피드백을 보낼 수 있다. 청취를 잘 하기 위해서는 상대방에 대한 관심뿐만 아니라 많은 노력과 기술이 필요하다.

그러나 사람들은 누구나 말하기보다 듣기를 잘못하는 경향이 있다. 상대방의 말을 듣기보다는 말하기에 더 급급하다. 연구결과에 의하면, 10분짜리 메시지를 듣고 48시간이 경과하면 평균 25% 미만밖에 기억하지 못한다. 따라서 커뮤니케이션의 효과를 높이기 위해서는 말하기보다 듣기 훈련이 더 절실하다. 특히, 경영자는 종업원이나 고객의 의견을 충분히 듣는 자세를 갖추어야 한다.

03 조직 커뮤니케이션

조직 커뮤니케이션(organizational communication)은 조직 내에서 사람들 상호간에 정보가 교환되는 과정을 말한다. 조직 커뮤니케이션은 공식적 커뮤니케이션과 비공식적 커뮤니케이션으로 구분된다. 경영자는 공식적 커뮤니케이션 채널을 유지 · 관리할 책임이 있으며, 비공식적 커뮤니케이션 채널도 적절히 활용해야 한다.

3.1 공식적 커뮤니케이션

공식적 커뮤니케이션(formal communication)은 조직의 명령체계를 따라 공식적으로 커뮤니케이션이 이루어지는 것을 말한다. 다시 말해, 조직의 계층구조에서 명령체계를 연결하는 선은 모두 공식적 커뮤니케이션 채널이 된다. 공식적 커뮤니케이션 채널에서는 누가 전달자이고 수신자이며 그들 사이에 정보가 어떻게 전달되는가를 쉽게 알 수 있다. 그리고 공식적 커뮤니케이션은 [그림 15-4]와 같이 정보가 전달되는 방향에 따라 하향적 커뮤니케이션, 상향적 커뮤니케이션, 수평적 커뮤니케이션으로 구분된다.

(1) 하향적 커뮤니케이션

하향적 커뮤니케이션(downward communication)은 조직의 윗부분에서 아랫부분을 향해 메시지와 정보가 전달되는 것을 말한다. 주로 조직 내에서 지위가 높은 사람이 지위가 낮은 사람에게 조직이나 직무와 관련된 정보를 전달하는 데 사용한다.

하향적 커뮤니케이션의 주요 내용은 다음과 같다.

1) 조직 목표와 전략 수행

조직 전체 또는 소속부서나 작업집단의 목표와 전략은 주로 하향적 커뮤니케이션으로 전달된다. 이러한 정보가 체계적으로 전달되면 종업원들이 업무처리방향을 세우는 데 많은 도움이 된다.

2) 작업 지시

업무와 관련된 상급자의 지시는 대표적인 하향적 커뮤니케이션에 속한다. 상급자는 부하가 처리해야 할 업무내용에 관해 지시를 내리는 경우가 많다.

3) 규칙과 절차 설명

조직의 규칙이나 절차도 주로 하향적 커뮤니케이션으로 전달된다. 예를 들어, 휴가, 병가, 보상, 처벌 등에 관한 규칙이나 절차는 하향적 커뮤니케이션으로 전달된다.

그림 15-4 조직 내의 하향적, 상향적 및 수평적 커뮤니케이션

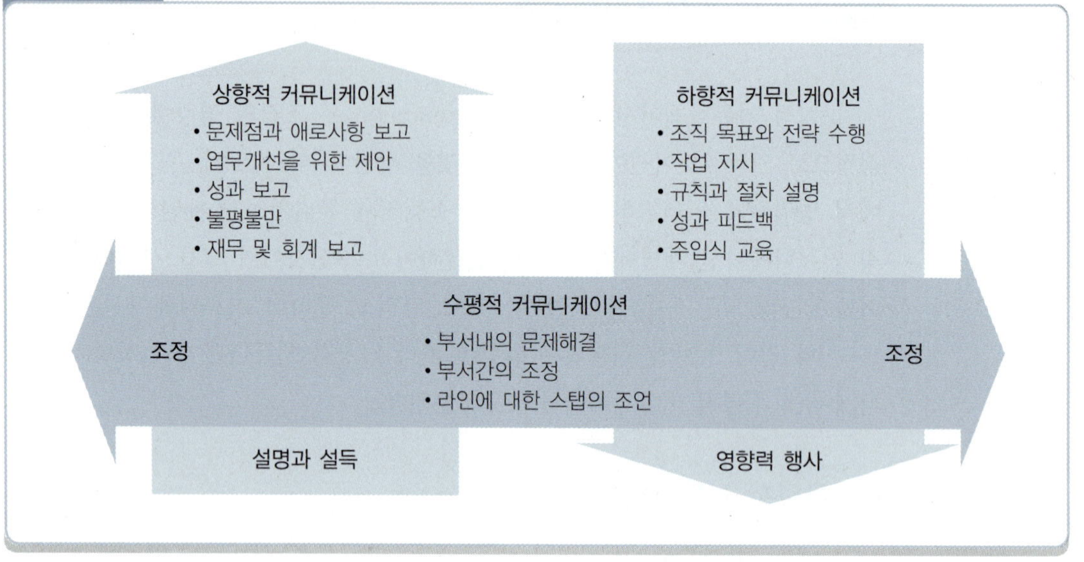

자료: Richard L. Daft and Richard M. Steers, *Organizations: A Micro/Macro Approach*, Scott, Foresman and Company, 1986, p. 538.

4) 성과 피드백

종업원 또는 소속부서나 작업집단의 작업 성과를 알려주기 위한 피드백도 하향적 커뮤니케이션으로 전달된다. 종업원들은 성과 피드백을 통해 향후의 성과 향상에 도움이 된다.

5) 주입식 교육

주입식 교육은 조직의 미션이나 목표를 수용하게 하거나 기업문화에 빨리 적응하도록 유도하거나 야유회나 각종 캠페인에 적극 참여하도록 하는 데 매우 유용한데, 이는 역시 하향적 커뮤니케이션에 속한다.

그러나 조직 규모가 크고 전달자와 수신자 사이에 지위의 차이가 클수록 하향적 커뮤니케이션의 정확성은 낮아진다. 연구결과에 의하면, 최고경영자의 메시지가 조직의 여러 계층을 거쳐 일선 종업원에게 전달되는 과정에서 메시지의 내용이 대부분 바뀌거나 왜곡되고 유실되어 그 중 25% 정도만이 정확하게 전달된다고 한다.

하향적 커뮤니케이션의 문제점을 개선하기 위해서는 올바른 커뮤니케이션 채널을 사용해야 하고, 언어적 메시지와 비언어적 메시지가 서로 일치하도록

노력해야 하며, 상대방의 의견에 열심히 귀를 기울이는 청취 기술이 필요하다. 다행히 최근에는 기업 내에 컴퓨터가 급속히 보급됨에 따라 전자결제나 전자게시판 등을 이용할 수 있기 때문에 하향적 커뮤니케이션의 속도와 정확성이 크게 개선되고 있다.

(2) 상향적 커뮤니케이션

상향적 커뮤니케이션(upward communication)은 조직의 아랫부분에서 윗부분을 향해 메시지와 정보가 전달되는 것을 말한다. 주로 조직 내에서 지위가 낮은 사람이 지위가 높은 사람에게 업무에 관해 도움을 청하거나 자신의 업무처리 결과를 보고하기 위한 커뮤니케이션을 말한다.

상향적 커뮤니케이션의 주요 내용은 다음과 같다.

1) 문제점과 애로사항 보고

종업원들이 일상적인 업무에 관한 문제점에 부딪히거나 애로사항이 발생할 경우에 상급자에게 보고하여 도움을 청하는 경우가 많다.

2) 업무개선을 위한 제안

종업원들이 업무를 개선할 수 있는 아이디어를 제안하는 것은 대표적인 상향적 커뮤니케이션에 속한다. 기업에서는 제안제도를 통해 종업원들의 새로운 아이디어를 제안받고 있다.

3) 성과 보고

종업원 또는 소속부서나 작업집단의 업무성과를 경영자에게 주기적으로 보고하는 것도 상향적 커뮤니케이션에 속한다.

4) 불평불만

종업원들이 개인적인 고충이나 불평불만을 상급자에게 전달하는 것도 상향적 커뮤니케이션에 속한다. 기업에서는 고충처리제도를 통해 종업원들의 고충이나 불평불만을 해소하고 있다.

5) 재무 및 회계 정보

경영자들이 많은 관심을 갖는 원가, 매출액, 예상 이익, 총자산순이익률

(return on assets: ROA)과 같은 재무 및 회계 정보는 상향적 커뮤니케이션을 통해 전달된다.

그러나 조직 규모가 크고 전달자와 수신자 사이에 지위의 차이가 클수록 상향적 커뮤니케이션도 그 정확성이 떨어진다. 예를 들어, 지위가 낮은 사람은 자신에게 불리한 정보는 빠뜨리고 축소시키는 반면에 자신에게 유리한 정보는 과장시키는 경향이 많다. 상향적 커뮤니케이션의 정확성을 높이기 위해서는 무엇보다 지위가 낮은 전달자가 지위가 높은 수신자를 신뢰할 수 있도록 해야 한다. 그리고 종업원들의 의견을 존중하고 참신한 아이디어를 이끌어 내고 문제점이나 애로사항을 솔직히 표현할 수 있는 우호적인 분위기가 조성되어야 한다.

(3) 수평적 커뮤니케이션

수평적 커뮤니케이션(horizontal communication)은 동료나 부서 간에 수평적이거나 대각적으로 메시지와 정보가 교환되는 것을 말한다. 수평적 커뮤니케이션은 정보전달뿐만 아니라 조정기능이 있기 때문에 최근에 그 중요성이 증가되고 있다.

수평적 커뮤니케이션의 주요 내용은 다음과 같다.

1) 부서내의 문제해결

같은 부서 내에서 종업원들이 업무 문제를 해결하기 위해 메시지나 정보를 교환한다.

2) 부서간의 조정

서로 다른 부서 간에 업무 협조와 조정을 위해 메시지나 정보를 교환한다.

3) 라인에 대한 스탭의 조언

스탭은 라인의 업무처리에 필요한 조언을 제공하며, 라인은 업무처리 결과에 관한 정보를 스탭에게 전달한다. 예를 들어, R&D부나 인사부와 같은 스탭부서는 생산이나 서비스 활동에 직접 참여하는 라인에게 여러 가지 업무처리에 관한 조언을 한다.

수평적 커뮤니케이션은 계층구조를 따라 이루어지는 수직적 커뮤니케이션보다 자유롭고 개방적인 분위기에서 정보가 전달된다. 또한 의사전달이 빠르고 정확하게 이루어지는 특징이 있다. 따라서 기업 환경의 변화가 심하고 업무 간에 상호의존성이 높을 경우에는 수평적 커뮤니케이션이 효과적이다.

3.2 비공식적 커뮤니케이션

비공식적 커뮤니케이션(informal communication)은 조직의 계층구조와 관계없이 비공식적인 채널을 통해 커뮤니케이션이 이루어지는 것을 말한다. 비공식적 커뮤니케이션은 통상 공식적 커뮤니케이션과 공존하지만, 수직적인 계층구조나 명령체계와는 관계없이 조직 내의 누구와도 연결된다.

공식적 커뮤니케이션과 비공식적 커뮤니케이션의 관계는 [그림 15-5]와 같다. 그리고 비공식적 커뮤니케이션 채널은 그레이프바인과 배회관리로 나누어 볼 수 있다.

그림 15-5 공식적 커뮤니케이션과 비공식적 커뮤니케이션

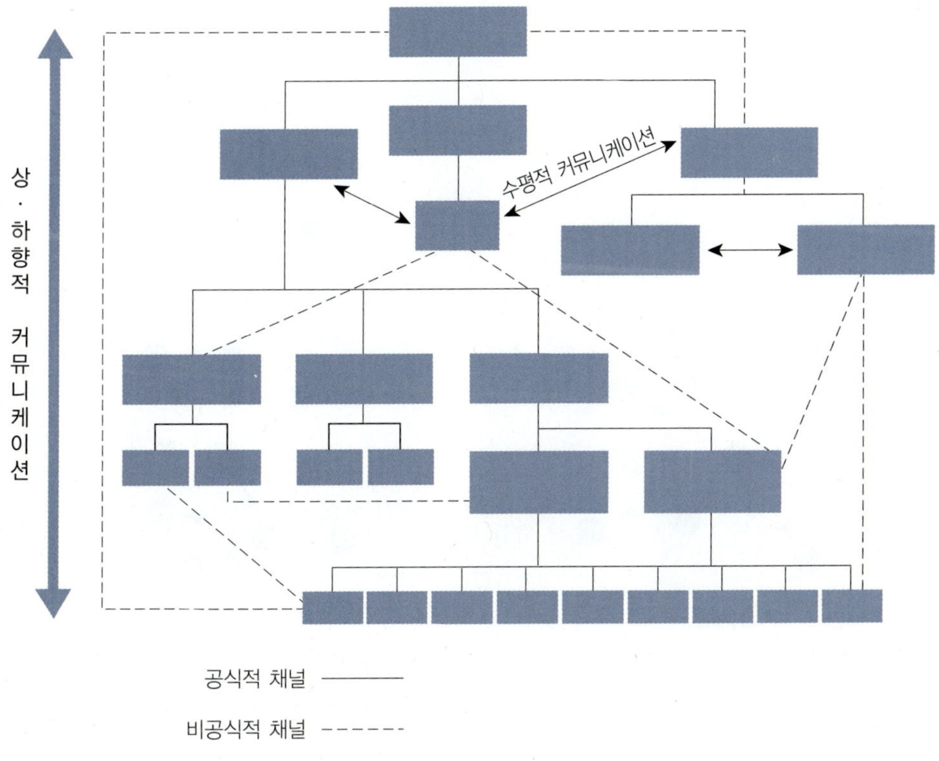

(1) 그레이프바인

그레이프바인(grapevine)은 조직 전체에 포도덩굴처럼 퍼져있는 비공식적 커뮤니케이션 네트워크를 말한다. 이 용어는 미국 남북전쟁 당시 전선이 마치 포도덩굴처럼 얽혀 있어 정보가 제대로 전달되지 못했다는 사실에서 연유한다. 지금도 조직에서 사실과 다른 소문이나 풍문이 떠돌면 그것이 그레이프바인에서 나온 것이라고 비꼬기도 한다.

그레이프바인은 사장으로부터 중간경영자를 거쳐 라인경영자나 말단 종업원에 이르기까지 모든 구성원을 연결시킨다. 그레이프바인은 공식적 채널이 작동하지 않을 경우에 더 강한 힘을 발휘하며, 조직 내의 불확실한 상황을 이해하는 데 도움이 된다. 종업원들은 그레이프바인의 루머를 통해 정보의 갭을 메우기도 한다. 그레이프바인은 조직 내에서 큰 변화가 발생하거나 흥분되거나 걱정스런 사건이 발생하거나 경제가 침체되는 시기에 더 작동하는 것으로 나타났다.

그림 15-6 그레이프바인의 형태

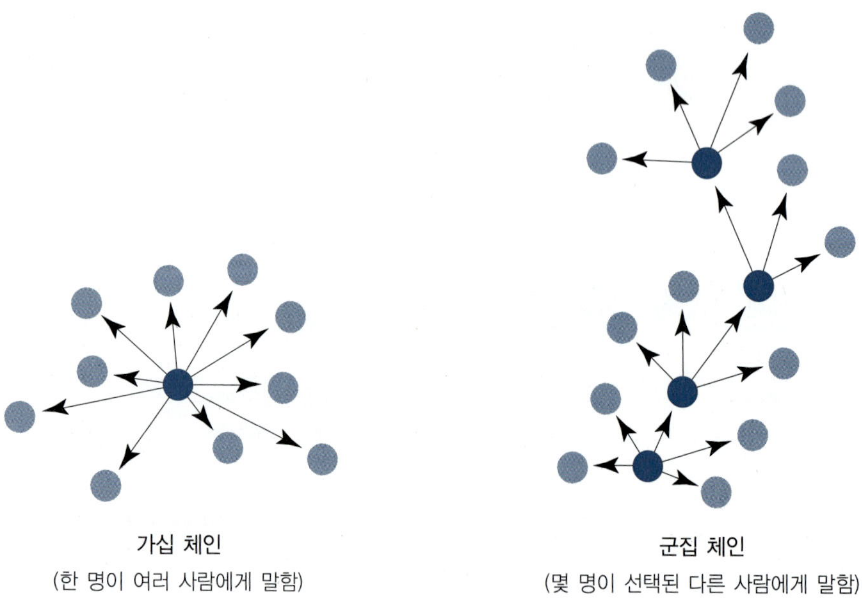

자료: Keith Davis and John W. Newstrom, *Human Behavior at Work: Organizational Behavior*, 7th ed., New York: McGraw-Hill, 1985.

그레이프바인은 [그림 15-6]과 같이 두 가지 형태로 구분된다. 가십 체인(gossip chain)은 한 사람이 여러 사람을 상대로 이야기하는 형태를 말하고, 군집 체인(cluster chain)은 한 사람이 여러 사람에게 이야기하면 그 이야기를 들은 사람의 일부가 다른 사람에게 이야기를 전파시키는 형태를 말한다. 후자의 경우에 이야기를 하는 사람이 정보를 어떻게 전달하느냐에 따라 그레이프바인의 정확성이 결정된다. 여러 사람이 교대로 다른 사람에게 이야기를 전파할수록 정보의 내용이 왜곡될 가능성이 많다.

최근의 연구결과에 의하면, 그레이프바인을 통해 전달되는 정보는 상당히 정확할 뿐만 아니라 조직에 매우 유용한 것으로 나타났다. 그레이프바인 커뮤니케이션의 80% 가량이 개인적인 잡담보다는 업무와 관련된 토픽으로 나타났으며, 전달되는 정보의 70~90%는 정확한 것으로 나타났다.

대부분의 경영자들은 그레이프바인을 통해 전달되는 루머가 진실하지 못하고 조직에 해롭다고 생각하기 때문에 그레이프바인을 말살하려고 애를 쓴다. 그러나 이러한 생각은 옳지 않으며, 오히려 그레이프바인의 결점을 보완하고 나아가 적절히 활용하려고 노력해야 한다. 경영자는 메시지 6개 중에서 5개 정도가 공식적인 채널보다 그레이프바인을 통해 전달된다는 점을 명심해야 한다. 공식적인 커뮤니케이션 채널이 작동하지 않을 경우에는 파괴적인 루머가 생겨난다. 특히, 위기가 발생할 경우에는 부정확한 정보가 그레이프바인을 통해 유포되지 않도록 효과적으로 관리할 필요가 있다. 예를 들어, 그레이프바인에서 핵심적인 역할을 하는 사람을 찾아서 그 사람에게 전달되는 정보를 적절히 통제할 필요가 있다. 그리고 조직변화를 위한 새로운 인사정책과 같은 민감한 정보는 그레이프바인을 통해 미리 흘림으로써 사후적인 충격을 완화시킬 수 있다.

(2) 배회관리

배회관리(management by wandering around: MBWA)는 경영자가 조직의 이곳저곳을 배회하면서 종업원들이나 고객, 기타 조직과 관련된 사람들과 직접 이야기를 나눔으로써 필요한 정보를 주고 받는 것을 말한다. 공식적인 커뮤니케이션만으로는 경영에 필요한 정보를 충분히 얻을 수 없다. 특히, 공식적인 커뮤니케이션이 작동하지 않을 경우에는 배회관리가 매우 중요하다. 종업원들이 일하는 곳을 직접 찾아가서, 그들의 의견을 듣고 필요한 정보를 주고 받음으로써 조직에 활력을 불어넣을 수 있다. 작업현장에서 커뮤니케이션이 이루어지기 때문에 정보의 내용이 왜곡되거나 손상되지 않을 뿐만 아니라 종업원들의 솔직한 의견을 들을 수 있다.

04 팀 커뮤니케이션

팀 커뮤니케이션(team communication)은 팀 내에서 팀원들 간에 커뮤니케이션이 이루어지는 것을 말한다. 팀웍이 강조됨에 따라 팀 커뮤니케이션의 중요성도 증가하고 있다. 팀원들은 함께 힘을 모아 과업을 달성해야 하기 때문에 팀 커뮤니케이션은 팀의 성과에 중요한 영향을 미친다.

팀 커뮤니케이션의 네트워크는 [그림 15-7]과 같이 집권적 네트워크와 분권적 네트워크로 구분된다. 집권적 네트워크(centralized network)는 팀원들이 한 사람을 통해서 문제해결이나 의사결정에 필요한 정보를 전달하는 네트워크를 말하고, 분권적 네트워크(decentralized network)는 팀원들이 의사결정에 도달하기 위해 서로 간에 자유롭게 커뮤니케이션을 할 수 있는 네트워크를 말한다.

실험 결과에 의하면, 단순한 과업을 신속하게 처리하는 데는 집권적 네트워크가 분권적 네트워크보다 효과적이다. 왜냐하면 집권적 네트워크에서는 팀원들이 중심 인물에게 의사결정에 필요한 정보를 신속하게 전달하기만 하면 되기 때문이다. 단순한 과업을 처리하는 데는 분권적 네트워크가 속도도 느리고 부정확하기 쉽다. 왜냐하면 분권적 네트워크에서는 팀원들이 서로 간에 자유롭게 정보를 전달할 수 있지만 팀원 중에서 누군가가 의사결정을 위해 최종적으로 커뮤니케이션의 결과를 종합해야 하기 때문이다. 그러나 복잡한 과업을 신속하게 처리하는 데는 분권적 네트워크가 집권적 네트워크보다 효과적이다. 왜냐하면 분권적 네트워크에서는 모든 정보가 한 사람에게 집중되지 않고 분산된 네트워크를 통해 다양하게 풀링되므로 의사결정에 투입되는 정보의 양이 많아지기 때문이다.

문제해결의 정확성은 문제의 복잡성과 관련이 있다. 집권적 네트워크는 단순한 문제를 해결하는 데는 실수가 적지만, 복잡한 문제를 해결하는 데는 실수가 많다. 이와 달리, 분권적 네트워크는 단순한 문제를 해결하는 데는 정확성이 떨어지지만, 복잡한 문제를 해결하는 데는 오히려 정확성이 높아진다.

팀 커뮤니케이션이 조직에 시사하는 점은 다음과 같다. 고도로 경쟁적인 글

그림 15-7 팀 커뮤니케이션의 네트워크

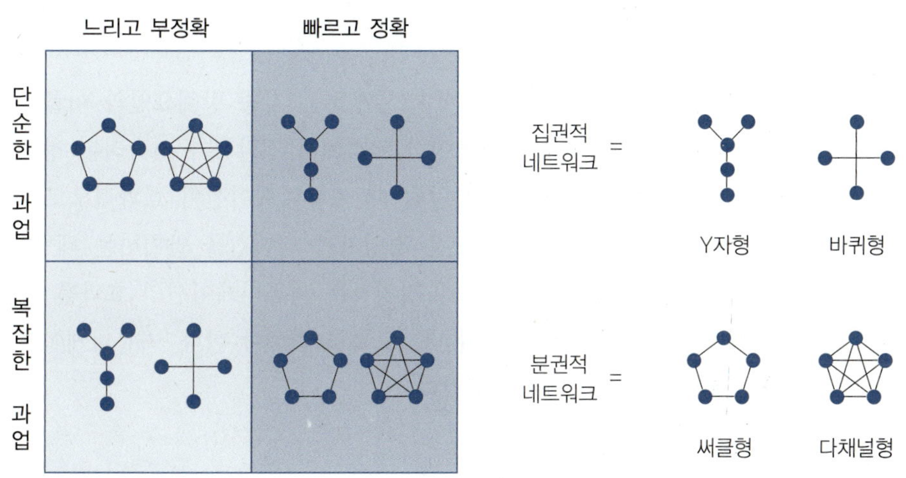

자료: E. M. Rogers and R. A. Rogers, *Communication in Organizations*, New York: Free Press, 1976.

로벌 환경에서, 조직에서 발생하는 복잡하고 어려운 과업을 수행하기 위해 팀원들은 분권적 네트워크를 통해 정보를 공유해야 한다. 그러기 위해서는 모든 방향에서 자유로운 커뮤니케이션이 필요하다. 그러나 일상적인 단순한 과업을 수행하는 팀에서는 정보처리에 시간이 적게 드는 집권적 네트워크가 더 효과적이다. 팀원들은 의사결정에 필요한 정보를 상급자에게 신속하게 전달하기만 하면 되기 때문에 자신의 과업 수행에 더 많은 시간을 집중할 수 있다.

최근에 경영자들은 종업원들의 사기 진작과 생산성 향상을 위해 개방적 커뮤니케이션과 대화를 매우 중요시하고 있다. 개방적 커뮤니케이션(open communication)은 기능부서나 계층구조에 관계없이 회사 전체적으로 모든 형태의 정보를 공유하는 것을 말한다. 그리고 대화(dialogue)는 공동의 목표를 달성하기 위해 협력, 유연성, 신뢰성에 근거한 문화를 창조하기 위한 집단 커뮤니케이션 과정을 말한다. 대화는 토론(discussion)과 비교해 볼 수 있다. 토론은 서로 견해가 다른 사람들이 그들의 견해를 다른 사람에게 전달하여 이를 받아들이도록 설득하는 방법으로 사용되는 반면에, 대화는 특별한 견해에 집착할 필요 없이 참가자들이 자유롭게 듣고 이야기하면서 공감대를 형성해 나가는 방법으로 사용된다.

05 조직 커뮤니케이션의 관리

여기서는 커뮤니케이션 과정에서 발생하는 각종 방해요인과 이를 극복하는 방법에 대해 설명한다. 커뮤니케이션 과정에서 전달자가 전하려는 정보나 아이디어가 수신자에게 정확하게 전달될 때 커뮤니케이션이 효과적으로 이루어진다. 또한 효과적인 커뮤니케이션은 경영자가 리더십을 발휘하는 데 있어서 없어서는 안 될 조건이다. 그러므로 경영자는 커뮤니케이션의 효과를 높이기 위해 방해요인을 최대한으로 줄여 나가도록 노력해야 한다. 커뮤니케이션 방해요인과 극복방법은 〈표 15-1〉과 같다.

5.1 커뮤니케이션 방해요인

커뮤니케이션 방해요인은 개인적 방해요인과 조직적 방해요인으로 구분할 수 있다.

(1) 개인적 방해요인

개인적 방해요인은 수없이 많으나 다음과 같이 네 가지로 구분해 볼 수 있다.

① 개인간의 차이가 커뮤니케이션 방해요인이 될 수 있다. 개인 간에 신뢰성이 부족하거나 성장 배경이나 지식수준에 차이가 있으면 효과적인 커

▶▶ 표 15-1 • 커뮤니케이션 방해요인과 극복방법

구 분	방 해 요 인	극 복 방 법
개인적 수준	개인간의 차이 채널과 미디어의 선택 오류 어의 상의 오해 단서의 불일치	적극적 경청 적절한 채널의 선택 상대방의 입장 이해 배회관리의 활용
조직적 수준	지위와 권력의 차이 부서 간 욕구와 목표의 차이 과업수행에 부적합한 커뮤니케이션 네트워크 공식적 채널의 부족	신뢰와 개방적 분위기 조성 공식적 채널의 다양한 개발 커뮤니케이션에 적합한 조직구조 개편 다양한 공식적 및 비공식적 채널 활용

뮤니케이션이 불가능하다. 그리고 사전에 상대방에 대해 고정관념을 갖고 있으면 커뮤니케이션이 실패할 수 있다.

② 커뮤니케이션 채널과 미디어를 잘못 선택하면 여러 가지 문제가 발생한다. 예를 들어, 감정적인 내용이 포함된 메시지는 서면보다 직접 만나서 전달하는 것이 좋고, 일상적인 메시지는 서면으로 전달하는 것이 효과적이다.

③ 어의 상의 오해가 커뮤니케이션 방해요인이 될 수 있다. 어의 상의 문제는 낱말이나 문장의 뜻을 전달자와 수신자가 서로 오해할 경우에 주로 발생한다. 예를 들어, 노사간에 임금이라는 용어의 뜻에 대해, 사용자 측에서는 급여와 상여금뿐만 아니라 기업이 무료로 제공하는 점심식사와 같은 복리후생비도 포함된다고 주장하는 반면에, 근로자 측에서는 현금으로 지급되는 것만을 임금이라고 생각한다.

④ 언어적 단서와 비언어적 단서가 불일치하면 효과적인 커뮤니케이션이 불가능하다. 예를 들어, 얼굴 표정과 그 사람의 말이나 음성이 불일치하면 커뮤니케이션에 잡음 혹은 불확실성이 발생하게 된다. 성난 얼굴을 하면서 친절한 말씨를 사용하면 상대방은 헷갈리게 된다.

(2) 조직적 방해요인

조직적 방해요인은 조직 전체의 커뮤니케이션 효과를 감소시키는 작용을 한다.

① 조직 내에서 지위와 권력의 차이로 인해 커뮤니케이션이 방해될 수 있다. 일반적으로 지위가 낮거나 권력이 약한 사람은 상층부에 굳이 나쁜 소식을 전해서 나쁜 인상을 주는 것을 싫어한다. 그리고 권력이 많은 사람은 권력이 적은 사람에게 관심을 적게 갖는 경향이 있다.

② 부서간의 욕구나 목표의 차이가 커뮤니케이션을 방해한다. 각 부서에서는 자기 나름대로 문제를 인식한다. 예를 들어, 생산부에서는 생산효율성에 관심을 집중한 나머지 마케팅부의 고객서비스 문제를 등한시할 수 있다.

③ 커뮤니케이션 네트워크가 조직이나 팀의 과업 수행에 부적합한 경우가 있다. 집권적 네트워크는 일상적인 과업 수행에는 적합하지만 창조적인 사고가 요구되는 비일상적인 과업 수행에는 부적합하다.

④ 공식적 채널이 부족하면 커뮤니케이션 효과가 감소한다. 상향적, 하향적

및 수평적 커뮤니케이션 채널이 다양하게 구축되어야 조직 내에서 커뮤니케이션이 원활해진다.

5.2 커뮤니케이션 방해요인 극복방법

경영자는 커뮤니케이션의 방해요인을 극복하고 커뮤니케이션의 효과를 증대시키는 방향으로 조직을 설계해야 한다. 여기서는 개인적 기술과 조직적 처방의 측면에서 살펴본다.

(1) 개인적 기술

커뮤니케이션의 방해요인을 극복하기 위한 개인적 기술은 다음과 같다.

① 수신자는 전달자의 메시지를 적극적으로 경청하는 자세가 필요하다. 전달자가 아무리 정확하게 메시지를 전달하더라도 수신자가 그것에 주의를 기울이지 않으면 효과적인 커뮤니케이션은 기대할 수 없다. 수신자는 대화를 중단하거나 전달자의 주위를 산만하게 해서는 안 되며 대화에 관심을 보여야 한다. 그리고 의문 나는 부분은 질문을 하거나 중요한 부분은 메모하는 습관이 필요하다.

② 전달자는 메시지를 신속 · 정확하게 전달하기 위해 적절한 채널을 선택해야 한다. 복잡한 메시지는 오해의 소지가 많기 때문에 대면적인 대화나 전화통화와 같은 채널로 전달하는 것이 효과적이고, 일상적인 메시지나 데이터는 오해의 소지가 적기 때문에 카카오톡, 문자 메시지, e-메일을 통해 전달할 수 있다.

③ 전달자와 수신자는 서로 상대방의 입장을 이해하기 위해 노력해야 한다. 전달자는 수신자의 입장을 이해하려고 노력해야 하고, 수신자는 전달자의 입장을 이해하려고 노력할 때 커뮤니케이션 효과가 증가한다. 어느 한 쪽이 자신만의 입장을 내세우기보다는 상대방의 입장을 이해하려는 노력이 있을 때 커뮤니케이션이 원활하게 이루어진다.

④ 경영자는 배회관리를 적극 활용해야 한다. 경영자는 사무실에만 안주하지 말고 배회관리를 통해 현장 작업자와 직접 커뮤니케이션을 교환할 필요가 있다.

(2) 조직적 처방

커뮤니케이션의 방해요인을 극복하기 위한 조직적 처방은 다음과 같다.

① 경영자는 조직 전체적으로 신뢰와 개방적 분위기를 조성해야 한다. 즉, 서로 간에 정직하게 커뮤니케이션을 할 수 있는 분위기를 조성해야 한다. 부하들이 보복을 겁내지 않고 긍정적인 메시지뿐만 아니라 부정적인 메시지도 자유롭게 전달할 수 있어야 한다. 또한 종업원들은 상호간에 신뢰하고, 개방적이고 정직한 커뮤니케이션을 할 수 있도록 인간적 기술을 개발해야 한다.

② 경영자는 공식적인 채널을 다방면으로 활용해야 한다.

③ 조직의 커뮤니케이션에 적합하도록 조직구조를 개편해야 한다. 수평적인 정보의 흐름을 촉진하기 위해서는 팀이나 태스크 포스, 행렬 조직이 효과적이다. 또 팀이나 부서의 과업이 난해할 경우에는 참여와 토론을 촉진하기 위해 분권적 조직으로 개편할 필요가 있다. 그리고 복잡한 문제를 집합적으로 해결하기 위해서는 팀원 간에 자유로운 대화가 필요하다.

④ 경영자는 공식적인 채널뿐만 아니라 비공식적인 채널을 포함하여 다양한 채널을 활용해야 한다. 여기에는 서면상의 지시 외에 대면적 토론, 배회관리, 그레이프바인 등이 모두 포함된다.

>>> 요약 s·u·m·m·a·r·y

커뮤니케이션은 한 사람이 다른 사람에게 정보를 전달하여 그 의미를 서로 공유하는 과정을 말한다. 커뮤니케이션은 쌍방간에 정보를 주고 받아서 공유한다는 점에서 일방적으로 정보를 보내기만 하는 선언과 차이가 있다.

경영 활동은 커뮤니케이션과 밀접한 관계가 있다. 경영자의 하루 일과 중 80% 이상은 다른 사람과 커뮤니케이션을 하는 데 소비한다. 나머지 20%도 서류를 읽고 결제를 하거나 업무와 관련된 편지를 주고 받는 데 소비한다. 또한 경영자는 커뮤니케이션 챔피언으로서의 역할을 수행한다.

커뮤니케이션은 커뮤니케이션 과정을 통해 이해할 수 있다. 커뮤니케이션 과정에서 전달자와 수신자가 가장 중요하다. 전달자는 자신의 아이디어나 개념을 체계적인 부호로 부호화한 다음에 메시지를 전달한다. 메시지는 커뮤니케이션 채널을 통해 전달된다. 채널에는 대면적 대화, 전화, 카카오톡, 문자 메시지, e-메일, 메모, 편지, 보고서, 정기간행물과 같은 다양한 형태가 있다. 수신자는 부호해석을 통해 메시지의 의미를 파악한다. 전달자와 수신자 간에 지식, 태도, 사회적 배경 등이 서로 다르면, 부호를 해석하는 과정에서 소음이 발생한다. 끝으로 피드백은 수신자의 반응이 전달자에게 되돌아오는 과정을 말한다. 전달자는 피드백을 통해 커뮤니케이션이 효과적으로 이루어졌는가를 파악할 수 있다.

커뮤니케이션은 상대방이 누구냐에 따라 다양한 종류가 있다. 대인적 커뮤니케이션에서는 커뮤니케이션 채널, 설득과 영향력, 비언어적 커뮤니케이션, 청취 기술이 중요한 요소가 된다. 대인적 커뮤니케이션 채널은 매우 다양하며 제각기 채널 충실성이 다르다. 그 중에서 대면적 대화가 채널 충실성이 가장 높다. 전화, 카카오톡, 문자 메시지, e-메일은 커뮤니케이션의 속도가 빠른 반면에 대면적 대화와 같은 현장감은 부족하다. 메모, 편지와 같은 채널은 수신자에게 집중되지만 종이 위에 쓰여진 정보만을 전달할 수 있기 때문에 피드백은 매우 늦다. 그리고 보고서나 정기간행물은 비개인적이고 채널 충실성도 가장 낮다. 채널 선택은 메시지가 일상적이냐 비일상적이냐에 따라 달라진다. 비일상적 메시지는 정보 충실성이 높은 채널로 전달해야 하고, 일상적 메시지는 정보 충실성이 낮은 채널로 전달해도 무방하다.

비언어적 커뮤니케이션은 뉘앙스, 눈짓, 손짓, 몸짓, 얼굴 표정, 자세와 같은 비언어적 수단을 통해 메시지를 전달하는 것을 말한다. 이러한 수단들은 말이나 글을 통한 언어적 커뮤니케이션보다 메지시 전달 효과가 더 크다. 비언어적 수단은 대면적 대화에 많이 사용되며, 그 중에서 음성과 얼굴 표정이 가장 많이 사용된다. 언어, 음성, 얼굴 표정이 메시지에 미치는 영향력은 각각 7%, 38%, 55%로, 언어 그 자체보다 음성이나 얼굴 표정과 같은 비언어적 수단이 훨씬 더 중요하다.

청취 기술은 대인적 커뮤니케이션에서 매우 중요하다. 청취 기술은 커뮤니케이션 과정에서 전달자와 수신자를 실질적으로 연결시키는 기능을 한다. 그러나 사람들은 누구나 말하기보다 듣기를 잘못하는 경향이 있다.

조직 커뮤니케이션은 조직 내에서 사람들 상호간에 정보가 교환되는 과정을 말한다. 조직 커뮤니케이션은 공식적 커뮤니케이션과 비공식적 커뮤니케이션으로 구분되고, 정보가 전달되는 방향에 따라 하향적 커뮤니케이션, 상향적 커뮤니케이션, 수평적 커뮤니케이션으로 구분된다.

하향적 커뮤니케이션은 조직 내에서 지위가 높은 사람이 지위가 낮은 사람에게 조직이나 직무와 관련된 정보를 전달하기 위해 사용한다. 그러나 조직 규모가 크고 전달자와 수신자 사이에 지위의 차이가 클수록 하향적 커뮤니케이션의 정확성은 낮아진다. 연구결과에 의하면, 최고경영자의 메시지가 조직의 여러 계층을 거쳐 일선 종업원에게 전달되는 과정에서 메시지의 내용이 대부분 바뀌거나 왜곡되고 유실되어 25% 정도만 정확하게 전달된다.

상향적 커뮤니케이션은 조직 내에서 지위가 낮은 사람이 지위가 높은 사람에게 업무에 관해 도움을 청하거나 자신의 업무처리 결과를 보고하기 위해 사용한다. 그러나 조직 규모가 크고 전달자와 수신자 사이에 지위의 차이가 크면 그 정확성이 떨어진다.

수평적 커뮤니케이션은 동료나 부서 간에 수평적이거나 대각적으로 메시지와 정보가 교환되는 것을 말한다. 수평적 커뮤니케이션은 정보전달 외에 조정 기능이 있다. 수평적 커뮤니케이션은 수직적 커뮤니케이션보다 자유롭고 개방적인 분위기에서 정보가 전달되며, 의사전달이 빠르고 정확한 특징이 있다.

비공식적 커뮤니케이션은 조직의 계층구조와 관계없이 비공식적인 채널을 통해 이루어지며, 그레이프바인과 배회관리로 구분된다. 그레이프바인은 조직 전체에 포도덩굴처럼 퍼져있는 비공식적 커뮤니케이션 네트워크를 말한다. 그레이프바인은 공식적 채널이 작동하지 않을 때 강한 힘을 발휘한다. 그레이프바인 커뮤니케이션의 80% 가량은 개인적인 잡담보다 업무와 관련된 토픽이며, 정보의 70~90%가 정확하게 전달되는 것으로 나타났다. 그리고 배회관리(MBWA)는 경영자가 조직의 이곳저곳을 배회하면서 종업원들이나 고객, 기타 조직과 관련된 사람들과 직접 이야기를 나눔으로써 필요한 정보를 주고 받는 것을 말한다. 배회관리도 공식적인 커뮤니케이션 채널이 작동하지 않을 때 효과적이다.

팀 커뮤니케이션의 네트워크는 집권적 네트워크와 분권적 네트워크로 구분된다. 실험 결과에 의하면, 단순한 과업을 신속하게 처리하는 데는 집권적 네트워크가 효과적이고, 복잡한 과업을 처리하는 데는 분권적 네트워크가 효과적이다. 최근에는 종업원들의 사기 진작과 생산성 향상을 위해 개방적 커뮤니케이션과 대화가 중요시되고 있다.

커뮤니케이션 과정에서 여러 가지 방해요인이 발생한다. 개인적 방해요인은 개인간의 차이, 채널과 미디어의 선택 오류, 어의 상의 오해, 언어적 단서와 비언어적 단서의 불일치 등을 들 수 있고, 조직적 방해요인은 지위와 권력의 차이, 부서 간 욕구와 목표의 차이, 과업수행에 부적합한 커뮤니케이션 네트워크,

공식적 채널의 부족 등을 들 수 있다. 그리고 이러한 방해요인을 극복하기 위해서는 개인적 기술과 조직적 처방이 필요하다. 개인적으로는, 적극적 경청, 적절한 채널의 선택, 상대방 입장 이해, 배회관리의 활용이 필요하고, 조직적으로는, 신뢰와 개방적 분위기 조성, 공식적 채널의 다양한 개발, 커뮤니케이션에 적합한 조직구조 개편, 다양한 공식 및 비공식 채널의 활용이 필요하다.

>>> 연습문제 e·x·e·r·c·i·s·e

01 커뮤니케이션이란 무엇이며 어떤 조건이 필요한가?

02 커뮤니케이션은 경영기능과 어떤 관계가 있는가?

03 커뮤니케이션은 어떤 과정으로 이루어지는가?

04 대인적 커뮤니케이션 채널은 어떤 종류가 있으며, 어떤 채널이 충실성이 높은가?

05 언어적 커뮤니케이션과 비언어적 커뮤니케이션은 어떻게 다른가?

06 대인적 커뮤니케이션에서 청취 기술은 왜 중요한가?

07 공식적 커뮤니케이션과 비공식적 커뮤니케이션은 어떻게 다른가?

08 하향적 커뮤니케이션, 상향적 커뮤니케이션, 수평적 커뮤니케이션은 어떻게 다른가?

09 그레이프바인과 배회관리는 어떤 기능이 있는가?

10 팀 커뮤니케이션이란 무엇이며, 집권적 네트워크와 분권적 네트워크는 어떤 경우에 효과적인가?

11 커뮤니케이션의 장애요인은 무엇이며 어떻게 극복할 수 있는가?

MANAGEMENT

06
PART

통제와 정보기술

제16장 통제

제17장 정보기술과 e-비즈니스

Part 06 들어가며……

통제는 많은 경영자들이 직면하는 중요한 문제이다. 기업의 목표가 아무리 바람직하게 설정되었고 계획과 전략이 잘 수립되었더라도 제대로 실천되지 않으면 소용이 없다. 따라서 기업의 목표가 계획된 대로 실천되고 있는가를 수시로 확인하고, 필요하면 수정조치를 취해야 한다. 계획이 저절로 실천되도록 그냥 내버려 두는 것은 경영자의 도리가 아니다. 수시로 상황을 파악하고 문제가 있을 때에는 지체 없이 수정조치를 취해야 한다.

경영과정에서 계획, 조직화, 지휘 및 통제는 서로 유기적인 관계가 있다. 특히, 통제는 계획과 동전의 앞뒷면과 같다. 왜냐하면 계획에서 제시된 목표가 통제를 위한 기준으로 사용되기 때문이다. 그리고 통제에는 발전된 정보기술이 다양한 형태로 활용된다.

제16장에서는 통제에 관해 설명한다. 통제의 개념과 종류, 사후통제과정과 예산통제, 재무분석과 재무통제, 통제철학의 변화와 종합적 품질관리, 품질통제와 재무통제의 최근 동향으로 나누어 설명한다.

제17장에서는 정보기술과 e-비즈니스에 관해 설명한다. 정보기술의 개념과 효과, 정보시스템의 개념과 종류, 인터넷과 e-비즈니스, 정보기술의 최근 동향으로 나누어 설명한다.

뜻대로 안 된다고 너무 근심하지 말라. 마음이 유쾌하다고 해서 너무 기뻐하지 말라.
오랫동안 무사하다고 너무 믿지 말 것이며, 처음 맡는 어려움을 꺼리지 말라.
첫 난관만 돌파하면 그 다음은 오히려 쉬워지는 법이다.

– 홍자성, 채근담 –

MANAGEMENT

chapter

16 통 제

이 장에서는 통제란 무엇이며 어떤 종류로 분류되는가? 사후통제는 어떤 단계로 이루어지며, 각 단계는 어떤 특성이 있는가? 예산통제는 어떻게 이루어지는가? 재무분석, 재무감사 및 재무통제는 서로 어떤 관계가 있는가? 통제철학이 관료적 통제에서 분권적 통제로 변화하는 이유는 무엇인가? 종합적 품질관리는 분권적 통제와 어떤 관계가 있는가? 그리고 최근에 품질통제와 재무통제는 어떻게 변화하고 있는가를 설명한다.

01 통제의 개념과 종류

1.1 통제의 개념

통제(control)는 기업 활동이 계획에 따라 바람직한 방향으로 수행되고 있는가를 확인하고, 필요하면 수정조치를 취하는 체계적인 과정을 말한다. 다시 말해, 통제는 계획에 따라 설정된 성과표준과 실제성과를 비교하여 필요한 수정조치를 취하는 과정이다. 따라서 효과적인 통제를 위해서는, 성과표준과 실제성과에 관한 정확한 정보가 필요하고, 이들을 비교하여 필요한 수정조치를 취해야 한다.

통제는 계획을 선행조건으로 한다. 통제와 계획은 동전의 앞뒷면과 같은 관계이다. 왜냐하면 계획에 따라 설정된 성과표준이 통제를 위한 기준이 되기 때문이다. 계획이 없으면, 목표도 모르고 통제도 불가능하게 된다.

1.2 통제의 종류

통제의 종류는 [그림 16-1]과 같이 통제 시점에 따라, 사전통제, 동시통제 및 사후통제로 분류된다.

(1) 사전통제

사전통제(feedforward control)는 일이 시작되기 전에 통제하는 것을 말한다. 사전통제의 목적은 문제가 발생하기 전에 미리 대비하는데 있다. 다시 말해, 투입자원의 양과 질을 사전에 통제함으로써 일이 진행된 후에 예상되는 문제점을 미리 대비할 수 있다.

예를 들어, 신입사원을 채용하기 전에 직무능력검사를 실시하거나, 생산 공정에 투입하기 전에 원자재의 양과 질을 검사하거나, 은행이 신용분석을 통해 대출심사를 하는 것도 사전통제에 속한다.

사전통제는 문제가 발생하기 전에 사전에 예방할 수 있기 때문에 가장 바람직한 통제방법이다. 그러나 사전통제는 사전에 정확한 정보가 필요하기 때문에 실제로 활용하기는 어려울 수 있다. 결과적으로 경영자들은 나머지 두 가지 통제유형을 활용하는 경우가 많다.

(2) 동시통제

동시통제(concurrent control)는 일이 진행되는 도중에 통제하는 것을 말한다. 동시통제의 목적은 문제가 발생할 때마다 즉시 문제를 해결하는데 있다. 다

그림 16-1 통제의 종류

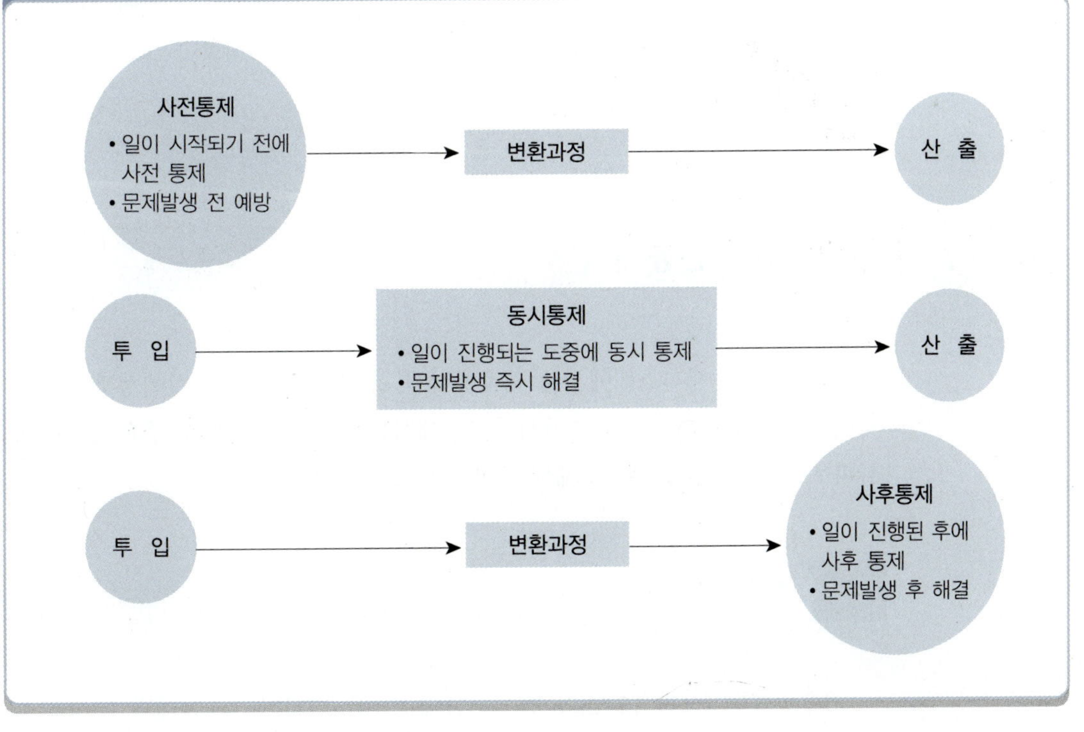

시 말해, 일이 진행되는 도중에 성과표준에서 벗어나는 행동이 발견될 경우에 즉시 수정조치를 취한다.

예를 들어, 현장 감독자가 작업 현장에서 부하직원들의 잘못이 발견되면 즉시 수정조치를 취하거나 TQM(total quality management)을 적용하여 품질표준에 미달하는 제품이 발견되면 즉시 수정조치를 취하는 것은 동시통제에 속한다. 또한 종업원들이 자기통제를 통해 자신의 행동과 태도를 수시로 점검하여 수정하는 것도 동시통제에 속한다.

(3) 사후통제

사후통제(feedback control)는 일이 진행된 후에 통제하는 것을 말하며, 피드백 통제라고도 한다. 사후통제는 통제방법 중에서 가장 많이 사용되는 형태이다. 사후통제의 목적은 문제가 발생한 후에 문제를 해결하는데 있다. 사후통제를 통해, 성과표준이 합리적으로 설정되었는가를 사후적으로 확인할 수 있고, 실제성과가 성과표준에 미달하면 그 원인을 분석하여 사후적으로 필요한 수정조치를 취할 수 있다. 또 사후통제 결과는 종업원들의 업적평가나 예산편성 자료로 사용된다.

예를 들어, 종업원 1인당 매출액을 분석하거나, 제품과 서비스의 최종적인 품질을 검사하거나, 고객의 만족도에 대한 설문조사를 실시하는 것은 사후통제에 속한다.

02 사후통제과정과 예산통제

대부분의 통제시스템에서는 사후통제를 통해 성과표준과 실제성과간의 일치여부를 평가하게 된다. 그래서 본 절에서는 사후통제과정을 주요 단계별로 살펴보고, 이 모형을 예산통제에 적용시켜 보고자 한다.

2.1 사후통제과정

사후통제는 [그림 16-2]와 같이 4단계로 이루어지며, 각 단계별 특성은 다

그림 16-2 사후통제과정

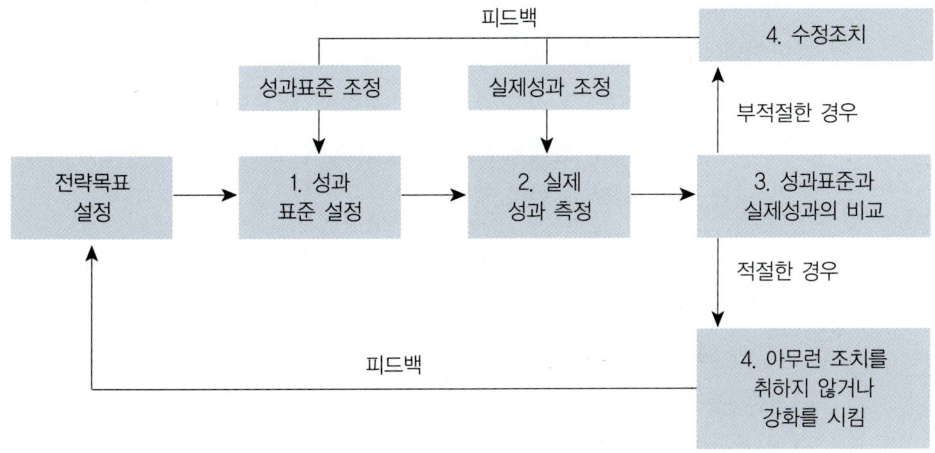

음과 같다.

(1) 성과표준 설정

전략적 목표를 근거로 각 부서별 성과표준(performance standards)을 구체적으로 설정한다. 성과표준이 구체적으로 설정되어야 기업 활동을 정확하게 측정·평가할 수 있다. 예를 들어, '불량률을 5%에서 1%로 낮춘다', '투자수익률을 5%에서 7%로 높인다', '사고건수를 100,000건당 1건으로 낮춘다'와 같이 성과표준을 구체적으로 설정해야 한다.

성과표준은 경영자와 종업원들이 목표를 달성하기 위한 행동 지침으로 사용되기 때문에 구체적으로 설정해야 하며, 그 내용도 이해하기 쉬워야 한다.

(2) 실제성과 측정

성과표준이 설정되면 실제성과(actual performance)를 측정해야 한다. 투입, 변환과정, 산출에 관한 정보를 수집·분석하여, 실제성과는 가급적 일별, 주별, 월별 기준으로 양적으로 측정해야 한다. 그러나 모든 성과를 양적으로만 측정할 수는 없기 때문에 질적인 측정도 병행해야 한다.

(3) 성과표준과 실제성과의 비교

성과표준과 실제성과를 비교하여 실제성과가 성공적으로 달성되었는가를 판단한다. 실제성과가 성과표준을 초과하면 수정조치가 불필요하지만, 그 반대의 경우에는 그 이유가 무엇인가를 분석하여 필요한 수정조치를 취해야 한다. 성과표준이 과도하게 설정되었을 수도 있고, 종업원들의 노력 부족으로 실제성과가 낮게 나왔을 수도 있다.

(4) 수정조치

실제성과가 성과표준에 미달하면 수정조치가 필요하다. 하향식 통제 시스템에서는 공식적인 권한을 행사하여 성과표준을 달성하도록 해야 한다. 종업원들이 더 열심히 일하도록 독려하고, 이에 따르지 않는 종업원은 해고시켜야 할 때도 있다. 만일 생산 공정에 오류가 발생하면 재설계를 고려해야 한다.

성과표준이 과도하게 설정되었거나 성과에 영향을 미치는 상황 변수가 변화되었으면, 성과표준을 현실에 맞게 재조정해야 한다. 그리고 성과표준이 초과달성된 경우에도, 종업원들이 계속 초과달성할 수 있도록 사기를 북돋우고 동기부여를 하고 강화를 시켜야 한다. 성과가 낮은 부서에는 책임을 물어야 하지만, 성과가 높은 부서에는 격려를 잊지 말아야 한다.

2.2 예산통제

(1) 예산통제의 개념

예산통제(budgetary control)는 예산항목별로 목표금액을 설정하고 목표대로 집행이 이루어지는가를 통제하는 것을 말한다. 예산통제는 대표적인 사후통제에 속한다. 최고경영자는 전반적인 예산을 통제하고, 중간경영자는 해당 부서의 예산을 통제한다. 예산서에는 각 부서가 요구하는 현금, 자산, 원자재, 급여, 기타 자원에 대한 계획과 집행결과가 모두 표시된다. 예산통제는 기업의 생존과 발전을 위해 필요한 자원과 매출액을 계획하고 통제하기 때문에 경영통제시스템으로 널리 사용된다.

예산통제는 모든 사업부나 부서에 적용된다. 그래서 예산통제를 효과적으로 하기 위해서는 각 사업부나 부서를 책임 센터로 규정해야 한다. 책임 센터(responsibility center)는 한 사람의 경영자가 예산책임을 맡는 조직 부서를 말하며, 예산통제시스템을 분석하기 위한 기초 단위가 된다.

(2) 예산의 종류

책임 센터의 경영자가 편성하는 예산의 종류는 비용예산, 수익예산, 현금예산, 자본예산 등으로 구분된다.

1) 비용예산

비용예산(expense budget)은 각 책임 센터의 예상비용과 실제비용을 편성한 예산을 말한다. 만일 실제비용이 예상비용을 초과하면, 각 책임 센터의 경영자는 그 원인을 분석하여 수정조치를 취한다. 비용 항목은 고정비, 변동비, 임의비로 구분한다. 고정비(fixed costs)는 과거 연도 예산에 의거하여 금년에 고정적으로 집행해야 할 비용을 말하고, 변동비(variable costs)는 각 책임 센터의 업무량에 비례하여 변동하는 비용을 말하며, 임의비(discretionary costs)는 각 책임 센터의 경영자가 임의로 집행할 수 있는 비용을 말한다.

2) 수익예산

수익예산(revenue budget)은 기업의 예상매출수익과 실제매출수익을 기술한 예산을 말한다. 만일 실제매출수익이 예상매출수익에 미달하면, 각 책임 센터의 경영자는 그 원인을 분석하여 수정조치를 취한다. 매출수익은 판매수량과 판매단가에 의해 결정되므로, 이들에 대한 예측이 선행되어야 수익예산을 편성할 수 있다.

3) 현금예산

현금예산(cash budget)은 현금유입과 현금유출에 관한 예산을 말한다. 현금예산을 통해 일별 또는 주별 현금흐름을 측정할 수 있고, 현금보유 수준과 현금지출의 성질을 분석할 수 있다. 따라서 현금예산을 보면 채무이행에 필요한 현금이 충분히 확보되어 있는가를 확인할 수 있다. 만일 필요 이상으로 많은 현금이 확보되어 있으면, 그 초과분은 채권이나 단기 금융상품에 투자하는 것이 유리하다.

4) 자본예산

자본예산(capital budget)은 건물, 기계설비, 정보시스템과 같이 내용년수가 1년 이상인 고정자산에 투자할 계획으로 수립된 예산을 말한다. 그리고 자본지출(capital expenditure)은 내용년수가 1년 이상인 고정자산을 구입하기 위해 지출하는 비용을 말한다. 자본지출은 미래의 현금흐름에 큰 영향을 미치며, 미래의 수익성을 담보할 수 있는 투자자산이 된다. 따라서 자본예산담당자는 자본지출이 미래의 현금흐름과 수익성에 미치는 영향을 면밀히 분석한 후에 자본예산을 편성해야 한다. 그리고 경영자는 자본예산절차가 적합한가, 특정한 자본지출이 계속 유효한가, 투자수익률이 계속 유지될 수 있는가를 통제해야 한다.

(3) 예산편성방법

예산은 계획수립과 동시에 편성하며, 편성방법은 하향식 예산편성과 상향식 예산편성으로 구분된다.

1) 하향식 예산편성

하향식 예산편성(top-down budgeting)은 최고경영자가 먼저 기업의 전반적인 매출수익과 비용을 설정한 다음, 중간 및 하위경영자가 여기에 맞추어 각 부서별로 예산을 편성하는 방법이다. 즉, 기업 전체의 예산이 조직계층을 따라 각 부서별로 할당하는 방법으로 편성되며, 전통적 관료조직에서 많이 사용한다.

하향식 예산편성은 몇 가지 장 · 단점이 있다. 최고경영자는 기업의 가용자원과 예산에 관한 전반적인 정보를 얻을 수 있기 때문에, 이를 토대로 재무적 예측과 목표 수립이 용이하다. 또한 기업의 전반적인 매출수익과 비용을 기초로 각 부서별 예산을 편성할 수 있다. 그러나 하향식 예산편성은 하위경영자의 참여가 배제된다는 단점이 있다.

2) 상향식 예산편성

상향식 예산편성(bottom-up budgeting)은 하위경영자가 각 부서의 예산을 편성한 다음, 최고경영자로부터 승인을 받는 방법이다. 하위경영자는 자기 책임하에 각 부서의 예산을 직접 편성하기 때문에, 세부적인 예산 항목에 관한 상세한 정보를 가지고 예산을 효율적으로 편성할 수 있다.

상향식 예산편성도 몇 가지 문제가 있다. 하위경영자들은 예산에 대비하여 자신의 성과를 평가받기 때문에 자신에게 유리한 방향으로 예산을 편성하는 경향이 있다. 또한 하위경영자가 작성한 부서별 예산 항목이 기업의 전반적인 재무 목표와 불일치하는 경우도 많다.

이와 같이 하향식 및 상향식 예산편성은 제각기 장 · 단점이 있기 때문에 많은 기업에서는 두 가지 방법을 절충해서 사용하고 있다. 최고경영자와 예산담당자는 기업의 전반적인 재무 목표를 설정한 다음에, 하위경영자에게 각 부서별로 예산편성 정보를 제공한다. 하위경영자는 이 예산편성 정보에 의거하여 부서별 예산을 편성한 다음, 상위 부서로 회부하여 전반적으로 조정한다.

03 재무분석과 재무통제

경영자는 전략계획에 입각하여 재무예측을 하고, 재무분석을 통해 재무적 성과를 측정한다. 그리고 재무감사를 통해 내부적 운영성과를 평가하고, 재무통제를 통해 재무적 성과를 통제한다. 재무통제의 기초 자료는 재무상태표나 손익계산서와 같은 재무제표에서 획득한다.

3.1 재무제표

재무제표(financial statements)는 재무통제를 위한 기초 자료를 제공한다. 재무제표에는 재무상태표, 손익계산서, 현금흐름표, 자본변동표 등이 포함되지만, 그 중에서 재무상태표와 손익계산서가 가장 중요하다.

재무상태표(statement of financial position)는 특정한 시점에서 자산과 부채에 관한 재무상태를 나타낸다. 〈표 16-1〉은 ABC 주식회사의 재무상태표를 나타낸다. 재무상태표는 자산, 부채 및 자본에 관한 정보를 제공한다. 자산은 유동자산과 비유동자산으로 구분된다. 유동자산(current assets)은 유가증권이나 매출채권과 같이 1년 이내에 현금화 할 수 있는 자산을 말하고, 비유동자산

▶▶ 표 16-1 • ABC 주식회사의 재무상태표

2016. 12. 31 현재(단위: 1,000원)

차 변			대 변		
유동자산		950,000	유동부채		600,000
당자좌산	650,000		외상매입금	275,000	
현금	400,000		단기차입금	200,000	
매출채권	250,000		미지급비용	125,000	
재고자산	300,000		비유동부채		600,000
비유동자산		1,320,000	사채	300,000	
투자자산	500,000		장기차입금	300,000	
유형자산	750,000		부채총계		1,200,000
토지	50,000		자본금		850,000
건물	900,000		자본잉여금		100,000
기계장치	100,000		이익잉여금		120,000
무형자산	70,000		자본총계		1,070,000
자산총계		2,270,000	부채 및 자본 총계		2,270,000

▶▶ 표 16-2 • ABC 주식회사의 손익계산서

2016. 1. 1 ~ 2016. 12. 31(단위: 1,000원)

매출액		4,298,000
매출원가	2,950,000	
매출총이익		1,348,000
판매비와 관리비	75,000	
급여	60,000	
광고선전비	15,000	
영업이익		1,273,000
영업외수익		15,000
영업외비용	75,000	
이자비용	75,000	
법인세비용차감전 순이익		1,213,000
법인세비용		
당기순이익	200,000	1,013,000

(non-current assets)은 건물이나 설비와 같이 1년 이상 장기적으로 보유하는 자산을 말하며, 고정자산(fixed assets)이라고도 한다.

부채는 유동부채와 비유동부채로 구분되며, 타인자본이라고도 한다. 유동부채(current debt)는 1년 이내에 상환해야 할 채무를 나타내고, 비유동부채(non-current debt)는 1년 이상 장기간 상환해야 할 채무를 나타낸다. 그리고 자본은 자산과 부채의 차이로서 소유자 지분(owner's equity)을 나타낸다. 자본은 자본금, 자본잉여금 및 이익잉여금으로 구성되며, 자기자본이라고도 한다.

손익계산서(income statement)는 주어진 회계기간 동안의 재무성과를 나타낸다. 통상적으로 1년 단위로 손익계산서를 작성하지만 분기별로 작성하기도 한다. 〈표 16-2〉는 ABC 주식회사의 손익계산서를 나타낸다. 손익계산서는 매출액에서 매출원가, 판매비와 관리비, 이자비용, 법인세비용 등을 차감하는 형태로 작성하여 최종적으로 당기순이익을 계산한다.

3.2 재무분석

기업 활동의 결과는 재무제표에 표시되며, 재무분석(financial analysis)을 통해 재무비율을 산출할 수 있다. 재무비율(financial ratio)은 두 가지 재무수치를 비교하는 형태로 작성되며, 기업의 재무활동을 파악하거나 재무적 성과를 해석하는 데 매우 중요하다. 재무비율은 [그림 16-3]과 같이 유동성 비율, 활동성 비율, 수익성 비율, 레버리지 비율 등으로 구분된다.

그림 16-3 재무비율의 종류

유동성 비율

유동비율 = 유동자산/유동부채
당좌비율 = 당좌자산/유동부채

활동성 비율

총자산회전율 = 매출액/총자산
재고자산회전율 = 매출액/재고자산

수익성 비율

매출액순이익률(ROS) = 당기순이익/매출액
총자산순이익률(ROA) = 당기순이익/총자산
자기자본순이익률(ROE) = 당기순이익/자기자본

레버리지 비율

부채비율 = 부채/자산

(1) 유동성 비율

유동성 비율(liquidity ratio)은 만기가 1년 미만인 단기부채를 상환할 능력을 나타낸다. 유동성 비율에는 유동비율과 당좌비율이 있다. 유동비율(current ratio)은 유동자산을 유동부채로 나눈 값으로 측정하고, 당좌비율(quick ratio)은 당좌자산을 유동부채로 나눈 값으로 측정한다. 예를 들어, 유동부채를 상환하기 위해서는 현금이나 유가증권과 같은 유동자산을 충분히 보유해야 한다. 그러나 유동비율이 높다고 반드시 좋은 것은 아니다. 왜냐하면 유동자산을 과도하게 보유하면, 토지나 건물과 같은 고정자산 투자가 줄어들기 때문이다.

(2) 활동성 비율

활동성 비율(activity ratio)은 재무성과를 향상시키기 위해 자산을 얼마나 효율적으로 활용했는가를 나타낸다. 활동성 비율에는 총자산회전율과 재고자산회전율이 있다. 총자산회전율(total assets turnover)은 매출액을 총자산으로 나눈 값으로 측정하고, 재고자산회전율(inventory turnover)은 매출액을 재고자산으로 나눈 값으로 측정한다. 예를 들어, 재고자산회전율은 매출액을 달성하기 위해 재고자산을 몇 번 회전하였는가를 나타낸다. 즉, 재고자산회전율이 높다는 것은 적은 재고자산으로 판매를 많이 했다는 의미가 된다. 재고자산회전율도 적정 수준으로 통제해야 한다. 이 비율이 너무 낮으면, 갑작스런 품절로 인해 고객을 잃을 수가 있는 반면에, 너무 높으면 과잉재고로 인해 수익성이 감소한다.

(3) 수익성 비율

수익성 비율(profitability ratio)은 기업의 수익성을 나타낸다. 수익성 비율에는 매출액순이익률, 총자산순이익률, 자기자본순이익률이 있다. 매출액순이익률(return on sales: ROS)은 당기순이익을 매출액으로 나눈 값으로 측정하고, 총자산순이익률(return on assets: ROA)은 당기순이익을 총자산으로 나눈 값으로 측정하며, 자기자본순이익률(return on equity: ROE)은 당기순이익을 자기자본으로 나눈 값으로 측정한다.

(4) 레버리지 비율

레버리지 비율(leverage ratio)은 자기자본에 대한 타인자본의 조달 정도를 나타낸다. 레버리지 비율이 증가하면 재무위험이 증가하여 부채의 원리금을 상환할 수 없게 된다. 레버리지 비율로는 부채비율이 많이 사용된다. 부채비율(debt ratio)은 부채를 자산으로 나눈 값으로 측정한다.

3.3 재무감사

재무감사(financial audits)는 기업의 재무 기록을 독립적으로 감사하는 것을 말한다. 감사는 외부감사와 내부감사로 구분된다. 외부감사(external audit)는 공인회계사(certified public accountant: CPA)나 회계법인과 같은 외부 전문가가 실시하는 감사를 말하고, 내부감사(internal audit)는 내부 전문가가 실시하는 감사를 말한다. 통상적으로 회계담당자가 내부 감사기능을 수행하며, 이들은 사업부나 부서가 효율적으로 운영되었는가를 감사한다.

재무제표는 내부감사와 외부감사를 모두 거친 후에 공표된다. 이중적인 감사를 거치는 이유는 재무제표가 실질적인 경영상태를 최대한 정확하게 반영하도록 하기 위해서이다.

3.4 재무통제

재무통제(financial control)는 기업의 재무상태가 정상 궤도에서 이탈하고 있는가를 파악하여 적절한 수정조치를 취하는 데 목적이 있다. 재무제표를 정확하게 분석해 보면, 문제점이 무엇이고, 그 해결책은 무엇인가를 체계적으로 파악할 수 있다.

재무성과는 여러 가지 원인에 의해 악화될 수 있으므로, 경영자는 재무제표를 엄밀하게 분석하여 그 원인을 정확하게 진단해야 한다. 다시 말해, 경영자는 재무제표의 이면에 깔려있는 문제의 원인을 찾아내야 한다. 문제의 원인이 밝혀지면, 문제를 수정하고 재무상태를 정상화 시킬 수 있는 프로그램을 실천해야 한다.

04 통제철학의 변화와 종합적 품질관리

4.1 통제철학의 변화

경영자들의 통제철학이 관료적 통제에서 분권적 통제로 변화하고 있다. 관료적 통제(bureaucratic control)는 상세한 규칙과 절차를 사용하여 종업원들의 행동과 기업의 성과를 엄밀히 통제하는 것을 말한다. 분권적 통제(decentralized control)는 규칙과 절차는 제한적으로 사용하고 종업원들의 가치판단, 신념, 집단규범 등에 의거하여 종업원들의 행동과 기업의 성과를 통제하는 것을 말한다. 관료적 통제에서는 종업원들이 엄밀한 규칙이나 감독이 있어야 일을 열심히 한다고 가정하는 반면에, 분권적 통제에서는 종업원들이 엄밀한 규칙이나 감독이 없어도 자기 스스로 통제를 할 수 있다고 가정한다.

관료적 통제와 분권적 통제의 자세한 특성은 [그림 16-4]와 같다.

그림 16-4 관료적 통제와 분권적 통제의 특성

관료적 통제	분권적 통제
• 상세한 규칙과 절차 사용	• 제한된 규칙과 절차 사용
• 하향식 권한 행사	• 유연한 권한 행사
• 수직적 조직구조	• 수평적 조직구조
• 지위권력 행사	• 전문적 권력 행사
• 과업 중심 직무기술서	• 결과 중심 직무기술서
• 외적 보상 강조	• 외적 · 내적 보상 동시 강조
• 제한적 종업원 참여	• 광범위한 종업원 참여
• 비적응적 기업문화	• 적응적 기업문화
• 품질통제담당자	• 구성원 각자 품질통제

자료: Don Hellriegel, Susan E. Jackson, and John W. Slocum, Jr., *Management*, 8th ed., Cincinnati, Ohio: South-Western College Publishing, 1999, p. 663.

4.2 종합적 품질관리

(1) 종합적 품질관리의 개념

종합적 품질관리(total quality management: TQM)는 분권적 통제 철학에 기초하여 발전하였다. TQM은 기업의 모든 활동에 품질 개념을 주입하여 제품과 서비스의 품질을 개선시키려는 조직 전반적인 노력을 의미한다.

1970년대 이후 일본 기업들은 '품질운동의 아버지'로 불려지는 데밍(W. Edwards Deming)의 도움으로 제품과 서비스의 품질향상에 많은 노력을 기울였다. 미국에서는 데밍의 아이디어를 배척하였으나, 일본에서는 그의 아이디어를 수용하여 품질검사의 개념에서 품질통제의 개념으로 발전시켰다. 그 결과, 일본 제품의 품질은 끊임없이 개선되어 미국 제품의 품질을 추월하게 되었다. 1980년대 이후 미국 기업들은 일본기업과의 품질격차를 극복하기 위해, 파이겐바움(Armand V. Feigenbaum)이 제창한 종합적 품질관리를 도입하기 시작하였으며, 오늘날에는 세계의 모든 기업들이 이를 실천하고 있다.

TQM 철학은 종업원들의 팀웍을 통해, 제품의 원가를 절감하고, 품질향상으로 고객만족을 달성하는 것이다. TQM이 성공하기 위해서는, 첫째, TQM 과정에 종업원들이 참여하여야 한다. 둘째, 모든 업무는 고객 지향적으로 수행해야 하며, 고객의 욕구를 충족시키고, 고객의 기대에 어긋나지 않아야 한다. 셋째, 벤치마킹의 대상으로 설정한 경쟁기업이나 우수기업의 장점을 모방하려고 노력해야 한다. 넷째, 연속적 개선의 개념에서 출발하여 조금씩 꾸준히 개선해 나가는 노력이 필요하다. 품질관리는 점진적으로 이루어져서 완전에 이르고 무결점(zero defects)의 목표를 달성할 수 있다. 또한 품질관리는 특별한 부서에서 전담하는 것이 아니라 모든 종업원들이 매일 일과의 일부로 생각하고 실천해야 한다.

(2) 종합적 품질관리 기법

종합적 품질관리는 품질서클, 벤치마킹, 6-시그마와 같은 다양한 기법을 통해 실천된다.

1) 품질서클

품질서클(quality circle: QC)은 작업의 품질에 영향을 미칠 수 있는 문제점을 해결하기 위해 정기적으로 만나는 6~12명으로 구성된 종업원 그룹을 말한다. 품질서클을 권장하는 이유는 직접 작업을 담당하는 종업원들이 누구보다 품질개선 방안도 잘 알고 있을 것이라는 믿음 때문이다.

품질서클의 구성원들은 작업주간 동안 미리 정해진 시간에 만나서 문제점을 확인하고 해결책을 찾아낸다. 구성원들은 필요한 데이터를 수집하고 조사활동을 벌이기도 한다. 또한 기업에서는 품질서클의 구성원들에게 팀 빌딩 기법(team building techniques), 문제해결법(problem solving techniques), 통계적 품질관리 기법(statistical quality control techniques) 등을 교육시키고 있다.

2) 벤치마킹

벤치마킹은 1979년에 미국의 Xerox사가 처음 도입한 이후 TQM의 주요 요소로 발전하였다. 벤치마킹(benchmarking)은 경쟁기업이나 우수기업의 사례를 표준으로 하여, 자사의 제품, 서비스, 업무의 품질을 개선시키기 위한 연속적인 과정을 말한다. 먼저, 자사의 미션기술서(mission statement)를 비롯하여 업무절차를 자세히 분석하여 잘못된 점을 찾아내야 한다. 그 다음에, 벤치마킹한 경쟁기업이나 우수기업의 장점에서 필요한 부분을 모방한다.

3) 6-시그마

6-시그마(six sigma)는 1980년대 중반에 미국의 Motorola사가 처음 도입한 후, GE의 전 CEO 잭 웰치(Jack Welch)가 6-시그마의 우수성을 강조함에 따라

그림 16-5 종합적 품질관리의 효과

긍정적 효과	부정적 효과
• 종업원들의 직무수행에 필요한 지식과 기술을 제공한다. • 종업원들의 직무 충실화에 기여하고 동기를 유발한다. • 종업원들의 문제해결능력이 향상된다. • 종업원들의 참여와 팀웍이 강화된다. • 연속적 개선을 중요시하는 조직 문화가 형성된다.	• 경영자의 높은 기대를 충족시키기 어렵다. • 중간경영자들이 권한의 감소를 싫어한다. • 노동조합 지도자들이 품질서클의 토론에서 배제된다.

선풍적인 인기를 얻게 되었다. 그리스 문자인 sigma(σ)는 통계학에서 표준편차를 측정하기 위한 기호이다. 6-시그마의 품질표준은 100만 건당 3.4개 이하의 결점을 목표로 하며, 이는 99.9997%의 무결점확률을 의미한다.

(3) 종합적 품질관리의 효과

Motorola, GE, Nokia, DuPont 등 수많은 기업들이 TQM을 통해 능률향상, 품질개선, 고객만족의 측면에서 놀라운 성과를 거두었다. 그러나 TQM이 항상 성공하는 것은 아니며, 실패하는 경우도 많다. 특히, 6-시그마는 조직의 모든 문제점을 해결하는 것은 아니다. 일부 기업에서는 6-시그마를 실천하기 위해 엄청난 에너지와 자원을 쏟아 붓고도 별다른 효과를 거두지 못하고 있다. [그림 16-5]는 종합적 품질관리의 효과를 긍정적인 효과와 부정적인 효과로 구분한 것이다.

05 품질통제와 재무통제의 최근 동향

최근에 국제적 품질인증제도가 널리 보급되고 있고, 새로운 재무통제 기법이 계속 개발되고 있다. 고객들은 높은 품질을 요구하고 기업에서는 생산성 향상과 원가절감이 요구되기 때문에 새로운 통제기법이 계속 필요하게 된다. 또한 새로운 통제기법에서는 정보공유, 종업원 참여, 팀웍이 더욱 강조되고 있다.

5.1 국제적 품질인증제도

TQM은 글로벌 경제의 발전과 더불어 국제적으로 표준화 되고 있다. 국제표준화기구(International Organization for Standardization: ISO)에서는 1987년에 처음으로 ISO 9000 시리즈를 제정하였고, 1994년에 1차로 개정하였다. ISO 9000 시리즈는 ISO 9000, ISO 9001~9003, ISO 9004의 5가지 기준으로 구성되어 있으며, 많은 국가에서 자국의 품질기준으로 채택하고 있다.

품질관리의 국제적 인증제도와 더불어 품질관리상도 TQM의 발전에 큰 기여를 하였다. 대표적인 품질관리상으로는 일본의 데밍상(Deming prize), 미국의 말콤 발드리지상(Malcolm Baldrige award), 유럽품질상(European quality award), 한국의 품질경영상과 한국품질대상을 들 수 있다.

5.2 새로운 재무통제 기법

많은 경영자들은 전통적인 재무통제 기법 외에, 경제적 부가가치 시스템, 활동성기준 원가회계, 장부공개관리, 균형성과표와 같은 새로운 재무통제 기법을 활용하고 있다.

(1) 경제적 부가가치 시스템

CocaCola, AT&T와 같은 대기업에서는 재무성과를 측정하기 위한 새로운 방법으로 경제적 부가가치 시스템을 도입하고 있다. 경제적 부가가치(economic value added: EVA)는 세금과 자본비용을 공제한 순영업이익을 말한다. EVA는 기업의 직무별, 부서별 및 경영과정별 성과를 부가가치 개념으로 측정한 것이다. 다시 말해, EVA 시스템은 기업이 부가가치를 얻기 위해 어떤 활동을 했는가를 파악하고, 직무별, 부서별 및 경영과정별 성과를 부가가치 개념으로 측정하는 통제시스템을 말한다.

연구 결과에 의하면, EVA 시스템은 재무적 성과를 측정하고 통제하는 데 매우 효과적인 것으로 나타났다. 그러나 재무통제 시스템을 EVA의 관점에서 다시 구축해야 하고, 모든 정책과 절차를 EVA의 관점에서 통합해야 하는 어려움이 따른다. 나아가, 모든 직무가 부가가치와 관계가 있기 때문에 종업원들을 재교육시켜야 한다.

(2) 활동성기준 원가회계

최근에 종합적 품질관리의 도입으로 전통적인 원가회계의 유용성이 감소하고 있다. 왜냐하면 전통적인 원가회계에서는 생산에 투입되는 자원의 양을 사전에 책정할 수 있다고 가정하지만, 종합적 품질관리의 도입으로 이러한 가정이 성립하지 않기 때문이다. 예를 들어, 생산과정에서 종합적 품질관리로 원가절감이 이루어지면, 제품의 원가가 사전에 책정한 금액보다 절감된다.

노무비와 제조간접비간의 관계도 변화하고 있다. 자동화에 따라 노무비의 비중이 점차 감소하더라도, 제조간접비가 증가하면 제품원가는 그만큼 상승하게 된다. 또한 소비자의 욕구 변화에 대응하기 위해 다품종소량생산 방식을 도입하면 원가가 상승하게 된다.

이와 같이 기업의 환경이 급변하는 상황에서는 전통적인 원가회계보다 활동성기준 원가회계가 더 유용할 수 있다. 활동성기준 원가회계(activity-based costing: ABC)는 제품이나 서비스를 생산하는 데 필요한 다양한 활동을 선정하고, 그러한 활동에 소요되는 원가를 계산한 다음, 각 제품이나 서비스의 진정한 원가에 따라 예산을 배정하는 통제시스템을 말한다. ABC 과정은 원가를 구성하는 특수한 활동을 먼저 측정하기 때문에 제품의 원가를 정확하게 계산할 수 있다.

(3) 장부공개관리

오늘날에는 정보공유, 종업원 참여, 팀웍이 강조되기 때문에 경영자는 명령자로서보다 촉진자로서 역할을 해야 한다. 또한 종업원들도 목표 달성을 위해 적극적으로 참여하고 재무통제를 받아들여야 한다.

장부공개관리(open-book management)는 모든 종업원에게 재무정보를 공개하여 정보를 공유하는 것을 말한다. 재무정보를 공개함으로써, 왜 기업을 재조직해야 하고 원가절감을 해야 하고, 고객 서비스를 향상시켜야 하며, 새로운 전략을 수립해야 하는가를 종업원들에게 인식시킬 수 있다.

장부공개관리의 목적은 종업원들에게 주인의식을 갖도록 하는데 있다. 그러기 위해서는 종업원들도 소유자와 동일한 정보를 가져야 한다. 종업원들이 회계자료뿐만 아니라 각종 도표, 컴퓨터 인쇄물, 회의 자료 등 모든 장부자료를 열람해 봄으로써, 기업의 재무상태도 정확하게 파악할 수 있고, 기업에 대한 주인의식도 갖게 된다.

(4) 균형성과표

최근에 재무적 성과와 비재무적 성과를 통합하기 위한 재무혁신이 일어나고 있다. 이는 재무적 성과에만 의존하는 회계시스템에 대한 비판이 계속되고 있기 때문이다.

균형성과표는 재무적 성과와 다양한 비재무적 성과를 통합할 수 있는 새로운 통제시스템으로 각광을 받고 있다. 균형성과표(balanced scorecard: BSC)는

그림 16-6 균형성과표(BSC)의 기본 모형

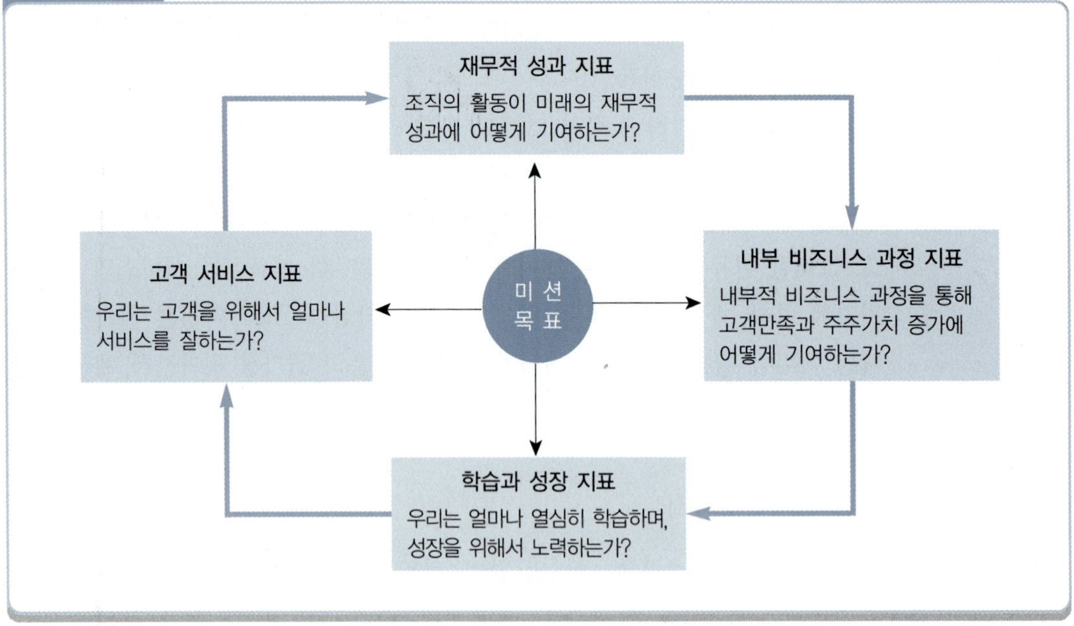

자료: Robert S. Kaplan and David P. Norton, "Using the Balanced Scorecard as a Strategic Management System," *Harvard Business Review*, January-February 1996, pp. 75-85.

[그림 16-6]과 같이 전통적인 재무적 성과 외에 고객서비스, 내부 비즈니스과정, 학습과 성장의 관점에서 세 가지 비재무적 성과를 통합한 경영통제시스템을 말한다. 다시 말해, 전통적인 재무적 성과뿐만 아니라, 세 가지 비재무적 성과를 잘 통합해야 기업의 미션과 목표를 효과적으로 달성할 수 있다고 본다.

재무적 성과지표는 조직의 활동이 미래의 재무적 성과에 기여하는 정도를 점수로 나타낸 것이다. 여기에는 순이익이나 ROA와 같은 전통적 재무지표도 포함된다. 그리고 비재무적 성과지표 중에서, 고객서비스 지표는 고객만족을 위해 기여하는 정도를 점수로 나타낸 것이고, 내부 비즈니스과정 지표는 내부적 비즈니스 과정이 고객만족과 주주가치 증대에 기여하는 정도를 점수로 나타낸 것이다. 그리고 학습과 성장 지표는 조직 구성원들이 학습과 성장을 위해 노력하는 정도를 점수로 나타낸 것이다.

균형성과표의 네 가지 구성 지표는 [그림 16-7]과 같이 피라미드 형의 계층구조를 이루며, 화살표 방향으로 인과관계가 작용한다. 최상단에 위치한 재무적 성과가 증가하기 위해서는 그 밑에 있는 세 가지 비재무적 성과가 연쇄적으로 증가하여야 한다. 먼저, 학습과 성장이 증가하면 고객 서비스가 증가하고,

그림 16-7 균형성과표의 계층구조

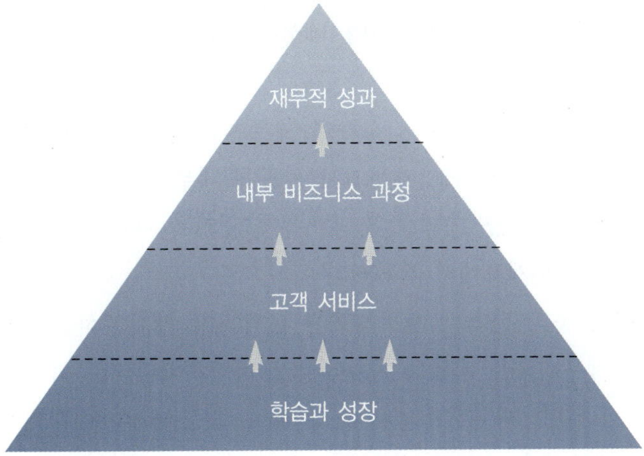

자료: Robert S. Kaplan and David P. Norton, *Strategy Maps: Converting Intangible Assets into Tangible Outcomes*, Boston: Harvard Business School Press, 2004.

그 다음으로 내부 비즈니스 과정이 개선되어 최종적으로 재무적 성과가 증가한다. 따라서 인적 자본의 학습과 성장에서 출발하여 고객 서비스와 내부 비즈니스 과정을 거쳐 비재무적 성과가 균형있게 증가하여야 재무적 성과도 증가할 수 있다.

>>> 요약 s·u·m·m·a·r·y

통제는 기업 활동이 계획에 따라 바람직한 방향으로 수행되고 있는가를 확인하고, 필요하면 수정조치를 취하는 체계적인 과정을 말한다. 다시 말해, 통제는 계획에 따라 설정된 성과표준과 실제성과를 비교하여 필요한 수정조치를 취하는 과정이다. 통제의 종류는 통제 시점에 따라 사전통제, 동시통제 및 사후통제로 분류되며, 사후통제가 가장 많이 사용된다. 사후통제는 성과표준 설정, 실제성과 측정, 성과표준과 실제성과의 비교, 피드백의 4단계로 이루어진다.

예산통제는 예산항목별로 목표금액을 설정하고 목표대로 집행이 이루어지는가를 통제하는 것을 말한다. 예산통제는 대표적인 사후통제에 속한다. 최고경영자는 전반적인 예산을 통제하고, 중간경영자는 해당 부서의 예산을 통제한다. 예산의 종류는 비용예산, 수익예산, 현금예산, 자본예산 등으로 구분된다. 예산은 계획수립과 동시에 편성하며, 예산편성방법은 하향식 예산편성과 상향식 예산편성으로 구분된다.

경영자는 전략계획에 입각하여 재무예측을 하고, 재무분석을 통해 재무적 성과를 측정한다. 그리고 재무감사를 통해 내부적 운영을 평가하고, 재무통제를 통해 재무적 성과를 통제한다. 재무통제의 기초 자료는 재무상태표나 손익계산서와 같은 재무제표에서 획득한다.

기업 활동의 결과는 재무제표에 표시되며, 재무분석을 통해 재무비율로 가공된다. 재무비율은 기업의 재무활동을 파악하거나 재무적 성과를 해석하는 데 매우 중요하다. 재무비율은 유동성 비율, 활동성 비율, 수익성 비율, 레버리지 비율로 구분된다. 유동성 비율에는 유동비율과 당좌비율이 있고, 활동성 비율에는 총자산회전율과 재고자산회전율이 있다. 수익성 비율에는 매출액순이익률, 총자산순이익률, 자기자본순이익률이 있고, 레버리지 비율에는 부채비율이 있다.

재무감사는 재무 기록을 독립적으로 감사하는 것을 말한다. 감사는 외부감사와 내부감사로 구분되며, 재무제표는 이를 모두 거친 후에 공표된다. 재무통제는 기업의 재무활동이 정상 궤도에서 이탈하고 있는가를 파악하여 절절한 조치를 취하는 데 목적이 있다. 재무제표를 정확하게 분석해 보면, 문제점이 무엇이고, 그 해결책은 무엇인가를 파악할 수 있다.

경영자들의 통제철학이 관료적 통제에서 분권적 통제로 변화하고 있다. 관료적 통제는 상세한 규칙과 절차를 사용하여 종업원들의 행동과 기업의 성과를 엄밀히 통제하는 것을 말한다. 분권적 통제는 규칙과 절차는 제한적으로 사용하고 종업원들의 가치판단, 신념, 집단규범 등에 의거하여 종업원들의 행동과 기업의 성과를 통제하는 것을 말한다.

종합적 품질관리(TQM)는 분권적 통제 철학에 기초하여 발전하였다. TQM은 기업 내의 모든 활동에 품질 개념을 주입하여 제품과 서비스의 품질을 계속해서 개선시키려는 조직 전반적인 노력을 의미한다. TQM 철학은 종업원들의 팀웍을 통해, 제품의 원가를 절감하고, 품질향상으로 고객만족을 증가시키는 데 초점을 두고 있다. TQM이 성공하기 위해서는 경영자와 종업원은 물론 공급업자와 고객까지도 상호 협력이 필요하다. TQM은 품질서클, 벤치마킹, 6-시그마와 같은 다양한 기법을 통해 실천된다.

최근에는 국제적 품질인증제도가 널리 보급되고 있고, 새로운 재무통제 기법이 개발되고 있다. ISO는 1987년에 처음으로 ISO 9000 시리즈를 제정하였으며, 1994년에 1차로 개정하였다. 많은 국가에서 ISO 9000 시리즈를 자국의 품질기준으로 채택하고 있다. 또한 대표적인 품질관리상으로는 일본의 데밍상, 미국의 말콤 발드리지상, 유럽품질상, 한국의 품질경영상과 한국품질대상을 들 수 있다.

많은 경영자들은 전통적인 재무통제기법 외에, 경제적 부가가치 시스템, 활동성기준 원가회계, 장부공개관리, 균형성과표와 같은 새로운 재무통제시스템을 활용하고 있다. 경제적 부가가치(EVA) 시스템은 기업이 부가가치를 얻기 위해 어떤 활동을 했는가를 파악하고, 기업의 직무별, 부서별 및 경영과정별 성과를 부가가치 개념으로 측정하는 통제시스템을 말한다. 장부공개관리는 모든 종업원들에게 기업의 재무정보를 공개하여 정보를 공유하는 것을 말한다. 그리고 활동성기준 원가회계(ABC)는 제품이나 서비스를 생산하는 데 필요한 다양한 활동을 선정하고, 그러한 활동에 소요되는 원가를 계산한 다음, 각 제품이나 서비스의 진정한 원가에 따라 예산을 배정하는 통제시스템을 말한다.

균형성과표(BSC)는 전통적인 재무적 성과 외에 고객서비스, 내부 비즈니스 과정, 학습과 성장의 관점에서 세 가지 비재무적 성과를 통합한 경영통제시스템을 말한다. 다시 말해, 전통적인 재무적 성과뿐만 아니라, 세 가지 비재무적 성과를 잘 통합해야 기업의 미션과 목표를 효과적으로 달성할 수 있다고 본다.

>>> 연습문제 e·x·e·r·c·i·s·e

01 통제란 무엇이며, 통제의 종류는 통제 시점에 따라 어떻게 분류되는가?

02 사후통제는 어떤 단계로 이루어지며, 각 단계별 특성은 어떠한가?

03 예산통제란 무엇이며, 예산의 종류는 어떻게 분류되는가?

04 하향식 예산편성과 상향식 예산편성은 각각 어떤 장단점이 있는가?

05 재무제표란 무엇이며, 주요 재무비율은 어떻게 분류되는가?

06 유동성 비율, 활동성 비율, 수익성 비율, 레버리지 비율은 각각 기업 활동의 어떤 측면을 측정해 주는가?

07 재무감사와 재무통제는 어떻게 다른가?

08 관료적 통제와 분권적 통제는 어떻게 다른가?

09 TQM이란 무엇이며, 주요 기법에는 어떤 것이 있는가?

10 ISO 9000 시리즈란 무엇이며, 어떻게 구성되어 있는가?

11 경제적 부가가치(EVA)란 무엇이며, 왜 중요시 되는가?

12 장부공개관리와 활동성기준 원가회계란 각각 무엇이며, 왜 중요시 되는가?

13 BSC란 무엇이며, 어떤 지표로 구성되는가?

인품 수양이 지극한 경지에 이른 사람은 자기를 내세우지 아니하고,
신의 경지에 이른 사람은 공을 내세우지 아니하며,
성인은 자기 이름 그 자체가 없다.

– 장자 –

MANAGEMENT

chapter

17 정보기술과 e-비즈니스

이 장에서는 정보기술이란 무엇이며, 정보기술은 기업경영에 어떤 효과를 미치는가? 정보시스템이란 무엇이며, 어떤 종류가 있으며, 어떤 문제를 일으키는가? 인터넷과 e-비즈니스는 어떤 관계가 있는가? 그리고 최근에 부각되는 정보기술은 어떤 것이 있는가에 대해 살펴본다.

01 정보기술의 개념과 효과

1.1 정보기술의 개념

정보기술(information technology: IT)은 정보를 수집, 정리, 저장, 처리, 배분하는데 사용되는 하드웨어, 소프트웨어, 커뮤니케이션, 데이터베이스, 기타 정보처리기술을 말한다. 정보기술은 고객과 조직의 정보에 관한 복잡한 데이터베이스를 구축하고 이를 이용하는 데 사용된다. 정보기술은 대인적 커뮤니케이션은 물론 조직 커뮤니케이션에도 많은 영향을 미친다. 따라서 기업에서는 하드웨어, 소프트웨어, 기타 정보처리기술에 대한 지속적인 투자가 필요하다.

경영자는 정보기술을 사용하여 각종 정보를 신속·정확하게 획득함으로써 의사결정의 효율성을 높일 수 있다. 또한 종업원들도 정보기술을 사용하여 언제 어디에서나 고객과 실시간으로 커뮤니케이션을 할 수 있고, 원격지간 재고통제가 가능하며, 업무과정에도 많은 도움을 받을 수 있다.

그리고 기업의 최고정보관리자(chief information officer: CIO)는 수많은 데이터에서 유용한 정보를 가공하고, 방대한 데이터베이스를 관리하며, 새로운 정보기술(information technology)을 도입하는 직무를 수행한다. 유능한 CIO는 경영자들의 의사결정과 문제해결에 필요한 양질의 정보를 제공할 수 있는 정보인프라(information infrastructure)를 구축해야 하며, 정보기술에 관한 다양한 지식을 결합하여 경영자와 종업원들의 정보욕구(information needs)를 충족시켜야 한다.

1.2 정보기술의 효과

경영자들은 정보기술의 발전으로 종업원이나 고객들과 쉽게 접촉할 수 있고, 환경의 변화에도 신속하게 대응할 수 있다. 정보기술은 문제점이 전혀 없는 것은 아니지만, 긍정적인 효과가 훨씬 많다. 정보기술은 [그림 17-1]과 같이 업무의 효율성을 증대시키고, 종업원들의 임파워먼트(empowerment)를 강화시키며, 종업원 간의 협력관계를 강화시키고, 조직의 학습능력을 향상시킨다. 그러나 정보기술은 조직구성원들에게 정보과잉으로 인한 부작용을 일으킬 수 있다.

(1) 업무의 효율성 증대

정보기술은 업무의 효율성을 증대시키고 비용을 절감시킨다. 왜냐하면 종업원들은 정보기술을 이용하여 고객, 경쟁업자, 시장, 서비스 등에 관한 다양한 정보를 서로 공유하고 아이디어를 교환할 수 있기 때문이다.

그림 17-1 정보기술의 효과

정보기술은 시간과 지리적 장벽을 제거시킨다. 글로벌 네트워크와 휴대용 컴퓨터를 사용하면 이런 장벽은 제거된다. 이제 시간과 공간은 커뮤니케이션에서 중요한 변수가 아니다. 예를 들어, 스위스의 프로젝트 팀이 낮에 일하고 밤에 잠자는 동안, 미국의 프로젝트 팀이 그 프로젝트를 이어 받아 계속 수행할 수 있다. 또 미국의 Digital Equipment는 새로운 프로젝트 팀을 구성할 때, 팀원들이 1주일 정도 서로 만나서 얼굴을 익히고 친해진 다음에, 세계 각지에 퍼져 있는 각자의 사무실로 돌아가서 e-메일과 의사결정지원시스템으로 업무를 수행한다.

휴대용 컴퓨터를 사용하면, 낮과 밤, 지리적 장소에 구애받지 않고, 세계 어디서나 새로운 정보를 획득하거나 데이터베이스에 접속할 수 있다. e-메일, 스마트폰, 팩시밀리와 같은 정보통신기기를 사용하면, 시간과 공간의 제약에서 벗어날 수 있고, 업무의 효율성을 향상시킬 수 있다.

(2) 종업원의 임파워먼트 강화

정보기술은 종업원의 임파워먼트를 강화시킨다. 종업원들은 더 많은 정보를 사용하여 더 도전적인 업무를 수행할 수 있으며, 감독자의 의사결정 방향을 사전에 예측할 수 있다. 또한 정보기술이 발전할수록 일상적인 업무는 자동화되고 서류작업은 줄어든다.

(3) 종업원간의 협력관계 강화

정보기술은 종업원간의 협력관계를 강화시키고, 고객, 공급업자, 다른 기업과의 협력관계도 개선시킨다. 인트라넷, 지식경영시스템, 그룹웨어 등은 범세계적으로 종업원들을 연결시켜 정보와 아이디어의 공유 및 교환을 가능하게 한다. 또한 엑스트라넷은 기업과 외부 협력업체간의 연결을 촉진시킨다.

(4) 조직의 학습능력 강화

정보기술은 조직의 학습능력을 강화시키며, 광범위한 정보의 축적과 커뮤니케이션을 가능하게 한다. 따라서 경영자들은 문제점과 기회를 신속하게 파악하고, 의사결정을 신속하게 할 수 있다. 나아가, 경영자들은 핵심정보를 종업원들에게 제공함으로써 업무와 고객서비스를 개선시킬 수 있다.

(5) 종업원의 정보과잉 초래

정보기술의 발전에 따라 종업원들이 넘쳐나는 정보과잉의 수렁에 빠질 우려가 있다. 종업원들이 새롭게 생산되는 데이터나 정보를 충분히 소화하지 못할 수 있다. 심리학자들은 종업원들이 정보과잉으로 인해 정신적 장애를 일으킬 수 있다고 경고하였다. McCafferty(1998)는 이러한 형상을 정보피로신드롬(information fatigue syndrome)이라 하였다.[1] 다시 말해, 정보기술은 새로운 질병을 유발할 수 있다는 것이다. 따라서 경영자들은 정보의 병폐를 최소화 시키고, 정보의 품질을 향상시키기 위해 많은 노력을 기울여야 한다.

02 정보시스템의 개념과 종류

2.1 정보시스템의 개념

오늘날 대부분의 조직에서는 다양한 정보시스템을 활용하고 있다. 정보시스템(information system)은 의사결정에 필요한 정보를 제공하기 위해 데이터를 수집, 정리, 저장, 처리, 배분하는 시스템을 말한다. 예를 들어, 슈퍼마켓에서 거래내역을 장부에 기록하였다가 필요할 때 다시 사용한다면, 이것도 일종의 정보시스템이다. 그러나 컴퓨터가 놀라운 속도로 발전하면서 대부분의 정보시스템은 컴퓨터를 중심으로 구축되고 있다. 오늘날의 정보시스템은 하드웨어, 소프트웨어, 사람, 절차, 데이터로 구성된다.

(1) 하드웨어

하드웨어(hardware)는 데이터를 처리하기 위한 컴퓨터와 주변 장치를 말한다. 하드웨어는 입력, 처리, 보관, 출력 장치로 구분된다. 입력장치(input device)는 컴퓨터 키보드, 마우스, 마이크, 계산기, 스캐너와 같이 데이터를 입력하는 장치를 말하며, 처리장치(processor)는 데이터를 정리, 조작, 처리, 계산하는 장치를 말한다. 보관장치(storage device)는 하드 디스크, 콤팩트 디스크, USB와

1) Joseph McCafferty, "Coping with Infoglut," *CFO*, September 1998, pp. 101-102.

같이 데이터를 보관하는 장치를 말하고, 출력장치(output device)는 컴퓨터 모니터나 프린터를 통해 데이터가 처리된 정보를 출력하기 위한 장치를 말한다.

(2) 소프트웨어

소프트웨어(software)는 하드웨어를 작동시켜 원하는 작업을 수행하기 위한 각종 프로그램을 말한다. 소프트웨어가 없으면 컴퓨터는 단순한 기계뭉치에 지나지 않는다. 예를 들어, MS Windows vista, MS Office, 아래 한글 등은 잘 알려진 소프트웨어이다. 최근에는 인터넷이 광범위하게 사용되면서 인터넷 및 정보통신과 관련된 소프트웨어가 홍수처럼 쏟아져 나오고 있다.

(3) 사 람

아직까지 사람이 관여하지 않고 작동할 수 있는 정보시스템은 없다. 오히려 정보시스템이 발전할수록 고도의 전문가가 더 많이 필요하다. 데이터처리 담당자(data processing manager)는 입력된 데이터를 처리하고 보고서를 작성하여 경영자에게 전달하는 기능을 수행하며, 시스템 분석가(system analyst)는 업무를 분석한 후에 필요한 하드웨어와 소프트웨어를 선정하고 시스템을 개발하는 기능을 수행한다. 프로그래머(programer)는 시스템이 잘 돌아갈 수 있도록 소프트웨어 프로그램을 짜고, 사용상의 불편한 점이나 새로운 정보에 대한 요구나 희망하는 출력 형태 등을 시스템 분석가에게 전달한다. 최근에는 시스템 전문가들이 사용자의 요구를 충분히 반영하여 사용자 중심으로 시스템을 개발하고 있다.

(4) 절 차

정보시스템을 통해 유용한 정보를 생산하기 위해서는 일정한 절차가 필요하다. 예를 들어, 어떤 종류의 보고서를 누구에게 언제 어떻게 보고할 것인가, 어떤 정보는 어떤 증빙서류가 첨부되어야 하는가 등이다. 최근에는 시스템 보안의 필요성이 증가함에 따라 정보시스템에 접속할 수 있는 사람을 항목별로 구분하기도 한다. 정보에 대한 관심이 증가할수록 절차와 보안 문제는 더욱 중요시된다.

(5) 데이터

정보시스템을 통해 유용한 정보를 생산하기 위해서는 다양한 데이터가 필요하다. 다시 말해, 데이터는 정보를 생산하기 위한 투입원료로 사용된다. 예를 들어, 슈퍼마켓에서 식품을 구입하면 계산과 동시에 바코드에 등록된 모든 데이터가 컴퓨터에 입력되어 각종 판매정보가 산출된다.

그러나 정보는 데이터와 다른 개념으로 이해해야 한다. 데이터(data)는 분석되거나 가공되지 않은 원료 상태로 있는 사실이나 수치를 말하며, 정보(information)는 데이터를 원료로 사용하여 그 사용자에게 의미 있고 유용한 내용으로 분석되거나 가공된 것을 말한다. 다시 말해, 데이터 그 자체만으로는 유용하지 않고, 정보로 가공되어야 비로소 유용하게 사용된다. 그러나 수많은 데이터 가운데서 특정한 목적에 맞는 정보를 가공하는 것은 매우 어렵다.

정보시스템이 고도화 될수록 외부 데이터에 대한 수요는 증가하고, 이에 부응하여 각종 데이터베이스 상품도 증가한다. 따라서 데이터베이스 산업은 정보화 사회에서 유망한 산업으로 각광 받고 있다.

2.2 정보시스템의 종류

정보시스템은 정보제공자와 정보사용자에 따라 다양하게 분류된다. 기업에서 가장 널리 사용되는 정보시스템은 [그림 17-2]와 같이 운영정보시스템과 경영정보시스템으로 분류된다.

(1) 운영정보시스템

운영정보시스템(operations information system)은 종업원들이나 하위경영자들의 일상적인 업무나 의사결정에 필요한 정보를 지원하는 시스템을 말하며, 거래처리시스템, 과정통제시스템, 사무자동화시스템으로 구성된다.

1) 거래처리시스템

거래처리시스템(transaction processing system: TPS)은 영업활동에서 발생하는 모든 거래데이터를 기록 · 처리하기 위한 시스템을 말한다. TPS는 고객에 대한 매출액, 공급자로부터의 구매액, 재고 변화, 종업원에 대한 임금지급액, 기타 거래데이터를 기록 · 처리하며, 거래결과로 발생하는 모든 데이터는 데이터베이스에 저장된다. 종업원들은 데이터베이스를 이용하여 각종 보고서를 작성하고, 고객명세서, 종업원 임금명세서와 같은 각종 정보를 검색할 수 있다.

그림 17-2 운영정보시스템과 경영정보시스템

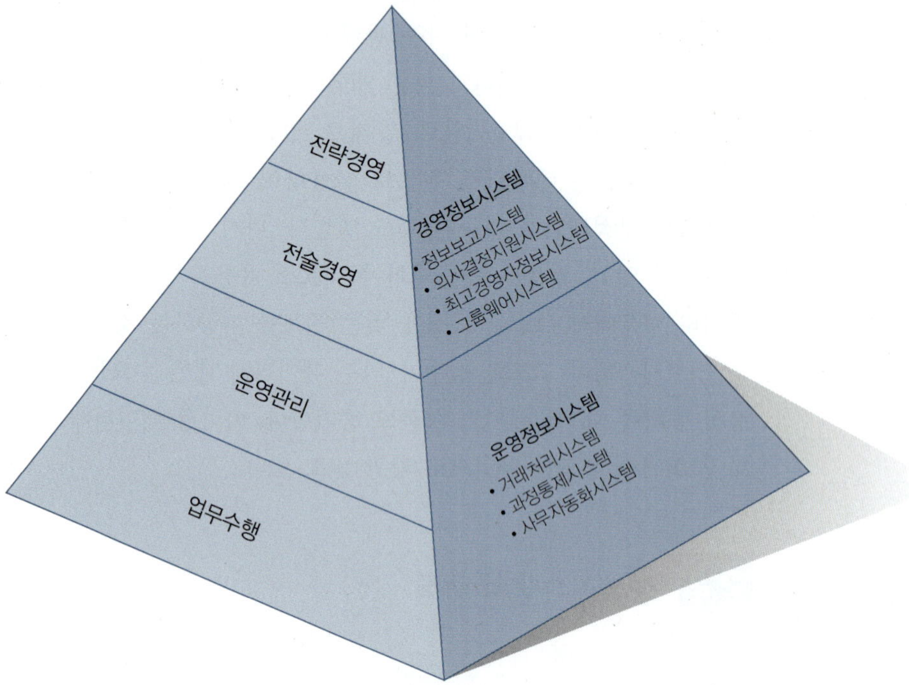

자료: James A. O'Brien, *Introduction to Information System*, 7th ed., Irwin, 1994, p.25.

2) 과정통제시스템

과정통제시스템(process control system: PCS)은 일상적인 운영과정을 모니터하거나 통제하기 위한 시스템을 말한다. 예를 들어, 정유회사, 제지회사, 식품회사, 발전소 등은 온도변화나 기압변화와 같은 물리적 현상을 모니터하기 위해 특별한 센서가 부착된 PCS를 운영한다. 센서를 통해 측정된 데이터는 컴퓨터로 연결되어 실시간으로 통제된다. 종업원이나 하위경영자들은 PCS를 통해 생산현장에서 발생하는 각종 문제점을 사전에 예방할 수 있다.

3) 사무자동화시스템

사무자동화시스템(office automation system: OAS)은 워드프로세서, 컴퓨터, 레이저 프린터, 팩시밀리, 스캐너, 복사기와 같은 사무 기기를 이용하여 사무처리를 자동화한 시스템을 말한다. OAS는 과거의 수작업보다 훨씬 신속 · 정확하게 사무처리를 한다. 예를 들어, 월급명세서 발급, 고객서비스 업무, 부서 간 서류교환, 회계 처리와 같은 일상적인 업무는 OAS로 처리된다. 무엇보다 많은 시간과 경비가 절감된다. 또 업무처리상의 오류가 줄어들고, 반복적 업무는 간편하게 처리할 수 있다. 그리고 보관용 서류의 양이 크게 줄어들고, 과거 서류나 데이터는 신속하게 검색할 수 있다. 예를 들어, 미국 노드롭 항공사는 F-18 전투기 동체를 개발하는 데, A4 용지 2.5m 높이 40만장의 서류가 작성되었는데, 이는 CD나 USB 한 장에 저장할 수 있는 분량이다.

(2) 경영정보시스템

경영정보시스템(management information system: MIS)은 경영자의 의사결정을 효과적으로 지원하기 위한 정보시스템을 말한다. MIS는 원래 최고경영자의 전략적 의사결정을 지원하는 데 목적이 있으나, 의사결정권한이 하위부서로 위양됨에 따라 MIS는 모든 계층에서 활용되고 있다.

MIS는 [그림 17-3]과 같이 운영정보시스템과 기업 및 외부데이터베이스의 지원을 받으며, 정보보고시스템, 의사결정지원시스템, 최고경영자정보시스템, 그룹웨어시스템으로 구성된다.

1) 정보보고시스템

정보보고시스템(information reporting system: IRS)은 경영자가 일상적인 의사 결정에 필요한 정보를 보고서 형태로 제공하는 시스템을 말한다. 예를 들어, 생산관리자가 생산일정에 관한 의사결정을 하기 위해서는 예상주문량, 재고수준, 활용가능 컴퓨터 및 인력 등에 관한 IRS를 활용해야 한다.

2) 의사결정지원시스템

의사결정지원시스템(decision supporting system: DSS)은 의사결정자에게 필요한 데이터베이스와 의사결정모형을 제공하는 시스템을 말한다. 즉, DSS는 컴퓨터를 통해 정형적이거나 비정형적인 의사결정을 지원하는 시스템이다.

정형적 의사결정(programmed decision making)은 의사결정 과정이 일상적이고 반복적으로 정형화된 의사결정을 말하고, 비정형적 의사결정(unprogrammed decision making)은 의사결정 과정이 정형화되지 않은 전혀 새로운 의사결정을 말한다.

그림 17-3 경영정보시스템의 구성 요소

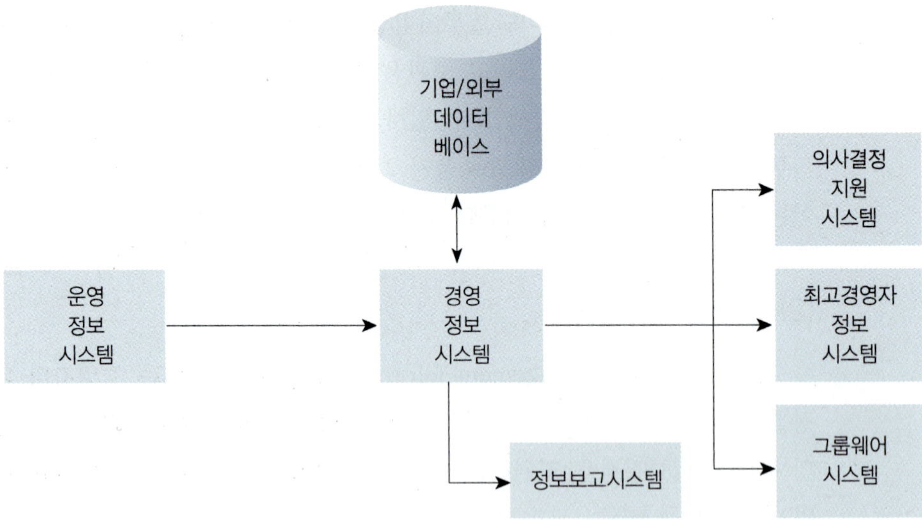

자료: Ralph M. Stair and George W. Reynolds, *Principles of Information Systems: A Managerial Approach*, 4th ed., Mass.: Cambridge, 1999, p. 391.

3) 최고경영자정보시스템

최고경영자정보시스템(executive information system: EIS)은 최고경영자의 전략적 의사결정을 지원하기 위한 정보시스템을 말하며, 중역정보시스템이라고도 한다. 최고경영자는 EIS를 통해 전략 계획을 수립하거나 조직의 운영상태를 감시하고, 그 결과를 평가하기 위한 정보를 획득한다. EIS는 방대하고 복잡한 데이터를 신속하게 처리할 수 있도록 설계되고, 최고경영자가 내부정보는 물론 외부정보에도 즉각 접속하여 문제점을 진단하고 해답을 구할 수 있도록 설계된다.

4) 그룹웨어시스템

그룹웨어시스템(groupware system)은 종업원들이 컴퓨터 네트워크나 인터넷 상에서 다른 사람들과 정보를 공유하고, 상호 협력하여 작업을 수행하며, 집단적인 의사결정을 지원하는 소프트웨어를 말한다. 경영자나 종업원들은 그룹웨어를 통해 다른 사무실에서 함께 일하는 기분으로 정보를 공유하면서 문서나 도표를 작성하고 각종 과업을 공동으로 수행할 수 있다. 그룹웨어는 컴퓨터를 통해 실시간으로 아이디어나 정보를 공유하기 때문에 커뮤니케이션 장벽이 나 지리적인 장벽도 제거된다. 그룹웨어는 소프트웨어 기술의 새로운 영역으로 부상하고 있으며, 가장 많이 쓰이는 것이 e-메일이다.

2.3 정보시스템 관련 문제

정보시스템은 기업경영에서 매우 중요한 도구로 사용되지만, 이와 관련한 문제점도 많다. 여기에서는 인간관계 문제, 컴퓨터 공포증, 소프트웨어 불법 복제, 시스템 보안 문제에 대해 살펴본다.

(1) 인간관계 문제

정보시스템은 조직 내의 인간관계에 심각한 문제를 일으킨다. 컴퓨터 앞에서 작업하는 시간이 점점 늘어나는 반면에, 인간적인 대화를 나누거나 만남의 기회는 점점 줄어들고 있다. 재택근무자가 늘어나고 근무시간도 다변화되고 있으며, 컴퓨터 회의, 화상 회의, 화상 전화가 급속히 보급되고 있다. 이러한 환경 속에서 인간관계는 큰 타격을 받고 있다.

(2) 컴퓨터 공포증

컴퓨터와 정보시스템이 급격히 확산되면서 컴퓨터 공포증으로 스트레스를 받는 사람이 늘어나고 있다. 컴퓨터나 정보시스템에 익숙하지 않은 사람은 새로운 컴퓨터 용어나 일하는 방법을 쉽게 수용하지 못한다. 이러한 문제를 극복하기 위해서는 무엇보다 정보시스템이 사용하기 쉽고 편리하게 설계되어야 한다. 또한 새로운 시스템을 도입할 때 충분한 교육이 필요하다.

(3) 소프트웨어 불법 복제

소프트웨어 불법 복제는 지적 재산권 침해는 물론 소프트웨어 산업의 발전에도 심각한 지장을 초래한다. 가장 근본적인 이유는 소프트웨어 가격이 불법 복제비용보다 비싸기 때문이다. 그러나 지적 소유권을 보호하고 소프트웨어 전문가를 육성하고 소프트웨어 산업을 발전시키기 위해서는 불법복제를 규제하지 않을 수 없다.

(4) 시스템 보안

컴퓨터 네트워크에 불법으로 침입하여 데이터를 파괴하는 사람을 해커(hacker)라고 한다. 일부 젊은 사람들이 취미로 해킹을 하는 경우도 있지만, 고의로 컴퓨터 바이러스(computer virus)를 침투시켜 막대한 피해를 끼치는 경우도 많다. 예를 들어, 미켈란젤로 바이러스를 비롯하여 수많은 컴퓨터 바이러스가 난무하고 있다. 경쟁기업의 컴퓨터에 침투하여 중요한 정보를 해킹하거나, 금융기관의 직원이 다른 사람의 예금을 가로채는 등 컴퓨터 관련 범죄가 점점 다양화되고 있다. 또한 국가마다 정보시스템의 보안 문제는 갈수록 심각해지고 있다. 해커와 바이러스의 침투로부터 정보시스템을 보호하기 위해서는 바이러스 백신과 각종 보안장치를 개발해야 한다.

03 인터넷과 e-비즈니스

3.1 인터넷과 e-비즈니스의 개념

최근에 많은 기업들이 정보기술전략의 차원에서 인터넷을 활용하고 있다. 인터넷(internet)은 데이터와 정보를 교환하기 위해 상호 연결된 컴퓨터 네트워크의 글로벌 집합을 말한다. 그리고 WWW(world wide web)는 인터넷으로 정보에 접속하기 위한 중앙 서버(central servers)의 집합을 말한다. 인터넷과 WWW는 원래 미국에서 군사용으로 개발되었으나, 지금은 개인생활이나 직장생활에서 매우 중요한 일상도구가 되었다. 기업이나 비영리조직은 업무영역을 세계적으로 확장하고, 비즈니스 프로세스를 개선하며, 새로운 고객과 접촉하고 새로운 자원을 확보하기 위해 인터넷을 활용한다.

인터넷의 발전과 더불어 e-비즈니스도 붐을 타고 있다. e-비즈니스(e-business)는 물리적 공간이 아니라 컴퓨터 네트워크를 통해 디지털 프로세스(digital process)로 이루어지는 비즈니스를 말한다. 오늘날 많은 기업들이 인터넷을 통해 고객, 파트너, 공급업자, 종업원, 주주 등과 전자적으로 연결되어 있다. e-커머스(e-commerce)는 전자적으로 발생하는 비즈니스 거래(business exchange)를 의미하는 용어로서, 전자상거래라고 부른다.

eBay, Amazon.com, Google, naver.com과 같은 인터넷기업들은 인터넷을 통해 모든 업무를 완전히 처리할 수 있도록 e-비즈니스를 구축하였다. 이러한 기업들은 인터넷이 없으면 존재할 수 없다. 그러나 GE, Wal-Mart, 삼성전자, 현대자동차와 같은 전통적인 기업들도 기존의 비즈니스에 인터넷을 접목시켜 e-비즈니스를 확대시키고 있다. 기업들이 e-비즈니스를 활용하는 목적은 조직의 효율성을 높이고 기존의 비즈니스를 최대한으로 디지털화 하는데 있다. 기업들은 경비지출보고서를 작성하거나 일별 매출액을 계산하고 정보교환과 부품주문을 위해 공급업자와 접촉하는 등 다양한 비즈니스 활동을 인터넷과 WWW로 처리할 수 있다.

[그림 17-4]에서는 제조기업과 소매상간에 이루어지는 e-비즈니스의 구성요소를 나타낸다.

① 제조기업과 소매상은 제각기 인트라넷을 사용한다. 인트라넷(intranet)은 인터넷 기술을 응용하지만, 조직의 구성원들만 접속하여 내부적으로만 커뮤니케이션을 할 수 있는 시스템을 말한다. 인트라넷에는 방화벽(firewall)이 구축되어 있기 때문에 외부에서는 접속할 수 없다.

② 제조기업과 소매상은 서로 간에 데이터와 정보를 공유하기 위해 전자

그림 17-4 제조기업과 소매상간의 e-비즈니스의 구성요소

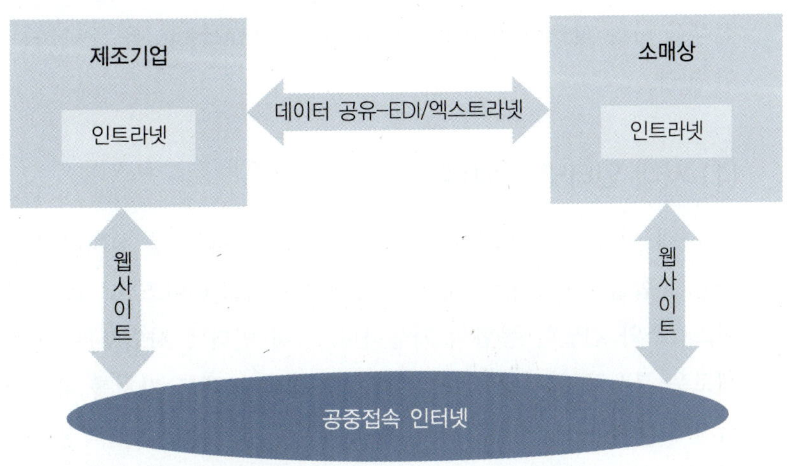

자료: Jim Turcotte, Bob Silveri, and Tom Jabson, "Are You Ready For the E-Supply Chain?" *APICS-The Performance Advantage*, August 1998, pp. 56-59.

데이터 교환 네트워크나 엑스트라넷을 사용한다. 전자 데이터 교환(electronic data interchange: EDI) 네트워크는 주문, 분배, 지불, 수령 등에 관한 데이터를 교환할 수 있도록 구매자와 판매자간의 컴퓨터 시스템을 연결한 네트워크를 말한다. 그리고 엑스트라넷(extranet)은 인트라넷을 확장시켜 외부의 주요 고객, 사업 파트너, 고객들과 커뮤니케이션할 수 있는 시스템을 말한다. 엑스트라넷을 공유하는 기업들은 서로 간에 데이터를 교환할 수 있다.

③ 제조기업과 소매상은 모두 공개적으로 접속할 수 있는 인터넷을 활용한다. 즉, 제조기업과 소매상은 각기 판매 또는 구매하고자 하는 제품 또는 서비스에 관한 정보를 웹 사이트(web site)를 통해 공개적으로 수집 · 활용할 수 있다.

3.2 e-비즈니스 전략

전통적 비즈니스와 e-비즈니스의 통합 전략은 [그림 17-5]와 같이 3가지가 있다. 첫째로 사내 인터넷 사업부(in-house internet division)를 설치하여 전통적 비즈니스를 통합하는 전략이고, 둘째로 기존의 조직에서 e-비즈니스 기능을 분리하여 분사기업(spin-off company)을 설립한 다음, 그 기업으로부터 e-비즈니스를 아웃소싱(outsourcing)하는 전략이다. 셋째로 다른 e-비즈니스 기업과 전략적 사업 파트너십(strategic business partnership)을 구축하는 중도적 전략이 있다.

(1) 사내 인터넷 사업부

사내 인터넷 사업부(in-house internet division)를 설치하여 전통적 비즈니스를 통합할 수 있다. 사내 인터넷 사업부에서 e-비즈니스를 전담하면, 전통적 비즈니스와 긴밀한 통합이 가능하다. 사내 인터넷 사업부는 기존의 조직 내에 새로운 부서로 설치된다. 이 전략은 기업의 브랜드 가치를 유지할 수 있고, 공급자에 대한 구매 레버리지를 계속 행사할 수 있으며, 고객정보를 그대로 공유할 수 있고, 마케팅상의 분배 효율성을 더욱 증대시킬 수 있다. 그러나 사내 인터넷 사업부가 기존의 조직에 포함되어 있으므로, 급변하는 e-비즈니스 환경

그림 17-5 **전통적 비즈니스와 e-비즈니스의 통합전략**

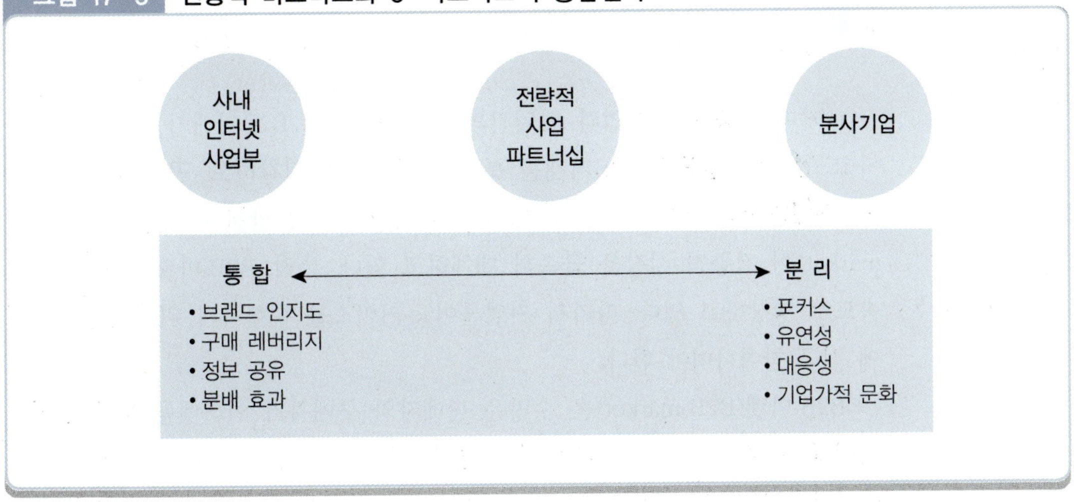

자료: Ranjay Gulati and Jason Garino, "Get the Right Mix of Bricks and Clicks," *Harvard Business Review*, May-June 2000, pp. 107-114.

에 신속하게 대응할 수 있는 자율성과 유연성을 갖기가 어렵다.

(2) 분사기업

기업은 기존의 조직에서 e-비즈니스 기능을 분리시켜 별도로 분사기업(spin-off company)을 설립한 다음, 그 기업으로부터 e-비즈니스를 아웃소싱 할 수 있다. 이 경우, e-비즈니스를 전문으로 하는 분사기업은 자기분야에 집중할 수 있고, 환경변화에 신속하게 대응할 수 있으며, 독자적인 기업가적 문화(entrepreneurial culture)를 형성할 수 있다. 그러나 분사기업은 모기업의 브랜드 가치를 그대로 유지할 수 없고, 공급자에 대한 구매 레버리지를 계속 행사하기 어려우며, 마케팅 기회를 놓칠 수 있고, 분사기업의 설립에 많은 비용이 지출된다.

(3) 전략적 사업 파트너십

기업은 e-비즈니스 회사와 조인트 벤처를 하거나 전략적 사업 파트너십을 구축하여 e-비즈니스를 수행할 수 있다. 이 전략은 사내 인터넷 사업부나 분사기업의 장점을 대부분 살릴 수 있다. 그러나 파트너와 갈등이 발생하거나 어느 한 쪽이 계약을 파기하면 어려움에 처할 수 있다.

3.3 e-마켓 참여

e-커머스 중에서 기업과 기업간의 전자상거래인 B2B거래가 가장 큰 붐을 타고 있다. 기업들은 B2B거래를 통해 판매비용을 절감하고, 공급처를 확대하고, 구매과정을 체계화시킬 수 있다. 또한 e-커머스의 발전과 더불어 e-마켓(e-market)이 전통적 시장을 급속히 대체하고 있다. 특히, B2B-마켓은 가장 빠른 속도로 팽창하고 있다. 따라서 기업들이 e-커머스를 수행하기 위해서는 e-마켓에 적극 참여하여야 한다.

B2B-마켓(B2B-market)은 수많은 판매자와 구매자가 인터넷을 통해 온라인 거래를 할 수 있도록 중개인이 설립한 전자시장(electronic market)을 말하며, 웹시장(web market)이라고도 한다. B2B-마켓의 기본 모형은 [그림 17-6]과 같다. 수많은 판매자와 구매자들은 중개인이 설립한 온라인 포털(online portal) 또는 허브(hub)를 통해 제품과 서비스를 온라인 거래를 할 수 있다. B2B-마켓을 이용하면, 판매자와 구매자 모두 거래비용을 절감할 수 있고, 거래협상을 용이하게 할 수 있다.

그림 17-6 B2B-마켓 모형

수많은 판매자와 구매자가 인터넷으로 온라인 거래를 할 수 있도록 중개인이 설립한 온라인 포털 또는 B2B-마켓 허브를 통해서 제품과 서비스를 거래한다.

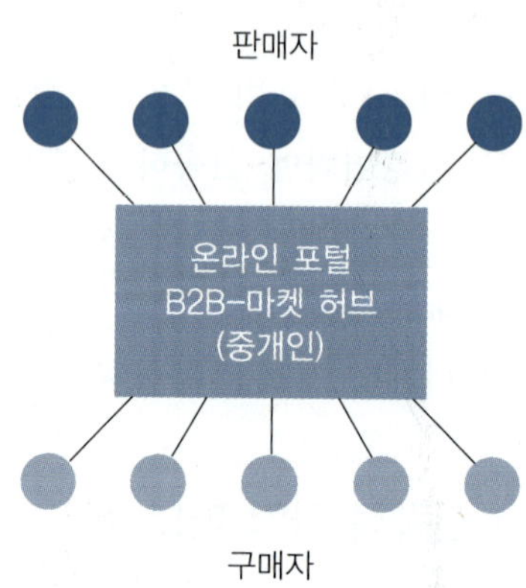

3.4 ERP 시스템의 활용

e-비즈니스가 성공하기 위해서는 ERP 시스템의 활용이 필수적이다. ERP (enterprise resource planning) 시스템은 주문처리, 제품설계, 구매관리, 재고관리, 인적자원관리, 대금수령, 수요예측 등 기업의 주요 기능을 통합시켜 주는 시스템을 말한다. ERP 시스템은 경영에 있어서 등뼈와 같은 역할을 하며, 기업의 다양한 경영과정을 통합하고 최적화 하는데 매우 유용하다. 또한 CEO는 물론 현장 기능공까지지도 ERP 시스템에 접속하여 필요한 정보를 즉시 검색할 수 있다.

ERP 시스템은 [그림 17-7]과 같이 기업의 다양한 활동영역을 네트워크로 연결한다. 먼저, 주문이 접수되면, ERP 시스템은 그 주문이 재고수준, 생산일정, 인적자원, 구매, 분배 등 기업의 전반적 운영에 미치는 영향을 체크한다. 즉, ERP 시스템은 기업의 전반적 운영과정을 단계적으로 처리하며, 그 중의 대부분은 자동으로 처리된다. 예를 들어, 주문이 접수되면, 재고수준이 자동으로 확

그림 17-7 ERP 시스템의 기본 모형

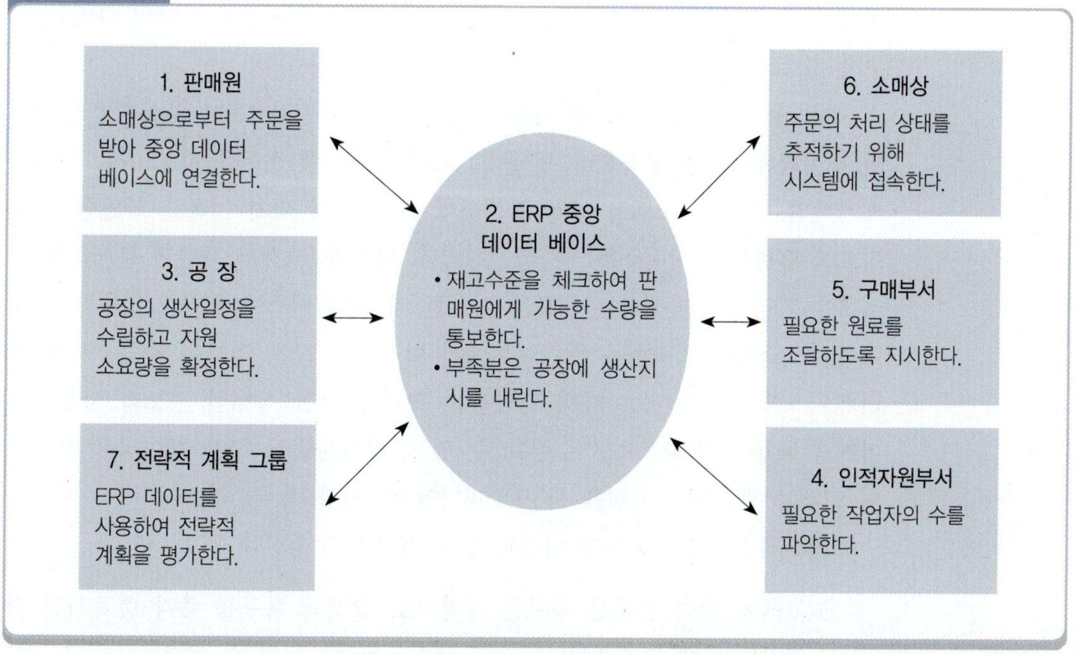

자료: Gail Edmondson, "Silicon Valley on the Rhine," *Business Week*, November 3, 1997, pp. 162-166.

인되고, 재고가 부족할 경우에는 공장으로 생산지시가 내려간다. 구매부서에서는 생산에 필요한 원료를 주문하고, 공장에서는 생산 일정을 잡게 된다. 그리고 ERP 시스템에서는 기업의 전반적 운영에 관한 데이터가 통합되기 때문에 경영자와 종업원들은 한 부서의 의사결정이 다른 부서에 미치는 영향을 충분히 고려해야 한다. 또한 고객과 공급업자들도 ERP 시스템에 접속하여 필요한 정보를 교환할 수 있다.

ERP 시스템이 성공적으로 수행되면, 비용이 절감되고, 생산주기가 단축되고, 생산성이 향상되며, 고객 및 공급업자와의 관계도 개선된다.

3.5 고객관계관리 시스템의 구축

많은 기업에서 고객관계를 강화하기 위해 고객관계관리 시스템을 구축하고 있다. 고객관계관리(customer relationship management: CRM) 시스템은 기업과 고객간의 상호작용을 추적하고, 고객의 과거 거래정보를 검색할 수 있도록 설계된 시스템이다. 이 시스템에는 고객의 이름, 구매상품, 구매수량, 구매 관련 문제점 등 고객과 관련된 모든 정보가 입력되어 있다. 판매, 마케팅 및 고객 서비스 부서에서는 CRM 시스템의 데이터베이스를 활용하여 고객의 다양한 욕구를 신속하게 충족시킬 수 있다.

예를 들어, 고객이 주문을 내면, 판매원은 그 주문을 CRM 시스템에 입력하여 데이터베이스를 구축한다. 만일 그 고객이 나중에 질문을 해 오거나 문제를 제기하면, CRM 시스템을 즉시 검색하여 그 고객의 과거 기록을 확인한 다음, 필요한 답변이나 서비스를 제공할 수 있다. 나아가, 고객과 관련된 문제점을 해결하는 과정에서 발생하는 새로운 정보는 데이터베이스에 추가로 입력해 둔다. 또한 그 고객이 접속하는 웹사이트에서 발생하는 모든 정보는 자동으로 데이터베이스에 저장된다. 마케팅 담당자는 고객에 관한 상세한 정보를 사용하여 마케팅 활동을 효과적으로 수행할 수 있고, 경영자들도 CRM 데이터를 분석하여 고객과 관련된 문제점을 사전에 파악할 수 있다.

CRM 시스템을 구축하면 다음과 같은 효과가 발생한다.

① 고객에 관한 충분한 정보를 바탕으로 고객의 욕구를 즉각 충족시킬 수 있기 때문에 고객충성도(customer loyalty)를 높일 수 있다.

② 고객의 과거 구매기록에 근거하여 우월한 고객서비스를 제공할 수 있다.
③ 고객이 개별적인 전화나 웹 사이트를 통해 CRM 시스템에 접속할 때마다 고객정보가 계속 축적되므로 정보수집이 용이하다.
④ 경영자들이 고객 문제의 패턴을 분석하여 예상되는 문제점을 사전에 파악할 수 있다.

3.6 지식경영의 활용

피터 드러커(Peter Drucker)는 40년 전에 지식작업(knowledge work)이라는 용어를 사용한 바 있으나, 경영자들은 최근 들어 지식경영을 도입하고 있다. 지식경영(knowledge management)은 지식을 체계적으로 수집하고, 조직 전반적으로 활용하며, 학습문화를 강화하는 과정을 말한다. 오늘날 지식은 기업 가치를 결정하는 중요한 요인으로 인식되고 있다. 지식경영이 성공하기 위해서는 지식과 학습을 중요시하는 리더십이 필요하고, 정보공유를 지원하는 조직구조가 필요하며, 변화를 추구하는 경영과정이 필요하다.

지식은 명시적 지식과 암시적 지식으로 구분된다. 명시적 지식(explicit knowledge)은 데이터베이스에 명문화하여 기록 · 저장할 수 있는 지식을 말하고, 암시적 지식(tacit knowledge)은 인간의 머리 속에 암시적으로 머물러 있는 지식을 말하며, 데이터베이스에 명문화하여 기록 · 저장하기가 어렵다.

지식경영에서 많이 활용되는 정보기술에는 데이터 웨어하우징, 데이터 마이닝, 인트라넷 등이 있다. 데이터 웨어하우징(data warehousing)은 기업이 보유하고 있는 각종 데이터를 창고와 같은 개념으로 한 곳에 저장해 놓은 거대한 데이터베이스를 말한다. 그리고 데이터 마이닝(data mining)은 원료 상태의 데이터를 검색하여 의미 있는 패턴이나 관련성을 분석할 수 있는 소프트웨어를 말한다. 사용자들은 데이터 웨어하우스에 저장되어 있는 데이터베이스에 직접 접속하여, 데이터 마이닝 소프트웨어를 사용하여 각종 데이터를 검색 · 가공하고, 필요한 보고서를 작성하며, 자신이 직면한 문제에 대한 해결책을 모색할 수 있다.

그리고 많은 기업들이 인트라넷에서 지식경영포털을 구축하고 있다. 지식경영포털(knowledge management portal)은 종업원들이 필요한 정보를 얻기 위해 기업의 인트라넷에 접속할 수 있는 접속관문을 말한다. 종업원들은 인트라넷을 통해 데이터베이스에 저장되어 있는 명시적 지식에 접속할 수 있다. 그리고 인트라넷을 구축하면, 종업원들의 머릿속에 들어있는 암시적 지식의 상당한 부분이 명시적 지식으로 전환될 수 있다. 예를 들어, Xerox는 'Eureka' 라는 인트라넷을 통해, 수리 비결, 노하우와 같은 수리기사들의 암시적 지식을 명시적 지식으로 전환시킬 수 있었다. 그리고 다른 수리기사들이 이러한 명시적 지식을 공유함으로써 평균수리시간을 50% 단축시킬 수 있었다.

04 정보기술의 최근 동향

정보기술은 계속 발전하고 있으며, 새로운 개념과 응용분야가 매일같이 나타나고 있다. 최근에 경영현장에서 가장 부각되고 있는 정보기술은 인스턴트 메시징, 무선 인터넷 기술, 블로그 및 소셜 네트워킹 사이트이다.

(1) 인스턴트 메시징

최근에 인스턴트 메시징이라는 상호작용적이고 실시간적인 커뮤니케이션이 유행하고 있다. 인스턴트 메시징(instant messaging)은 인터넷에 동시에 접속하여 PC에서 PC로 메시지를 신속하게 보낼 수 있는 기술을 말한다. Google이나 naver.com과 같은 인터넷기업에서는 고객들에게 인스턴트 메시징 서비스를 제공하고 있으며, 이러한 기술은 양방향 TV나 모바일 폰에 이르기까지 확산되고 있다. 이에 따라, 종업원들은 사무실 밖에서도 인스턴트 메시징을 통해 본사와 커뮤니케이션을 할 수 있다. 예를 들어, 판매원은 외부에서 판매계약을 체결하기 전에 인스턴트 메시징을 통해 본사의 가격정책을 재확인할 수 있다. 또한 사무실 내에서 인스턴트 메시징을 사용하면, 전화 시간을 줄일 수 있고, e-메일을 교환할 필요가 없다.

(2) 무선 인터넷

무선 인터넷(wireless internet)은 최근에 가장 인기 있는 정보기술이다. 무선 인터넷은 웹(web)을 거치지 않고 필요한 정보를 언제든지 교환할 수 있는 기술이다. 스마트폰이나 기타 휴대용 정보기기를 사용하면 언제든지 수많은 데이터와 정보를 교환할 수 있고, 웹 페이지를 귀찮게 넘길 필요도 없다. 사무실

밖에서는 PC가 필요 없는 무선 인터넷이 필수적이다. 특히, 판매원은 무선 인터넷으로 ERP 시스템에 실시간으로 접속할 수 있어야 한다.

(3) 블로그와 소셜 네트워킹 사이트

블로그(blog)와 소셜 네트워킹 사이트(social networking site)는 인터넷이 탄생한 이후 정보기술이 폭발적으로 적용되고 있는 분야이다. 블로그는 개인들이 날씨나 약속시간과 같은 사소한 일은 물론 기업의 제품, 경영, 업무처리 등에 관한 자신의 의견이나 생각을 제시할 수 있는 웹사이트이다. 블로그는 단순하면서도 비공식적인 특성을 가지고 있기 때문에 사람들이 쉽게 만들어서 각자의 의견과 생각을 자유롭게 교환할 수 있는 편안한 미디어에 속한다. 경영자들은 세계 각국에서 블로그가 급속도로 증가하고 있다는 사실을 주목해야 한다.

소셜 네트워킹 사이트는 블로그가 확장된 소셜 미디어(social media)로서, 온라인 커뮤니티 내에서 누구나 개인적인 정보와 사진을 공유하고, 모든 종류의 정보와 의견을 생산하고 공유할 수 있는 커뮤니케이션 채널이다. Facebook, Youtube, Wikipedia, KaKaoTalk과 같은 소셜 네트워킹 사이트는 엄청난 인기를 얻고 있다. 이제 블로그와 소셜 네트워킹 사이트는 좋든 싫든 간에 기업이나 정부, 나아가 비영리 조직에도 중대한 영향을 미친다. 따라서 경영자들은 블로그와 소셜 네트워킹 사이트가 기업경영에 미칠 장점을 최대한 살리고 단점을 억제할 수 있는 방안을 적극적으로 모색해야 한다.

>>> 요약 s·u·m·m·a·r·y

정보기술은 정보를 수집, 정리, 저장, 처리, 배분하는데 사용되는 하드웨어, 소프트웨어, 커뮤니케이션, 데이터베이스 및 기타 정보처리기술을 말한다. 정보기술은 대인적 커뮤니케이션은 물론 조직 커뮤니케이션에도 심대한 영향을 미친다. 경영자들은 정보기술의 발전에 따라 종업원이나 고객과 더 쉽게 접촉할 수 있고, 환경의 변화에도 더욱 신속하게 대응할 수 있다. 정보기술은 문제점이 전혀 없는 것은 아니지만, 긍정적인 효과가 더 크다. 정보기술은 업무의 효율성을 증대시키고, 종업원들의 임파워먼트를 강화시키며, 종업원들 간의 협력관계를 강화시키고, 조직의 학습능력을 향상시킨다. 그러나 정보기술은 조직 구성원들에게 정보과잉을 초래하는 부작용을 발생시킬 수도 있다.

정보시스템은 의사결정에 필요한 정보를 제공하기 위해 데이터를 수집, 정리, 저장, 처리, 배분하는 시스템을 말한다. 정보시스템은 하드웨어, 소프트웨어, 사람, 절차, 데이터로 구성되며, 운영정보시스템과 경영정보시스템으로 분류된다. 운영정보시스템(OIS)은 종업원들이나 하위경영자들의 일상적인 업무나 의사결정에 필요한 정보를 지원하는 시스템을 말하며, 거래처리시스템, 과정통제시스템, 사무자동화시스템으로 구성된다. 경영정보시스템(MIS)은 경영자의 의사결정을 효과적으로 지원하기 위한 정보시스템을 말하며, 정보보고시스템, 의사결정지원시스템, 최고경영자정보시스템, 그룹웨어시스템으로 구성된다.

오늘날 정보시스템과 관련한 문제점이 다양하게 발생하고 있다. 컴퓨터와 정보시스템은 조직 내의 인간관계에 심각한 문제를 일으키고, 컴퓨터 공포증으로 스트레스를 받는 사람도 많다. 소프트웨어 불법 복제는 지적 재산권 침해는 물론 소프트웨어 산업의 발전에도 심각한 지장을 초래하고 있다. 그리고 국가마다 정보시스템의 보안 문제가 갈수록 심각해지고 있다.

인터넷의 발전과 더불어 e-비즈니스도 붐을 타고 있다. e-비즈니스는 물리적 공간이 아니라 컴퓨터 네트워크를 통해 디지털 프로세스로 이루어지는 비즈니스를 말한다. 많은 기업들이 인터넷을 통해, 고객, 파트너, 공급업자, 종업원, 주주 등과 전자적으로 연결되어 있다. e-커머스는 전자적으로 발생하는 비즈니스 거래를 의미하는 용어로서, 전자상거래라고 부른다.

전통적 기업들은 전통적 비즈니스와 e-비즈니스를 통합시키기 위해, 사내 인터넷 사업부를 설치하거나 분사기업을 설립하여 활용하거나 전략적 사업 파트너십을 구축하는 전략을 사용하고 있다.

e-커머스 중에서 B2B거래가 가장 큰 붐을 타고 있다. B2B거래를 통해 판매비용을 절감하고, 공급처를 확대하고, 구매과정을 체계화시킬 수 있다. 또한 e-커머스의 발전과 더불어 e-마켓이 전통적 시장을 급속히 대체하고 있다. 특히, B2B-마켓은 가장 빠른 속도로 팽창하고 있다. 따라서 기업들이 e-커머스를 수행하기 위해서는 e-마켓에 적극 참여하여야 한다.

B2B-마켓은 중개인이 수많은 판매자와 구매자가 인터넷을 통해 온라인 거래를 할 수 있도록 설립한 전자시장을 말하며, 웹시장이라고도 한다. B2B-마켓을 이용하면, 판매자와 구매자 모두 거래비용을 절감할 수 있고, 거래협상을 용이하게 할 수 있다.

기업이 e-비즈니스를 성공적으로 수행하기 위해서는 ERP 시스템을 구축해야 한다. ERP 시스템은 주문처리, 제품설계, 구매관리, 재고관리, 인적자원관리, 대금수령, 수요예측 등 기업의 전반적 운영에 관한 모든 정보를 수집, 처리, 제공하는 정보시스템을 말한다. ERP 시스템은 기업경영에 있어서 등뼈와 같은 역할을 하며, 기업의 다양한 비즈니스 과정을 통합하고 최적화 하는데 매우 유용하다.

많은 기업에서 고객관계를 강화하기 위해 고객관계관리 시스템을 구축하고 있다. 고객관계관리(CRM) 시스템은 기업과 고객간의 상호작용을 추적하고, 고객의 과거 거래정보를 검색할 수 있도록 설계된 시스템이다.

인터넷은 지식경영에도 중요한 역할을 한다. 지식경영은 지식을 체계적으로 수집하고, 조직 전반적으로 활용하며, 학습문화를 강화하는 과정을 말하며, 데이터 웨어하우징, 데이터 마이닝, 인트라넷 등이 주로 사용된다.

정보기술은 계속 발전하고 있으며, 새로운 개념과 응용분야가 매일같이 나타나고 있다. 최근에 경영현장에서 가장 부각되고 있는 정보기술은 인스턴트 메시징, 무선 인터넷 기술, 블로그 및 소셜 네트워킹 사이트이다.

>>> 연습문제 e·x·e·r·c·i·s·e

01 정보시스템은 어떤 요소로 구성되며, 어떤 종류가 있는가?

02 기업에서 정보기술을 도입하면 어떤 효과가 발생하는가?

03 운영정보시스템이란 무엇이며 어떤 형태가 있는가?

04 경영정보시스템이란 무엇이며 어떤 형태가 있는가?

05 정보시스템과 관련하여 어떠한 문제가 야기되고 있는가?

06 e-비즈니스란 무엇이며, 전통적 비즈니스와 e-비즈니스를 통합하는 전략은 어떤 것이 있는가?

07 e-마켓이란 무엇이며, e-마켓 모형은 어떤 모양을 갖추고 있는가?

08 ERP 시스템이란 무엇이며, 어떠한 효과를 발휘하는가?

09 CRM 시스템이란 무엇이며, 다른 기업과의 경쟁에서 어떤 장점을 발휘하는가?

10 지식경영이란 무엇이며, 지식경영에 가장 많이 사용되는 정보기술은 어떤 것인가?

11 최근에는 어떤 정보기술이 부각되고 있는가?

국문색인

영 | 문 | 색 | 인

[U]

[V]

[W]

[저 자 약 력]

● **신 민 식**(申敏植)

경북대학교 경영학과 졸업
부산대학교 경영학 박사
제19회 행정고등고시 합격
경북대학교 경상대학장, 경영대학원장
미래창조과학부, 행정자치부 정책자문위원
대구광역시 시설관리공단 이사회 의장
한국선물포럼 회장
현재, 경북대학교 경영학부 교수

[저서 및 논문]

경영학원론(공저, 법문사, 1999)
선물시장론(공저, 법문사, 1994)
금융공학(법문사, 1996)
파생상품시장론(법문사, 2001)
경영의 이해(공저, 법문사, 2006)
파생상품의 이해와 활용(법문사, 2015)
The Effects of Cash Holdings on R&D Smoothing(AJTI, 2011)
The Effects of PIPEs on R&D Investment(EMFT, 2014)
그 외 논문 160 여편

[e-mail 및 홈페이지]

e-mail: msshin@knu.ac.kr
http://bh.knu.ac.kr/~msshin

● **권 중 생**(權重生)

경북대학교 경영학과 졸업
경북대학교 경영학 박사
LG 상사 심사부 근무
경일대학교 교무처장
경일대학교 대학원장
경일대학교 기술창업사업단장
한국인사관리학회 부회장
현재, 경일대학교 경영학부 교수

[저서 및 논문]

경영학원론(공저, 법문사, 1999)
인적자원관리(공저, 문영사, 1996)
경영학을 만든 사람들(공역, 이문출판사, 1997)
창조경영(공편역, 한올출판사, 2005)
경영의 이해(공저, 법문사, 2006)
조직행위의 이해(경일대학교 출판부, 2009)
The Effects of Earned Surplus on Dividend Policy(IRJFE, 2010)
R&D Expenditure and Dividend Smoothing(JFA, 2010)
그 외 논문 수십편

[e-mail 및 홈페이지]

e-mail: kjsaeng@kiu.ac.kr
http://home.kiu.ac.kr/~kjsaeng

경영의 이해와 활용

2015년 1월 10일 초판 인쇄
2018년 6월 29일 초판 3쇄발행

저 자 신 민 식 · 권 중 생
발행인 배 효 선
발행처 도서출판 法 文 社
주소 10881 경기도 파주시 회동길 37-29
등록 1957년 12월 12일 / 제2-76호(윤)
전화 (031)955-6500~6 Fax (031)955-6525
e-mail(영업): business@bobmunsa.co.kr
(편집): edit66@bobmunsa.co.kr
홈페이지 http://www.bobmunsa.co.kr
조 판 성 지 이 디 피

정가 31,000원 ISBN 89-18-12256-4